Wissenschaftliche Untersuchungen
zum Neuen Testament

Begründet von Joachim Jeremias und Otto Michel
Herausgegeben von
Martin Hengel und Otfried Hofius

47

Gnosis und Synkretismus

Gesammelte Aufsätze
zur spätantiken Religionsgeschichte
1. Teil

von

Alexander Böhlig

J. C. B. Mohr (Paul Siebeck) Tübingen

CIP-Titelaufnahme der Deutschen Bibliothek

Böhlig, Alexander:
Gnosis und Synkretismus: gesammelte Aufsätze zur
spätantiken Religionsgeschichte / von Alexander Böhlig.
– Tübingen: Mohr, Teil 1 (1989)
   (Wissenschaftliche Untersuchungen zum Neuen Testament: 47)
   ISBN 3-16-145299-2
   ISSN 0512-1604
NE: Wissenschaftliche Untersuchungen zum Neuen Testament

Druck von Gulde-Druck GmbH in Tübingen. Bindung von Heinrich Koch in Tübingen.

Printed in Germany.

Meiner Frau

INHALTSVERZEICHNIS

1. Teil

Allgemeine Probleme

Nag Hammadi

2. Teil

Philologisches zu Nag Hammadi

Manichäismus

VORWORT

Als Herr Kollege Martin Hengel mich aufforderte, der Aufsatzsammlung "Mysterion und Wahrheit" einen weiteren Sammel-
band folgen zu lassen, in dem von mir später in den letzten
zwanzig Jahren veröffentlichte Aufsätze zum Thema der Gnosis
zusammengefaßt werden sollten, lag ihm daran, die an so ganz
verschiedenen und z.T. entlegenen Orten geäußerten Anregungen
und Arbeitsergebnisse (Zeitschriftenaufsätze. Kolloquiumsbei-
träge. Festschriftartikel usw.) in einem Band einem weiteren
wissenschaftlichen Leserkreis, nicht zuletzt auch Theologen, zu-
gänglich zu machen. Bei seiner Anregung legte er mir nahe,
doch einige, u.U. autobiographische, Bemerkungen zur Bedeutung der Orientalistik für die Theologie zu machen. Da der
Hauptteil des Buches bereits einen beträchtlichen Umfang erreicht hat, muß ich mich hier im Vorwort zu dieser Problematik mit einigen kurzen Hinweisen begnügen.
Weil das Christentum aus dem Judentum und damit aus dem
Orient stammt, ist von vornherein eine Beschäftigung des Theologen mit der orientalischen Umwelt der Bibel in weitestem
Sinne gegeben. Humanismus und Reformation mit ihrem Ruf
"ad fontes" machten zunächst einmal die Beschäftigung mit
dem Hebräischen zu einem wichtigen Arbeitsgebiet. Das Vorhandensein auch aramäischer Abschnitte und die Hoffnung, mit
den Mitteln vergleichender Grammatik die Interpretation des
Alten Testaments verbessern zu können, führte zur Heranziehung
der Semitistik, wenn dabei auch nicht immer nach einer ange-

messenen Methodik verfahren wurde.

Eine weit bedeutsamere Rolle kam der Orientalistik aber
seit dem 19. Jh. zu, nachdem die Entzifferung der Keilschrift
und der Hieroglyphen die Umwelt des Alten Testaments als
seinen Hintergrund deutlicher werden ließ. Eine tiefgreifende
Exegese des Alten Testaments ist ohne altorientalistische und
ägyptologische Kenntnisse heute nicht mehr möglich, ganz abgesehen von einer sprachlichen semitistischen Schulung, zumal
das Ugaritische die Stellung des Hebräischen als eines kanaanä-
ischen Idioms uns hat besser verstehen lassen.

Sowohl für Alttestamentler als auch für Neutestamentler
ist von Interesse die Literatur des Judentums zwischen den beiden
Testamenten. Dieses apokryphe Schrifttum ist zu einem großen
Teil nur in orientalischen Übersetzungen über die christlich-
orientalischen Kirchen erhalten. Zu seiner Erschließung war
Koptisch, Syrisch, Arabisch, Äthiopisch, Armenisch und Geor-
gisch eine notwendige Hilfe. Gerade apokalyptische Literatur
ist besonders auf diesem Wege überliefert worden: man denke
an 4. Esra, Baruch, Henoch, Jubiläen, Eliasapokalypse u.a. Doch
auch bei der Herstellung des Bibeltextes selber, insbesondere
der Septuaginta sowie des Neuen Testaments, können die älteren orientalischen Übersetzungen wertvolle Hilfe leisten. Ich
selbst habe der Arbeit am koptischen Proverbientext und der
Beteiligung an K. Aland's Evangeliensynopse viel Zeit geopfert.

Aber über die Bibel und ihre Apokryphen hinaus haben die
orientalischen Literaturen patristisches Gut erhalten, das z.T.
noch im griechischen Original vorhanden, oft aber auch als
häretisch verdammt, nur durch die Übersetzung bewahrt worden
ist. Wie reich solche Übersetzungsliteratur sein kann, zeigt das
Beispiel der Passahhomilie des Melito von Sardes. Als der griechische Text aus der Sammlung Bodmer herausgegeben wurde,
tauchten bald syrische und georgische Versionen, ja auch Bruch-

stücke einer koptischen Fassung auf. Oder: Severus von Antiochia konnte als Monophysit bis auf Fragmente nur auf syrisch
tradiert werden.

Aber auch orientalische Originalquellen christlicher Theologie und Frömmigkeit sind von einer orientalischen Sprache
in andere übersetzt worden. z.B. Afrahat aus dem Syrischen
ins Armenische und Äthiopische, der Kommentar des Ephräm
Syrus zu Tatians Diatessaron aus dem Syrischen ins Armenische oder die Briefe des Antonius aus dem Koptischen ins Arabische und Georgische. So ist es nicht verwunderlich, wenn
die originalsprachlichen Werke zusammen mit den Versionen
eine außerordentlich umfangreiche Literatur bilden. Das kann
man am Umfang des Corpus Scriptorum Christianorum Orien-
talium (CSCO) sehen, das ca. 500 Bände umfaßt und ständig
weiter zunimmt, ebenso wie an der Patrologia Orientalis (PO),
die zwar nicht so viele Bände zählt, aber auch laufend fort-
geführt wird. Daneben stehen eine Fülle von kleineren Serien
und Einzelveröffentlichungen. Wichtig für den Theologen, der
nicht zugleich eine orientalistische Ausbildung besitzt, ist der
Umstand, daß in der Disziplin Christlicher Orient Textveröf-
fentlichungen immer mit Übersetzungen gegeben werden. Der
Benutzer hat also stets schon eine Interpretation vor sich. Das
enthebt ihn natürlich nicht, im Ernstfall auf den Urtext zurück-
zugreifen. Gerade wenn es um Begriffe geht - und das ist ja
in der Theologie die Regel -, kann die Übersetzung allein zu
Mißverständnissen führen. Das gilt z.B. auch für den koptisch-
gnostischen Fund von Nag Hammadi. Ist doch das Koptische
eine Volkssprache, die sich mit der Übersetzung der griechischen Vorlagen schwer tut, was seine Folgen auch beim Verständnis der modernen Interpreten hinterläßt. Auf keinen Fall
sollte man sich an die früher einmal gültige Regel halten: Orientalia non leguntur.

Doch die Beschäftigung mit den christlich-orientalischen
Literaturen kann für den Theologen nicht allein darin bestehen,
anderweitig verlorenes Textmaterial zu beschaffen oder Versionen für die kritische Ausgabe einer patristischen Schrift
zu erhalten. Der Theologe hat die Aufgabe, sich mit der Tradition zu befassen, die aus dem Ostmittelmeerraum als dem
Heimatland des Christentums stammt. Der heute so betonte
Zug zum ökumenischen Denken sollte uns die in unserer Zeit
z.T. sehr klein gewordenen und meist an der Unterdrückung
durch fremde Religionen und Ideologien leidenden Orientkir-
chen nicht vergessen lassen. Auch sie selber spüren gegenwärtig etwas von den Aufgaben, die der Gedanke der Weltkirche
mit sich bringt, zumal der Austausch zwischen Abend- und Mor-
genland durch die vereinfachten Verkehrswege und durch eine
Tätigkeit von orientalischen Christen in Europa und Nordame-
rika erleichtert wird. Ihre Tradition und Geschichte bieten ein
eindrucksvolles Bild vom Wirken des Christentums über den Rahmen des römischen Reiches hinaus.

So sehr im Osten des römischen Reiches das griechische
Element von vorrangiger Bedeutung war durch den Einfluß, den
die griechische Schule und Wissenschaft auf die christliche Theologie ausübte, muß man sich doch klarmachen, daß die beiden
größten und prosperierendsten Provinzen, die den Osten des
römischen und frühbyzantinischen Reiches bildeten, Syrien und
Ägypten, orientalische Länder waren, die zwar in gewissem
Maße hellenisiert, aber im Besitz eigenen Nationalbewußtseins
und weitgehend eigener Sprache waren, in die nicht nur die
Bibel übersetzt wurde, sondern in denen Texte aufgefunden
werden konnten, die Zeugnis davon ablegen können, womit sich
die Kirche im Kampf um den rechten Glauben auseinanderzusetzen hatte. Aber durch den Orient ging eine Grenze hindurch,
mit der der Westen und der Osten der damaligen Welt zusammen-

stießen, das römische Reich und das iranische Großreich, zwischen denen noch Pufferstaaten lagen. Wenn auch die griechische Sprache in der Theologie dominierte. so hat sie doch die Volkssprachen in den Kirchen des Orients nicht beseitigt. In Ägypten entwickelte sich das Koptische, in Syrien wurde die alte Kanzleisprache der Osrhoene zur Kirchensprache ebenso wie in Mesopotamien, in Armenien entstand nach Erfindung einer eigenen Schrift eine eigene Literatur, im Kaukasus nahm diese Stelle das Georgische ein; in Afrika bildeten sich als Schriftsprachen das Nubische und das Äthiopische heraus.

Diese Vielsprachigkeit spielte ebenso wie das Nationalgefühl der einzelnen Völker eine bedeutsame Rolle in den großen Kirchenkämpfen. die sich an die Entstehung der christlichen Bekenntnisse anschlossen. Wie zugleich Glaubenskämpfe und politische Gegnerschaft hierbei Hand in Hand gingen, zeigt das Schicksal Syriens und Ägyptens. Wanderten doch die 431 auf dem Konzil von Ephesus verdammten Nestorianer in das Rom feindliche Persien aus, was besonders im Auszug der Schule von Edessa und ihrer Neugründung in Nisibis zu Tage tritt. An beiden Stellen hatte man auf die Schule von Antiochia zurückgegriffen und Werke von ihr ins Syrische übersetzt. So kommt es, daß Theodor von Mopsuestia zum theologischen Lehrer der Nestorianer wurde. Ägypten, die Heimat der Monophysiten, verband diese theologische Einstellung mit einer Haltung nicht nur gegen die Reichskirche, sondern den Kaiser und das Reich überhaupt. Wenn es Monophysiten in Syrien gab, die von ihrer Heimatkirche verjagt wurden wie Severus von Antiochia, wurden sie in Ägypten aufgenommen. Monophysitisches Material ist außerdem in den Landessprachen von Äthiopien und Armenien erhalten.

Das starke Interesse an den dogmatischen Fragen wirkte sich auch in der liturgischen Tradition aus. Denn die reiche

Überlieferung dieser Art brachte auf diesem Wege die Glaubens-
inhalte an die Gemeinden heran. Gerade die protestantischen
Theologen, die in ihren Gottesdiensten ziemlich wenig liturgische Tradition pflegen, sollten sich mit diesem Erbe des Orients
beschäftigen, um im Kampf um neue liturgische Formen aus
dieser Quelle schöpfen zu können.

Ein weiteres Erbe an das Abendland hat die orientalische
Form des Christentums mit seiner Stellung zur Askese gegeben.
Über ein asketisches Handeln in der Gemeinde hinaus hat sich
hier die Anachorese und das Koinobitentum entwickelt. Selbst-
entäußerung in der Nachfolge Jesu und demütige Versenkung
führten zum Dienst, der im Klosterleben Gebet und Arbeit Hand
in Hand gehen läßt. Die großen Werke der Apophthegmata pa-
trum, die Historia Lausiaca und ähnliche Literatur, wurden
über den ganzen Orient verbreitet, ebenso wie die Literatur
um Pachomius. Solches Schrifttum kam bis nach Zentralasien,
wie ein in der Oase Turfan gefundenes sogdisches Fragment
der Apophthegmata und aus Euagrius Ponticus beweist, der zugleich Praktiker und Theoretiker der Askese war. Durch diesen
Asketen und Theologen gewann im Osten auch die Mystik an
Bedeutung. Orientalische Übersetzungen von Dionysius Areopagita wie im Abendland die des Scotus Erigena sind vorhanden.
In Syrien trat Isaak von Ninive hervor. Die Mystik des christlichen Orients hat auch Einfluß auf die islamische Mystik ausgeübt.

Mit der Herrschaft des Islam im Ostmittelmeerraum trat
das Arabische an die Stelle des Griechischen als lingua franca,
so daß eine christlich-arabische Literatur entstehen mußte.
Das Verhältnis des Christentums zum Islam ist für den Theologen in doppelter Hinsicht wichtig. Einerseits ist seine Bedeutung für dessen Entstehung zu klären, andererseits die Auseinandersetzung mit ihm eine ständige Aufgabe christlicher

Theologie.

Die ganze Breite der Forschungsaufgaben, die der christliche Orient stellt, wäre aber nicht vorhanden, hätte es nicht
die Entwicklung von Kirche und Theologie in den ersten drei
Jahrhunderten gegeben. Mit Recht hat A. von Harnack bei der
Edition der griechischen Kirchenschriftsteller diese Zeit in den
Vordergrund gerückt und W. Bauer die Frage nach Rechtgläu-
bigkeit und Ketzerei im ältesten Christentum untersucht. Auch
für diese Jahrhunderte hat uns der scheinbar unerschöpfliche
Boden Ägyptens zwei orientalische Textsammlungen erhalten,
den koptisch-gnostischen Fund von Nag Hammadi und die kop-
tisch-manichäische Bibliothek von Medinet Madi.

Da ja die häretischen Originalschriften von Staat und Kirche vernichtet worden waren, mußten diese Funde faszinierend
wirken. Erhoffte man sich doch von diesen Texten sehr viel -
vielleicht mehr, als sie für uns leisten können. Das war für
mich mit ein Grund, daß ich einen großen Teil meiner Lebens-
arbeitszeit der Erstedition gnostischer und manichäischer Texte
gewidmet habe. Es versteht sich von selbst, daß ich im Anschluß an diese Tätigkeit in Vorträgen und Aufsätzen Einzel-
probleme daraus behandelt habe. Zusammengefaßt werden nun
in diesem Band Aufsätze, die ab 1966 publiziert sind; sie sind
hier nicht zeitlich nach ihrem Erscheinen, sondern nach sach-
lichen Gesichtspunkten geordnet. Im ersten Teil werden die
Beiträge zusammengefaßt, die über einzelne gnostische Gruppen
hinausführen, diese unter einem allgemeinen Gesichtspunkt behandeln oder sie in einen größeren Rahmen einzuordnen versuchen. Im zweiten Teil folgen die Aufsätze zu inhaltlichen
Problemen von Nag Hammadi, im dritten solche, die sprachliche Probleme von Nag Hammadi angehen, wobei allerdings
die sprachliche Eigenart auch einen wesentlichen Beitrag zum
Inhalt liefern kann. Der vierte Teil ist dem Manichäismus ge-

widmet. Das Register erstreckt sich auch auf die vorangegan-
gene Aufsatzsammlung "Mysterion und Wahrheit".

Als ich vor über fünfzig Jahren Theologie und Orientalistik
studierte, stand die Theologie trotz einer stärkeren Selbstbe-
wußtwerdung weithin unter den Auswirkungen der Religionsgeschichtlichen Schule. Das Christentum, seine Entstehung und
frühe Ausbildung wurden im Rahmen seiner Umwelt betrachtet, ja man bemühte sich sogar, es als Produkt seiner Umwelt
anzusehen. Diese war die Welt des Hellenismus, die gerade
im Osten des römischen Reiches und an seinen Rändern ihre
eigenartige Ausgestaltung erfahren hatte. Hier hatten die grie-
chisch-römische Kultur und ihre Philosophie, das Judentum,
das pagane semitische Denken, die Astrologie und die iranische Religion in einem synkretistischen Prozeß zusammenge-
wirkt. Die Glaubenswelt des Christentums sollte ein Glied in
diesem religionsgeschichtlichen Geschehen darstellen. Als besonderes Merkmal des Hellenismus sah man aber nicht die Hellenisierung des Orients an, wie sie ja in der weitgespannten
Ausbreitung der Koinesprache zu erkennen ist, sondern vielmehr
eine Orientalisierung. Zwar war das Neue Testament griechisch
geschrieben, aber seinen Inhalt glaubte man vom Orient her
besser erklären zu können. In seiner Theologie des Neuen Testaments hat R. Bultmann bei seiner Darstellung des Kerygmas
der hellenistischen Gemeinde ein umfangreiches Kapitel "Gnostische Motive" angefügt. Er nahm an, daß die Grundgedanken
der Gnosis, wie wir sie in den Systemen des Gnostizismus, Mandäismus und Manichäismus kennen, bereits in das Neue Testament über eine jüdische Gnosis eingedrungen seien. Diese These,
die sich auf W. Boussets Bild von Judentum und Gnosis und
auf R. Reitzensteins Spekulationen von einem iranischen Erlösungsmysterium und von der Bedeutung des iranischen Urmenschen stützte, fand viel Anklang, zumal durch die Übersetzung

M. Lidzbarski's von den mandäischen Texten Übersetzungen
vorgelegt worden waren. Auch vom Manichäismus waren aus
Zentralasien Originale bekannt geworden, die aber infolge ihrer iranischen und z.T. buddhistischen Nomenklatur Mißverständnisse fördern konnten. Zwar hatte H.H. Schaeder nachgewiesen,
daß es sich dabei um eine missionarische Gestaltung der Namensgebung im Mythos handelte, doch Überbetonung der bei
Alexander von Lykopolis zitierten philosophischen Darstellung
des manichäischen Mythos hatte die volle Durchsetzung seiner
Beobachtung zunächst verhindert. Da brachte erst der koptisch-
manichäische Fund von Medinet Madi mit der Fülle seiner mythologischen Figuren, die Wiedergaben ihrer syrischen Urformen
waren, den Nachweis für die Richtigkeit von Schaeders Beurteilung der sog. östlichen Überlieferung des Manichäismus. Auf
der Basis dieser neu gefundenen Texte konnte ich in meiner
ungedruckten theologischen Dissertation "Die Bibel bei den
Manichäern" und in meinem Aufsatz "Christliche Wurzeln im
Manichäismus" den Weg vom Christentum zum Manichäismus
aufzeigen, worin ich durch den später aufgefundenen griechischen Kölner Mani-Codex bestätigt wurde. Auf dieser Grundlage untersuchte ich Mani auch als Synkretisten grundsätzlich
und an Hand von Einzelproblemen wie griechischer Philosophie,
iranischen und gnostischen Einflüssen. Besonders wichtig erscheint mir die Differenzierung solcher Einflüsse dahin, ob sie
nutzbare Modelle oder Initiative gebende Vorstellungen sind.
Deshalb sehe ich im manichäischen Mythos auch eine gnostisch-
synkretistische Ausführung der Christologie. Nicht manichäische Ideen sind in der kirchlichen Christologie zu finden, sondern die Christologie ist für Mani, der sich "Apostel Jesu Christi" nennt, der Ausgangspunkt. Infolge der Ausbreitung des Manichäismus als Weltreligion liegen seine Quellen in vielen Sprachen vor: griechisch, lateinisch, koptisch, syrisch, arabisch, mit-

telpersisch, parthisch, sogdisch, uigurisch, tocharisch, chinesisch. Der Forscher auf diesem Gebiet sollte mit möglichst
vielen vertraut sein, um die Begriffswelt erfassen zu können.

Für das eigentliche Wesen der Gnosis im allgemeinen und
des Gnostizismus im besonderen schien der Fund von Nag Hammadi endlich Klarheit zu bringen. Als eine der ersten veröffentlichten Schriften lieferte das Thomasevangelium eine Sammlung
von Worten Jesu, von denen eine große Anzahl aus den Synoptikern bekannt war. Manche Wissenschaftler glaubten, darin
die Quelle Q erkennen zu können. Doch was an Evangelien,
Apokalypsen und Apokrypha in der Bibliothek vorliegt, ist ausgesprochen gnostisch. Weil eine Reihe von Texten nicht christlich sein dürfte, bei anderen erst eine Christianisierung stattgefunden zu haben scheint, kann man auf eine außerchristliche
Gnosis schließen, zumal man m.E. hier den Hermetismus dazu-
rechnen darf, von dem ja gleichfalls Zeugnisse in Nag Hammadi
vorhanden sind. Ein gnostisches Fluidum hat parasitär Religionen beeinflußt, so daß die großen christlichen Gnostiker wie
Basilides und Valentin mit seinen Schülern christliche Theologen einer besonderen Schule waren. Doch dies gilt ebenfalls
für andere Verfasser der Schriften unserer Sammlung. Die Da-
tierung der in unserem Material vorliegenden Tradition ist allerdings schwierig. Dazu benötigen wir noch eine Geschichte
der gnostischen Tradition. Die Texte müssen noch weiter lite-
rar- und formkritisch behandelt werden. Zwar ist in ihnen durchaus vorirenäisches Gut erhalten; in anderen Fällen erkennt man
aber das Wirken eines Kompilators. Insofern ist Vorsicht geboten, wenn man solches Gedankengut in ältere Zeiten zurück-
projizieren will. Für das Verhältnis Griechenland und Orient
im Gnostizismus habe ich mit den Aufsätzen über die griechische Schule in Nag Hammadi und die aramäischen Elemente
in diesen Schriften Beiträge zur kulturellen Ortsbestimmung

zu liefern gesucht. Dagegen ist im Gnostiker der Disputant beim Entstehen der Großkirche zu sehen, dessen Wirken positiv und negativ sein kann. Weil Thesen oft als Folge eines geistigen Kampfes formuliert werden, sollte der Theologe wissen, womit sich die Kirche in der Diskussion mit Gnostizismus und Manichäismus auseinanderzusetzen hatte. Darüber ist auch in der modernen Theologie viel Streit entstanden.

Daß in fast allen in dem Bande gegebenen Beiträgen Änderungen gegenüber ihrer Erstfassung vorgenommen wurden, ist verständlich, zumal auch gegebenenfalls die Diskussion aufgenommen wurde.

An dieser Stelle möchte ich ganz besonders noch meinen Dank sagen Herrn Kollegen Hengel für die Anregung zu diesem Band, dem Verlag J.C.B. Mohr (P. Siebeck), daß er ihn in seine Produktion aufgenommen hat, und meiner Frau, die die Offsetvorlage angefertigt und mich bei der Erstellung der Indices tatkräftig unterstützt hat.

Alexander Böhlig

ABKÜRZUNGEN

A(nm).	Anmerkung
A(pocr) J(oh)	Johannesapokryphon
BG	Papyrus Berolinensis gnosticus
BSOAS	Bulletin of the School of Oriental and African Studies
CMC	Codex Manichaicus Coloniensis
CSCO	Corpus Scriptorum Christianorum Orientalium
CSEL	Corpus Scriptorum Ecclesiasticorum Latinorum
d. h.	das heißt
Ev Aeg	Ägypterevangelium
Ev Phil	Philippusevangelium
Ev Thom	Thomasevangelium
Ev ver	Evangelium der Wahrheit
FGH, FHG	Fragmenta Historicorum Graecorum
GCS	Griechische christliche Schriftsteller
i.e.	id est
JAC	Jahrbuch für Antike und Christentum
JThS.	Journal of Theological Studies
Keph.	(koptisch-manichäische) Kephalaia
m.E.	meines Erachtens
MPG	Migne, Patrologia Graeca
MPL	Migne, Patrologia Latina

NGWG	Nachrichten der Göttinger Gesell- schaft der Wissenschaften
NH	Nag Hammadi codices
NTS	New Testament Studies
OLZ	Orientalistische Literatur-Zeitung
PGM	Papyri graecae magicae
PO	Patrologia Orientalis
Ps-B.	(Manichaean) Psalm-Book
PW	Pauly-Wissowa
RAC	Reallexikon für Antike und Christentum
RE	Realenzyklopädie
S.	Seite
sc.	scilicet
SNTS	Studiorum Novi Testamenti Societas
s.o.	siehe oben
s.u.	siehe unten
s.v.	sub verbo
ThLZ	Theologische Literatur-Zeitung
ThWB	Theologisches Wörterbuch zum Neuen Testament
TU	Texte und Untersuchungen zur Geschichte der altchrist- lichen Literatur
u.a.	und andere(s)
UPZ	Urkunden der Ptolemäerzeit
u.U.	unter Umständen
v.	Vers
vgl.	vergleiche
Z.	Zeile

ZA	Zeitschrift für Assyriologie
ZÄS	Zeitschrift für ägyptische Sprache und Altertumskunde
ZAW	Zeitschrift für die alttestamentliche Wissenschaft
z.B.	zum Beispiel
ZKG	Zeitschrift für Kirchengeschichte
ZNW	Zeitschrift für die neutestamentliche Wissenschaft
ZRGG	Zeitschrift für Religions- und Geistesgeschichte
z.T.	zum Teil
ZT(h)K	Zeitschrift für Theologie und Kirche

ALLGEMEINE PROBLEME

ZUR STRUKTUR
GNOSTISCHEN DENKENS

I. Einleitung

M. Heideggers Wort "Die Wissenschaft denkt nicht"[1] ist insofern berechtigt, als in diesem Satz Denken die In-Frage-Stellung der fundamentalen Grundlagen bedeutet. C.F.v. Weizsäcker stimmt von der Naturwissenschaft aus Heidegger zu[2], da die Physik nicht danach fragt, was Materie ihrem Wesen nach ist, sondern die sie betreffenden Gesetze erarbeitet. Auch gewisse Sparten der Geisteswissenschaften verfahren so, z.B. wenn der Linguist Regeln aufstellt oder der Texteditor Handschriften vergleicht und verwertet. Aber gerade in den geisteswissenschaftlichen Disziplinen ist die technische Arbeit meist so eng mit der Interpretation verbunden, daß theologische, religionswissenschaftliche und philosophische Grundfragen auch vom Philologen gestellt werden müssen. Auch bei der Erforschung von Gnosis und Gnostizismus ist dies der Fall, so daß hier eine Trennung von philologischer und religionswissenschaftlicher Arbeit nur zu Fehlschlüssen führen würde.

Auch in dieser Forschung setzt Tübingen die Arbeit fort, der F.C. Baur, der bei dieser Tagung immer wieder genannte Tübin-

---

Vortrag, gehalten auf der Tagung der SNTS in Tübingen 1977, veröffentlicht in NTS 24 (1978) 496 - 509.

1 M. Heidegger, Was heißt denken? (3. Aufl. Tübingen 1971), S. 4.

2 C.F. v. Weizsäcker, Die Einheit der Natur (München 1974), S. 288.

ger Theologe, große Aufmerksamkeit geschenkt hat; allerdings
vollzieht sich die planmäßige Forschung auf diesem Gebiet heute
nicht im Fachbereich Theologie, sondern in der Abteilung Sprachen und Kulturen des christlichen Orients beim Orientalischen
Seminar. Hier läuft gegenwärtig ein Forschungsauftrag, der hellenische und hellenistische Einflüsse in den Texten von Nag Hammadi untersuchen soll, um später das gleiche auch am Manichäismus vorzunehmen. Als Zentralthemen werden 1. Metaphysik
und Kosmologie, 2. Anthropologie, 3. Ethik behandelt. Außerdem
wird ein Begriffswörterbuch erstellt, das eine erste Hilfe für
die Erschließung der Texte von Nag Hammadi bilden soll, bis
das von B . Layton geplante große Gesamtwörterbuch von Nag
Hammadi erscheinen kann.

II. Warum besondere Beachtung der Denkformen

Baur hatte im Gnostizismus etwas grundsätzlich anderes als
im Christentum gesehen: er wollte in ihm ein Weltprinzip, nicht
ein Heilsprinzip erkennen. Diese Gegenüberstellung war zu einseitig, weil Kosmologie und Soteriologie sich in der Gnosis nicht
ausschließen, sondern vielmehr ergänzen. Eine Welt, die dem gebildeten Gläubigen - im Hellenismus hat Bildung sehr stark religiösen Charakter gewonnen - sich horizontal und vertikal immer
weiter auftat, mußte auch beim Suchen nach dem Heil und den
damit zusammenhängenden Fragen unabdingbare Bedeutung erlangen. Die Probleme werden vom Kosmos aus beantwortet, wie
wir noch zu behandeln haben. Deshalb spielt auch Jesus bzw.
Christus für den christlichen Gnostiker als kosmische Größe die
wesentliche Rolle.

Nicht erst W. Anz[3], sondern bereits Baur[4] hat durch die scharfe Differenzierung von Christentum und Gnostizismus sich veranlaßt gesehen, die Erforschung des Gnostizismus und Manichäismus von der christlichen Sektengeschichte in die allgemeine Religionsgeschichte zu verlegen. Für uns, die wir ihm darin folgen, ist übrigens Gnosisforschung nicht nur die Behandlung der Häresien des 2. Jh's, sondern sie bezieht die Bearbeitung des Mandäismus, Manichäismus und auch der Hermetik mit ein. Allerdings zog Baur sehr weitgehende Schlüsse, z.B. für die Beziehungen zu Indien (Buddhismus) und Iran, die ihm der damalige Quellenstand eigentlich nicht gestattete. Doch der Weg für die spätere Arbeit der Religionsgeschichtlichen Schule war von ihm schon vorbereitet. Die stürmische Entwicklung der Orientalistik mit ihrer Erschließung des Alten Orients, der zentralasiatischen Quellen zum Manichäismus sowie der Handschriftenfunde im Boden Ägyptens, ganz abgesehen von neuerschlossenen Exzerpten aus syrischen und arabischen Texten, gab Theologen und Philologen in der ersten Hälfte dieses Jahrhunderts den Mut, ein neues Bild der Religionsgeschichte für das Zeitalter um Christi Geburt zu zeichnen. Unter ihnen ragen zwei Neutestamentler hervor: W. Bousset[5] und R. Bultmann[6]. Man meinte damals – und auch heute gibt es Vertreter dieser Richtung –, der Mittelmeerraum sei vom Orient her durch eine religiöse Strömung, die Gnosis, geprägt worden, die sich wohl auch in religiösen Gruppenbildungen niedergeschlagen haben mochte. Den Ursprung

---

3 W. Anz, Zur Frage nach dem Ursprung des Gnostizismus (TU 15, 4), Berlin 1897.

4 F.C. Baur, Das Christentum und die christliche Kirche der drei ersten Jahrhunderte (2. Aufl. Tübingen 1860), S. 175 - 189. (Abdr. in: K. Rudolph, Gnosis und Gnostizismus [Darmstadt 1975], S. 1 - 16.)

5 W. Bousset, Hauptprobleme der Gnosis (Göttingen 1907).

6 R. Bultmann, Theologie des Neuen Testaments (7. Aufl. hrsg. v. O. Merk, Tübingen 1977).

dieser Gedankenwelt sahen Männer wie R. Reitzenstein[7] und auch heute noch G. Widengren[8] in Iran. Demgegenüber betonte der Iranist H.H. Schaeder das griechische Element[9], in dem bereits A.v. Harnack das eigentliche Charakteristikum der Gnosis hatte sehen wollen[10]. Für Sie ist es heute wohl von vorrangigem Interesse, ob vor dem Christentum, insbesondere vor dem Zeitalter der Urgemeinde und der ältesten Mission, bereits Gnosis vorhanden war, die auf die Gedankenbildung der neutestamentlichen Theologie hätte Einfluß nehmen können. Woraus die Entstehung einer solchen Gnosis im einzelnen zu erklären wäre, soll hier freilich nicht behandelt werden.

Gerade in der jüngsten Zeit ist die entgegengesetzte Richtung, die den Gnostizismus wieder zur christlichen Sekte machen will, stark zu Wort gekommen. Man möchte zu der Auffassung zurückkehren, der Gnostizismus sei eine Hellenisierung des Christentums. Insbesondere wollen die Vertreter dieser Richtung alle entscheidenden Gedanken des Christentums dem Judentum - freilich einem hellenisierten - entstammen lassen. Für die Gnosis läßt man dabei allerdings keine direkten Einwirkungsmöglichkeiten des Judentums zu, sondern postuliert einen Weg der jüdischen Elemente über das Christentum zur Gnosis. Man kann aber nicht aus Schriften christlicher Gnosis, die natürlich auf die heilige Schrift der Christen Bezug nehmen, die Nicht-Existenz anderweitiger Gnosis beweisen. Noch ein Einzelbeispiel: In der Schrift Nag Hammadi II,5 wird von

7 R. Reitzenstein, Das iranische Erlösungsmysterium (Bonn 1921).

8 G. Widengren, Der iranische Hintergrund der Gnosis, ZRGG 4 (1952) 97 - 105, 111 - 114 (Abdr. in: K. Rudolph, Gnosis und Gnostizismus, S. 410 - 425.

9 H.H. Schaeder, Urform und Fortbildungen des manichäischen Systems (Leipzig 1927), S. 110ff.

10 Vgl. seine berühmte Äußerung in: Lehrbuch der Dogmengeschichte (4. Aufl. Tübingen 1909), I 243ff.; vgl. auch die Rezension zu Bousset in ThLZ 33 (1908) 10 - 13 (Abdr. in: K. Rudolph, Gnosis und Gnostizismus, S. 231 - 237).

der Schaffung von Cherubin und Seraphin für das Thronreich
des Sabaoth und von einer Engelkirche und einem Erstgeborenen mit Namen Israel gesprochen; dieser Name wird dabei
übrigens wie bei Philon als "der Mensch, der Gott sieht" gedeutet[11]. Neben diesen Israel wird Jesus Christus gestellt,
der dem Heiland in der Ogdoas gleicht[12]. Das weist doch darauf hin, daß in einer älteren Tradition bei der Vorstellung
vom Erstling der Engelkirche Israel allein genannt und später
im Zuge der christlichen Gnosis Jesus Christus hinzugefügt
wurde. Die judaistische Richtung arbeitet heute wie die Religionsgeschichtliche Schule, nur mit umgekehrtem Vorzeichen.
Ich fürchte, der Kampf der Meinungen ist bereits zu einem Circulus vitiosus geworden[13]. Man sollte doch heute nicht mehr allein mit Newtons Gesetzen der Mechanik die Geschichte erklären, so einleuchtend für den Menschen und vielleicht auch den
Universitätslehrer aus persönlichen Erfahrungen das Gesetz von
Druck und Gegendruck erscheinen mag[14]. Man glaubte ja, im
allgemeinen die Ereignisse der Geschichte nur auf Kausalitäten
zurückführen zu können. Es kam also darauf an, die Gesetze
der Geschichte festzustellen, um die Geschichte ebenso wie die
Physik in einem festen deterministischen Weltbild erfassen zu
können, und der Marxismus-Leninismus glaubt, dies ja geleistet zu haben. Die Physik selber ist aber inzwischen vom rein

11   Israel = "der Gott sieht"; vgl. Philon V 345, 24, VI 156, 4, ed. Cohn
- Wendland.

12   Nag Hammadi II 105, 16 - 27; vgl. A. Böhlig - P. Labib, Die koptisch-
gnostische Schrift ohne Titel aus Codex II von Nag Hammadi im Koptischen Museum zu Alt-Kairo (Berlin 1962), S. 53 - 54.

13   So kommt es einem vor, wenn man die aufeinander folgenden Beiträge
von · W. Schmithals und O. Betz in: Verkündigung und Forschung; Neues Testament, Beihefte zu Evangelische Theologie 21 (1976) 22 - 46 bzw. 46 - 80 vergleicht.

14   So I. Kant, der sich ja an Newton anschließt: "Wenn wir erfahren, daß
etwas geschieht, so setzen wir dabei jederzeit voraus, daß etwas vorhergehe, woraus es nach einer Regel folgt".

mechanischen Weltbild abgekommen; die Ergebnisse der Relati-
vitätstheorie A. Einsteins, der Quantentheorie M. Plancks und
der Kybernetik rüttelten am bisherigen Weltbild und den von
ihm beeinflußten Weltvorstellungen des 19. Jh's. Das heißt
nicht, daß man jetzt die causa efficiens als nicht vorhanden
betrachtet; aber man hat festgestellt, daß das Kausalitätsprinzip auch in gewissen Fällen durchbrochen werden kann[15].
Die Naturwissenschaft ist in der glücklichen Lage, solche Ergebnisse im Experiment zu beobachten und zu kontrollieren.
Dies können die Geisteswissenschaften zwar nicht; wenn aber
eine exakte Wissenschaft sich zu einer so komplexen Welt-
betrachtung bekennt, sollten wir dann nicht auch in der Geistesgeschichte uns solche Erfahrungen zunutze machen?

Ich möchte für die Erklärung der gnostischen Systeme das
Kausalitätsprinzip nicht vollständig über Bord werfen, glaube
aber, daß das Denken, Glauben und Fühlen des Gnostizismus
nicht einfach aus einer Mischung verschiedener religiöser Richtungen zu erklären ist; vielmehr ist das, was wir als die historische Größe Gnostizismus ansehen, eine Entfaltung der allgemein menschlichen religiösen Erscheinung Gnosis[16]. Die Gnosis ist im Menschen von vornherein als Möglichkeit angelegt.
Sie steht neben dem Erkenntnistrieb der Wissenschaft, neben
der rein religiösen Hingabe, neben der Sexualität, neben dem
Antrieb zu politischer Herrschaft u.a. Sie kann sich positiv
oder negativ zu den anderen Anlagen des Menschen stellen.
Wie im menschlichen Körper das Gegen- oder Zusammenspiel

15 Vgl. W. Heisenberg. Das Naturbild der heutigen Physik (Hamburg 1968);
C.F. v. Weizsäcker. Die Einheit der Natur (München 1971), S. 287ff.; H. W. Beck.
Gegen den Mythos vom geschlossenen Weltbild (Wuppertal 1973), speziell S. 49
- 57.

16 Ich weiche hiermit von der Definition ab, wie sie der Kongreß von Messina zu Gnosis und Gnostizismus gegeben hat. Vgl. U. Bianchi. Le origini dello
gnosticismo. Colloquio di Messina 1966 (Leiden 1967), S. XXIX - XXXII.

der Bakterien den Gesundheitszustand beeinflußt, wobei auch äußere Einwirkungen mitspielen, so objektiviert sich die gnostische Haltung im Gnostizismus. Diese gnostische Haltung ist dann nicht abzuleiten. Die Kausalitäten sind aber im Inneren des Menschen an der Auseinandersetzung mit den anderen Anlagen und Einflüssen der Umwelt zu erkennen. Mit dieser Beurteilung von Gnosis und Gnostizismus kann man auch den Äußerungen der Gnosis in der Geschichte, die nicht zum Gnostizismus der römischen Zeit gehören, gerecht werden. Bleibt aber dann nicht doch die Frage nach dem Ursprung des Gnostizismus erhalten? Ja und nein! Gewiß hat die Forschung, soweit wie möglich, die Kausalitätenkette zurückzuverfolgen. Doch das bezieht sich nur auf die Art, wie sich der Gnostizismus in seinen Äußerungen darstellt. Der gnostische Kern ist eine Voraussetzung.

Worin besteht nun aber die gnostische Haltung?

1. Sie ist eine religiöse Haltung, die glaubt, den Menschen erlösen zu können. Sie hat zum Ziel, durch Trennung von der Welt den Menschen in die geglaubte himmlische Heimat zurückzuführen.

2. Sie glaubt, daß der Mensch dieses Ziel nur erreichen kann, wenn er seine Verflochtenheit mit dem Weltall berücksichtigt und den Dualismus von Licht und Finsternis in Metaphysik, Kosmologie, Anthropologie und Ethik begreift.

3. Sie glaubt, daß ihr diese Erkenntnisse durch die Predigt eines himmlischen Gesandten, also durch Offenbarung, kundgetan wird.

Diese geschilderte Haltung verbindet sich zu Zeiten mit religiösen und philosophischen Bewegungen und macht sich deren Vorstellungen und Begriffe zunutze, z.B. die griechische, altorientalische, jüdische, christliche und islamische Gedankenwelt. Man spricht deshalb auch von einem parasitären Zug

der Gnosis. Darum kann man m.E. mit Recht das Wirken or-
phischer Gedanken bei Platon als gnoseologisch bezeichnen[17],
auch wenn diese noch nicht in die Bahnen des späteren Gnostizismus gelenkt sind. Andererseits zeigt am Beginn der Neu-
zeit ein Mann wie J. Böhme gnostisches Denken, wenn er darum ringt, Gut und Böse in einer coincidentia oppositorum zu-
sammenzuschließen und Gottes Werk, die Kosmologie, die Geschichte der irdischen Welt und die Wiederherstellung der geistigen Natur zu begreifen und darzustellen.
      Wir sollten nun bei der Behandlung der einzelnen gnosti-
zistischen Systeme danach fragen, inwieweit konstitutive Elemente von Akzidentien zu trennen sind, wieweit der gnostische
Gedanke sie sich untertan gemacht hat oder durch sie zu weiterer Antwort angeregt wurde. Ich halte es deshalb gegenwärtig für geboten, durch eingehendes Quellenstudium die Denk-
methoden der Gnostiker zu analysieren, um die Denkinhalte
besser erfassen zu können. Gerade dabei kann man das, was
aus den einzelnen Hochkulturen, ihren Philosophien und Religionen stammt, bestimmen und seine Bedeutung für die Gnosis erkennen. Daß dabei die Umdeutung – nicht nur in der
Protestexegese – eine besondere Rolle gespielt hat, zeigt, daß
die Gnosis nicht einfach eine Mischung einzelner Bestandteile
ist, die zusammengebraut wurden. Eine auch für die Struktur
besonders wichtige Verbindung in ihr ist dabei die von Philosophie und Religion. Wenn Heidegger beim Vergleich von Denken und Dichten den Denker das Sein sagen, den Dichter aber
das Heilige nennen läßt[18], so kann die Kombination von beiden
gerade als ein Merkmal der Gnosis angesehen werden. Von der

---

17 Vgl. C. Andresen, Erlösung. RAC VI (1966) 77ff.
18 M. Heidegger, Was ist Metaphysik? (5. Aufl. Frankfurt a.M. 1949, 10.
Aufl. 1969), Nachwort 51.

mythologischen Darstellung her, die von der Gnosis so oft gebraucht wird, hat man ihre Ausdrucksweise als dunkel betrachtet, weil man sich nicht die Mühe nahm, eine fremdartige Ausdrucksweise zu analysieren. Man sollte doch hier an das Wort
von Kant denken: "Aber denken kann ich, was ich will, wenn
ich mir nur nicht selbst widerspreche"[19]. Und Kant weiter:
"Sich einen Gegenstand denken und einen Gegenstand erkennen, ist also nicht einerlei". Der erstere Satz von Kant er-
laubt uns, die Aussagen der Gnostiker zu differenzieren und
zu qualifizieren. Es finden sich neben logisch aufgebauten Werken bei ihnen auch solche, die in exzessiver Weise Zahlenreihen oder Zauberformeln zum Selbstzweck machen, ohne daß
ihnen ein wirklicher Gedanke zugrunde liegt. Man denke z.B.
an die Spekulationen im sog. "Unbekannten altgnostischen Werk"
des Codex Brucianus oder an die Darstellungen der Bücher
Jeû. Manchmal finden sich aber auch Widersprüche, weil aus
religiösen Gründen etwas umgebogen werden muß. So wird
etwa von Mani beim Ausgleich von Mondjahr und Sonnenjahr behauptet, das Sonnenjahr habe 364 Tage. Er arbeitet nämlich mit
zwölf statt elf Überschußtagen, weil ihm diese wegen der Bedeutung der Zahl zwölf im Manichäismus angemessener erscheinen. Hier tritt also das Glaubenselement gegenüber dem philosophischen in den Vordergrund[20]. Die Tatsache, die Kant in
seinem zweiten zitierten Satz ausspricht, versucht der Gnostiker dadurch zu überwinden, daß sein Denken die Form der Schau
annimmt; er bedient sich des Mythos.

19 I. Kant, Kritik der reinen Vernunft (2. Aufl. Riga 1787). S. XXVI, Anm.,
und S. 146.

20 W. Henning, Ein manichäisches Henochbuch (Sitz.-Ber. d. Preuß. Akad.
d. Wiss. Berlin 1934). S. 35 (Abdr. in W.B. Henning, Selected Papers I [Leiden
1977], S. 249).

III. Beispiele für Denkstrukturen

Da über den Kunstmythos der Gnostiker schon vielerlei geschrieben worden ist, kann ich mich hier auf Punkte beschrän-
ken, die mir im Rahmen dieses Referates als besonders wichtig erscheinen. Im Gegensatz zu H.-M. Schenke bin ich der
Meinung, daß es keinen Urmythos der Gnosis gibt; vielmehr
zeigt sich der gnostische Mythos variabel. Selbst bei den Manichäern, bei denen der Mythos eine ziemlich feste Form erhalten hat, so daß er gewissermaßen die Regula fidei bildet, bietet die Diskussion Möglichkeiten der Ausmalung. Das Entscheidende ist, daß dem mythologischen Geschehen ein gedankli-
cher Gehalt zugrunde liegt. Der Mythos selbst kann immer
nur Ausdrucksform, nur Modus des gnostischen Denkens sein.
Deshalb kann der mythologische Figurenbestand entsprechend
dem gedanklichen Inhalt, der ausgesagt werden soll, auch verschieden gebraucht oder sogar umgestaltet werden. Ein Beispiel aus Nag Hammadi: Im Ägypterevangelium wird der himmlische Mensch Adamas von einer Hilfsgottheit mit Namen "Moirothea" (Schicksalsgöttin) geschaffen[21]. In den "Drei Stelen
des Seth", in denen Seth seinen Vater Adamas und als dessen
Mutter Barbelo, als dessen Vater aber den obersten Gott in
drei Hymnen preist, wird Adamas als ein "Moirotheas" bezeichnet[22]. Das ist zu interpretieren als eine $-\alpha \varsigma-$ Form von
"Moirothea"; solche Form dient als Berufsbezeichnung und besagt somit, daß Adamas als Vater des Seth eine Schöpfergott-

---

21 Nag Hammadi III 49, 4 (in Codex IV ist der Name zerstört); vgl. Nag
Hammadi Codices III,2 and IV,2: The Gospel of the Egyptians, ed. A. Böhlig -
F. Wisse in cooperation with P. Labib (Leiden 1975), S. 90.

22 Nag Hammadi VII 119, 11ff.; vgl. M. Krause - V. Girgis. Die drei Stelen des Seth, in: F. Altheim - R. Stiehl, Christentum am Roten Meer II (Berlin
1973), S. 182.

heit ist[23]. Es liegt hier also nicht ein Name, aus dem die
Funktion ersichtlich wäre, sondern ein Appellativum vor. Ja,
der preisende Seth geht noch einen Schritt weiter; er nennt
Adamas danach "Mirotheos" und geht damit vom Appellativum
zur Entsprechung von "Moirothea" über und gibt dem Adamas
den Namen "Moirothea" in männlicher Form. Ob maskulin
oder feminin, die Funktion des Schaffens ist hier für den Namen entscheidend, so daß diese Figur bzw. ihr Name nicht an
einen bestimmten Ort im Mythos, sondern allein an die Funktion im jeweiligen Kontext gebunden ist[24].

Auch im Manichäismus findet sich infolge der Bezeichnung
mythologischer Größen nach der Funktion mitunter die gleiche
Benennung für verschiedene Gestalten. Durch seine Beziehung
zum Christentum ist Mani der Terminus "Sohn Gottes" geläu-
fig: "Jesus, du Einziggeborener, du Sohn des höchsten Gottes"
begegnet in einem manichäischen Psalm[25]. Und am Ende eines
Psalms in einer manichäischen Doxologie heißt es: "Sieg und
Preis sei dir, o lebendiger Vater , und Jesus Christus, deinem
Sohn, und deinem heiligen Geist"[26]. Um so auffälliger ist die
Ähnlichkeit, ja Gleichheit der Aussage über Jesus Christus in
den Acta Archelai mit der eines mittelpersischen Hymnus auf
Ohrmizd (= Urmensch)[27]. In den Acta Archelai[28] wird ebenso

---

23 Vgl. E. Schwyzer, Griechische Grammatik I (3. Aufl. München 1959).
S. 461.

24 Vgl. A. Böhlig, Zum "Pluralismus" in den Schriften von Nag Hammadi.
s. u. S. 229 - 250.

25 A Manichaean Psalm-Book. II. ed. C.R.C. Allberry (Stuttgart 1938). S.
60, 8.

26 Ps.-B. 82, 30f.

27 W. Henning, Ein manichäischer kosmogonischer Hymnus (NGWG 1932),
S. 214 - 228, hier besonders 221 (Abdr. in: W.B. Henning, Selected Papers I,
S. 49 - 63, hier 56).

28 Hegemonius, Acta Archelai, ed. C.H. Beeson (GCS 16, Leipzig 1906).
S. 12, 9. 11.

wie in dem Hymnus von der Entsendung eines Erlösers gesprochen; beide Male verwandelt er sich in Menschengestalt. In
den Acta Archelai begnügt man sich mit der Bezeichnung "Sohn"
bzw. "geliebter Sohn". Hier mag durchaus Jesus gemeint sein,
der ja im Manichäismus sowohl mit den bösen Mächten kämpft
als auch Adam belehrt[29]. Im mittelpersischen Hymnus übernimmt diese Rolle Ohrmizd. Das ist daraus zu erklären, daß
sich der Urmensch nach seiner Errettung durch den Lebendigen Geist aktiv an der Befreiung der Seelen beteiligt[30]. Weil
er als Urmensch aber auch Sohn des höchsten Gottes ist, kann
er in einem Text, der die christliche Nomenklatur umgeht,
als Ohrmizd auftreten, der ja der Sohn des Urgottes Zurwan
ist. Auch in koptisch-manichäischen Psalmen wird der Urmensch
als Sohn bezeichnet[31]: "So steht es mit dem Vater, der seinen
starken Sohn gesandt hat". An anderer Stelle heißt er "der
Erstgeborene"[32]. Wie man nach dem Ablauf des Mythos die
Söhne "ordnet", zeigt eine weitere Psalmstelle, an der der
Lebendige Geist als "zweiter Sohn" bezeichnet wird[33]. Man
sieht daraus also, daß "Sohn Gottes" in einem aufgeglieder-
ten Mythos nicht immer die eindeutige Bedeutung behalten
konnte, die dieser Ausdruck von seiner christlichen Tradition
her hatte.

Wichtig für das Verständnis gnostischer Texte ist das Vorhandensein von Schriften, die Teilmythen bringen. Es braucht
nämlich durchaus nicht immer der ganze Ablauf des kosmologischen Dramas dargestellt zu werden; das liegt gar nicht ein-

---

29 Vgl. Kephalaia, 1. Hälfte, ed. H.J. Polotsky - A. Böhlig (Stuttgart 1934
- 1940), S. 59, 19ff.

30 Vgl. Keph. 176, 4ff.

31 Ps.-B. 10, 6f.

32 Ps.-B. 36, 21. 80, 28 ist dies dagegen für Jesus gebraucht.

33 Ps.-B. 10, 21.

mal nahe. Im Orient, wo man viel und gern erzählte, kann man
durchaus die Entstehung von Stücken annehmen, die Abschnitte
der großen mythologischen Handlung herausgreifen. Typisch dafür ist z.B. der Eugnostosbrief. Allerdings lag es auch nahe,
daß dann in späterer Zeit größere Einzelabschnitte unter bestimmten Gesichtspunkten zu Gesamterzählungen zusammengefaßt wurden. Man vergleiche hierzu etwa die Hypostasis der
Archonten. Aber auch mit kleineren Traditionsstücken muß man
rechnen, die von gewissen Tendenzen her verfaßt sind. Man vergleiche dafür nur einmal die verschiedenen Fassungen des Apokryphon des Johannes und den ersten Teil des Ägypterevangeliums von Nag Hammadi[34], die eine ursprünglich einheitliche
Handlung des Mythos bieten, der nun ganz verschiedenartig
ausgemalt ist. Wenn Traditionsstücke zu einem Traktat zusammengefügt wurden wie etwa in der Schrift Nag Hammadi II,5[35],
so darf man sich diesen Vorgang freilich nicht unlebendig und
rein mechanisch vorstellen.

Daß andererseits Teilmythen immer schon als Bestandteile
eines Gesamtweltbildes, also eines Gesamtmythos, anzusehen
sind, liegt im Wesen des gnostischen Mythos. Er versucht ja,
der Aufgabe gerecht zu werden, die sich die griechische Philosophie gestellt hat, der Erfassung der Welt als Ganzem[36]. Die
großen Mythen des platonischen Dialogwerkes, etwa in Timai-

---

34 Vgl. A. Böhlig - F. Wisse. Gospel of the Egyptians, S. 32ff.

35 Vgl. A. Böhlig - P. Labib. Die koptisch-gnostische Schrift ohne Titel.
S. 26ff. Der Widerspruch gegen die These von den Traditionsstücken erscheint
mir unbegründet. Es handelt sich ja nicht um zwei am Schreibtisch zusammen-
gemixte Quellen. sondern um Mythengut verschiedener Tendenzen. das unter einem
übergeordneten Gesichtspunkt zusammengeschlossen wurde, wobei Brüche durchaus zu erkennen sind. Außerdem bietet ein Abschnitt wie hier der über Ägypten
eine Sondertradition.

36 O. Gigon. Grundprobleme der antiken Philosophie (Bern 1959). S. 13ff.
Daß es Stimmen gegen eine Erschaffung des Weltganzen gibt, braucht nicht zu
stören.

37 30 b - 92 c.

os[37], Politikos[38] oder Phaidros[39], sind Beispiele dafür. Infolge des Dualismus in einer schroffen Form muß in der Gnosis der Kosmos als Teil des Alls erfaßt werden, da ja neben der himmlischen Welt auch eine untere Welt und gegebenenfalls auch der Gegensatz zu einer feindlichen Welt berücksichtigt werden muß. Die Gesamterfassung des Alls findet statt mit Hilfe der beiden Denkmöglichkeiten des Menschen, Raum und Zeit. Darum muß auch in einem auf Soteriologie ausgerichteten Denken der Metaphysik ein breiter Raum gegeben werden. Ihre mythische Darstellung mag, wie z.B. im Eugnostosbrief, auf manchen Leser abstrus wirken. Es wird eben der Versuch unternommen, Denken und Schau zu vereinigen[40]. Unsere Aufgabe ist es, diesen Weg nachzuvollziehen, um dieser Literatur gerecht werden zu können. Dort aber, wo das Raum-Zeit-Denken aufhört, nämlich bei der Schilderung des höchsten Gottes, muß man sich allerdings mit menschlicher Ausdrucksweise begnügen, wie dies der Manichäismus tut, wenn der Vater der Größe unter seinen Schekīnās thronend geschildert und vom himmlischen Aër und der himmlischen Erde gesprochen wird. Auch in Nag Hammadi wird die himmlische Welt konkret dargestellt (so in Apokryphon des Johannes, Ägypterevangelium, Sophia Jesu Christi). Wenn der höchste Gott aber über dieser himmlischen Welt vorgestellt wird, dann versucht man mit Hilfe negativer Theologie und logischen Schlüssen in den Raum des $\dot{\epsilon}\pi'\ \dot{\epsilon}\varkappa\epsilon\tilde{\iota}\nu\alpha$ vorzudringen. Für eine solche negative Gottesbeschreibung möchte ich auf Apokryphon des Johannes[41] und Eugnostosbrief[42] bzw.

---

38 268 d - 274 e.

39 243 e - 257 b.

40 Wie dies bereits Platon im Mythos unternimmt, beschreibt K. Gaiser. Platons ungeschriebene Lehre (2. Aufl. Stuttgart 1968), S. 205.

41 BG 22,17 - 26,13 (Die gnostischen Schriften des koptischen Papyrus Berolinensis gnosticus 8502, ed. W.C. Till, 2. Aufl. bearb. v. H.-M. Schenke, Berlin

Sophia Jesu Christi[43], ganz besonders aber auf den Beginn des
Tractatus tripartitus[44] verweisen, in dem der Verfasser mit
immer neuen Schlüssen Gott-Vater, Gott-Sohn und die himmlische Kirche zu differenzieren versucht.

Von den Mitteln, deren sich der Mythos bedient, möchte
ich an dieser Stelle vor allem das Ordnungsprinzip herausheben.
Auch bei der Untersuchung dieser Frage kann man etwas vom
Wehen griechischen Geistes in der Gnosis spüren; denn für die
Griechen stellte der von den Gnostikern so abgewertete Kosmos
ja eine Ordnungsgröße dar. Eine der größten Geistestaten der
Griechen war die Erfassung der Welt in der Zahl, die von den
modernen Physikern gerade besonders gewürdigt wird[45]. Gewiß
zeigen sich beim Gebrauch der Zahl durch die Gnostiker die
typischen Mängel der hellenistischen Zeit. Wie die Popularphilosophie simplifiziert, so wird von den Gnostikern die Zahl
nicht so sehr als Mittel der Berechnung, sondern nur als Ord-
nungsschema verwendet, das den Mythos in sich gliedern und
in gegliederte Gruppen einteilen soll; es wird zu einem Mittel
für die Herstellung der Harmonie. Dafür zwei Beispiele: Im
Ägypterevangelium von Nag Hammadi kommen Monaden, Dyaden,
Triaden, Tetraden sowie eine Pentas, eine Sechsheit, eine Siebenheit, Achtheiten, eine Elfheit, eine Zwölfer-, eine Dreizehner-
gruppe, 40, 400, 130 und 5000 vor[46]. Mani legt in seinem My-

---

1972); Nag Hammadi II 2,27 - 4,19 (M. Krause - P. Labib, Die drei Versionen
des Apokryphons des Johannes im Koptischen Museum zu Alt-Kairo, Wiesbaden
1962).

42 NH III 71,13 - 73,16.

43 BG 83,5 - 86,5.

44 Nag Hammadi I 51.1 - 59.10 (Tractatus tripartitus, p.I: De supernis,
ed. R. Kasser, M. Malinine, H.-Ch. Puech, G. Quispel, J. Zandee, adiuv. W. Vy-
zichl, R.McL. Wilson, Bern 1973).

45 So nach W. Heisenberg: "Die pythagoreische Entdeckung gehört zu den
stärksten Impulsen menschlicher Wissenschaft überhaupt". Vgl. W. Kranz, Vorsokratische Denker (Berlin 1939), S. 11.

46 Vgl. A. Böhlig, Das Ägypterevangelium von Nag Hammadi, s. u. S.   341
- 362 sowie die Tabelle S. 368 f.

18 Allgemeine Probleme

thos großen Wert auf harmonischen Aufbau. Drei Triaden gehen
dem Augenblick voraus, an dem die große Erlösungsmaschinerie
in Bewegung gesetzt wird. Pentaden sind in diese Triaden eingebaut. Manis Schüler spekulieren in den Kephalaia mit der
Zahl[47] und der östliche Manichäismus, wie er in dem chinesisch erhaltenen Traktat[48], dessen Vorlagen wir in iranischen
[49] und alttürkischen Turfantexten[50] nur in Bruchstücken besitzen, sich uns darstellt, geht hier so weit, daß H.J. Polotsky in den hier gebrauchten Reihen eine sekundäre Form sehen
zu müssen glaubte[51]. Vielleicht war diese Form aber nur der
Versuch einer konsequenten, wenn auch nicht geglückten Weiterführung des von Mani eingeschlagenen Weges, bei der die
äußere Form den geistigen Inhalt überwuchert hatte.

Immer wieder begegnet uns vor allem die Drei. Sie ist ja
der Ausdruck der Mehrzahl[52]. In der christlichen Theologie
hat sie durch die Vorstellung der Trinität von Gott-Vater,
Gott-Sohn und heiligem Geist Bedeutung gewonnen. Im Gnostizismus findet sich eine solche Dreiheit ebenfalls; doch nicht
nur die neutestamentliche. Oft geht man vielmehr von der
paganen Vorstellung von Gott-Vater, Gott-Mutter und göttlichem Kind aus. Wir können diese in Ägypten - man denke
an Isis - und Syrien - ein schönes Beispiel bieten hier die

47 Infolge der Häufigkeit brauchen keine Einzelbeispiele angeführt zu werden. Vgl. Kephalaia, a.a.O., sowie Kephalaia, 2. Hälfte (Lfg. 11/12), ed. A. Böhlig (Stuttgart 1966).

48 É. Chavannes - P. Pelliot, Un traité manichéen retrouvé en Chine. Journ.
Asiatique 18 (1911) 499 - 617.

49 Die nicht geringe Zahl iranischer Fragmente ist noch nicht herausgegeben; vgl. M. Boyce, A catalogue of the Iranian manuscripts in Manichean script
in the German Turfan collection (Berlin 1960). S. 148.

50 A. v. Le Coq, Türkische Manichaica aus Chotscho III (Abhandl. d. Preuß.
Akad. d. Wiss. Berlin 1922). S. 16 - 24.

51 H.J. Polotsky, Manichäische Studien, Le Muséon 46 (1933) 247 - 271.

52 Vgl. A. Böhlig, Zum "Pluralismus" in den Schriften von Nag Hammadi.
s. u. S. 233 f.

Tempel von Baalbek - vorhandene Triade in gnostischen Texten wie dem Apokryphon des Johannes[53], dem Ägypterevangelium[54], der dreifachen Protennoia[55] u.a. wiedererkennen. Auch
im Philippusevangelium, wo das Pneuma sehr häufig begegnet,
liegt noch die Vorstellung von der Trias Vater-Mutter-Sohn
zugrunde, sonst würde hier nicht gegen die Auffassung polemisiert, Maria sei vom Geist geschwängert worden[56]. Wie soll
eine Frau (= der Geist) eine Frau begatten, heißt es da. Auch
wenn der heilige Geist als ein zweiteiliger Name bezeichnet
wird[57], kann das auf ein Femininum hinweisen, da im Semitischen gerade zweiteilige Gegenstände oft Feminina sind. Ein
Beispiel für die Entwicklung von der paganen Denkform zur
christlichen bietet die Schrift II,5 von Nag Hammadi[58]. Dort
wird Sabaoth, ein Archon, der sich bekehrt hat und darum erhöht und mit einem eigenen Thronstaat umgeben wird, geschildert. Er sitzt auf dem Thron in der Mitte, rechts von ihm Jesus Christus, links die Jungfrau des heiligen Geistes. Hier hat
Jesus nicht mehr den Charakter des Sohnes eines Götterpaares,
wie im Apokryphon des Johannes als Sohn des unsichtbaren
Geistes und der Barbelo[59], während die Jungfrau des heiligen
Geistes eine Kombination von heiligem Geist und Lichtjungfrau,
wahrscheinlich aber sogar der Gottesmutter Barbelo bzw. der
Lichtjungfrau Juël ist. Denn die diesen entsprechende Größe,

---

53 BG 27. 1ff.; NH II 4. 22ff.

54 NH III 41, 8 - 9 = IV 50, 24 - 26.

55 NH XIII.

56 NH II 55, 23ff. (J.-É. Ménard. L' Évangile selon Philippe [Strasbourg
1967], S. 54 - 55, Log. 17.)

57 NH II 59, 12f. (Log. 33).

58 NH II 105, 25 - 31 und A. Böhlig - P. Labib. Die koptisch-gnostische
Schrift ohne Titel, a.a.O. 54 - 55.

59 Vgl. BG 30, 1ff. ; NH II 6, 12ff.

die z.B. im Ägypterevangelium als männliche Jungfrau bezeichnet wird[60], besitzt in der Schrift II,5 nicht mehr den Mutter-
charakter und steht im Verhältnis zu Sabaoth gegenüber Jesus
auf einer gleichen, ja wohl sogar etwas niedrigeren Stufe, da
sie nur zur Linken des Sabaoth thront. Es liegt hier also eine
Staffelung Sabaoth - Jesus - Jungfrau des heiligen Geistes
vor; von da aus ist es nur noch ein Schritt zur Trinität Gott
- Sohn - Geist.

Wir hatten davon gesprochen, daß der Mythos eine allumfassende Weltschau bietet. Daraus ergibt sich ein weiterer Schritt
der Gedankenbildung, der im Manichäismus an einem sehr umfangreichen Material gut zu beobachten ist. Der Mythos, der
dort eine verhältnismäßig verfestigte Form angenommen hat,
bildet die Grundlage bzw. das Reservoir, aus dem man durch
entsprechende Deutung die Welt, den Menschen und auch sein
Schicksal erklären kann, aus dem damit aber ebenso die Möglichkeit seines Heiles und die ihm obliegenden ethischen Aufgaben in Einzelheiten begründet werden können[61]. So, wie Jesus in Gleichnissen predigt, die gegebenenfalls allegorisch aus-
gedeutet werden, so z.B. im Gleichnis vom Sämann bei den
Synoptikern, werden von den Manichäern Geschichten erzählt,
von denen wir, eingearbeitet in die sog. Kephalaia, eine Menge
besitzen. In Turfan, wo wir auch Reste solcher Literatur kennen, scheint es auch noch ʾein selbständiges Parabelschrifttum
gegeben zu haben; leider ist in diesen Fragmenten mitunter
aber nur noch die Parabel oder nur noch die Deutung erhalten.
Dabei werden Motive aus Volksmärchen verwendet, z.B. magi-
sche Mittel des Helden, das Wohlbehütetsein, Tierhelfer, die

---

60 NH III 42, 11ff.; IV 52, 2ff.

61 Vgl. A. Böhlig, Probleme des manichäischen Lehrvortrages, Mysterion
und Wahrheit (Leiden 1968), S. 228 - 244.

Hebung eines Schatzes[62]. Vorrangig begegnen in den Kephalaia Gleichnisse, die das Leben der feudalen Gesellschaft der Zeit beschreiben, z.B. das Verhalten des Königs[63], die edle Frau[64], der Arzt[65], der Perlenfischer und Händler[66], die Münzherstellung[67]. Diese Parabeln bieten die Wiedergabe von Vorgängen in der lebendigen Welt, wie sie vor unseren Augen erscheint oder auch mit den Augen der Phantasie gesehen werden kann. Hier wird die von den Gnostikern betonte Methode geübt, vom Offenbaren zum Mysteriösen vorzudringen. Aber auch in den Schriften von Nag Hammadi finden sich Schilderungen, die als σῆμα für Unsichtbares betrachtet werden wollen: "Es gibt nichts Verborgenes, was nicht offenbar ist"[68]. Oder: "Diese Erkenntnis wird ihn belehren, wie der Glaube an das Nicht-Offenbare gefunden wurde im Offenbaren"[69]. Man sollte sich auch an den Abschnitt in II,5 erinnern, in dem die Wunder Ägyptens, der Phönix, die Stiere und das Krokodil, als Bilder tie-

---

62 Vgl. W. Sundermann, Mittelpersische und parthische kosmogonische und Parabeltexte der Manichäer, mit einigen Bemerkungen zu Motiven der Parabeltexte v. F. Geißler (Berliner Turfantexte IV, Berlin 1973). S. 81 - 109 (Texte) sowie 141 - 142 (Exkurs v. F. Geißler).

63 Das Kommen des Lebendigen Geistes gleicht dem eines Richters, der von einem König ausgesandt wird, um seinen edlen Sohn zu retten: vgl. Keph. 50. 26ff. - Das Kommen des Dritten Gesandten gleicht einem König, der auf einer Inspektionsreise seinen Mitarbeitern dankt, wenn sie gut gearbeitet haben: Keph. 52. 20ff. - Wie ein Heer einem König folgt, so sind die Mächte, die an die Sphäre gefesselt sind, bei ihr, den Planeten und dem Zodiacus versammelt: Keph. 119. 24ff.

64 Der Dritte Gesandte wird mit einer edlen Frau verglichen, die sich aus der Abgeschiedenheit des Palastes auf die Straße begibt und dabei ihre Schönheit zeigt: Keph. 134. 13ff.

65 Das Lichtkreuz (die leidenden Lichtelemente) wird mit einem Kranken verglichen, der von einem Arzt behandelt wird: Keph. 209. 30ff. S. a. Zur Vorstellung vom Lichtkreuz in Gnostizismus und Manichäismus u. S. 135 - 163.

66 Perlen, Perlenfischer, Kaufleute und Könige werden gleichnishaft für die Schilderung vom Aufstieg der Seele gebraucht: Keph. 203, 24ff.

67 Das Schlagen einer Münze wird mit der Entstehung des Wortes verglichen: Keph. 261, 4 - 13.

68 NH II 125, 17f.

69 Eugnostosbrief: NH III 74. 16ff.

feren Sinnes angeführt werden[70]. Oder man beachte, daß die
Kenntnis der Schrift und die Analyse der Grammatik dem Schüler tiefere Einblicke in das Wesen der Welt und des Alls
schenkt. Auch diese griechische Erkenntnis wird vom Gnostizismus aufgenommen[71].

Aber es gibt auch die umgekehrte Methode, vom Mythos
aus die Welt zu durchleuchten. Wenn z.B. Gebräuche beim
Grüßen oder in der Liturgie auf ihre Berechtigung und auch
ihre Herkunft hin untersucht werden, geschieht dies durch Rück-
führung auf die metaphysischen Ereignisse. Man gibt sich beim
Gruß die Rechte, weil der Urmensch beim Abschied und bei
seiner Rückkehr auf diese Weise begrüßt wurde[72], sagen die
Manichäer. Oder man teilt das Ja und Amen dem Ruf und
Hören bei der Errettung des Urmenschen zu[73]. Ebenso leitet
man gewisse Bittgebete für die Toten, die die Electi sprechen, auf die himmlischen Gebete zugunsten des Urmenschen
zurück[74]. Zwar sind auch in diesen Fällen die Dinge in der
Welt offenbar, aber es bedarf der Belehrung durch Mani, um
sie zu deuten.

Zu Anfang machen die Kephalaia, diese Menge von Einzel-
kapiteln der Belehrung aus dem Munde Manis, wie sie seine
Schüler uns überliefert haben, den Eindruck, als habe man
hier die umfangreiche Mythologie in immer neuen Schemata
darstellen wollen, um sie den Laien einprägsamer zu machen.

---

70 NH II 122, 1ff.

71 Vgl. NH X; vgl. auch A. Böhlig. Die griechische Schule und die Bibliothek von Nag Hammadi u. S. 251 - 288 , besonders S. 256 ff.

72 Keph. 37.28 - 42.23: Kapitel 9 "Die Deutung des Friedensgrußes, was
er ist. die Rechte, der Kuß, die Verehrung".

73 Keph. 290, 29ff. : Kapitel 122 "Über das Ja und das Amen"; vgl. auch
u. S. 638 - 653.

74 Keph. 270.25 - 280.19: Kapitel 115 "Der Katechumen fragt den Apostel:
Wird einem Ruhe sein. der aus dem Körper gegangen ist. wenn die Heiligen [für
einen] bitten und man ein Almosen [für ihn] gibt?"; vgl. besonders 271. 26ff.

Doch je weiter man in diesen Typ der Belehrung eindringt,
um so mehr findet man sie als Mittel, Aitiologien zu bieten
bis hin zu der Frage, warum das Abschneiden eines Finger-
nagels nicht wehtut, oder der Gegenüberstellung, warum an
Stelle eines abgehauenen Zweiges ein neuer Sproß wächst,
bei einer abgeschlagenen Hand dies aber nicht der Fall ist[75].

Ernstmachen mit der Gesamterfassung des Alls bedeutet
für die damalige Zeit auch die Einbeziehung der Ergebnisse
der Astronomie bzw. Astrologie, die noch kaum voneinander
getrennt waren. Die gesamte manichäische Ethik wird metaphysisch begründet, weil sie in ihrer unbedingt asketischen
Einstellung ja auf die Schonung des in die Welt verstreuten
Lichts abzielt. Wenn erst einmal die gesamte Parabel- und
Kephalaia-Literatur ediert ist und gleichfalls die in Exzerpten
vorhandenen Quellen auf solche Texte durchforstet sind (z.B.
die Acta Archelai), wird sich diese Art der Welterklärung in
einem sehr umfangreichen Werk darstellen lassen.

IV. Zusammenfassung

Ich fasse zusammen:

1. Die Gnosisforschung gehört in den Rahmen der Religionsgeschichte.

2. In der Frage des Ursprungs und des Wesens der Gnosis
kann nicht mehr allein das Kausalitätsprinzip angewandt werden,
sondern in Anlehnung an die Ergebnisse der modernen Naturwissenschaft sollte man zu einer komplexeren Betrachtungs-

---

[75] Keph. 280,20 - 282,6: Kapitel 116 "Weswegen wird der Mensch nicht
krank, wenn ihm [Nägel] abgeschnitten werden, hat aber sofort Schmerzen, wenn
ihm ein Glied abgeschlagen wird?"

weise übergehen.

3. Es sollte zwischen konstitutiven und akzidentiellen Elementen geschieden werden. Dafür ist insbesondere die Untersuchung der gnostischen Denkstrukturen notwendig.

4. Der Mythos ist nicht Verdunkelung des Denkens, sondern Ausdruck religiös-philosophischer Gedanken in plastischer Form. So weit wie möglich wird dabei mit den Kategorien von Raum und Zeit gearbeitet. Der Mythos ist deshalb nicht starr, sondern variabel. Es gibt Teilmythen und Gesamtmythen, die oftmals durch Kompilationen entstanden sind.

5. Die Zahl ist ein Mittel, um das All zu erfassen und zu ordnen. Dabei kommt der Dreiheit besondere Bedeutung zu.

6. Parabeln und Kephalaia sind Mittel, um dem Mythos und der hinter ihm stehenden Weltauffassung zu einer möglichst breiten Weltdeutung zu verhelfen.

EINHEIT UND ZWEIHEIT
ALS METAPHYSISCHE VORAUSSETZUNG
FÜR DAS ENKRATIEVERSTÄNDNIS
IN DER GNOSIS

I.

Enkrateia ist eine dem Menschen unter bestimmten Umständen und von bestimmten Ideologien aus gestellte Aufgabe. Bei
unserem Kolloquium geht es nun darum, zu untersuchen, wieweit die Ethik von Gegebenheiten und Ereignissen abhängig ist,
die bereits vor der Existenz des Menschen vorliegen bzw. geschehen sind, also bis in die Urzeit des Alls zurückverfolgt werden können. Ich habe deshalb ein Thema gewählt, das in die
metaphysische Anthropologie gehört. Diese charakterisiert M.
Scheler in seinem Werk "Die Stellung des Menschen im Kosmos" (1930) als "eine Grundwissenschaft vom Wesen und We-
sensaufbau" (des Menschen), "von seinem Verhältnis zu den
Reichen der Natur wie zum Grund aller Dinge, von seinem metaphysischen Wesensursprung wie seinem physischen, psychischen
und geistigen Anfang in der Welt". Die theologische Anthropologie hat darüber hinaus das Verhältnis zwischen Gott und
Mensch als das zentrale Thema angesehen. Die Erschaffung
des Menschen als Krone der Schöpfung, sein Sündenfall und

Erstveröffentlichung in: La tradizione dell' Enkrateia: Motivazioni ontologiche
e protologiche. Atti del Colloquio internazionale Milano, 20-23 aprile 1982. Pub-
blicati a cura di Ugo Bianchi, Roma 1985, S. 109 - 131.

die Erlösung stehen hierbei im Mittelpunkt. Die Soteriologie
überwiegt im Christentum bei weitem gegenüber der Kosmologie. Es gibt aber auch Weltanschauungen, in denen der Mensch
dem Kosmos, ja darüber hinaus dem All gegenüber keine so
zentrale Stellung einnimmt. Ja, er wird vielleicht nur als Mittel in der Hand Gottes oder seiner Gegner angesehen. Deshalb
hat für den Menschen, der in einem solchen Dualismus seine
Existenz wirklich begreifen will, die Gnosis, die echte Erkenntnis seiner selbst und seiner Herkunft, unbedingte Wichtigkeit.
Er muß wissen, welche Rolle er in der Welt spielt und welche protologischen Voraussetzungen für ihn bestimmend sind,
auch wenn letzten Endes das soteriologische Element die trei-
bende Kraft ist.

Daß die Enkrateia im Rahmen solcher Überlegungen in der
hellenistisch-römischen Welt eine wichtige Funktion hat, erklärt
sich aus der Bedeutung, die das sexuelle Leben in dieser Welt
gewonnen hatte. Wie eine Welle hatte sein Impuls den Mittelmeerraum überschwemmt. Die Religion, aus der das Christentum hervorgegangen war, das Judentum, hatte sich bereits
den Auswüchsen der Unsittlichkeit, der Homosexualität und
dem Mißbrauch der Frau entgegengestellt. Bei seiner Mission
in der Diaspora hatte das Christentum mit den gleichen Auswüchsen eines zügellosen Verhaltens zu tun. Man braucht nur
Ovids Ars amatoria zu lesen oder gewisse Darstellungen auf
griechischen Vasen zu betrachten, um zu erkennen, wie hem-
mungslos, ja frivol mit diesem Bereich der menschlichen Schöpfung umgegangen wurde. Aber nicht etwa allein die dekadente
Gesellschaft gehobener Bevölkerungskreise war solchem Treiben unterworfen, auch die unteren Schichten, die von dieser
Art des Lebens zu profitieren gedachten, gerieten mit hinein
in dieses Treiben und glaubten, sich daran freuen zu dürfen.
Insbesondere waren die Großstädte Herde der Wollust. So be-

zeichnete man z.B. "einen liederlichen Lebenswandel führen" mit dem Wort κορινθιάζεσθαι , weil diese Stadt besonders bekannt war durch die Möglichkeiten der Ausschweifung vor allem in Prostitution und Päderastie. Und Bauern schickten ihre Töchter in die Stadt, um sich auf diese Weise die Aussteuer zu verdienen. Man kann verstehen, daß der Apostel Paulus gerade gegenüber der christlichen Gemeinde dieser Stadt seine Stimme erhob und vor Unzucht im allgemeinen warnte[1]. Nach jüdischem Gesetz war der Inzest ein besonderes Verbrechen[2]. Im Zusammenhang mit einem solchen Fall behandelte Paulus das eheliche Leben überhaupt[3]. Er zeigt dabei viel Verständnis für die Ausrichtung der menschlichen Natur auf die Ehe hin, auch wenn er selbst glaubt, ehelos sein Leben besser dem Herrn hingeben zu können.

Auch die Weltanschauung, die dem Christentum so starke Konkurrenz machte, der Gnostizismus, weist in besonderem Maße enkratitische Züge auf. Der ihm nachgesagte Libertinismus geht wahrscheinlich nur auf Verleumdung durch die Antignostiker zurück. Jedenfalls sind die in Nag Hammadi gefundenen Texte Zeugen für Enkratismus ebenso wie die Werke der manichäischen Kirche. Dieser Enkratismus hat sich weit über die kirchliche Auffassung hinaus entwickelt. In einer Zeit, in der die Naheschatologie schwand und die Gemeinde sich als Kirche in der Welt einrichtete, konnte sie das sehr wohl, wenn sie die Schöpfungsordnung anerkannte sowie das Wort: "Ich will ihm eine Hilfe machen"[4], d.h. die Erschaffung der Frau, ohne Vorbehalt annahm. Dabei ist aber von besonderer

1 1 Cor 6, 12-20.
2 1 Cor 5, 1-8.
3 1 Cor 7, 1-9.
4 Gen 2, 18ff.

Bedeutung, daß die Frau ja aus dem Mann geschaffen und
nicht wie etwa bei den Manichäern durch einen gesonderten
Schöpfungsvorgang hervorgebracht wurde. Diese Schöpfung aus
dem Mann heraus schafft ein Bewußtsein besonders enger Verbundenheit und gibt damit die Protologie der Sexualität: "und
hängt seinem Weibe an, daß sie ein Fleisch werden". Dieses
Bewußtsein tritt im pseudepigraphischen Buch "Leben Adams
und Evas" hervor, wenn dort[5] Eva den Adam auffordert, sie
doch zu töten, damit Gott ihn nach ihrem Tod wieder ins Paradies zurückversetze. Adam aber weigert sich mit den Worten: "Wie könnte ich meine Hand gegen mein eigenes Fleisch
erheben"? Trotz des Sündenfalles ist also Adam der Eva verpflichtet. Das Neue Testament übernimmt die positive Einstellung zur Frau und zitiert Genesis im Epheserbrief[6]; allerdings kommt dabei auch der sekundäre Charakter der Frau
zum Ausdruck: "So haben die Männer die Pflicht, ihre Frauen
zu lieben als ihre eigenen Leiber. Wer seine Frau liebt, liebt
sich selbst"[7]. Und: "Ihr Frauen seid untertan euren Männern
wie dem Herrn"[8].

II.

Im Gnostizismus sieht man demgegenüber in der Dualität
der Geschlechter etwas, was es zu überwinden gilt. Das bezieht sich nicht nur auf Mann und Frau auf Erden, sondern
auf die Gesamtgeschichte des Alls.

5 In Kap. 3.
6 Eph 5, 31.
7 Eph 5, 28.
8 Eph 5, 22.

In der 1. Jakobusapokalypse von Nag Hammadi heißt es:
"Das Vergängliche ging hinauf zum Unvergänglichen. Und das
Werk der Weiblichkeit gelangte empor zum Werk dieser Männlichkeit"[9]. Leider ist der Anschluß an das Vorhergehende ziemlich zerstört, doch taucht dort der Name der Salome auf, mit
der die Frage nach der Enkratie in gewissen Kreisen dadurch
verbunden wurde, daß gerade sie entsprechende Fragen an Jesus stellt[10]. Im Ägypterevangelium - nicht zu verwechseln mit
der sekundär in Nag Hammadi unter diesem Titel auftreten-
den Schrift - sagt dieser zu ihr auf die Frage, wann man das
erkenne, was sie gefragt habe: "Wenn ihr das Gewand der
Scham mit Füßen treten werdet und wenn die zwei eins werden und das Männliche mit dem Weiblichen verbunden weder
männlich noch weiblich (sein wird)"[11]. Der zweite Teil des
Wortes wird ganz eindeutig auch im 2. Clemensbrief[12] wiedergegeben und danach widerlegt. Auf die Frage, wann das Reich
komme, sagt Jesus: "Wenn die Zwei Eins sein wird, das Äußere wie das Innere, und das Männliche mit dem Weiblichen
(eins), weder männlich noch weiblich". Das 1. Zitat entspricht
dem Logion 37 des Thomasevangeliums[13]: "Wenn ihr euer Scham-
(gefühl) ablegt und eure Kleider nehmt, sie unter eure Füße
legt wie die kleinen Kinder (und) sie zertretet, dann werdet
ihr den Sohn des Lebendigen sehen und ihr werdet euch nicht
fürchten". Und Logion 106 heißt es: "Wenn ihr die Zwei zu
Eins macht, werdet ihr Söhne des Menschen werden". Ebenso
wie die Gemeinschaft mit Gott, so ist auch der Eintritt ins
Reich Gottes nach Logion 22 an die Einheit gebunden: "Wenn

---

9   NH V 41, 15-19.
10 Vgl. Clem. Alex., Strom. III 45; 63; 64; 66; 91ff.
11 Clem. Alex., Strom. III 91ff.
12 2 Clem 12, 1-2.
13 In NH II.

ihr die Zwei zur Eins macht und wenn ihr das Innere wie das
Äußere macht und wenn ihr das Äußere wie das Innere und
das Obere wie das Untere und wenn ihr das Männliche und
das Weibliche zu einem Einzigen macht, damit das Männliche
nicht männlich und das Weibliche nicht weiblich ist, ... dann
werdet ihr [ins Reich] eingehen". Es handelt sich also darum,
daß der sexuelle Unterschied und dessen Bewußtsein verloren-
geht. In der Zweiheit liegt eine negative Eigenschaft der in den
Kosmos geworfenen Schöpfung vor.

Man bemüht sich in der Gnosis, dieses Faktum auch aus der
Urgeschichte des Alls mythologisch zu belegen. Im Thomasevangelium, Logion 11, sagt Jesus: "Am Tage, da ihr eins wart,
seid ihr zwei geworden" und stellt das Problem: "Wenn ihr
aber zwei geworden seid, was werdet ihr tun?" In der titellosen Schrift des Codex II wird die Sexualität des Menschen
und die Entstehung der Frau folgendermaßen erklärt. Der Eros
offenbart sich zwischen Licht und Finsternis unter Engeln und
Menschen und läßt durch den Beischlaf auf Erden die erste
Lust entstehen. Dann heißt es: "Die Frau folgte der Erde.
Und die Hochzeit folgte der Frau. Die Auflösung (d.i. der
Tod) folgte der Geburt"[14]. Schließlich wird auf die trieb-
weckende Wirkung des Alkohols hingewiesen. Ein ähnlicher
Gedanke wie in II,5 findet sich auch im Johannesapokryphon
[15]. Hier wird die Zeugung durch den Protarchon als sündiges
Handeln gebrandmarkt. Von ihm stammt der Beischlaf und
die an Adam weitergegebene Begierde. Insbesondere schildert
aber das Johannesapokryphon die Frau als Herd solchen Tuns.
Eine Erklärung aus der Genesis in dualistischer Interpretation

14 NH II 109, 16ff.
15 BG 63, 2ff.; NH III 31, 21ff.; II 24, 26ff.

bietet die Adamapokalypse[16]. Hier wird der Sündenfall des
Menschen beseitigt und durch ein Ereignis ersetzt, das eine
Umdeutung der biblischen Urgeschichte darstellt. Als Schöpfer wird hier nicht der Gott des Alls, sondern der der Welt
angesehen. Er hat Adam und Eva als eine androgyne Größe
geschaffen. Zwar sind sie beide aus Erde gebildet, wandelten
aber zugleich in einem Äon der δόξα. Insbesondere ist es Eva,
die Adam die Gnosis über den ewigen Gott verschafft. Damit
wird der Gedanke eingeführt, daß die himmlische Frau sich in
der Welt offenbart, um dem Menschen zum Heil zu verhelfen.
Darüber gibt es eine ausführliche Darstellung auch in der titellosen Schrift des Codex II[17], wo direkt von zwei Evas die Rede
ist, einer höheren und einer niederen. Durch seine Erleuchtung
erregt der Mensch aber den Neid seines Schöpfers, der als Weg
zur Schwächung die Teilung ansieht. Das gleiche Mittel, das
Aristophanes in seiner Rede in Platons Symposion zwar spöt-
tisch, aber nicht ohne Tiefsinn insbesondere zur Erklärung der
gegenseitigen sexuellen Zuneigung anführt, findet sich auch in
der Adamapokalypse. Auf ganz andere Weise versucht der Protarchon im Johannesapokryphon[18] die Trennung zu vollziehen.
Im Menschen hatte ja die Epinoia des Lichts Wohnung genommen, die von der Finsternis verfolgt wurde. Im Schlaf, in dem
Adam erkenntnisunfähig ist, entnimmt nun der Archon die Rip-
pe und schafft die Frau. Aber die Epinoia erreicht er nicht.
Sie belehrt Adam, wie die höhere Eva in II,5. Dadurch daß
Mann und Frau getrennt werden, verschwindet die Herrlichkeit
aus ihren Herzen. Herrlichkeit und Gnosis haben sich in eine
metaphysische Größe, den Samen des Seth, zurückgezogen, der

16 NH V 64, 6ff.
17 NH II 115, 30ff.
18 NH II 22, 28ff.; III 29, 12ff.; BG 59, 6ff.

auch auf Erden im Rahmen der Heilsgeschichte tätig wird[19];
Seth wird ja auf Erden als Sohn Adams, im Gesamtkosmos
als metaphysische Größe aktiv. Adam und Eva verlieren die
Erkenntnis und werden sterblich. Darum kann es im Philippusevangelium heißen: "Hätte die Frau sich nicht vom Manne getrennt, würde sie nicht mit dem Manne sterben"[20]. Und: "Als
Eva in Adam war, gab es keinen Tod. Als sie sich von ihm
trennte, entstand der Tod"[21]. Und nach den Excerpta ex Theodoto sagt Jesus zu Salome: "Den Tod gibt es, solange die Frau-
en gebären"[22]. Und an anderer Stelle heißt es: "Wen die Mutter gebiert, wird zum Tod und in die Welt geführt"[23].

Es gilt also das Weibliche zu überwinden. Im Zostrianos
ist am Anfang von der gierigen Weiblichkeit die Rede, von
der man sich ebenso trennen muß wie von der finsteren Kör-
perlichkeit und der chaotischen Seele[24]. Darum gilt am Schluß:
"Flieht vor der Raserei und der Fessel der Weiblichkeit und erwählt euch das Heil der Männlichkeit"[25]! Im Dialog des Heilands heißt es: "Wer von der Wahrheit ist, stirbt nicht; wer
vom Weibe ist, stirbt"[26]. Diese negative Haltung wird im weiteren noch verstärkt[27]: "Betet an dem Ort, wo keine Frau
ist" und danach: "Löst die Werke der Weiblichkeit auf"! Die Begründung dafür ist wohl die, daß diese Werke ja in der Geburt
bestehen, es aber zum Stillstand der Vermehrung der Menschen

19   NH V 65, 4ff.
20   NH II 70, 9ff.
21   NH II 68, 23ff.
22   67, 2 ed. Sagnard.
23   80, 1.
24   NH VIII 1, 10-13.
25   NH VIII 131, 5-8.
26   NH III 140, 12-14.
27   NH III 144, 16ff.

kommen soll. Denn schlimm genug ist ja, daß das Korrelat zur
Geburt der Tod ist.

Die Suche danach, männlich zu werden, wird deutlich an dem
Wort Jesu über Maria im Logion 114 des Thomasevangeliums.
Petrus hatte Maria aus dem Jüngerkreis vertreiben wollen. Aber
der Herr wehrt ihm: "Siehe, ich werde sie dazu bringen, männlich zu werden, damit auch sie lebendiger Geist wird, der euch
Männern gleicht. Denn jede Frau, die sich männlich macht, wird
in das Himmelreich eingehen". Eine solche Vermännlichung hat
im überkosmischen Bereich bereits ihr Vorbild. Die Weiblichkeit war nicht das erste. So spricht es die 1. Jakobusapokalypse aus: "Da du nach der Weiblichkeit gefragt hast - sie, die
Weiblichkeit existierte, aber die Weiblichkeit stand nicht am Anfang"[28]. So ist die Barbelo genannte Gottheit direkt oder indi-
rekt von der obersten Gottheit abgeleitet. Sie ist mannweiblich,
um die Qualität zu besitzen, die dem ursprünglichen Zustand
der ungeteilten Adam-Eva entspricht. Vergleiche dazu Marsanes: "... zum Äon, der die mannweibliche Barbelo ist. Deshalb
wurde die Jungfrau männlich, weil sich die Gnosis vom Männlichen getrennt und außerhalb von ihm hingestellt hatte, weil
sie zu ihm gehört"[29]. Das ist die Aufhebung dessen, was der
Menschenschöpfer in der Adamapokalypse dem Menschen an-
getan hatte.

III.

Aus den angeführten Stellen geht hervor, daß die Zweiheit
von Männlich und Weiblich ein Phänomen ist, das zeigt, wie die

28 NH V 24, 26ff.
29 NH X 8, 28ff.

Zwei als Femininum eine Ergänzung zur Eins ist und damit einen sekundären, ja mitunter deklassierenden Charakter hat. Weil die Gnosis aber in ihrer Weltschau über das einfach Wahrnehmbare hinausgeht und in spekulativer Form die Sicht des Alls und seiner Wesen mit Hilfe mythologischer Darstellung zu geben bemüht ist, genügt es nicht, die menschliche Doppelheit in der Welt zu sehen. Schon das letzte Beispiel machte das deutlich. Ontologie ergibt sich aus einer Betrachtung des menschlichen Lebens, die seine allseitige Verflechtung im All wahrnimmt. Bei historischer Schau, wie sie der Mythos bietet, ergibt sich dann die typologische Betrachtungsweise. Es gilt, die Zweiheit bei der Entstehung des Alls zu beobachten bzw. die Möglichkeit einer scharf dualistischen Weltschau zu untersuchen. Der Einfluß des Platonismus und Platons selbst auf den Gnostizismus verlangt es, das Problem von Monas und Dyas zunächst in seinen philosophischen Voraussetzungen zu skizzieren, ehe wir zu den komplexen Verhältnissen der gnostischen Metaphysik übergehen.

Die Vorstellung vom All, die im Gnostizismus eine so große Rolle spielen sollte, ist schon im griechischen Altertum vorhanden. Der Gedanke der Ganzheit, den die Griechen für ihre Welterklärung so betonen, könnte also ein Fundament für sie bilden. Doch legen die Hellenen mehr Wert auf die Vorstellung vom Kosmos. Sein Name qualifiziert ihn bereits. Seine Ordnung beinhaltet die Vorzüglichkeit. Die alte Philosophie der Griechen trägt somit eine natürliche Theologie in sich. Das ist von den Vorsokratikern bis zur hellenistischen Philosophie zu erkennen. W. Jaeger sagt mit Recht: "Weltanschauung wird dem griechischen Geist wieder - auf einer neuen Stufe - unmittelbar zur Gottesanschauung"[30]. Man ist sich klar, daß

_____

30 W. Jaeger, Die Theologie der frühen griechischen Denker (Stuttgart 1953, Nachdr. 1964), S. 196f.

eine Urgröße vorhanden sein muß.

Ein Problem ist dagegen, wie man sie beschreiben kann. Bei den ältesten Naturphilosophen wird ihr sogar der Charakter des Apeiron zugelegt, was Parmenides allerdings zurückweist, weil für ihn das Seiende begrenzt sein muß. Bei Parmenides tritt eine von ihm praktisch nicht gelöste Aporie hervor, der Dualismus. Er begnügt sich mit einer ontologischen Trennung dessen, was er als seiend betrachtet, und der Welt des Scheins, in der Werden und Vergehen herrscht. Mit dieser Frage setzt sich dann Platon, nicht nur in seinem Dialog Parmenides, auseinander. Ihm kommt es darauf an, einerseits das Seiende und das Nichtseiende als Prinzipien zu erklären, andererseits den Gegensatz soweit zu überwinden, daß Wissenschaft möglich ist. Allerdings geht er dabei nicht so weit wie Aristoteles. Platon hat die Welt des Werdens und Vergehens der Welt des Allgemeinen, der Welt der Ideen, gegenübergestellt. Die Beobachtung, daß das Einzelne auf das Allgemeine zurückgeführt werden kann, ja sogar muß, läßt ihn bis zu einer obersten göttlichen Größe gelangen, die jenseits der Welt der Ideen ihren Platz hat[31]. Sie ist jenseits der οὐσία . Diesem Prinzip ist die Ruhe zugeordnet. Die Welt der Ideen aber, das Seiende, besitzt doch in gewissem Sinn auch Bewegung[32]. Diese über dem Ideenkosmos, einem κόσμος νοητός, stehende Größe, die Idee des Guten, ist eine Monas, der eine δυὰς ἀόριστος gegenübertritt, die die Vielzahl ermöglicht, die wir aus der Erfahrung kennen. Diese Dyas ist unbegrenzt, weil sie die Dihärese verkörpert. Die Interpretation der Welt macht Platon dadurch möglich, daß er die Verbindung der beiden Prinzipien

---

31 Politeia VI 509 b.

32 K. Gaiser, Platons ungeschriebene Lehre (2. Aufl. Stuttgart 1968), S. 190. Die dafür Zeugnis ablegende Stelle (Soph. 248 e - 249 b) ist von H.J. Krämer, Der Ursprung der Geistmetaphysik (2. Aufl. Amsterdam 1967), S. 193 - 198 ausführlich interpretiert worden.

herausarbeitet. Wie der Gegensatz der Prinzipien alle Vorstellungsformen des Menschen durchzieht, hat K. Gaiser untersucht und übersichtlich zusammengestellt[33]. Ontologisch steht dem Sein das Nichtsein gegenüber, formal logisch der Identität die Diversität, der Einheit die Vielheit, der Gleichheit die Ungleichheit, dem An-sich-Sein die Relativität, der Grenze die Ausdehnung, der Geformtheit die Ungeformtheit, der Unteilbarkeit die Teilbarkeit, werthaft (axiologisch) dem Guten das Schlechte, der Ordnung die Unordnung, kosmologisch der Ruhe und Beständigkeit die Bewegung und Veränderung, dem Leben der Tod, der Göttlichkeit die Sterblichkeit, dem Demiurg als planmäßigem Gestalter die Ananke, die den regellosen Zwang verkörpert, erkenntnistheoretisch dem Nus die Doxa, der Episteme die Aisthesis.

Die Schwierigkeit, den Dualismus zu überwinden, erkennt man bei der Erschaffung der Weltseele. Im Timaios wird sichtbar, daß es ohne eine gewisse Gewaltsamkeit nicht geht (συναρμόττων βία)[34]. Denn in dieser Weltseele werden unteilbares Sein mit teilbarer Erscheinung, Identität mit Diversität gemischt und aus den Grundsubstanzen und ihrer Mischung die Seele geschaffen. In der allgemeinen Entstehung des Werdens und Vergehens kann man mit K. Gaiser sagen: "Entstehung ist offenbar der Vorgang, bei dem sich das erste Prinzip gegen das Prinzip der unbestimmten Ausdehnung immer wieder neu durchsetzt. Sobald das zweite Prinzip die Überlegenheit gewinnt, bleibt das Gewordene nicht mehr mit sich selbst gleich, sondern vergeht ins Nichtsein"[35]. Dabei gilt zu beachten, daß Platon die Verbindung der Welt des Seins mit der

33 K. Gaiser, a.a.O. 18ff.

34 Timaios 35 a.

35 K.Gaiser, a.a.O. 189.

Welt des Werdens und Vergehens auch dadurch ermöglicht,
daß er dem Sein einen Einfluß auf die Bewegung einräumt.
Die Materie wird im Timaios als das Prinzip der Gestaltlosigkeit dargestellt, in dem "regellos-chaotische" Bewegung
herrscht[36]. Der Demiurg, der die Welt schafft, kann m.E.
durchaus mit Gaiser als Dynamis-Aspekt der Idee betrachtet
werden, ebenso wie die Ananke als dynamischer Aspekt des
zweiten Prinzips[37].

Aristoteles hat den Dualismus von Monas und δυὰς ἀόριο-
τος dadurch überwunden, daß er als Eins den unbewegten
Beweger annimmt. Dieser steht allerdings insofern der Welt
als einer zweiten Größe gegenüber, als er sie bewegt, also
selbst aktiv sie passiv sein läßt. Dieser Beweger ist das, was
selbst unbewegt ist. Sein Denken ist ganz auf sich selbst gerichtet, so daß er die Forderung "Erkenne dich selbst" erfüllt.
Weil der Nus des Menschen der Nus Gottes ist, der von außen
in ihn hineinkommt, wird verständlich, daß sein Gedachtes ihm
Bewegung verleiht. "Was immer im All dauerhaft oder zeitweilig bewegt wird, hat den Ursprung seiner Bewegung in der
denkenden oder begehrenden Bemühung um den unbewegten
Beweger"[38]. Dabei ist der platonischen Auffassung gleich,
daß er so den himmlischen Bewegern wie die Idee des Guten
der Ideenwelt gegenübersteht. Aristoteles hat ja den Kosmos
in einen translunaren göttlichen bzw. himmlischen Teil und
einen sublunaren im eigentlichen Sinne weltlichen Teil aufge-
spalten.

Bei allem Bewußtsein der im Kosmos vorhandenen Gegensätze des geistigen aktiven und des stofflichen passiven Prin-

---

36 K. Gaiser, a.a.O. 192.
37 K. Gaiser, a.a.O. 194f.
38 O. Gigon, Aristoteles. Einführungsschriften (Zürich 1961), S. 73.

zips hat die Stoa den Versuch unternommen, den Platon unterlassen hatte. Sie bemühte sich um den monistischen Zusammen-
schluß der beiden Prinzipien zu einem einzigen. "Der stoff-
lich gebundene Logos ist der Urgrund alles einzelnen Seienden"[39]. Doch die sichtbare Welt wird gesondert genommen
als geschaffen und in der Ekpyrosis vergehend. Die ewige Ursubstanz des Alls offenbart sich in immer neuen Weltperio-
den. Der große Vertreter der mittleren Stoa Poseidonios hat
die Einheit der Welt besonders im Leben dieser Welt gefunden. Auch für ihn war der Monismus die einzige mögliche Interpretation der Welt. Geist und Stoff waren für ihn nur verschiedene Seiten des körperlichen Seins[40]. Das bedeutet einen
Schritt über Aristoteles hinaus zu einem Monismus, der dennoch Gegensätze in sich einbindet. Mit H.J. Krämer möchte
ich die Anknüpfung auch der Stoa an die akademische Schule
stärker betonen[41]. Der stoische Monismus läßt sich gerade in
seinen dualistischen Elementen auf Platon selbst, zumindest
aber auf die platonische Schule zurückführen. Das aktive Prinzip steht auch dort dem passiven gegenüber. Das weist auf den
Logos hin. Die Auffassung von der Weltseele konnte sich zur
Vorstellung von den Logoi entwickeln. Akademie, Peripatos
und Stoa haben das Material für die eklektizistische Philosophie der Zeit um Christi Geburt geliefert, die das gnostische
Denken verwendete, um innerhalb, aber auch außerhalb der
christlichen Kirche zu wirken.

---

39 M. Pohlenz, Stoa und Stoiker. Die Gründer. Panaitios. Poseidonios (2. Aufl.
Zürich 1964), S. XII.

40 M. Pohlenz, Die Stoa (3. Aufl. Göttingen 1964), S. 215.

41 H.J. Krämer, Platonismus und hellenistische Philosophie (Berlin 1971), S.
108ff.

IV.

Bevor wir nun auf das Verhältnis von griechischer Philosophie und Gnosis eingehen, muß noch eine andere Frage behandelt werden. Hat die negative Stellung zur Frau orientalische oder griechische Wurzeln? Gewiß kann die negative Haltung Manis, der in der mittelpersischen Kosmogonie ausdrücklich betont[42], daß die Archonten bei der Erschaffung der Frau
mehr böse Eigenschaften in sie hineingelegt haben als in den
Mann, dazu anregen, hierin ein syrisch-mesopotamisches Erbe
zu sehen. Das scheint auch bestätigt zu werden durch die Äußerungen des syrischen Kirchenvaters Afrahat, der in "De mona-
chis" aus der Bibel eine ganze Liste von Schandtaten aufzählt,
die von Frauen begangen worden sind[43]. Die Herkunft solcher
Auffassung geht aber auf Platon zurück. Mag auch an vielen
Stellen die Frau von ihm anerkannt werden, sie ist für ihn
doch das schwächere Geschlecht[44]. Solche Naturen sind infolge ihrer Schwäche hinterhältiger und verschlagener[45]. Im Mythos des Timaios kommt der Unterschied ganz besonders zum
Ausdruck. Weil die menschliche Natur zweifach ist, wird ein
Teil, nämlich der Mann, vorzüglicher sein[46]. Wer in seinem
Erdenleben nun kein Leben in Gerechtigkeit geführt hat, durch
das er nach seinem Tod zu den Gestirnen aufsteigen kann, der
wird in ein Weib verwandelt werden [47]. Wie gering Platon an

---

42   F.C. Andreas - W. Henning, Mitteliranische Manichaica aus Chinesisch
Turkestan I (Sitz.-Ber. d. Preuß. Akad. d. Wiss., Phil.-hist. Kl. 1932, X), S. 198.

43   Aphraatis sapientis Persae demonstrationes, ed. J. Parisot, p. 1 (Paris
1894), p. 256ff.

44   Politeia 454 d - 456 a.

45   Nomoi 781 a.

46   Timaios 42 a.

47   42 b.

dieser Stelle die Frau einschätzt, zeigt, daß er als nächstniedere Stufe das Tier ansieht. Hier liegen protologische Aussagen zum Wesen der Frau vor.

Auch bei dem jüdischen Philosophen und Exegeten Philon von Alexandria wird das Verhältnis von Mann und Frau als eine dualistische Spannung dargestellt, die den Menschen dazu führen soll, von der Zweiheit zur Einheit zu gelangen. Philon interpretiert die jüdische Offenbarungs- und Gesetzeslehre mit griechischen Denkformen. Bezeichnend für die vorliegende Problematik ist die Annahme von zwei Menschen, die Gott nacheinander geschaffen hat: den ersten, den Idealmenschen, nach seinem Bild; er ist mannweiblich im Anschluß an Gen 1,27

καὶ ἐποίησεν ὁ θεὸς τὸν ἄνθρωπον, κατ᾽ εἰκόνα θεοῦ ἐποίησεν αὐτόν, ἄρσεν καὶ θῆλυ ἐποίησεν αὐτούς [48]. Eine solche Interpretation findet sich auch in Nag Hammadi II,5. Dort ist u.a. von einem Menschen die Rede, der ein Hermaphrodites ist[49]. Der zweite Mensch ist bei Philon der irdische Adam. Er und seine Frau werden auf die Teile der Seele gedeutet. Der Nus ist der männliche, die Aisthesis der weibliche Teil. Damit ist die Frau als schwächer, aber auch moralisch niedriger erwiesen. Sie ist der Beginn des Bösen, die den Mann zu einem Leben der Gemeinheit geführt hat[50]. Auch Philon stellt, wie Afrahat, Frauen mit bösen Taten und Eigenschaften zusammen[51]. Es ist also die Aufgabe, männlich zu werden. Wenn der Mensch stirbt,

---

48   Vgl. auch Gen 5, 1f. Vgl. Philo, de opif. mundi § 76. Diese Auffassung begegnet auch in Midrasch Beresch. R., Kap. 8.

49   NH II 113, 31. Mannweiblich ist übrigens auch der Gott Nus im hermetischen Poimandres, ed. Nock - Festugière, Logos I 9.

50   Philo, quaest. in Gen. I 45.

51   R.A. Baer, Philo's use of the categories male and female (Leiden 1970), S. 40ff.

verläßt er den sterblichen Leib zur Unsterblichkeit, wenn er vom Vater berufen ist, "der (ihn) aus Zweiheit von Leib und Seele in ein Einheitswesen umschaffen und ihn ganz und gar in einen sonnigen Geist umgestalten wollte"[52]. Dieses Männlichwerden wird von Philon oft auch als ἄσκησις bezeichnet, die der Mensch im sittlichen Ringen aufzuweisen hat[53]. Dem Männlich-werden entspricht Jungfräulich- oder auch Witwesein. "Aber wenn sie (d.i. die Seele) unfruchtbar wird und aufhört, diese Kinder (d.i. die Affekte und bösen Begierden) hervorzubringen, oder sie wirklich körperlich vertrieben hat, dann wird sie in eine reine Jungfrau verwandelt"[54], die allerdings eine Geburt aus göttlichem Samen hervorbringt, die guten Eigenschaften. Um jungfräulich zu werden, bedarf man aber über die eigene Mühe hinaus noch der Gnade Gottes. Dieser Gott Philons wird mitunter als der Monas überlegen, mitunter ihr gleich aufgefaßt. Hier scheint Philon den Neupythagoräern nahezustehen und zugleich der Alten Akademie zu folgen. Daß diese Heraushebung Gottes aber zugleich dem jüdischen Monotheismus entspricht, versteht sich von selbst.

Der metaphysische Gedanke der Zweiheit enthält infolge der Entwicklung in der Philosophie, aber auch in der Religion - ganz besonders bei den Gnostikern - einen doppelten Urcharakter. Da steht etwa im Weltgefüge 1. dem Eins als einer guten lichten Größe eine regellos-chaotische Finsternis gegenüber, die der δυὰς ἀόριστος entspricht. 2. Aufmerksamkeit als Zweiheit verdient die Größe, die an zweiter Stelle aus Gott hervorgegangen ist. Sie hat zwar ebenfalls sekundären Charakter, ist aber geeignet, als Gottes Mittler in der Welt

---

52 De vita Mosis II 288.
53 R.A. Baer, a.a.O. 54.
54 Philo, praem. poen. 158 - 160.

zu wirken. Für den Gnostizismus ist bezeichnend, daß in ihm
beide Denkformen miteinander verkoppelt zu finden sind.

V.

Um das Verhältnis von Gnosis und Philosophie richtig zu
deuten, muß festgestellt werden, daß in der hellenistischen
Zeit ein Bruch des Denkens stattgefunden hat, der es ermöglichte, daß neben griechische Philosophie und Christentum das
gnostische Denken trat. Die hellenistische, aber ganz besonders die römische Zeit hat einen neuen Menschentyp heraus-
gebildet, in dem durch eine starke Verbindung von Religion
und Philosophie sich die Schwerpunkte verlagern konnten. Die
Nähe der Gnosis zur Philosophie, vertreten in der Fortbildung
von Platonismus, Pythagoräismus, Stoa, aber auch Aristotelismus, liegt an der eklektischen Verbreitung, die in hellenistischer Zeit die Originalität der Schulen verblassen ließ. Zugleich nahm die gnostische Bewegung mit ihren religiösen Zie-
len eine schärfere Teilung der Welt bzw. des Alls vor. In der
Religion dieser Zeit - und Gnosis ist ja auch Religion - steht
die Soteriologie im Zentrum; geht es doch darum, den Menschen nicht nur auf Erden, sondern auch für die Ewigkeit selig
zu machen. Der Gnostiker kann das Ziel nur erreichen, wenn
er die notwendige Einsicht in das Wesen des Menschen und
dessen Bedingtheit durch den Kosmos erfahren hat. Er bedarf
deshalb eines Lehrers. Erlösung findet durch Information statt,
auf Grund deren der Gläubige zu handeln versteht. Während
die platonische Geschichtsbetrachtung in eine umfassende Seins-
wissenschaft einbezogen ist, so ist es der gnostische Mythos
als der Ausdruck gnostischer Existenz in eine gnostische Offen-
barungswissenschaft. Solcher Glaube war nicht ganz neu. Denn

die Art der Frömmigkeit, wie sie z.B. in den Hermetica zu finden ist, kann wahrscheinlich schon Jahrhunderte vorher bei den Orphikern beobachtet werden.

Sowohl Philosophie als auch Religion waren durch die Erweiterung des Gesichtsfeldes beeinflußt worden, die zunächst im Zeitalter der griechischen Kolonisation, ganz besonders aber in der hellenistischen Zeit erfolgte. Nicht nur die geographische Kenntnis der bewohnten Erde über die Ökumene des Mittelmeerraumes hinaus schlägt sich in den philosophischen Betrachtungen von Männern wie Poseidonios nieder. Auch die Erweiterung der astronomischen Kenntnis vom Weltall führt zu Konsequenzen. Die Vielzahl der Himmel und Himmelskörper läßt Gott immer weiter in die Ferne rücken, fördert den Monotheismus und begünstigt die Besiedelung der Zwischenräume mit guten oder bösen Dämonen. Kein Wunder, daß Astronomie und Astrologie in dieser Zeit beinahe identisch sind. Zusätzlich führte der Fortschritt der Philosophie in Logik, Ontologie, Physik und Metaphysik durchaus zu Gedankenmodellen, die für gewisse mythologisch zusammengefaßte Weltanschauungen Grundlagen des Denkens ergeben konnten, zumal in dieser Zeit auch eine Tendenz bestand, weniger dialektisch und mehr dogmatisch zu denken. In gewissen Modellen findet eine Interpretation des Kosmos statt, die zu seiner pessimistischen Beurteilung führt. Wenn bei Platon aus einer Welt der Ideen und der δυὰς ἀόριστος der Kosmos der Erscheinungswelt als etwas Schönes entsteht, so wird in späterer Zeit diese Auffassung von Plotin zwar aufrecht erhalten, doch kann auch er nicht umhin, in seiner Schrift "Über das Böse" gewisse Mängel dieser weltlichen Existenz einzuräumen, auch wenn er den Pessimismus der Gnostiker scharf bestreitet. Sein eigener oft übertrieben asketischer Lebensstil beweist, daß er doch unter dem Mangel der irdischen Existenz gelitten haben muß. Den mangel-

haften Charakter der irdischen Welt zeigt schon die pseudo-
aristotelische Schrift περὶ κόσμου auf, so sehr sie auch den
Gesamtkosmos im griechischen Sinne positiv zu werten bemüht
ist. Sie scheint übrigens aus dem 2. Jh. p. Chr. zu stammen,
zumindest in ihm bekannt gewesen zu sein, und paßt zu der
reichen popularphilosophischen Literatur, in der ein Dualismus
stärker hervortritt, was gerade mit der Entstehung der großen
gnostischen Schulen parallel läuft. Der Neupythagoräer Nume-
nios oder der Platoniker Maximos von Tyros ebenso wie Plutarch tendieren dahin, Platon dualistisch zu deuten. Bei den
Gnostikern wird aber der Kosmos abgewertet. Er ist ein Werk,
das im Rahmen eines historischen Ablaufs der Geschichte des
Weltalls zu einem bestimmten Zweck geschaffen wurde und
deshalb auch vergänglich ist. Darum enthalten zahlreiche gnostische Texte Schilderungen einer himmlischen Welt, eigentlich
muß man sagen einer überkosmischen Welt. Solche Modelle
der "himmlischen" Welt sind im Gnostizismus konstruiert auf
Grund philosophischer Ideen, wenn z.B. die Trennung der sublunaren von der translunaren Welt für den Aufbau des Kosmos
in einem Mythos ausgewertet wird. Ich möchte mich gegen
H. Jonas[55] den Forschern anschließen, die nicht den Mythos
zur Philosophie aufsteigen lassen, sondern im Mythos die Darstellung einer gedanklichen Grundstruktur sehen. Wie sehr philosophische Begriffssprache mit mythischem Ausbau verbunden
sein kann, sieht man sehr schön in der Schrift Marsanes (Nag
Hammadi X). Mit seiner Dämonenlehre hatte z.B. Xenokrates
dem gnostischen Mythos vorgearbeitet.

Für den Gnostizismus ist der Dualismus nicht allein ein
logischer oder ontologischer, sondern ein von religiösem Ethos

---

55 H. Jonas, Gnosis und spätantiker Geist. Teil I: Die mythologische Gnosis,
3. Aufl. Göttingen 1964; Teil II: 1. Hälfte: Von der Mythologie zur mystischen
Philosophie, 2. Aufl. Göttingen 1966.

zu beurteilender Dualismus. Zwar ist bei Plotin ebenfalls das
Schlechte der Gegensatz zum ἕν , doch muß die Seele logischerweise in solcher Tiefe den Weg zur Höhe antreten; sie
muß entsprechend dem Gericht δίκη zahlen. Dennoch kann
die ἐπιστροφή bei Plotin kaum mit der μετάνοια des Neuen
Testaments auf eine Stufe gestellt werden, obwohl sie im Neuen
Testament fast identisch mit ihr ist[56]. μετάνοια gibt es
bei Plotin nicht, während die Gnosis sie direkt mythifiziert hat.
Der Unterschied ist also der, daß die Seele bei den Philosophen
doch immer zurückkehren kann, während es sich im Christentum und in der Gnosis dabei um einen Gnadenakt oder in einem
gewissen Umfang um Determination handelt. Oft schließt sich
der Dualismus der Gnosis in seiner Gottesvorstellung an die
platonische Lehre von dem Höchsten an, das über der οὐσία
weilt, eine Auffassung, auf die wir schon hingewiesen haben.
Gott in die Ferne zu rücken, kann, wie bereits gesagt, an der
Erkenntnis einer umfangreicheren Welt liegen. Aber auch der
Fortschritt logischen Denkens mittels der ἀφαίρεσις führt
dazu, immer weiter vom Konkreten zum Abstrakten überzugehen. In der gnostischen Theologie darf man zum Verständnis
ihres Gottesbildes keinen dieser Gesichtspunkte außer acht
lassen.

VI.

Nun sollen zu unserer Betrachtung Beispiele aus gnostischen
Systemen und Schriften folgen. Hierbei muß aus Zeitgründen
natürlich auf Vollständigkeit verzichtet werden. Ich bin dabei,
eine umfassende Darstellung in einer Studie zum hellenistischen

56 ThWb VII 725ff.

Einfluß auf die Metaphysik der Nag-Hammadi-Schriften und des Manichäismus zu erarbeiten, und muß Sie für eine breitere Vollständigkeit darauf verweisen.

Für den grundsätzlichen Gegensatz von höchstem Gott und regellos-chaotischem Chaos, der dem Gegensatz von ἕν und δυὰς ἀόριστος entspricht, bietet der Mythos des Manichäismus ein besonders eindrucksvolles Bild. Dem Vater der Größe, der auch als das erste Stehen[57] bezeichnet wird, und seinem Reich tritt die brodelnde Vielfalt des Finsternisreiches entgegen, dessen Zerrissenheit mit dem Wort Jesu aus Mt 12,25 parr. charakterisiert wird: "Jedes Reich, das in sich entzweit ist, wird ruiniert werden"[58]. Trotz seines scheinbar siegreichen Angriffs auf die Lichtwelt wird es doch vom Demiurgen als passive Materie zur Erschaffung des Kosmos verwendet.

Der Kampf zwischen der Licht- und der Finsterniswelt wird auch sonst von den Gnostikern in immer neuen Gedankenmodellen dargestellt, ganz gleich ob dem Licht eine Urfinsternis gegenübersteht wie z.B. in der Paraphrase des Seem (Nag Hammadi VII,1) oder ob die Finsternis erst sekundär durch Sünden-, Unglücksfälle, Unverstand oder die Minderwertigkeit einer Schattenexistenz entstanden ist. Es sei noch auf den Widerstand durch die πλάνη oder die Verwendung des μί-μησις -Gedankens zur Schaffung eines ἀντίμιμον πνεῦμα verwiesen.

Der höchste Gott der Gnostiker wird häufig via negationis beschrieben. Auch hierbei knüpft man an die platonische ἀφαίρεσις-Methode an und gelangt bis zum Prädikat ἀν-ούσιος , weil Gott ja jenseits der οὐσία steht[59]. Diese

---

57 Man. Keph. 272, 1.
58 Vgl. Man. Keph. 128, 15ff.
59 NH VII 124, 26, VIII 79, 7, X 7, 19; 13, 16. 19, XI 53, 31-32.

Art von Jenseitigkeit zieht als Konsequenz Unendlichkeit nach
sich. Hiermit geht die Gnosis von der ursprünglichen platonischen Vorstellung der Begrenztheit des ἕν zur Unbegrenzt-
heit der Pythagoräer über. Auch Plotin hat diese Anschauung
angenommen.

Besonders kraß hat die Ferne des höchsten Gottes das sog.
Ägypterevangelium von Nag Hammadi zum Ausdruck gebracht.
Hier wird zunächst vom höchsten Gott eine Schilderung gegeben, in der die negativen Prädikate überwiegen[60]. Erst danach
folgt der Bericht von der Entstehung einer Trinität Vater,
Mutter und Sohn, die aus ihm hervorgekommen ist[61]. Es gibt
also einen über allem stehenden Gott und einen im "Himmel"
befindlichen Gott. Eine noch ausführlichere Schilderung Gottes,
bestehend aus negativen Eigenschaften, bietet das Johannesapokryphon[62]. Hier wird der Monas zugesprochen, daß sie in
nichts zeitlich oder räumlich abhängig ist. Ihr ewiger Charakter und die Unfähigkeit des Menschen, sie in ihrem Wesen zu
erkennen, wird auch für ihre Qualität ausgeführt. Immer wieder wird ihre höhere Qualifizierung betont mit der Begründung, daß sie nicht auf eine Ebene mit dem Existierenden
gestellt werden kann. Solche Beschreibungen via negationis
finden sich auch im Eugnostosbrief bzw. der Sophia Jesu Christi[63]. Eine besonders ausführliche liefert der Allogenes[64]. Allerdings gilt diese Schilderung der dreifach mächtigen Gottheit, die an dieser Stelle ebenso wie in Marsanes[65] zwischen
den höchsten Gott und die Barbelo geschoben zu sein scheint

---

60 NH III 40, 13 - 41,7 = IV 50, 2-23.
61 NH III 41, 7-12 = IV 50,23 - 51,2.
62 NH II 2,26 - 4,13, BG 22,17 - 26,9, NH III 5,1 - 6,21.
63 NH III 71,15 - 73,2, BG 84,1 - 86,4.
64 NH XI 61, 28ff.
65 NH X 4, 10ff.

und somit einen Aspekt der höchsten Gottheit darstellt. Man
hat manchmal den Eindruck, daß in der gnostischen Mythologie Figuren zerdehnt werden können, so daß aus ihnen mehrere
Figuren zu werden scheinen. Mit dem Mythos umzugehen, war
ja auch eine Methode theologischer Darstellung. Das zeigt uns
die Schrift Zostrianos gerade für die "himmlische" Welt. Eine
gute Zusammenfassung der Eigenschaften des höchsten Gottes
findet sich in den Stelen des Seth[66], die in einer dieser Stelen
den höchsten Gott, in einer die Barbelo und in einer den "himmlischen" Menschen anrufen. Auch dieser Text wendet sich an
Gott[67] zunächst via negationis. Er ist der wahrhaft Präexi-
stente, Ewige, Ungezeugte, Wesenlose ($\dot{\alpha}\nu o\dot{\upsilon}\sigma\iota o\varsigma$).

Zugleich besitzt er aber auch Schöpfereigenschaften und
ist wie im Johannesapokryphon Spender guter Gaben. Er hat
den Nus geschaffen, durch den die Menschen Gnosis gewinnen
können. Wenn Gott befiehlt, erkennen wir ihn mit dem Nus.
Wie bei Plotin ist er selbst nicht der Nus, wohl aber der Denkakt[68]. So muß man es auffassen, wenn im Allogenes gesagt
wird: "Dieser ist sein eigenes Verstehen, weil er so unerkennbar ist als einer, der die anderen an Unerkennbarkeit Hervor-
ragenden übertrifft"[69]. Gott ist eben in sich selbst existent,
war es und wird es sein[70]. Er ist alles und erlöst alles, während weder er selbst von etwas erlöst wird noch, wenn er
selbst erlöst, von etwas Hilfe braucht[71]. Wenn er als Nus bezeichnet wird, der allen gehört, wie auch Leben, so entspricht

---

66 NH VII 118,10 - 127,32.
67 NH VII 124,17 - 127,26.
68 Vgl. H.J. Krämer, Der Ursprung der Geistmetaphysik, S. 312ff.
69 NH XI 63, 28ff.
70 NH VII 126, 14ff.
71 NH VII 125, 18-21.

das Vorstellungen Plotins, die von der Allgegenwart des Seienden sprechen[72].

Im Gegensatz zu dem Gedanken, daß das ἕν bzw. die
Monas derart über alles erhöht werden muß, daß man nur in
gewagter Dialektik und paradoxer Ausdrucksweise davon sprechen kann, steht die Auffassung, daß die Ideen sich im Geiste
Gottes befinden. Im Manichäismus ist z.B. der Nus einer der
fünf Seelenteile Gottes, so daß dieser mit seinem Denken den
ganzen Raum und die ganze Zeit der Allgeschichte durchweht,
zumal er auch im Kosmos tätig ist, ganz besonders aber den
Gläubigen zum Heil führen will. In den Nag-Hammadi-Schriften wird unter Umständen, so z.B. im Eugnostosbrief, auch
eine Reihe von Fähigkeiten in Gott genannt: νοῦς, ἔννοια,
ἐνθύμησις, φρόνησις, λογισμός, δύναμις [73]; obwohl
die Schilderung via negationis einer solchen Darstellung eigentlich entgegenstehen dürfte. In der gleichen Schrift wird ebenfalls vom Urakt des Denkens gesprochen: "Er ist undenkbar,
während er sich selbst denkt"[74]. Doch das Denkobjekt, das
konkret durch die Schöpfung zustande kommt, schließt nicht
aus, daß der Denkakt bereits im höchsten Gott angelegt ist.
Darum kann ἔννοια u.ä. sowohl Emanation als auch Eigenschaft Gottes sein. So kann auch einmal die Rede davon sein,
daß die Barbelo, die meist ja mit der Ennoia identifiziert
wird[75], erst von dieser ihren Namen erhält: "Sie wurde Barbelo genannt von der Ennoia"[76]. Oder das Schweigen, das von
den Valentinianern nicht nur, aber doch recht gern als Kom-

72 Plotin, Ennead. VI 4. 5.
73 NH III 73, 9ff.
74 NH III 72, 19ff.
75 Vgl. NH XI 53, 28: "die erste ἔννοια, d.i. der Äon der Barbelo".
76 NH VIII 83, 8ff.

plement zum $\beta \upsilon \theta \acute{o} \varsigma$ aufgefaßt wird, heißt im Valentinianischen Traktat Dyas[77]: "Der Vater, der die Wurzel des Alls
ist, der Unaussprechliche, der in der Monas ist, indem er für
sich allein im Schweigen ist. Das Schweigen aber ist die Ruhe.
Denn er war Monas und keiner war vor ihm, als er in der
Dyas und in seinem Partner war. Sein Partner aber ist das
Schweigen. Er hatte das All, indem sie in ihm waren". Und
im Codex XIII bezeichnet sich die Protennoia selbst als "Paar-
genosse" und "Gedanke des Unsichtbaren", auch "unwandel-
bare Stimme"[78]. Der Denkakt in Gott findet sich gleichfalls
bei Plotin, die Verbindung von $\H{\epsilon}\nu$ und Nus schon in der ersten Monas bei Xenokrates.

Als Emanation dient die aus Gott hervortretende erste Größe,
die im Gesamtgefüge die zweite ist, dazu, Mutter zu sein. Hat
man doch für die Entwicklung der Gottheit aus sich heraus die
Vorstellung von Vater, Mutter und Sohn gewählt. Die Entrückt-
heit des höchsten Vatergottes verleiht der zweiten Größe einen
konkreten Charakter, der für den Gnostiker und sein Glaubens-
leben so bedeutsam wird. Diese zweite Gottheit steht der ersten nicht dualistisch gegenüber, vielmehr ist sie "eine große
Monas aus einer reinen Monas"[79]. Sie ist die Belehrerin des
Kosmos, wie die Schrift von der Protennoia bezeugt. Einen guten Einblick in die Vorstellung, die man sich von ihr machte,
gibt die zweite Stele des Seth[80]. Der Name Barbelo, der als
"in der Vier ist Gott" gedeutet worden ist, könnte in der Tat
auf die Vorstellung von der Tetraktys oder einfach auf die Tat-
sache zurückgehen, daß $\mathring{\alpha}\rho\chi\acute{\eta}$ [81] aus vier Buchstaben besteht.

77 NH XI 22, 18ff. (Rekonstruktion des Textes nach E. Pagels).
78 NH XIII 42, 5ff.
79 NH VII 121, 33f.
80 NH VII 121,20 - 124,13.
81 Vgl. Hippol. Ref. VI 42, 4. Vgl. auch H.J. Krämer, Der Ursprung der
Geistmetaphysik, S. 255.

Es heißt ja von ihr: "Groß ist der erste Äon, die männliche
Jungfrau Barbelo, die erste Herrlichkeit des unsichtbaren Vaters, die vollkommen heißt"[82]. Von ihrer Abstammung her gilt
auch sie als ἀνούσιος. Sie ist wie der Vater dreifach-mäch-
tig. Wenn sie Monas ist, so bedeutet das Gleichheit mit ihm
und zugleich Verselbständigung, die entsprechend den Pythagoräern additiv weiterführt. Sie ist hingewandt zum höchsten Gott
und im positiven Sinne sein Schatten, d.i. Abbild. Ihr Charakter als Zwei wird z.B. im Allogenes folgendermaßen beschrieben: "Die zweite unteilbare ἐνέργεια, die sich offenbart hat
in der ersten ἔννοια, welche der Äon der Barbelo ist"[83].
Wie die Dyas Plotins ist sie Nus. Sie ist Erkenntnis, Wahrheit,
ja der ganze κόσμος νοητός. Zugleich schafft sie als Zwei
die Drei in Gestalt des Sohnes. Da ja eine Eins allein in keinem Verhältnis zu etwas anderem steht und das Erste Erstes
nur sein kann, wenn es ein Zweites gibt, beginnt mit ihr erst
das Zählen[84]. Dadurch daß sie den Sohn gebiert, in dem Gott
wieder Gestalt gewonnen hat, wird die Zwei dreifaltig, so daß
die Einzelpersonen Eins - Zwei - Drei auch als untrennbare
Einheit betrachtet werden können. Da der höchste Gott aber
zu entfernt ist, kann sie, die Mutter, als höchste Gottheit in
unserer Welt fungieren. In der Dreifaltigkeit von höchstem
Gott als Vater, Barbelo als Mutter und Adamas oder Logos
als Sohn nimmt die zweite Größe den für die Welt bedeutungs-
vollsten Platz ein; ist sie doch durch die enge Verbundenheit
mit dem Vater, aus dem sie entstanden ist und von dessen
Eigenschaften sie so charakteristische besitzt, und durch die
Mutterschaft gegenüber dem Sohn die Größe der Dreifaltigkeit,

82 NH VII 121, 20-25.
83 NH XI 53, 26ff.
84 NH VII 122, 8-12.

die für viele Gnostiker diese Dreifaltigkeit am umfassendsten
vertritt. Die Schrift "Die dreigestaltige Protennoia" zeigt das
durch ihren Aufbau. In einem ersten Teil redet sie als Größe,
die sich im Vater befindet und für ihn sprechen kann, im zweiten als Paargenossin des Vaters und Mutter, im dritten als der
Logos.

Die enge Verbindung der Barbelo mit dem Vater zwingt
sie, nicht nur Frau, sondern auch Mann zu sein. Wir erwähnten bereits, daß Frauen männlich werden müssen. Diese Forderung hat ihre ontologische Grundlage in der Mannweiblichkeit
im obersten Bereich der "himmlischen" Schöpfung. Denn die
Weiblichkeit ist ja erst etwas Sekundäres[85]. Auch die Protennoia betont, daß sie zum zweiten Mal in der Gestalt einer
Frau kam, womit m.E. ihre himmlische Konkretisierung gemeint ist[86]. Der Erhebung über die Genera hinaus entspricht
die Betonung der Jungfräulichkeit. Ein dem irdischen Leben
gegenüber paradoxer Zustand wird auch in anderen gnostischen
Schriften erwähnt, in denen die betreffende mythologische
Größe eine Aretalogie auf sich ausbringt[87]. Die Schrift VI,2
kann auch auf die Barbelo als Ruf bezogen werden, in der sie
die coincidentia oppositorum an sich darstellt. Der Titel "Der
Donner" zeigt, daß hier die zweite Größe nach Gott spricht.
Denn der Donner folgt auf den Blitz. Man möge dazu auch
Psalm 29 vergleichen, der Gottes Herrlichkeit im Gewitter
schildert.

Der Forderung nach Mannweiblichkeit bzw. nach der Aufhebung der Weiblichkeit scheinen viele Stellen zu widerspre-

85 Vgl. o. Abschnitt II.
86 NH XIII 42, 17f.
87 Z.B. NH II 114, 7-15.

chen, an denen wie im Valentinianismus Syzygien[88] begegnen.
Doch das kann daraus erklärt werden, daß das Pleroma mit
seinen Äonen bereits Schöpfung ist, während der Bythos außerhalb von ihnen steht (in Verbindung mit ἔννοια, σιγή,
χάρις). Dem entspricht ganz die Syzygienbildung im Eugnostosbrief[89] vom himmlischen Menschen ab oder im Pleroma
des Ägypterevangeliums[90]. Juël[91], eine Parallele zur Barbelo,
die ebenfalls höher als das Pleroma steht, muß deshalb auch
mannweiblich sein. Die Geschlechtsunterschiede im Pleroma
führen aber nicht zu der Art menschlicher Geburt, die den
Tod nach sich zieht. Gerade der Valentinianismus steht dieser
Zeugung und Fortpflanzung negativ gegenüber[92].

Die Tatsache, daß Gott einer ist und jegliche Entfaltung,
auch die in Geschlechter, einen sekundären Charakter hat,
läßt den Gnostiker aus seiner Ontologie den Schluß ziehen,
daß die Zurückentwicklung zur Einheit die vorgegebene Aufgabe ist. Das führt zur Forderung der Enkratie, für die Markion, Valentin und Mani hervorragende Beispiele geliefert haben. Bei der theologischen Begründung ihrer Vorstellungen
vom höchsten Gott und der ihm gegenüberstehenden oder aus
ihm hervorgegangenen Zwei verarbeitet die Gnosis Gedankengut der Philosophie der klassischen Zeit und des Hellenismus.

---

88 Vgl. die Tabelle bei H.J. Krämer, Der Ursprung der Geistmetaphysik,
S. 239.

89 Vgl. die Tabelle bei D. Trakatellis, $\text{Ὁ ὑπερβατικὸς θεὸς τοῦ Εὐ-}$
γνώστου (Athen 1977), S. 52.

90 NH III 52, 3-16 = IV 63,24 - 64,10; III 53, 1ff. = IV 64, 23ff.

91 Vgl. Ägypterevangelium von Nag Hammadi, Zostrianos und Allogenes.

92 Vgl. z.B. Philippusevangelium oder Excerpta ex Theodoto.

ZUR BEZEICHNUNG DER WIDERGÖTTER
IM GNOSTIZISMUS

Die Definition als Widergott reiht die betreffende Gottheit
in ein Denkschema ein, das einen dualistischen Ansatz aufweist.
Dabei ist es nicht unbedingt notwendig, daß in dem betreffenden System ein radikaler Dualismus vorliegt. Es kann auch dem
Gott, der alles schafft und beherrscht, eine Größe gegenüber-
treten, die ihm Widerstand leistet, weil sie durch einen Fall zu
einem seiner Widersacher geworden ist. Die Erschließung einer
solchen Größe ist ein Postulat, das auf die weltliche Erfahrung
des Menschen zurückgeht, weil von Anbeginn seines Denkens ja
das Problem in ihm auftaucht, woher das Böse komme. Wie oft
hört doch der Christ als Einwand gegen Gott und Gottvertrauen
die Frage, warum konnte Gott, wenn er allmächtig ist, die
schrecklichen Greuel in der Weltgeschichte oder auch nur die
Unglücksfälle im eigenen Leben zulassen.

Der Gnostizismus hat sich mit dieser Frage ganz besonders
beschäftigt und rückt dabei Gott und Widergott alternativ auseinander. Es gehört zu seinen Grundvorstellungen, daß der Mensch
nur dann erlöst werden kann, wenn er die rechte Einsicht in
das Weltgeschehen erlangt hat. Nicht als ob eine philosophische
Induktion oder Deduktion allein zum Heil führe. Die Soteriologie der Gnostiker fordert, wie auch Judentum und Christentum, die praktische Frömmigkeit. Solche religiöse Praxis kann

Erstveröffentlichung in: Saeculum 34 (1983) 259 - 266.

aber nur geübt werden, wenn sie von der notwendigen Theorie
untermauert ist. Der gläubige Gnostiker ist also Theologe, außer
in exzessiv beeinflußten Fällen, die schon als zauberhafter Aberglaube charakterisiert werden können. Soteriologie gibt es für
ihn nur, wenn sie durch Anthropologie und Kosmologie begründet wird. Das Wesen, das erlöst werden muß – und das ist zentral der Mensch –, muß man in all seinen Nöten und Möglichkeiten kennen, ja darüber hinaus von seiner Verflochtenheit in
den Kosmos, ja auch das All, wissen, um die auf ihn wirkenden
Kräfte zu verstehen. Schließlich ergibt sich aus dem Ablauf des
Weltgeschehens auch das Ziel, auf das hin der Gläubige zurück-
zustreben hat.

Zur Darstellung dieser Erkenntnisse und Aufgaben dient dem
Gnostizismus, zu dem ich auch den Manichäismus hinzurechnen
möchte, der Mythos. Damit greift der Gnostizismus auf ein
Stilmittel zurück, das schon sehr früh in vorsokratischer Zeit
von den Griechen entwickelt worden war und bei Platon klassische Form annahm. Der Mythos des Gnostizismus, der Kunstmythos ist, ist aber nicht zeitlos, sondern hat aus dem Judentum das Element der Zeit angenommen; er bietet Heilsgeschichte. Sonst würde nicht, wie in der titellosen Schrift des Codex
II von Nag Hammadi[1] oder im Manichäismus, eine Darstellung
gegeben, die vom Anfang bis zum Ende führt. Der Weg auf das
Ziel hin wird immer wieder aufs neue durch das Böse gehemmt,
mag es sich dabei um einen Dämon, um Archonten oder "Mächte" handeln. Die abstrakte Bedeutung "Mächte" ist hier zur

---

1 Für die Zitate aus den Nag-Hammadi-Codices ist auf die Facsimile-Aus-
gabe zu verweisen: The Facsimile Edition of the Nag Hammadi Codices published
under the auspices of the Department of Antiquities of the Arab Republic of
Egypt in conjunction with the UNESCO (Leiden 1972 – 1979). Eine englische
Übersetzung des Gesamtfundes liegt vor in: The Nag Hammadi Library in English (Leiden 1977). Es wird im folgenden zitiert mit NH. Die hier angesprochene
Stelle ist NH II 97,24 – 127,17.

konkreten Person geworden,, wie schon aus dem Kolosserbrief bekannt ist[2].

Im Folgenden soll nun speziell dargelegt werden, daß im Kunstmythos zwar widergöttliche Kräfte mit mythologischen Namen versehen, aber auch Allgemeinbegriffe konkretisiert werden können, so daß sie Widergötter darstellen. Die Begriffe werden dabei ontologisch aufgefaßt. Konkret ist also die mythische Größe, die handelt und leidet; abstrakt ist sie, wenn sie die Eigenschaft einer Person zum Ausdruck bringen soll. So unterscheidet sich der "Irrtum", der hypostasiert wird, von dem "Irrtum einer Person".

Die Art, sich auszudrücken, ist in gnostischen Mythen deshalb so vielgestaltig, weil wir es in ihnen mit Kunstmythen zu tun haben, die dem Hörer oder Leser ein gedankliches Sujet vermitteln sollen. Um die Handlung dabei bunter und plastischer vor den Augen der Gläubigen erscheinen zu lassen, bedient man sich häufig gewisser künstlich erdachter Namen. So kommen neben Archontennamen ebenso Abstrakta vor. Den sechs Söhnen des Oberarchonten Jaldabaoth werden weibliche begriffliche Komplemente beigegeben. Neben Jao, Sabaoth, Adonaios, Eloaios, Oraios, Astaphaios werden Herrschaft, Göttlichkeit, Königtum, Eifer, Reichtum, Sophia gestellt[3]. Kein Wunder, daß auch der Oberarchon selbst eine solche Ergänzung erhält, die seinen pseudo-primären Charakter und zugleich den der Siebenheit betont: Pronoia Sambathas "die zur Siebenheit gehörige Pronoia". Neben dieser Siebenheit gibt es auch eine Zwölfheit und eine Menge von 365 Engeln und Dämonen. Wir sehen hieran, daß es sich eindeutig um einen Aufbau der nichtgöttlichen Welt nach dem Zahlenschema der Astrologie handelt.

2 Col 1, 16.
3 NH II 101,10 - 102,2.

Daß im gnostischen Mythos ein Abstraktum als Person auftreten konnte, wurde mit Erstaunen an Hand des Evangelium
veritatis[4] beobachtet. R. Haardt schrieb über einen Plane-Mythos
in dieser Schrift[5], und J. Helderman wollte eine Umwandlung
der Isisinterpretation des Plutarch in dieser Vorstellung finden[6].
Es ist allerdings zunächst zu untersuchen, ob sich nicht die
Terminologie des Textes bereits aus seiner inneren Logik bzw.
Dialektik ergibt. Das dürfte der Fall sein. Ganz gleich, ob man
das Evangelium der Wahrheit als gnostisches Evangelium oder
als einen Sermon über Jesus den Lehrer ansieht[7], der wirklich
gnostische Charakter seiner Botschaft besteht darin, daß die
Lehre über das Werk Jesu Christi in den gebührenden Rahmen
der Geschichte des Alls eingebettet ist und diese damit ihre
Begründung erhält. Daß Wahrheit und Irrtum sich alternativ
gegenüberstehen, ist bereits aus Vorsokratikern bekannt und
wird von Platon ausführlich behandelt[8]. Darum ist es kein Wunder, wenn im Gnostizismus als der Strömung einer Zeit, die
den Dualismus viel stärker heraushebt, der Wahrheit die Plane,
der "Irrtum", gegenübersteht[9]. Vom Vater der Wahrheit das

---

4 NH I 16,31 - 43, 24.

5 R. Haardt, Zur Struktur des Plane-Mythos im Evangelium Veritatis des
Codex Jung, Wiener Ztschr. f. d. Kunde d. Morgenlandes 58 (1962) 24 - 38.

6 J. Helderman, Isis as plane in the gospel of truth, in: Gnosis and Gnosticism, hrsg. v. M. Krause (Nag Hammadi Studies 17. Leiden 1981) S. 26 - 46.

7 Die weithin angenommene letztere Deutung stammt von H.-M. Schenke,
Die Herkunft des sogenannten Evangelium Veritatis (Berlin 1958). Ich selber möchte bei der Bezeichnung "Evangelium" bleiben in der Überzeugung, daß die Gnostiker den Charakter der Evangelien dadurch in ihrem Sinne umgewandelt haben,
daß sie den kosmischen Charakter in den Mittelpunkt stellten. Man vergleiche
die Bezeichnung des "heiligen Buches des großen unsichtbaren Geistes" als "Ägypterevangelium"; s. a. mein Einführungskapitel "Das Ägypterevangelium als ein
Dokument des mythologischen Gnostizismus" in meiner deutschen Ausgabe des
Ägypterevangeliums und u. S. 341 - 370.

8 I. v. Loewenclau, Die Wortgruppe πλάνη in den Platonischen Schriften,
in: Synusia f. W. Schadewaldt, hrsg. v. H. Flashar - K. Gaiser (Pfullingen 1965)
111 - 122. Hier wird auf die Verbindung von Plane mit dem Zurücklegen eines
Weges hingewiesen.

9 Vgl. Eph 4, 14 im Neuen Testament. S. a. H. Braun in ThWB VI 230 -
254, zum Problem besonders 246ff.

Evangelium der Wahrheit erhalten zu haben, ist Grund genug
zu jubeln[10]. Denn das All weiß ja nichts über den, von dem
es stammt. Die Ungewißheit über den Vater führt zur Not.
Sie verwandelt sich in Affekte, in "Schrecken und Furcht"[11],
die sich zu einem Nebel verdichten, so daß niemand sehen kann.
"Deshalb wurde die Plane mächtig und schuf ihre Hyle im Va-
kuum[12] (man könnte auch übersetzen "vergeblich", doch soll
wohl gesagt werden, daß diese Schöpfung außerhalb der Lichtwelt stattfindet[13]), weil sie die Wahrheit nicht erkannte. Sie
(die Hyle) wurde zu einem Gebilde, indem sie (die Plane) richtig den Ersatz für die Wahrheit schuf"[14].

Wenn man Pistis Sophia als Person ansieht, kann man so
einen widergöttlichen abstrakten Begriff ebenfalls personifizie-
ren. Mag die Schöpfungstätigkeit der Plane auch auf eine Not-
lage zurückgehen, sie ist doch eine konkurrierende Gegengröße
zur Wahrheit. Aber sie kann den Vergleich mit ihr nicht aushalten, weil sie keine Wurzel hat[15]. Sie ist deshalb als ein Gegenstand der Verachtung zu betrachten. Ihr Ziel ist ja die Bemühung, selber einen Teil, nämlich die zur Mitte Gehörenden,
zu verführen und gefangenzunehmen[16]. Die Erkenntnis des Vaters bei den Gläubigen bedeutet ihr Ende. Darum ist die Predigt
Jesu die größte Gefahr für die Plane. "Wenn sie dann den Vater
erkennen, wird von da ab das Vergessen (die Unwissenheit)
nicht mehr da sein. Dieses Evangelium von dem, nach dem sie

10   NH I 16, 31 - 33.
11   Oder: "sie schuf Schrecken und Furcht" NH I 17, 10f.
12   ᲔN ΟΥΠΕΤϢΟΥΕΙΤ.
13   Hier möchte ich Haardt, a.a.O. 27, zustimmen. Dagegen "ohne Erfolg"
s. u. A. Böhlig, Zum Selbstverständnis des Manichäismus. S. 535.
14   NH I 17, 14 - 21. Hier weiche ich von Haardt, a.a.O. 27ff., ab.
15   NH I 17, 29f.
16   NH I 17, 34ff.

suchen, hat sich den Vollkommenen durch die Erbarmung des
Vaters offenbart, das verborgene Mysterium Jesus Christus. Durch
ihn hat er (der Vater) die, welche vom Vergessen in der Finsternis gehalten werden, erleuchtet; er hat sie erleuchtet und
(ihnen) einen Weg gewiesen. Der Weg aber ist die Wahrheit,
die er ihnen verkündet hat. Deshalb wurde die Plane zornig
auf ihn (und) verfolgte ihn. Sie wurde (ja) bedrängt von ihm
und außer Kraft gesetzt. (Darum) wurde er ans Kreuz geschlagen"[17]. Der Weg zur Wahrheit zerstört das Wesen der Plane.
Schon bei Platon ist das rechte Suchen die Überwindung des
Umherirrens[18]. Wenn man hört, daß die in ihrem Herzen allein
Weisen Jesus Christus auf die Probe stellen und er sie als Toren
überführt[19], so erinnert das nicht nur den Christen an die Schrift-
gelehrten, sondern auch den Hellenisten an die sich weise dün-
kenden Sophisten. Die Ziellosigkeit der Plane[20] ist die Eigenschaft derer, die umherirren wegen der ungeheuren Tiefe des
Vaters, der sie umgibt, ohne daß sie ihn zielgemäß ansteuern.
Jesus Christus befreit sie aus der Plane. Es ist die Frage, ob
nicht 22,21f. ganz wörtlich zu übersetzen ist: "Er zog vor ihnen
her (d.i. er führte sie) zu ihren Wegen (ⲘⲀⲉⲓⲦ) , von denen
sie abgekommen waren". ⲘⲀⲉⲓⲦ würde dann nicht als "Raum"
übersetzt zu werden brauchen, sondern wäre einfach der "gerade
Weg" im Gegensatz zum "Irrweg". Ob in diesem Zusammenhang
πλάνη noch voll personifiziert gebraucht ist, ist fraglich. In
dem Ausdruck "er brachte viele von der πλάνη zurück" mag
man beide Möglichkeiten, einen konkreten und einen abstrakten
Ausdruck, sehen[21]. In "nachdem sie die πλάνη angenommen

---

17   NH I 18. 9 - 24.
18   Vgl. Loewenclau. a.a.O. 117.
19   NH I 19. 21 - 25.
20   NH I 22. 22ff.
21   NH I 22. 20f.

hatten wegen der Tiefe" könnte eine Übersetzung von πλανᾶσθαι vorliegen: "nachdem sie in die Irre geführt worden waren"[22]. Platonisch klingt es übrigens auch, wenn beim Erlösungsvorgang der Übergang von der Vielfalt zur Einheit erfolgt[23]. Auch das ist ja für die Trennung von der πλάνη charakteristisch. Die Wahrheit, die in Christus erscheint, hat eine revolutionierende Wirkung, weil sich ein großer Prozeß der Scheidung vollzieht; ist doch die Plane erregt und weiß nicht, was sie tun soll. "Nachdem die Erkenntnis, die der Untergang der Plane und ihrer Emanationen ist, sich ihr genähert hat, ist sie leer, weil nichts (mehr) in ihr ist"[24]. Hier ist Plane wieder voll personifiziert. An anderer Stelle wird betont, daß der Mangel der Hyle nicht vom Vater stammt. "Denn das Denken der Plane war nicht bei ihm"[25]. Wir hatten ja gehört, daß die Hyle von der Plane und nicht vom Vater geschaffen ist.

Ein beachtenswertes Charakteristikum der Plane ist ihre Eigenart als ein Pendant. Sie ist das Gegenstück zur Wahrheit und scheint sich in der Hyle noch mehr konkretisieren zu wollen. Fraglich ist, ob sie bewußt handelt. Doch durch ihr Verhalten Jesus gegenüber scheint sie eine ähnliche Stellung zu besitzen wie ein Gegengott Gott gegenüber. Als konkurrierende Personifizierung hat sie eine gewisse Parallele im Antimimon Pneuma, dem "rivalisierenden Geist", des Johannesapokryphons und der Pistis Sophia[26]. Der Dualismus läßt neben dem Geist

---

22 Im Koptischen wird die Komposition "nehmen + Substantiv" häufig als Umschreibung für das Passiv gebraucht. Im Evangelium veritatis kommt πλαναᾶσθαι nicht vor.

23 NH I 25, 8 - 12.

24 NH I 26, 23 - 27.

25 NH I 35, 16 - 18.

26 Vgl. A. Böhlig, Zum Antimimon Pneuma in den koptisch-gnostischen Texten, in: Mysterion und Wahrheit (Leiden 1968), S. 162 - 174. - Das Johannesapokryphon ist in zwei Versionen erhalten, einer längeren (NH II 1, 1 - 32, 9 = IV 1, 1 - 49, 28) und einer kürzeren (NH III 1, 1 - 40, 11 ∿ BG 19, 6 - 77, 7). Die längere Version ist übersetzt z.B. in The Nag Hammadi Library 99

den Widergeist entstehen. Nachdem der psychische Mensch den
Archonten zu mächtig geworden war - so das Johannesapokryphon -, schaffen sie einen choischen Menschen. Der wird zwar
durch die Fessel des Vergessens gebunden, erhält aber doch
von oben mit der Ennoia des Lichts eine Hilfe für sein Denken.
Um den Menschen vor der Wirkung des göttlichen Geistes zu
bewahren und ihn noch stärker an sich zu binden, wird ihm
von den Archonten das Antimimon Pneuma eingeflößt, das ihm
z.B. auch die Zeugungsbegierde einpflanzt. Außer im mythologischen Teil der Schrift wird dieses Antimimon Pneuma auch
in dem Schlußteil des Johannesapokryphons eingeführt, in dem
das Schicksal der Seelen behandelt wird. Hier wird berichtet,
wie der Oberarchon Engel zu den Menschentöchtern sendet, um
sie zu verführen. Nach zunächst ausbleibendem Erfolg schaffen
die Engel das Antimimon Pneuma, das in die Menschheit eingeht und sie verstockt. Bei der koptischen Übersetzung von "antimimon" stehen sich zwei Wiedergaben gegenüber, einerseits
"der verschiedenartige Geist, der Gegengeist", andererseits "der
verächtliche Geist". Diese pejorative Bezeichnung wird gestützt
durch ἀντικείμενον , das auch einmal anstelle von ἀντίμιμον. begegnet. Auch in der Sammelhandschrift Pistis Sophia findet sich das Antimimon Pneuma. In beiden Texten, Johannesapokryphon und Pistis Sophia, liegen die gleichen Grundlagen für die Auffassung vom Antimimon Pneuma vor. Doch ist
im Johannesapokryphon der Charakter der allgemeinen Heilsgeschichte erhalten, während in der Pistis Sophia entgeschichtlich-
te Soteriologie geboten wird. In beiden Schriften handelt aber
das Antimimon Pneuma wie eine Person. Die Theorie vom Kampf

- 116. die kürzere nach BG in: Die gnostischen Schriften des koptischen Papyrus
Berolinensis 8502. hrsg., übers. u. bearb. v. W.C. Till. 2. Aufl. v. H.-M. Schenke
(Berlin 1972) 79 - 195. Eine deutsche Übersetzung der Pistis Sophia findet sich
in: Koptisch-gnostische Schriften I, hrsg. v. C. Schmidt. 3. Aufl. v. W. Till (Berlin 1962). S. 1 - 254.

zweier Geister im Menschen ist uns ja auch aus der Ordens-
regel von Qumran bekannt.

Der Gedanke, daß sich die Finsternis ein Pendant zur höheren Welt schafft bzw. zu schaffen versucht, begegnet auch in
der Paraphrase des Seem[27]. In ihr steht die Finsternis dem
Licht und dem zwischen Licht und Finsternis befindlichen Geist
gegenüber[28]. Sie ist tätig und somit keine abstrakte, sondern
eine konkrete Größe. Sie hält eine Menge von Licht in sich
gefangen; wie es dazu gekommen ist, wird nicht gesagt. Sie
weiß ebenso wie der Jaldabaoth bzw. Saklas anderer gnostischer
Texte nicht, daß es etwas Höheres als sie gibt. "Sie ist mit
böser Unwissenheit bekleidet"[29]. Infolge des Besitzes von Licht
hat die Finsternis einen Nus (Verstand), dessen sie sich rühmt[30].
Als ihr das Licht des Geistes erscheint, erkennt sie ihre Mangelhaftigkeit, leidet unter ihr und versucht den Mangel dadurch
auszugleichen, daß sie ihren Nus in die Höhe erhebt und ihn
dem Geist gleichmachen will. Damit will sie etwas wie das
Antimimon Pneuma schaffen. Ihr fehlt dazu aber die Kraft.
Der Nus bringt es nur zu einem teilweisen Gegenstück. Er leuch-
tet als feuriges Licht über die untere Welt. Die Finsternis wird
als handelnde Person geschildert, als die sie alle Mängel einer
solchen an Intelligenz und alle Bedrückung durch Affekte er-
lebt. Sie muß ihres Lichtes beraubt werden. Das geschieht durch
sexuelle Provokation. Durch einen aus einer Wasserwolke entstandenen Mutterleib wird sie erregt[31]. Der Nus aber wird durch
diesen Akt aufgelöst, hinab in die Tiefen der Physis (Natur).

27   NH VII 1. 1 - 49. 9.
28   NH VII 1. 26 - 28; vgl. auch die anschließende Schilderung.
29   NH VII 2. 31 - 33.
30   NH VII 2. 34f.
31   NH VII 4. 18 - 32.

Die Physis ist eine neue Schöpfung, die vom Nus her ihre Aktiv-
kraft besitzt. Mit der Auflösung des Nus kann die Finsternis
ihn nicht mehr als Pendant zur Lichtwelt präsentieren, doch er
wird als Same der Physis das Element, das diese mit ihrer Wurzel, der Finsternis, verbindet und ihr Aktivität verleiht. Der in
der Physis wirkende Nus ist als Gegenstück zum Geist gebildet,
damit sie ihn verdrängen kann[32].

Von diesem Punkt der Handlung an tritt die Physis als Gegen-
spieler der Lichtwelt in die Szene ein. Es scheint mit ihr eine
organisierte Form der Finsternis dargestellt zu werden, aus der
das Licht ebenfalls ausgeläutert werden muß. In immer neuen
Paraphrasen[33] wird nun die Erlösung geschildert, die der Bote
des Lichts Derdekeas (aram. derdeqjā "der Jüngling") dem Sēem
als dem ersten Erdbewohner darbietet. Das wesentliche Ziel ist
der Schutz des Lichts vor der Physis: "damit nicht das Licht
des Geistes taubstumm werde und die Physis über es herrsche"[34]
oder "damit erweckt werde die Kraft des Geistes aus der schwachen Physis"[35]. Der Bote Derdekeas berichtet dem Sēem in
höchst eindrucksvoller Weise, wie er in das Chaos hinabstieg,
um das gesamte Licht aus ihm zu retten. "Ohne die finstere
Kraft konnte ich mit der Physis nicht kämpfen"[36]. Er muß
also selbst eine niedere Gestalt annehmen. Das erinnert an die
mangelnde Eignung der Bewohner des manichäischen Lichtreichs,
mit der Finsternis zu kämpfen, so daß Gott selber in den Krieg

---

32 NH VII 4. 37ff.

33 B. Aland. Die Paraphrase als Form gnostischer Verkündigung, in: Nag
Hammadi and Gnosis, hrsg. v. R.McL. Wilson (Nag Hammadi Studies 14, Leiden
1978), S. 75 - 90. Die Verfasserin hat mit ihrer Theorie der Variationen eine
sehr gute Möglichkeit zum Verständnis solcher Texte gegeben. doch sollte man
bei späten Texten den kompendialen Charakter berücksichtigen. der Traditionsstücke verwendete. die aus Variation entstanden sind.

34 NH VII 10. 12 - 15.

35 NH VII 12. 13f.

36 NH VII 18, 14 - 16.

ziehen muß[37]. "Als ich in die Physis eindrang, vermochte sie
nicht meine Kraft zu ertragen"[38], sagt Derdekeas weiter. Der
Charakter der Physis ist zwiespältig, da sie ja aus einem lichten und einem finsteren Teil besteht. Doch für ihre Beurteilung
ist der finstere Teil maßgeblich. Denn wenn sie das Licht verliert, führt ihre Entleerung zu ihrem Zusammenbruch. Es ist
z.B. von dem unreinen Teil der Physis die Rede, "den finstere
Kraft bekleidete. Und ihre unreine Weiblichkeit gewann Kraft"[39].
Schließlich wirft die Physis den Nus von sich. "Als die Physis
den Nus von sich geworfen hatte, wurde sie verwirrt und wein-
te. Als sie Schmerzen hatte und in ihren Tränen war, warf sie
die Kraft des Geistes von sich"[40]. Derdekeas zieht das Licht
an sich. "Damit die Werke der Physis verurteilt würden, weil
sie blind ist, kamen viele Tiergestalten aus ihr hervor nach der
Zahl der fliegenden Winde. Sie suchten alle in der Unterwelt
nach dem Licht des Nus, das Gestalt angenommen hatte. Nicht
konnten sie gegen ihn bestehen"[41]. Dennoch müssen noch sehr
viele weitere Schritte unternommen werden, bis das Licht schließlich gänzlich ausgeläutert ist. So wird von der Physis auf Bitten
des Derdekeas, der sich jetzt als Tier verkleidet hat, Himmel
und Erde geschaffen. Eine gnostische Heilsgeschichte führt zur
Schilderung der Eschatologie. "Und am letzten Tage werden die
Formen der Physis und die Winde und alle ihre Dämonen zerstört werden. Sie werden ein Finsternisklumpen werden, wie sie
am Anfang waren ...   Die anderen Werke der Physis werden
nicht in Erscheinung treten. Sie werden sich mit dem endlosen

37 Vgl. A. Böhlig - J.P. Asmussen. Die Gnosis. 3. Bd.: Der Manichäismus
(Zürich 1980). S. 103 (Theodor bar Kōnī) und 131 (Alexander von Lykopolis).
38 NH VII 18. 16 - 18.
39 NH VII 18. 29ff.
40 NH VII 19. 4 - 9.
41 NH VII 19, 13 - 21.

finsteren Wasser verbinden, und alle ihre Gestalten werden ver-
schwinden"[42]. Noch konkreter wird die Physis dargestellt, wenn
es von ihr heißt: "Ihr Bild erschien im Wasser in der Gestalt
eines furchtbaren Tieres mit vielen Gesichtern, das unten gekrümmt war"[43] oder "und die Wurzel der Physis, die unten war,
war gekrümmt"[44].

Der Darstellung der Physis als Tier steht die Beschreibung
in der hermetischen Schrift Poimandres sehr nahe[45]. Dort wird
die Finsternis als ἐν μέρει γεγενημένον ("gegliedert geworden"?) und "krumm sich windend" einer Schlange gleich beschrieben. Daß in diesem Fall die Finsternis und nicht die Physis so geschildert wird, besagt nicht viel; schon im Satz darnach
wird von der Verwandlung der Finsternis in eine feuchte Physis
berichtet. Die Vereinigung dieser mit dem Urmenschen zeigt
auch bei ihr den konkreten Charakter[46].

Eine Bezeichnung von widergöttlichen Größen mit abstrakten und konkreten Namen nebeneinander ist sehr häufig im
Manichäismus, dem die Paraphrase des Sēem recht nahesteht.
Ein solches Nebeneinander macht allerdings die Rekonstruktion
der gedanklichen Urform nicht leichter, zumal die Missionsme-
thode dieser Religionsgemeinschaft dem Austausch der Götter-
bezeichnungen in der Nomenklatur des Mythos vielerlei Möglichkeiten schafft. Wenn also z.B. der Neuplatoniker Alexander von
Lykopolis den Mythos ganz in die philosophische Terminologie
der Griechen umgießt, so ist wohl der Inhalt von Manis Mythos
und die Tendenz seiner Religion richtig wiedergegeben, aber.

---

42 NH VII 45. 14 - 20. 26 - 31.
43 NH VII 15. 12 - 16.
44 NH VII 7. 24 - 26.
45 Poimandres 4: Corpus Hermeticum I, hrsg. v. A.D. Nock - A.J. Festugière.
46 Poimandres 14.

mit H.H. Schaeder[47] die Urform darin zu sehen, dürfte ent-
schieden zu weit gehen. Es wird vielmehr darauf ankommen,
die Grundbegriffe Hyle, Psyche, Demiurgos, Nus in ihrem Vorkommen in Texten zu untersuchen, in denen abstrakte und konkrete Terminologie nebeneinander steht, d.h. es ist auch hier
die Frage nach dem Gebrauch von Abstrakta für Konkreta bzw.
deren Füllung mit konkretem Inhalt zu beantworten. Dafür bieten die koptischen Manichaica, sowohl Kephalaia wie auch Hymnen, ein reiches Material. Ihre Beweiskraft liegt in ihrer ursprünglich syrischen Herkunft.

Wenden wir uns dem widergöttlichen Bereich zu. Die Hyle
ist die Verkörperung der Finsternis. Sie ist die Gegnerin des
Lichts. Ihre konkrete Schilderung zeigt sich darin, daß sie Kinder hat, daß sie Gaben schenkt. Damit wirkt sie in der Urzeit
und in kosmisch-geschichtlichen Zusammenhängen. In ihrer Eigenart besitzt sie eine οὐσία (Wesen), ja man spricht von der
φύσις dieser οὐσία . Es stehen sich zwei οὐσίαι gegenüber, die des Lichts und die der Finsternis[48]. Man spricht auch
von der φύσις der Lüge[49]. Als philosophischer Terminus ist
Hyle ein abstrakter Begriff: Materie als Allgemeinbegriff. In
unserem Zusammenhang hat sie zwar auch den Charakter des
Allgemeinen, da aus ihr andere Wesen hervorgehen, doch besitzt sie zugleich die Eigenschaften einer Person.

In der ältesten Zeit, da die Welt noch nicht geschaffen war
und "jene Hyle und alle ihre anderen Kräfte sich (noch) in der
Tiefe der ταμιεῖα befanden, waren sie selber am Leben"[50].

---

47   H.H. Schaeder. Urform und Fortbildungen des manichäischen Systems
(Leipzig 1927).

48   Ps.-B. 9. 10 (nach A Manichaean Psalm-Book, p.II. ed. C.R.C. Allberry,
Stuttgart 1938).

49   Ps.-B. 17. 7.

50   Keph. 130. 16 - 18 (nach Kephalaia. 1. Hälfte. bearb. v. H.J. Polotsky

Über diesen Zustand berichtet das 6. und das 27. Kapitel der Kephalaia ganz ausführlich[51]. In der Welt der Finsternis sprudeln fünf Elemente empor, denen die fünf Lichtelemente entgegentreten werden. Es sind in der Finsternis Rauch, Feuer, Wind, Wasser und Finsternis[52]. Alle diese Welten tragen zum Aufbau des Königs der Finsternis oder, wie er auch heißt, "Archon, Anführer aller Mächte der Finsternis", bei. Die Finsternis besitzt auch Gegenstücke zu den Seelenteilen des höchsten Gottes, die νοῦς, ἔννοια, φρόνησις, ἐνθύμησις, λογισμός, also Nus, Denken, Einsicht, Gedanke, Überlegung, sind. Die finsteren Gegenstücke führen die gleiche Bezeichnung[53].

Da das Tier der Typ des Negativen ist, stellt der König der Finsternis als ein Geschöpf der Hyle das gesamte Tierreich dar. Die Welt des Feuers steuert dabei einen Kopf mit Löwengesicht bei, die Welt des Windes Schultern und Flügel wie ein Adler, die Welt des Rauches Hände und Füße nach Art der Dämonen, die Welt der Finsternis (als Element) einen Bauch, der drachengestaltig ist, und die Welt des Wassers den Schwanz nach Fischgestalt. Diese Schilderung, für die es auch Varianten gibt auf die wir hier nicht näher eingehen brauchen[54], betont die Urheberschaft der Hyle, die als ἐνθύμησις des Todes betrachtet wird[55]. Bemerkenswert ist die innere Triebkraft der Hyle. Das personale und ·psychologische Moment wird ganz

- A. Böhlig. Stuttgart 1934 - 1940; 2. Hälfte (Lfg. 11/12) bearb. v. A. Böhlig. Stuttgart 1966).

51 Keph. 30. 13 - 34. 12; 77. 23 - 79. 12. Vgl. auch A. Böhlig. Eine Bemerkung zur Beurteilung der Kephalaia. in: Mysterion und Wahrheit, S. 245 - 251.

52 Keph. 68. 17; Ps.-B. 9. 18. Vgl. auch andere Quellen bei Böhlig. Gnosis III. S. 145 und 139.

53 Keph. 95. 19ff.

54 Vgl. A. Böhlig. Das Böse in der Lehre des Mani und des Markion. u. S. 612 - 637.

55 Keph. 26. 18; 27. 5.

deutlich in ihrer mittelpersischen Entsprechung Āz "Gier"[56].
Daraus sieht man, wie aktiv die Hyle dort geworden ist, wo
der Dualismus zwei Naturen bzw. zwei Wesen einander gegen-
überstellt. Und doch zeigt die Bezeichnung Hyle, daß es sich
bei ihr um etwas Materielles und als solches letztlich doch um
etwas Passives handelt, wie auch schließlich das Ende im Bolos
("Klumpen") beweist. Der Gegensatz der gnostischen Hyle zum
Licht entspricht dem Gegensatzpaar Plane und Wahrheit. Wenn
man an die Stoa denkt, muß alles, was der Hyle entgegensteht,
auch in gewissem Maße materiell aufgefaßt werden, so daß es
zwei φύσεις gibt. Die Hyle bzw. ihre φύσις nimmt Anteil an
der Formung der Welt. Aus ihren Bestandteilen wird der Makrokosmos und entsprechend auch der Mikrokosmos gestaltet. Ebenso wie in der Paraphrase des Sēem von Nag Hammadi Finsternis und Physis, wird die Hyle samt ihren ταμιεῖα außer Kraft
gesetzt und verödet, wenn die Kraft ihrer Natur weggenommen
wird.

Von den Eigenschaften der Hyle tritt als besonders markante
erste Natur nach Kapitel 73 der Kephalaia der Neid hervor[57].
Hier wird die Geschichte unter dem Gesichtspunkt betrachtet,
wen die Hyle unter dem Antrieb des Neides jeweils schädigt.
So handelt sie gegen den Urmenschen, was seine Gefangennahme
auslöst, gegen den Dritten Gesandten, was die Erschaffung Adams
bewirkt, gegen Adam, was wiederum die Erschaffung seiner Frau
zur Folge hat, gegen die religiösen Führungs- und Stifterpersön-
lichkeiten bis auf Christus, was zu dessen Kreuzestod führt (man
vergleiche dazu die Haltung der Plane gegenüber Christus im
Evangelium veritatis[58]!), gegen dessen Nachfolger und schließ-

---

56 Vgl. Böhlig, Gnosis III, Index s. v.

57 Keph. 178, 25 - 180. 26.

58 Vgl. den Kampf Jesu gegen die Plane im Logos vom Großen Krieg; s.
A. Böhlig, Zum Selbstverständnis des Manichäismus. u. S. 535.

lich gegen Mani und die Manichäer; hier ist die Anstachelung zum Abfall ihr Werk. Man sieht also, wie aktiv die Hyle auch in der Zeit ist, in der sie selber als Materie zum leidenden Stoff durch die demiurgische Tat des Lebendigen Geistes geworden ist.

Die Plane als konkrete Größe begegnet uns vielleicht in einem Zusammenhang, der vom Antikosmismus geprägt ist, als Bezeichnung für den körperlichen Teil der Welt. Vor der Schilderung der Welt heißt es im Kephalaion 38: "Die ganze πλάνη, als der [Feind] der Lichter sie errichtete, errichtete er sie nach dem Ebenbild eines Menschen"[59]. Dieser Gedanke vom "Trug des Kosmos" findet sich auch in den Hermetica: ἡ τοῦ κόσμου ἀπάτη [60].

Ich fasse zusammen: Der gnostische Mythos ist Ausdruck von Vorstellungen, deren Allgemeinbegriffe konkret zu Personen werden. Die mythologische Darstellung mit Hilfe von Götternamen oder Phantasiebildungen dürfte nicht, wie H. Jonas meint, [61], dabei am Anfang stehen, sondern nur ein Stilmittel sein. Deshalb ist es nicht verwunderlich, wenn Zentralbegriffe personifiziert in das mythische Geschehen als Akteure eingereiht werden. Sie müssen es gerade darum, weil der lebendige Ablauf der Handlung nicht mit dem Allgemeinbegriff auskommt, sondern Handelnde verlangt, so daß Hyle, Kakia, Finsternis, Physis und Plane anthropomorph vorgestellt werden können. Wenn man bedenkt, daß in spätantiker Philosophie nach Plotin z.B. von Porphyrios Mythologie und Aberglaube mit Hilfe stoischer Mythendeutung in großem Maße in die Philosophie einverleibt

---

59 Keph. 90, 20 - 22.

60 Corpus Hermeticum XIII 1.

61 "Von der Mythologie zur mystischen Philosophie" ist Untertitel von H. Jonas, Gnosis und spätantiker Geist, Teil 2 (2. Aufl. Göttingen 1966).

wird, so kann auch für die Gnosis eine Entwicklung hin zum Mythologischen angenommen werden, so daß der begriffliche Kern je nach Art der Schrift mythologisch ausgestaltet wird. Auf diese Weise ist es zu verstehen, warum die mythologischen Abläufe oft so verschieden sind und bisweilen exzessive Formen annehmen können. Denn es gibt mythologische Schilderungen, die nicht mehr von einer durchgehenden Idee getragen werden, sondern in spielerische Zusammenstellungen ausarten, wie wir das z.B. im Codex Brucianus vor uns haben. Mythologische oder philosophische Darstellung ist in der Gnosis kein Kriterium des Alters. Beide können früh und spät sein. Auch kann die Form, in der der Mythos gestaltet wird, abhängig sein vom sozialen Stand sowohl des Verfassers als auch des angesprochenen Publikums.

DER NAME GOTTES
IN GNOSTIZISMUS UND MANICHÄISMUS

In den letzten drei Beiträgen haben wir vom einen Gott des Alten Testaments und des jüdischen Volkes gehört und vernommen, wie dieser Gott sich nach Auffassung der Christen als Mensch offenbart und sowohl als Herr und Imperator wie auch als leidender Gottessohn verehrt wird. Neben den Weltreligionen Judentum und Christentum steht aber außer den alten traditionellen heidnischen Religionen noch eine große dritte Bewegung, die von G. Quispel auch als Weltreligion bezeichnet worden ist, der Gnostizismus[1].

1. Das Wesen von Gnosis und Gnostizismus

Um Mißverständnisse zu vermeiden, die durch den Gebrauch des Wortes "Gnosis" sowohl zur Bezeichnung eines religiösen Phänomens als auch einer konkreten, historisch faßbaren religiösen Bewegung naheliegen, hat der Kongreß vom Messina im Jahre 1966 eine neue Definition vorgeschlagen[2]. Gnosis wird

Erstveröffentlichung in: Der Name Gottes, hrsg. v. H. v. Stietencron (Düsseldorf 1975), S. 131 - 155.

1 G. Quispel, Gnosis als Weltreligion (Zürich 1951).

2 Vorschlag für eine terminologische und begriffliche Übereinkunft zum Thema des Kolloquiums, in : Le Origini dello gnosticismo, hrsg. v. U. Bianchi (Leiden 1967), S. XXIX - XXXII.

dabei beibehalten als Name für das Phänomen "Wissen um göttliche Geheimnisse, das einer Elite vorbehalten ist". Für die historische Bewegung, die für uns in späthellenistischer Zeit faßbar ist, wurde dagegen die Bezeichnung "Gnostizismus" eingeführt. Dem Gnostizismus, der wohlgemerkt keine einheitliche
Gruppe bildete und auch nicht einen einheitlichen oder Ur-
Mythos besessen hat, liegt eine Problematik zugrunde, die auf
verschiedene Weise aufgearbeitet wurde: Im Menschen ist ein
göttlicher Funke vorhanden, der erlöst werden muß. Er ist einst
durch eine Krise (einen Fall, ein Überlaufen, eine Niederlage
im Kampf mit der Finsternis) aus der Lichtwelt herausgekom-
men. Der Kosmos und seine Entstehung, aber auch die Erschaffung des Menschen stehen in enger ·Verbindung mit diesen Ereignissen.

2. Die soziologische Struktur des Gnostizismus

Die Gnostiker bildeten αἱρέσεις "Schulen". Solche Schul-
richtungen konnten sich von lehrhaften Zirkeln auch zu solchen
Gemeinschaften entwickeln , die ihre eigenen rituellen Prakti-
ken besaßen, z.B. Sakramente[3]. Aber auch von Kirchenbildung
kann man im Gnostizismus sprechen. Ganz besonders konsequent
findet sich die Kirche im Manichäismus ausgebildet als eine im
Gegensatz zur christlichen Großkirche stehende, sie ersetzen sol-
lende gnostizistische Großkirche, die ja auch zeitweilig ihre Gemeinden vom Westen des Mittelmeerraums bis nach China besaß[4]. Abgesehen vom Manichäismus nahm der Gnostizismus eine

---

3 A. Böhlig, Zur Frage nach den Typen des Gnostizismus und seines Schrifttums, s. u. S. 213 - 228.

4 Das zeigen die Texte. die in Chinesisch Turkestan und an der chinesischen

stark pluralistische Haltung ein. Das zeigen die verschiedenen
Auffassungen, die in den Schriften der Bibliothek von Nag Hammadi[5] nebeneinander stehen oder die bei den Mandäern nebeneinander zu finden sind (Dualismus, Monismus). Das lag wohl
auch an der verschiedenartigen sozialen Struktur. Wenn in Ägypten der Einfluß der griechischen Schule durchaus zu spüren ist,
was von den Gräkoägyptern kommen dürfte[6], so war bei den
Mandäern, die heute noch in einer handwerklichen Bevölkerung
Südmesopotamiens und Chuzistans in Resten vertreten sind[7], das
mythologische Denken so im Schwange wie in den späten koptischen Schriften des Codex Brucianus[8]. Bei den Manichäern waren
neben einer breiten einfachen Schicht auch Gebildete sowie
Kaufleute und Feudalherren vorhanden. Man denke daran, daß
im Feudalstaat der Uiguren in der Mongolei der Manichäismus
sogar Staatsreligion werden konnte[9]! Wenn die verschiedenartige
Bildung der Gnostiker auf die Ausprägung der einzelnen Spiel-
arten des Gnostizismus ihre Wirkung hatte, um wieviel mehr
mußte nicht der Einfluß der verschiedenen geistigen Strömungen
auf ihn einwirken, die ihm begegneten.

Mauer gefunden wurden, ebenso wie die scharfe Auseinandersetzung, die Augustin
und Euodius von Uzalla mit ihm führen.

5 A. Böhlig. Zum "Pluralismus" in den Schriften von Nag Hammadi. s. u.
S. 229 - 250. Vgl. auch A. Böhlig. Zur Frage nach den Typen. s.u. S. 213 - 228.

6 A. Böhlig. Die griechische Schule und die Bibliothek von Nag Hammadi.
s. u. S. 251 - 288.

7 Die Gnosis, 2. Bd.: Koptische und mandäische Quellen (Zürich 1971). S.173.

8 Koptisch-gnostische Schriften I. übers. v. C. Schmidt. 3. Aufl. v. W. Till
(Berlin 1962). S. 257 - 367. Sowohl die zwei Bücher Jeû wie auch das Unbekannte altgnostische Werk sind diesem Typ zuzurechnen.

9 Vgl. F. Decret. Mani et la tradition manichéenne (Paris 1974). S. 125;
A. v. Gabain. Das uigurische Königreich von Chotscho 850 - 1250 (Sitz.-Ber. d.
Dt. Akad. d. Wiss. Berlin 1961). 19. 69.

3. Der Synkretismus des Gnostizismus

Wer gnostische Texte erfolgreich lesen will, muß das breite
Spektrum der Ausdrucksweise kennen, das die Hochreligionen des
Ostmittelmeerraumes und die Philosophie zur Verfügung stellten,
um der Lösung ihrer Probleme die rechte Form zu verleihen.
Dabei half auch die Liturgie, in der nicht nur die Menschen,
sondern auch die Götter den höheren Größen kultische Anbetung
darbringen. Gott war in hellenistischer Zeit für die Menschen
immer mehr in die Ferne gerückt. Die Welt war ja mit und
nach den Eroberungszügen Alexanders soviel größer geworden,
in der horizontalen wie in der vertikalen Richtung. Darum be-
mächtigte sich der Gnostizismus bei seiner Darstellung des Gottesbildes, des Weltbildes, des Menschenbildes und der Lehre von
der Erlösung auch gern der Lehren von Judentum und Christentum, die ihm geeignet erschienen. Oft legt er in die biblische
Aussage einen neuen, ja umgekehrten Sinn, der dem gnostizistischen Gedankengang entspricht[10]. Aus Heidentum, Popularphilosophie und den monotheistischen Religionen wird mit Hilfe des
Mythos ein Bild entworfen, dessen Erkenntnis, Gnosis, den erlö-
sungsbedürftigen Menschen darüber informiert, woher er stammt,
was er jetzt ist und wohin er zurückkehren sollte. Wenn auch
ein übertranszendenter Gott die höchste Spitze bildet, deren
Sieg für das Ende gewiß ist, so sind doch sowohl seine Emanationen, die ja letztlich eine Offenbarung und Entfaltung seiner
selbst sind, als auch die Gegengötter, die letztlich nur dazu
dienen, den Sieg des höchsten Gottes noch größer erscheinen

---

10 A. Böhlig. Der jüdische Hintergrund in gnostischen Texten von Nag Hammadi. in· Mysterion und Wahrheit (Leiden 1968). S. 83; H. Jonas. Gnosis und
spätantiker Geist. Teil I: Die mythologische Gnosis (3. Aufl. Göttingen 1964).
S. 216ff.

zu lassen, ebenfalls Götter. Eindeutig tritt das hervor, wenn
die mythologischen Untergötter des manichäischen Mythos in
den iranischen Texten das Beiwort yazd oder bag, "Gott"[11],
tragen, oder auch, wenn z.B. in der Adamapokalypse der Schöpfer des Menschen als "Gott" bezeichnet wird[12]. Der Gnostizismus ist also, was den Namen Gottes angeht, nicht wie eine
monotheistische Religion zu behandeln, stellt er doch einen
zugunsten einer Idee organisierten Polytheismus dar. Daß hier
nur Ausschnitte aus einem solchen vielgestaltigen Bild gegeben
werden können, dürfte einleuchtend sein.

4. Der ferne Gott

Wer die besondere Eigenart Gottes herausheben will, wird
gern betonen, daß er so ganz anders und mit menschlichen Vorstellungen nicht oder kaum begreifbar ist. Ein schönes Beispiel
bildet im Neuen Testament die alte jüdische Doxologie, die
sich 1 Tim 6,16 findet: "der allein Unsterblichkeit hat, der
ein unvergängliches Licht bewohnt, den keiner der Menschen
gesehen hat noch sehen kann". Zahlreiche gnostische Texte,
die sich um eine Beschreibung des höchsten, so fernen Gottes
bemühen, beschreiben ihn über Seiten hinweg via negationis.
Doch er ist auch der Gott des Lichtes. Er ist die ἀρχή (der
Anfang) und das ἕν (das Eine).

---

11 Vgl. die Ausgaben iranischer Manichaica, z.B. F.C. Andreas – W. Henning,
Mitteliranische Manichaica aus Chinesisch Turkestan I – III (Sitz.-Ber. d. Preuß.
Akad. d. Wiss. Berlin 1932 - 1934). Indices. s. v.; W. Henning, Ein manichäisches
Bet- und Beichtbuch (Abhandl. d. Preuß. Akad. d. Wiss. Berlin 1936). bag ist
parthisch, die persische Form lautet bay, die soghdische βαγē.

12 Nag Hammadi V 64, 6ff. (Koptisch-gnostische Apokalypsen aus Codex V
von Nag Hammadi, hrsg. u. übers. v. A. Böhlig – P. Labib. Halle 1963). Zur Übersetzung vgl. auch Die Gnosis II. a.a.O. 21.

a) Der unbeschreibliche Gott

Ein Beispiel aus dem Johannesapokryphon: "Der Unsichtbare (Geist), der über dem All ist, der in seiner Unvergänglichkeit besteht, wohnend im reinen Licht, in das kein Augenlicht zu blicken vermag. Ihn, den Geist (πνεῦμα), darf man sich nicht als Gott denken oder etwas derartiges. Denn er ist mehr als Gott (oder die Götter). Er ist eine ἀρχή , über die niemand herrscht, weil vor ihm niemand existiert. Er hat keinen Mangel; denn alles ist in ihm selber. Er braucht nicht Leben. Denn er ist ewig. Er braucht nichts. Denn er ist nicht einer, den man vollenden müßte, weil er es gar nicht nötig hat, vollendet zu werden, sondern zu aller Zeit ganz vollkommen ist. Licht ist er"[13]. Nach der Betonung seines Lichtcharakters[14], die einen Abschnitt beschließt, wird die Beschreibung via negationis fortgesetzt, die wir hier nicht weiter bieten können. Das wichtigste Charakteristikum des höchsten Gottes ist seine Andersartigkeit. Die Beschreibung via negationis muß aber zum Übergang zu positiven Attributen führen. Im griechischen Denken gibt z.B. Plotin "Unendlichkeit" als Bezeichnung von "Größe"[15]. Da ist es kein Wunder, wenn Mani seinen höchsten Gott als "Vater der Größe" bezeichnet[16]. Darüber hinaus setzt Mani in dem

13 Die gnostischen Schriften des koptischen Papyrus Berolinensis 8502. hrsg. u. übers. v. W.C. Till. 2. Aufl. v. H.-M. Schenke (Berlin 1972). 22.21 - 23.14. Zur Übersetzung vgl. auch: Die Gnosis, 1. Bd.; Zeugnisse der Kirchenväter (Zürich 1969). S. 143.

14 Es ist dabei gleichgültig. ob diese Hervorhebung des Lichtcharakters ein eigener Satz ist wie im Papyrus Berolinensis gnosticus. a.a.O.. oder nur "im Licht" beigefügt ist wie in NH II 3. 7 (Die drei Versionen des Apokryphons des Johannes im Koptischen Museum zu Alt-Kairo, hrsg. u. übers. v. M. Krause - P. Labib. Wiesbaden 1962).

15 Enneaden VI 8. 16.

16 Vgl. F. Cumont. La cosmogonie manichéenne d' après Théodore bar-Khôni (Brüssel 1908). S. 8ff. H.J. Polotsky. Abriß des manichäischen Systems. Pauly -Wissowa. RE. Suppl. VI (Stuttgart 1934), Sp. 249.

König Schapur I. gewidmeten Buch, dem Schābuhragān, an seine Stelle den Gott Zerwan, den Gott der unendlichen Zeit, so
daß sich der Kreis wieder schließt[17]. Zum Wesen der Beschreibung, die eine Andersartigkeit vor Augen führen will, gehört
auch die complexio oppositorum. Nicht körperlich und nicht un-
körperlich, nicht groß und nicht klein zu sein, gehört zum Wesen des höchsten Gottes. Er ist kein Geschöpf; aber auch als
Gott oder etwas derartiges, was man aus der Mythologie kennt,
kann man ihn nicht bezeichnen. "Schweigen" (σιγή) ist ein Charakteristikum von ihm, das ebenfalls die Ursprunglosigkeit hervorhebt und von den Valentinianern mit dem βυθός, dem Abgrund,
zu einer Syzygie verbunden wird[18]. Die Verborgenheit wird durch
die Benennung καλυπτός (verborgen) ausgedrückt.

b) Der lichte Gott

Am Anfang des Ägypterevangeliums wird eine Schilderung von
der Übertranszendenz des höchsten Gottes als Lichtgröße gegeben,
die zugleich Elemente beinhaltet, wie wir sie eben besprochen
haben. Siebenfach wird Gott als Licht beschrieben[19]:

"Das Licht der Vollendung,

  das in alle Ewigkeit ewige Licht,

  das Licht vom Schweigen der Vorsehung und Schweigen des

                                                    Vaters,

---

17 Vgl. das wahrscheinlich zum Schābuhragān gehörige Fragment T III 260
(ed. F.C. Andreas - W. Henning. Mitteliranische Manichaica I), das eine dem
Zerwanismus entsprechende Nomenklatur aufweist. auch wenn der Abschnitt über
Zerwan selbst nicht erhalten ist. Zahlreiche Belege finden sich auch in: F.C.
Andreas - W. Henning. Mitteliranische Manichaica II; vgl. Index. s. v.

18 Nach Iren., adv. haer. I 1; Übersetzung in: Die Gnosis I. 170.

19 NH IV 50. 5 - 22 (Nag Hammadi Codices III.2 and IV.2: The Gospel of
the Egyptians. ed. A. Böhlig - F. Wisse - P. Labib, Leiden 1975). Vgl. dazu die
Interpretation. a.a.O. 168ff. Deutsche Übersetzung in A. Böhlig, Das Ägypterevangelium von Nag Hammadi (Wiesbaden 1974), S. 45.

das Licht in Wort und Wahrheit,

das unverderbliche Licht,

das unerreichbare Licht,

das in alle Ewigkeit hervorgekommene Licht

   des unaussprechbaren,

   unbezeichenbaren,

   unverkündbaren Vaters,

der Äon der Äonen,

αὐτογένιος (der aus sich selbst entsteht),

ἐπιγένιος (der durch sich selbst hervorkommt),

ἀλλογένιος (der aus der Fremde herauskommt),

die unerklärbare Kraft des unaussprechlichen Vaters".

c) Gott als ἀρχή und ἕν

Die Zusammengehörigkeit von ἀρχή und ἕν wird aus folgendem Satz sichtbar: "Weil die Einheit (bzw. das ἕν) eine Einherrschaft (μοναρχία) ist, gibt es niemanden, der über ihn (d.i. der höchste Gott) herrscht"[20]. Wir hatten vorhin gehört, daß er eine ἀρχή sei, über die niemand herrsche, weil vor ihm niemand existiere. ἀρχή hat sowohl die Bedeutung "Anfang, principium" als auch "Herrschaft, Macht". In der von Untergöttern und Dämonen erfüllten Welt des Gnostizismus ist es sehr wichtig, wenn vom höchsten Gott logisch nachgewiesen werden kann, daß er niemandem unterstehe und somit die oberste Kraft ist. Wenn man dabei aber den zeitlichen Vorrang ins Feld führt, dürfte auch die Bedeutung "Anfang" bei der Formulierung solcher Argumente mitgewirkt haben. Wie so oft wird auch hier die Doppeldeutigkeit eines Wortes bewußt ausgenutzt.

20 Apocr Joh nach BG 22, 17ff.

Das Problem der ἀρχή , des Uranfangs, war ein Hauptproblem
der griechischen Philosophie, und der Gnostizismus hat der griechischen Philosophenschule hierfür viel zu verdanken[21]. Das Gleiche gilt für die Vorstellung vom höchsten Gott als ἕν . Das
Eine, das ja noch vor dem Beginn des Zählens steht, ist gerade
im Neuplatonismus, der aus gleichen Quellen geschöpft hat wie
der Gnostizismus, ganz besonders in die Übertranszendenz gerückt worden, was wohl nicht auf orientalische Einflüsse, sondern auf die im platonischen ἐπέκεινα [22] liegenden Ansätze
und ihre konsequente Weiterentwicklung zurückgeht. Bereits
vor Auffindung der koptisch-gnostischen Texte war aus den
Kirchenvätern bekannt, daß bei den Valentinianern ein Urwesen
vorhanden war, das als eine, am Anfang befindliche Größe angesehen wurde. Man gab ihm die verschiedensten Bezeichnungen:
βυθός (Tiefe, Abgrund), προπάτωρ (Vorvater), ἀρχή (Anfang),
ῥίζα (Wurzel), βάθος (Tiefe, Höhe). Wenn sich dieses Urwesen
daneben mit ἔννοια (Denken), σιγή (Schweigen), χάρις (Gnade) und θέλησις (Wille) zu einer Syzygie verbinden konnte, so
ist das eine Weiterentwicklung. Denn zunächst sind diese Feminina ja im ἕν angesiedelt. Sie gehören zu seiner Potentialität, einer Eigenschaft, die sich auch im Neuplatonismus für
das ἕν findet[23].

5. Die Aktivität des lichten Gottes

Im allgemeinen hört man, der Gnostizismus habe Gott in
zwei Götter geteilt, den fernen Gott und den Schöpfergott.

21 A. Böhlig, Die griechische Schule, s. u. S. 271 ff.
22 Platon. Republ. VI 509 b.
23 H. J. Krämer, Der Ursprung der Geistmetaphysik (2. Aufl. Amsterdam
1967). S. 351 ff.

Das ist nur bedingt richtig. Denn beide Götter sind Schöpfer. Gerade die neuen Texte lehren uns ausführlich, daß der ferne Gott kein Deus otiosus ist, sondern gerade aus Güte und Liebe Früchte hervorbringen will, die seine Gutheit mitgenießen sollen. Er schafft dabei aber nicht etwa aus dem Nichts, sondern er bringt aus sich selbst Lichtgrößen hervor, so daß eine transzendente Götterwelt entsteht[24]. Weil das Denken nach dem Typ Urbild – Abbild im Gnostizismus sehr beliebt war, hat man dann umgekehrt auch irdische Größen in den Lichthimmel projiziert, indem man etwa für den Adam ein himmlisches Vorbild im Lichtadamas schuf[25] oder der irdischen eine himmlische Kirche gegenüberstellte[26].

6. Emanation und Evolution

Der höchste Gott ist Vater, ein Prädikat, das immer wieder begegnet und sehr bedeutsam gewesen ist; betont es doch die engste familiäre Verbindung zwischen Gott und dem, was aus ihm hervorgegangen ist und physisch mit ihm zusammenhängt[27]. Diese mythologischen Größen einschließlich der in die Welt verstreuten Lichtteile konnten mit Recht sagen: "Wir sind göttlichen Geschlechts"[28]. Die Art, wie sich hier in der Auffassung der Gnostiker eine solche Lichtwelt darstellte, war sehr ver-

24 Vgl. z.B. das Ägypterevangelium und den Eugnostosbrief. Deutsche Übersetzung des letzteren in: Die Gnosis II. S. 32ff.

25 Vgl. z.B. das Ägypterevangelium, das Johannesapokryphon oder die drei Stelen des Seth. Vgl. A. Böhlig, Zum Pluralismus u. S. 235 ff.

26 A. Böhlig, Zur Frage nach den Typen u. S. 218 f.

27 Auch der höchste unbeschreibbare Gott wird "Vater" genannt: vgl. Ägypterevangelium NH III 40, 12ff. = IV 50,1ff. Es handelt sich im Gnostizismus ja nicht um eine Erschaffung aus dem Nichts.

28 Act 17, 28, wo Aratos, Phaen. 5, zitiert wird.

schiedenartig. Es würde zu weit gehen, hier alle Modelle vorführen zu wollen, obwohl sie viel Namensmaterial bieten würden. Als besonders wesentlich ist die Rolle der Trinität anzusehen, die besonders häufig ist: Vater, Mutter, Sohn[29]. Sie weist dabei in manchen Schriften der Mutter eine besondere Rolle zu, die noch die Präponderanz des Kultes der Muttergöttin spüren läßt [30]. Ein besonders schönes Beispiel dafür ist die Schrift von der dreifachen Protennoia, in der diese in drei Reden spricht, in der ersten als Vater, in der zweiten als Mutter und in der dritten als Sohn[31]. Oder man vergleiche den "Donner, den vollkommenen Nus", eine Schrift, in der die Muttergottheit mit der Ausdrucksform der complexio oppositorum Aussagen über sich macht[32]. Auch ihr sonst als Dreiheit erwähnter Charakter kann hierher gehören, ist sie doch mitunter als mannweiblich, als männliche Jungfrau, gedacht[33].

Die Entstehung der Trinität legt Zeugnis davon ab, wie sehr der Verfasser des jeweiligen Mythos den fernen Gott von seiner Lichtschöpfung absetzen will. Im Ägypterevangelium, das aus verschiedenen Traditionsstücken zusammengesetzt ist, finden sich gleich zwei Möglichkeiten nebeneinander. Auf der einen Seite kommen aus dem großen unsichtbaren Geist, der als Vater bezeichnet wird, drei Kräfte hervor, Vater, Mutter Barbelo und

---

29 Vgl. das Ägypterevangelium, das Johannesapokryphon, die drei Stelen des Seth, das Philippusevangelium, die manichäische Kosmogonie. Zum Problem vgl. A. Böhlig, Zum Pluralismus u. S. 234.

30 Vgl. F. Heiler, Erscheinungsformen und Wesen der Religion (Stuttgart 1961), S. 366. 464ff.

31 NH XIII 35 - 50, hrsg. v. Y. Janssens (Bibliothèque Copte de Nag Hammadi, Section "Textes", 4. Québec 1978) sowie v. G. Schenke (TU 132, Berlin 1984).

32 NH VI 13,1 - 21, 32, ed. M. Krause - P. Labib, Gnostische und hermetische Schriften aus Codex II und VI (Glückstadt 1971), sowie v. G.W. MacRae (Nag Hammadi Studies 11. Leiden 1979), S. 231 - 255.

33 Vgl. z.B. Ägypterevangelium, a.a.O., Index. s. v. ἀρσενικός.

Sohn[34]. Das ist Evolution, die den Charakter der Ferne zum
Ausdruck bringen soll. Daneben steht auf der anderen Seite
Emanation, durch welche die potentiell im Urvater vorhandene
Pronoia und der ebenfalls in ihm vorhandene Logos hervortre-
ten[35]. Sie entsprechen zugleich der Trinität des Johannesapo-
kryphons, nur daß dort der Logos durch Christus ersetzt ist.
Daß der Logos des Ägypterevangeliums und der Christus des
Johannesapokryphons gleichzeitig den Namen "von selbst ent-
standener Gott" tragen[36], weist ebenfalls auf die Identität der
Figuren hin.

Ein weiteres Beispiel dafür, daß der ferne Gott nicht zu
nahe an seine Schöpfung gerückt werden soll, bietet der Eugnostosbrief. Er läßt den Vater des Alls (d.i. der höchste Gott)
"Vorvater" sein, während der in Erscheinung getretene Vater
αὐτοπάτωρ bzw. αὐτογενέτωρ genannt wird; er ist ein
ἀντωπός, ein Gegenbild, zum Vorvater[37].

7. Die Namen der Trinität

Betrachten wir die Namen der angeführten Trias: großer
unsichtbarer Geist als Vater, Ennoia (Denken) bzw. Pronoia
(Vorsehung) als Mutter und Logos als Sohn, so zeigen sie uns
eine stoisch geprägte Ausdrucksweise. Der große unsichtbare
Geist bringt schon durch seine beiden Attribute seine Transzendierung zum Ausdruck. Der Geist, das πνεῦμα, der nach Hippo-

---

34   Ägypterevangelium NH III 41, 7 - 12 = IV 50,23 - 51,2; III 41,23 -
43,8 = IV 51,15 - 53,3.

35   Ägypterevangelium NH IV 58,23 - 60,22.

36   Zu dieser Übersetzung vgl. A. Böhlig, Autogenes, s. u. S. 404 ff.

37   Nach Eugnostosbrief NH III 74, 20ff.; deutsche Übersetzung in: Die Gnosis II. S. 39.

krates in aller organischer und anorganischer Natur eine be-
herrschende Stellung einnimmt[38], ist ja nach den Stoikern das
πρῶτον αἴτιον (die erste Ursache) durch seine Einheit von
Stoff, Kraft, Leben, Form und Geist, ja, er ist schließlich Gott
[39]. Und wenn das πνεῦμα wegen seiner immanenten Beteiligung an allem von ihm Gewollten keine gesonderte Gestalt hat,
ist der Schritt zum fernen Gott nicht mehr weit. Denn die
Transzendierung über die immanente, ja sogar die transzendente
Welt hinaus läßt das πνεῦμα doch immer noch mit den πνεύ-
ματα , den Geistern, in der Welt in Verbindung stehen. πνευ-
ματικός (geistlich) muß sein, wer zum Heil kommen will.
Bei dieser Gelegenheit mag noch erwähnt werden, daß πνεῦμα
in gnostizistischer Kosmologie auch den Charakter eines Mittler-
wesens zwischen Licht und Finsternis angenommen hat, eine
Eigenschaft, die auch auf den Gebrauch des Wortes in der griechischen Medizin, Philosophie und Religion zurückgeht[40].

Der höchste Gott lebt in einer Lichtwelt, wie wir schon
lange vom manichäischen Vater der Größe wissen, der sich in
eine Fünfheit bzw. eine Zwölfheit gliedert. Hören wir aber nun
einen sethianischen liturgischen Text aus Nag Hammadi, aus der
dritten Stele des Seth, der den Sachverhalt stark gräzisierend
zusammenfaßt[41]: "Du Ungeborener! Aus dir stammen die Ewigen
und die Äonen, die Vollkommenen als Gesamtheit und die einzelnen Vollkommenen. Wir preisen dich, der du keine οὐσία
hast, dich Existenz, die vor den Existenzen ist, dich erstes Wesen,

---

38 S. ThWB VI 351.

39 Vgl. ThWB VI 353.

40 Vgl. ThWB VI 350ff.

41 NH VII 124. 21 - 33: hrsg. u. übers. v. M. Krause - V. Girgis in: F.
Altheim - R. Stiehl. Christentum am Roten Meer II (Berlin 1973). 1 - 229.
ebenso v. R. Claude (Bibliothèque Copte de Nag Hammadi, Section "Textes",
8. Québec 1983).

das vor den Wesen ist, dich Vater der Göttlichkeit und Lebendigkeit, dich Erschaffer des Nus, dich Spender von Gutem, dich
Spender von Seligkeit".

Der Erschaffung des Nus, die in diesen Worten erwähnt wird,
entspricht in der Mythologie die Erschaffung der weiblichen Größe, der Mutter. Sie wird verschieden benannt und hat verschiedene Nuancen. Im Manichäismus heißt sie "der große Geist, die
Mutter des Lebens (bzw. der Lebendigen)"[42]. Wenn die Mutter
als Geist bezeichnet wird, so geht das darauf zurück, daß ara-
mäisch rūhā (Geist) feminin ist. Daß man sich dessen auch im
Gnostizismus sonst noch bewußt sein konnte, zeigt eine Stelle
im Philippusevangelium, wo der kirchlichen Meinung von der Be-
fruchtung Marias durch den Geist polemisch entgegengetreten
wird: Ein Femininum könne doch kein Femininum befruchten[43]!
In zahlreichen gnostischen Schriften wird diese weibliche Größe
als Barbelo bezeichnet, nach der die ketzerbestreitenden Kirchenväter auch eine eigene Sekte benannten[44]. Berücksichtigt
man, daß die Götternamen im Gnostizismus weitgehend die Funktion der Gottheit wiedergeben oder von einer bestimmten Funktion ausgehen, so könnte man Barbelo als B'arba' 'elōh, "In
Vier ist Gott", deuten[45]. Das wäre ein Satz als Name, wie das
aus dem Ägyptischen zur Genüge bekannt ist. Kann man diese
Aussage mit der Grundzahl der τετρακτύς der griechischen
Philosophie zusammenbringen[46] oder auch mit dem jüdischen

---

42 Vgl. F. Cumont, Cosmogonie manichéenne, a.a.O. 14, Anm. 5. Die verschiedene Übersetzungsmöglichkeit geht auf die Doppeldeutigkeit des syrischen
ḥajjē zurück, das sowohl Plural von ḥajjā "lebendig" als auch Plurale tantum mit
der Bedeutung "Leben" sein kann.

43 NH II 55, 23ff. (ed. J.-É. Ménard. L' évangile selon Philippe, Strasbourg
1967).

44 H. Leisegang, Die Gnosis (4. Aufl. Stuttgart 1955). S. 186ff.; Die Gnosis
I, 133ff.

45 H. Leisegang, a.a.O. 186; A. Hilgenfeld, Die Ketzergeschichte des Ur-
christentums (Leipzig 1884). S. 233.

46 Tetraden haben neben Triaden besondere Bedeutung. Die Spekulation geht

Tetragramm[47]? Doch das können nur Deutungsvorschläge sein. Ganz gleich aber, ob es sich bei der Barbelo um eine mythologische Figur oder um ein Philosophem handelt, mit dieser Größe tritt aus dem ἕν die Zwei hervor[48]. Das sahen die Gnostiker unter Umständen als etwas Negatives an. Dem paulinischen Endzustand, daß Gott alles in allem sei[49], würde bei den Gnostikern entsprechen: das Weibliche werde aufgelöst, Gott sei nur noch das ἕν . Das können wir aus der ersten Jakobusapokalypse von Nag Hammadi[50] und dem aus Clemens Alexandrinus bekannten Bruchstück eines Ägypterevangeliums[51] (das mit dem Ägypterevangelium von Nag Hammadi nicht identisch ist) entnehmen. Diese Barbelo, oder wie man sie sonst nennt: ἀρχή, σοφία, πρόνοια, ἔννοια , ist als δυάς (Zweiheit) auch eine Einheit und eine Mehrheit. Hören wir wieder den schon vorhin zitierten liturgischen Text mit einer Anrufung der Barbelo[52]: "Du hast gesehen, daß die Ewigen von einem Schatten kommen, und du hast gezählt. Du hast zwar gefunden, daß du eine bliebst. Wenn du aber zählst, um zu teilen, bist du dreifaltig. Du bist wirklich dreifach gefaltet. Du bist eine aus dem Einen und du bist Schatten von ihm, dem

---

dahin, daß z.B. eine Dreiheit aus einer Einheit hervorgeht oder mit ihr verbunden wird: Vater + dreifaches Kind. Vater + Trinität etc. Unter den ersten vier Zahlen hat die Vier die Potenz der Zehnzahl: 1 + 2 + 3 + 4 = 10.

47 Bei dem Gnostiker Markos wird von einer Zusammenfassung der vier Buchstaben von ἀρχή "Anfang" gesprochen. die die Wesenheit des Unsichtbaren bilden und in der Gestalt eines Weibes wiedererscheinen, Iren., adv. haer. I 14.1. Vgl. auch Hippol. . Refut. VI 42, p. 173 ed. Wendland: "Markos sagt, daß die Tetras in weiblicher Gestalt zu ihm gekommen sei".

48 Vgl. A. Böhlig. Einheit und Zweiheit als metaphysische Voraussetzung für das Enkratieverständnis in der Gnosis. o. S. 49 f.

49 1 Cor 15. 28.

50 NH V 41. 15 - 19. ed. A. Böhlig - P. Labib. sowie W.R. Schoedel (Nag Hammadi Studies. 11. Leiden 1979). 65 - 103.

51 Clem. Alex., Strom. III 9. 63. Zu erwähnen ist auch 2 Clem 12. 2 "wenn die zwei eins sein werden. und das Äußere wie das Innere. und das Männliche mit dem Weiblichen eins sein wird. weder männlich noch weiblich".

52 Die drei Stelen des Seth NH VII 122. 6 - 21. ed. M. Krause - V. Girgis.

Verborgenen[53]. Du bist ein Kosmos des Wissens. Du weißt, daß die Angehörigen dieses Einen vom Schatten stammen. Und diese hast du im Herzen. Deshalb hast du den Ewigen Kraft gegeben durch die Existentialität, du hast der Göttlichkeit Kraft gegeben in der Lebendigkeit". Die Emanation aus dem höchsten Gott leitet zur Schaffung einer wahrhaft existierenden Welt über. Darum ist sie nicht nur Paargenossin im mythologischen Sinn, sondern auch der Nus im philosophischen Sinn, der den himmlischen Größen Existenz verleiht und von dem Unaussprechlichen, potentiell Vorhandenen zum Seienden, von der Einheit zur Vielheit führt. Darum die Charakterisierung als Einheit und als Dreiheit! Dreiheit ist ja der Ausdruck der Mehrheit[54]. Die Aussage erinnert aber zugleich an Plotin über den Nus, der bei der Hinwendung nach innen sowohl bei "sich" als auch beim " ἕν " ist[55]. Wenn davon gesprochen wird, daß die Barbelo einen "Kosmos des Wissens" bildet und die vom Vater stammenden himmlischen Größen im Herzen trägt, so kann das an die philosophische Vorstellung von den Ideen im Nus erinnern[56]. In ihrer Pluralität wird sie verstanden, wenn sie im gleichen Text als "zuerst erschienener (πρωτοφανής) großer männlicher Nus, der väterliche Nus, das göttliche Kind" angerufen wird[57], versehen mit der besonderen Eigenschaft, daß sie "die Hervorbringerin der Zahl sei, entsprechend der Aufteilung aller wirklich Existierenden "[58]. Daß ihr der Charakter der Vollkom-

---

53   Diese Übersetzung erscheint mir besser als die in der Anm. 52 genannten Ausgabe gegebene.

54   Vgl. R. Mehrlein, RAC IV 270ff.

55   H.J. Krämer, Geistmetaphysik 317f.

56   H.J. Krämer, Grundfragen der aristotelischen Theologie. 2. Teil: Xenokrates und die Ideen im Geiste Gottes. Theol. u. Philos. 44 (1969) 481 - 505.

57   Die drei Stelen des Seth NH VII 123, 4ff.

58   NH VII 123, 7ff.

menheit zugesprochen wird, paßt zu der Identifizierung des "voll-
kommenen·Nus" mit dem Donner in der schon erwähnten Schrift.
Hier spricht die Muttergottheit. von sich. Und dieser machtvolle
Anruf entspricht dem Donner, durch den sich Gott akustisch
neben der optischen Wirkung im Blitz kundgibt. Die Muttergottheit ist die Uroffenbarung und entspricht damit dem ideenschaf-
fenden Nus[59].

Neben der Barbelo kommt als oberste "Göttin" die Sophia
(Weisheit) vor. Wir kennen die Bedeutung dieser personifizierten
Eigenschaft ja aus der jüdischen Weisheitsliteratur[60]. Sie ist
ein Geschöpf Gottes und bei ihm wie ein Kind. Personifiziert
tritt sie in verschiedener Funktion auf, besonders aber als Ver-
künderin. Im hellenistischen Judentum ist sie zur himmlischen
Person geworden. Wichtig ist im Henochbuch eine mythologische Aussage über sie[61]: Sie kommt zu den Menschen. Weil
sie aber keine Wohnung bei ihnen findet, kehrt sie ·zurück und
nimmt unter den Engeln ihren Platz ein. Im Gnostizismus kann
sie wie die Barbelo im Vater ihren Sitz haben[62]. Sie ist unvergänglich[63]. Sie hat eine schöpferische Funktion, allerdings ist
diese schon mit dem Fall in Verbindung gebracht. Deshalb liegt
ihr auch daran, die Lichtelemente im Kosmos zu erlösen. Wie
es nicht nur ein oberes Pneuma und einen oberen Nus gibt,
sondern jeweils auch untere, so findet sich ebenfalls eine zwei-

---

59   Deshalb ist die in ThLZ 98 (1973) 97ff. von H.G. Bethge vorgeschlagene
Lesung Nebront, die eine in dieser Form noch nicht belegte mythologische Größe
zur Sprecherin des Textes machen will, abzulehnen. Vgl. jetzt auch die ausführliche Widerlegung durch M. Tardieu, Le titre du deuxième écrit du Codex VI.
Le Muséon 87 (1974) 523 - 530.

60   Vgl. die Sprüche Salomos, die Weisheit Salomos und das Buch Jesus Si-
rach.

61   1 Hen 42. Zur Frage des Weisheitsmythos im Judentum vgl. ThWB VII
508ff.

62   NH V 35. 7f. (1. Jakobusapokalypse). ed. A. Böhlig - P. Labib.

63   Iren.. adv. haer. I 21. 5; Übersetzung in: Die Gnosis I. 286.

te, untere Sophia[64]. In der titellosen Schrift des Codex II von
Nag Hammadi ist sie aus der oberen Pistis übergelaufen[65], im
valentinianischen System ist aus der oberen Sophia die Achamoth - das bedeutet ja auch Sophia - hervorgegangen[66]. Sie
ist Weib vom Weibe und hat ebenso, wie sie selbst von ihrer
Mutter ohne Paargenossen geschaffen ist, die Gnostiker geschaffen[67]. Sie ist aber von ihrer Mutter bereits so entfremdet, daß
sie von deren Wirken nichts weiß[68]. Eine andere Tradition berichtet von einer Pistis Sophia, die sich selbständig macht und
dabei in die Hände der Finsternismächte gerät[69]. Sie tut Buße
und wird erlöst. An anderer Stelle[70] wird die Sophia aber auch
als ein Teil des mannweiblichen Menschen angesehen, den Vater
und ἀρχή (Macht) hervorgebracht haben. Als "πάνσοφος Sophia"
ist sie die Paargenossin des "vollkommenen Nus".

Die dritte Größe der Trinität ist der Sohn. Mit philosophischer Terminologie wird er als Logos, mit mythologischer als
"erster Mensch" bezeichnet. Der Ausdruck "Urmensch", der in
der wissenschaftlichen Diskussion weitgehend gebraucht wird,
fördert m.E. Mißverständnisse, weil dieser Name zu stark auf
bestimmte Mythologien hinlenkt[71]. Es handelt sich bei ihm einfach um den ersten Menschen, der natürlich ein himmlisches
Wesen ist, da im Himmel die Reihe der Schöpfungen oder Ent-

64 Z.B. Titellose Schrift NH II 101. 34f. 102.26.

65 NH II 98, 13f.

66 Iren., adv. haer. I 4, 1.

67 1. Jakobusapokalypse NH V 34, 12ff. 35, 12ff.

68 Iren., adv. haer. I 21, 5.

69 Davon handelt das späte Werk "Pistis Sophia". das von C. Schmidt in:
Coptica II (Kopenhagen 1925) herausgegeben wurde und in: Koptisch-gnostische
Schriften I übersetzt ist.

70 Eugnostosbrief NH III 77. 3f.; deutsche Übersetzung in: Die Gnosis II. 40.

71 Der Ausdruck verbindet sich zu leicht mit den jetzt überholten Auffassungen der Religionsgeschichtlichen Schule im Sinne von W. Bousset und R.
Reitzenstein.

stehungen begonnen hat[72]. Aus dem Manichäismus ist der sogenannte Urmensch schon lange bekannt, der als Personifizierung
des höchsten Gottes in den Kampf zieht, um die Angriffe der
Finsternis abzuwehren[73]. Ebenso wissen wir von den Sethianern,
daß sie den Lichtadamas als die Offenbarung Gottes ansahen,
mit dessen Hilfe "der Mangel" beseitigt wird[74]. Weil ihre Tradition zugleich den Logos verehrt, verbinden sich beide Größen,
so daß es heißen kann[75]: "Dann wurde der große, von selbst
entstandene göttliche Logos und der unverderbliche Mensch Adamas zu einer Verbindung, die der Mensch ist. Und der Mensch
entstand durch ein Wort". Der stoische Begriff des Logos entspricht gut dem Logos des gnostischen Mythos, in dem dieser
als Gestalter des Pleroma der Leuchter auftritt. Hier sind auch
Züge aus dem Platonismus und seiner Vorstellung vom Demiurgen zu erkennen; doch geht es hier nur um die Organisation
einer Lichtwelt, das Material ist nicht Hyle, sondern Licht.
Es heißt[76]: "der große von selbst entstandene (αὐτογενής)
lebendige Logos, der wahre Gott, die ungeborene Natur (φύσις),
dessen Namen ich so ausspreche (es folgt eine willkürliche Buchstabengruppe), d.i. der Sohn des großen Christus, d.i. der Sohn
des unaussprechlichen Schweigens, der aus dem großen unsichtbaren und unverderblichen Geist hervorgekommen ist". Wir sehen,
wie hier Christus mit dem Logos verbunden wird. Er wird in den
Text eingeschoben, der ohne diese Konstruktion einfacher und

---

72 Vgl. z.B. Ägypterevangelium NH III 49, 8 - 16 ∿ IV 61, 8 - 18· Adamas. Die gleiche Namensform findet sich auch im Johannesapokryphon NH III
13, 2ff.; in BG 35, 3ff. steht Adam, in NH II 8, 34f. ΠΙΓΕΡΑΔΑΜΑC . Die letztere Form läßt sich als "Altadam" deuten. Man kann auch mit H.M. Jackson
-ger- als semitisches Element ansehen und das Wort als "Fremdmensch" deuten:
H.M. Jackson, Geradamas the celestial stranger. NTS 27 (1981) 385 - 394.

73 Vgl. F. Cumont, Cosmogonie manichéenne 14ff.

74 Nach dem Ägypterevangelium NH III 49, 14ff. = IV 61, 16ff.

75 Ägypterevangelium NH III 49, 16 - 22 ∿ IV 61, 18 - 23.

76 Ägypterevangelium NH IV 60, 1 - 11.

klarer wäre. Auf solche Weise hat man im Ägypterevangelium[77] und in der dreifachen Protennoia[78] interpoliert, während im Johannesapokryphon Christus gänzlich an die Stelle des Sohnes gestellt worden ist. Dabei handelt es sich um eine Teilung des Jesus Christus in einen kosmischen "großen Christus" und einen "Jesus", der zwar auch himmlischer Herkunft, aber irdischen Wirkens ist[79]. Wie in solchen Texten mit den Namen umgegangen wird, mag eine Stelle aus der titellosen Schrift des Codex II von Nag Hammadi zeigen[80]. Der wegen seiner Reue in Gnaden angenommene Sabaoth sitzt dort auf einem Thron, rechts von ihm Israel, "der Mensch, der Gott sieht", und Jesus Christus, der dem σωτήρ gleicht, links die Jungfrau des heiligen Geistes. Auch hier ist christlich retuschiert; ursprünglich war hier nur Israel und die Lichtjungfrau vorhanden: also der Vater Sabaoth, die jungfräuliche Mutter und der Sohn Israel. Später wurde daraus der Vater in der Mitte, der Sohn rechts und der Geist links, verbunden mit der alten Tradition. In der fünften Schrift des Codex Jung haben wir bereits die Teilung Vater, Sohn, Kirche[81].

Die Lichtgottheiten könnten noch viel weiter in der Fülle immer neuer und anderer Nomenklaturen geschildert werden. Sie werden in Triaden, Pentaden, Hebdomaden, Ogdoaden und aus diesen zusammengesetzten Gruppen zusammengefaßt[82]. Neben der Trias der Götterfamilie steht das System der Syzygien, in

---

77 NH IV 55, 6; III 44, 23 = IV 55, 12; IV 56, 27; IV 59, 17; IV 60, 8; III 54, 20 = IV 66, 8.

78 NH XIII 38, 22; 39, 7; 49, 6.

79 Zu Christus im Ägypterevangelium vgl. die Stellen in Anm. 77. Jesus ist bei den Sethianern die irdische Erscheinungsform des Seth; vgl. dazu Ägypterevangelium NH III 64, 1ff. ∼ IV 75, 15ff.. III 65, 17f. = IV 77, 13ff.

80 NH II 105, 20 - 31.

81 NH I 57, 34ff. (ed. R. Kasser - M. Malinine - H.Ch. Puech - G. Quispel - J. Zandee - W. Vycichl - R.McL. Wilson, Bern 1975). Vgl. auch A. Böhlig. Zum Gottesbegriff des Tractatus tripartitus. s. u. S. 312 - 340.

82 Vgl. A. Böhlig. Das Ägypterevangelium als ein Dokument der mythologischen Gnosis, s. u. besonders die Tabelle S. 368 f.

dem männliche und weibliche Figuren verbunden werden[83]. Die
Lichtwelt im ganzen wird im Pleroma zusammengeschlossen,
bei sehr breiter Ausführung mitunter auch in einem zweifachen
Pleroma[84]. So gibt es auch Kollektivgrößen, z.B. den Domedon
Doxomedon[85]. Hier ist der "Hausherr" infolge seiner Qualität
zum "Glanzherr" geworden und wird nicht nur im Singular, sondern auch im Plural gebraucht. Er ist im Gegensatz zum fernen
Gott der offenbar in Existenz getretene lichte Gott, also ein
zweiter Gott.

8. Der Gott, der den irdischen Menschen schuf

Der Mensch hier auf dieser Erde ist nicht vom höchsten
Gott geschaffen, sondern entsteht im allgemeinen nach den Gnostikern aus einer Abwehrreaktion gegen den fremden Gott und
sein Handeln. Der Schöpfergott, der Oberarchon, hat sein Vorbild im Gott des Alten Testaments. Immer wieder beruft er
sich auf die Worte Jes 45,21: " Ich bin Gott , und nicht gibt es
einen anderen außer mir" (46,9). Als er merkt, daß Adam und
Eva - so berichtet Adam in der Adamapokalypse - klüger sind
als er, zerschneidet er sie in zwei Menschen[86]. Man vergleiche
dazu die Rede des Aristophanes in Platons Symposion[87]! Dieser
Oberarchon wird als Gott bezeichnet und führt sogar den Bei-

83 Diese Denkweise ist besonders für den Valentinianismus charakteristisch.
Ein schönes Beispiel in den Texten von Nag Hammadi bieten die vier Leuchter
und ihre Diener, die durch weibliche Partnerinnen ergänzt werden; vgl. Ägypterevangelium NH III 52.3 - 53.12 = IV 63.24 - 65.5. In der titellosen Schrift des
Codex II werden alle Archonten mit ihren Partnerinnen aufgeführt: NH II 101,9
- 102,11.

84 Vgl. A. Böhlig. Das Ägypterevangelium als Dokument , Exkurs II, u. S. 366.

85 Vgl. A. Böhlig - F. Wisse, The Gospel of the Egyptians, a.a.O. 41ff.

86 NH V 64. 20ff.

87 190 d.

namen παντοκράτωρ (Allherrscher). Dennoch ist er der "dum-
me Gott" Saklas oder der "blinde Gott" Sammaël (auch als
"der Gott der Blinden" gedeutet)[88]. Außerdem findet sich für
ihn der Name Jaldabaoth, der im Johannesapokryphon wie der
Gott Israels in einer Lichtwolke residiert[89]. Denn er ist ja immerhin ein entferntes Produkt der Lichtwelt. Andererseits wird
sein Name volksetymologisch als "Sohn des Abgrunds" gedeutet,
wenn zu ihm gesagt wird: "Du wirst mit den Deinen zu deiner
Mutter, dem Abgrund, hinabgehen"[90]. Doch der Gott des Alten
Testaments ist nicht nur negativ betrachtet worden. Es gibt auch
eine gute Version von ihm: Sabaoth[91]. Er ist einer der Söhne
des Oberarchon, der auf das Erscheinen des Lichts und den Buß-
ruf hin diesem folgt, wie wir schon oben erwähnt haben, und
daraufhin ein Mittelreich mit eigenen Herrschern zugewiesen
bekommt. Ein solcher Fall von Reue findet sich auch bei den
Mandäern[92]. Auch die biblische Selbstaussage Gottes "Ich bin,
der ich bin"[93] wird von den Gnostikern nicht auf den bösen,
sondern den guten Gott bzw. Jesus als seine Erscheinung ange-
wendet. In einem dem Ägypterevangelium angehängten Hymnus,

88   Sammaël, der bereits im Judentum Engel des römischen Reiches und Gegner des jüdischen Volkes ist, begegnet in Nag Hammadi z.B. in der titellosen
Schrift des Codex II 103, 18 "der blinde Gott" oder in der Hypostasis der Archonten II 87, 3f. 94, 25f. "der Gott der Blinden". Saklas hat sich auch im Manichäismus erhalten; vgl. F. Cumont, Cosmogonie manichéenne. a.a.O. 42f.

89   NH III 15, 16ff. ∼ NH II 10, 14ff. ∼ BG 38, 6ff.

90   In der titellosen Schrift des Codex II von Nag Hammadi 103, 23f. G.
Scholem lehnt diese Deutung ab. Er schlägt in einem Artikel "Jaldabaoth recon-
sidered" in: Mélanges d' histoire des Religions offerts à H.-Ch. Puech (Paris
1974), S. 405 - 421, als Deutung jāled - Abāoth = jāled-Sabāoth "begetter of
Abaoth" vor. Dagegen wendet sich wiederum M. Black, An aramaic etymology
for Jaldabaoth?, in: The New Testament and Gnosis. Essays in honour of R.McL.
Wilson, hrsg. v. A.H.B. Logan - A.J.M. Wedderburn (Edinburgh 1983), S. 69 - 72,
der den Namen auf jaldā bëhūt "Sohn der Schande" zurückführt.

91   Titellose Schrift NH II 103,32 - 104,6.

92   K. Rudolph, Theogonie, Kosmogonie und Anthropogonie in den mandäischen Schriften (Göttingen 1965), S. 126.

93   Ex 3, 14.

der wohl auf Jesus, zumindest auf den Gottessohn, geht, heißt es: "Du bist, was du bist (εἶ ὃ εἶ), du bist, der du bist (εἶ ὅς εἶ)"[94]. An anderer Stelle scheint eine solche Aussage in der dritten Person vorzuliegen[95].

Der Mensch wird vom Schöpfergott nach dem Bild Gottes geschaffen. Grund dafür ist das Verlangen der Archonten, sich hinter ihm verbergen zu können[96]. Sie meinen ja, Gott werde dem Menschen nichts tun, wenn er ihm gleich sei. Diese Auffassung kann nur entstehen, nachdem die Archonten ein Bild Gottes in Menschengestalt gesehen haben[97]. Das führt zu der Vorstellung vom Gott "Mensch"[98]. Adamas stammt vom Licht, dem ersten Menschen, ab, von dem und zu dem alles geworden ist und ohne den nichts geworden ist. φῶς (Licht) wird hier gleich φώς (Mann) gesetzt. Dem Oberarchon wird zugerufen: "Es existiert der Mensch und der Sohn des Menschen"[99]. Das soll darauf hinweisen, daß der untere, übermütige Gott einen höheren über sich hat. "Sohn des Menschen" kann dabei im Ausdruck direkt vom jüdischen bar ʾanāš oder vom christlichen υἱὸς τοῦ ἀνθρώπου herkommen[100] und in diesem Zusammenhang als Hypostase des obersten Gottes, als eine Erscheinungsform von ihm angesehen werden. Die Figur des Ersten Menschen im Manichäismus[101] und das Kommen des lichten

94 NH III 66, 22 = IV 79, 3.

95 Tractatus tripartitus NH I 63, 14ff.

96 Manichäische Handschriften der Staatlichen Museen Berlin: Kephalaia, ed. H.J. Polotsky - A. Böhlig (Stuttgart 1934 - 1940), 158, 19ff.

97 Vgl. z.B. Hypostasis der Archonten NH II 87, 30ff.; Übersetzung auch in: Die Gnosis II, 54.

98 Vgl. Ägypterevangelium NH III 49, 8 - 16 ∼ IV 61, 8 - 18.

99 Ägypterevangelium NH III 59, 1 - 9; Johannesapokryphon NH III 21, 17f. = II 14, 14f. = BG 47, 15f.

100 Zu der viel diskutierten Gestalt des Menschensohnes vgl. besonders H. Conzelmann, Grundriß der Theologie des Neuen Testaments (München 1968), S. 151 - 156.

101 Vgl. F. Cumont, Cosmogonie manichéenne. a.a.O. 14ff.

Menschen in der titellosen Schrift des Codex II von Nag Hammadi[102] zeigen einen Menschen, der zur Bekämpfung der Finsternis hinabsteigt und bei seinem Wiederaufstieg infolge der
Befleckung mehr oder weniger Schwierigkeiten hat. Wie wir
es schon bei Pneuma und Nus sahen, gibt es also auch beim
Menschen Stufen verschiedener Qualität: den Gott "Mensch"
und eine Zwischengestalt, die den Archonten auf die Nerven
fällt, weil sie klüger als sie selbst ist[103], und derentwegen
sie nach einer weiteren Tradition dann einen weiteren Menschen schufen, der ganz "irdisch" war[104]. Bei den Mandäern
hat der Adam zum geistigen Vater den Adakas, d.h. Adam kasja,
den "verborgenen Adam"[105]; er selbst ist der Rumpf-Adam[106].
Im Gnostizismus ist allgemein die Auffassung vertreten, daß
der irdische Mensch einst bei seiner Erschaffung nicht über
seine Glieder Herr war, sondern auf der Erde lag; um aufstehen
zu können, bedurfte er noch der Erweckung durch die Gnosis[107].

9. Der Belehrer

Um dies aber zu erreichen, bedurfte es einer neuen mythologischen Figur. Diese hatte den Menschen über den Zustand

---

102 NH II 108, 2ff. 111, 29ff.

103 Johannesapokryphon NH III 25, 17ff. ~ II 20, 3ff. ~ BG 53, 8ff.;
NH III 26, 1ff. ~ II 20, 28ff. ~ BG 54, 5ff. In der titellosen Schrift des Codex II wird der "zweite" Mensch gleich von einer himmlischen Macht geschaffen:
113, 12ff.

104 Johannesapokryphon NH III 26, 14ff. ~ II 21, 5ff. ~ BG 55, 3ff.
Vgl. auch die Schrift ohne Titel aus Codex II: 117, 33f.

105 K. Rudolph, Theogonie, a.a.O. 250.

106 K. Rudolph, Theogonie, a.a.O. 172ff.

107 Vgl. das Johannesapokryphon NH III 30, 14ff. ~ II 23, 24ff. ~ BG
60, 16ff., die Adamapokalypse NH V 64, 12ff., die Schrift ohne Titel NH II 119,
12ff. 120, 17f. 23ff.

der Existenz aufzuklären. Wenn das geschehen war, stand der Mensch auf. Bei den Mandäern verflucht der Mensch seinen Demiurgen[108], ebenfalls bei den Manichäern[109]. In der titellosen Schrift des Codex II von Nag Hammadi erkennt er in der, die ihn belebt hat, die Mutter der Lebendigen; das ist in diesem Falle Eva[110]. Das führt uns zu der Frage, wer denn überhaupt der Beleber des Menschen ist. In der Paradiesesgeschichte war es ja Eva, die ihren Mann belehrte[111]. Das geht auf die Erzählung von der Versuchung zurück. Aber Eva wird ja wiederum von der Schlange angestiftet[112]. So kommt man dazu, Eva, Schlange und Belehrer durch ein Wortspiel zu identifizieren. Man kann die betreffende Stelle in der genannten Schrift nur verstehen, wenn man ein westaramäisches Wortspiel zugrunde legt. Die Deutung von "das Tier" ist "der Unterweiser". "Der Unterweiser" heißt westaramäisch hawjā vokalisiert man aber hewja so bedeutet das "Schlange"; vertauscht man w mit j, so erhält man hēwā "Tier"[113]. Das griechische θηρίον wird aber auch als Ausdruck für "Schlange" benutzt. Volksetymologisch wird damit auch hawwā (Eva) verbunden. Sie wird als ein aus der Sophia gekommener Tropfen angesehen, der ein mannweiblicher Mensch , ein Hermaphrodites, ist, ein zweiter Mensch[114]. Die Schlange als Belehrerin drückt gewissen gno-

108   K. Rudolph. Theogonie. a.a.O. 253.

109   F. Cumont. Cosmogonie manichéenne. a.a.O. 49.

110   NH II 116. 4ff.

111   Gen 3. 6f. In der Adamapokalypse NH V 64, 6ff. lehrt Eva Gutes.

112   Gen. 3. 4ff. Das wird in der Hypostasis der Archonten NH II 89, 31ff. gnostisch transformiert. indem die geistliche Frau als Schlange kommt.

113   Da das Aramäische unvokalisiert geschrieben wird, ist mit Hilfe verschiedenartiger Vokalisation verschiedenartigen Deutungen Tür und Tor geöffnet. So wird hier dreimal ein anderer Vokal gesetzt. zunächst ā. dann e. dann ē: hāwjā. hewjā. hēwā; auf diese Weise erhält man die verschiedenen Aussagen. Das Wortspiel begegnet auch in jüdischer Tradition: Bereschit Rabba 20.11.

114   Titellose Schrift des Codex II von Nag Hammadi 113. 30ff.

stischen Gruppen den Stempel auf, so daß man sie danach Ophianer, Ophiten oder Naassener (nāháś) nennt[115]. Wo die Person
Jesu als Erlöser herangezogen wird, ersetzt er die Schlange.
Bezeichnend für die kombinierende Denkweise der Sethianer
ist die Vorstellung, daß Seth, der nachgeborene Sohn Adams,
der für sie der himmlische Erlöser ist, auf Erden Jesus an-
zieht[116]. Er wird logosgeschaffener (λογογενής), lebendiger
Jesus genannt. Auch hat er eine himmlische Wohnung[117]. In
vollständig christlicher (oder christianisierter) Diktion spricht
man dann auch von Jesus Christus, so in dem sekundären Kolophon zum Ägypterevangelium , wo sich auch das Monogramm
ΙΧΘΥC und seine Deutung findet[118]. In den christlichen gnostischen Texten gibt es gerade für die Deutung von Jesus Christus als Lehrer Beispiele: Im Evangelium veritatis wird Jesus
Christus gerade als Lehrer dargestellt und muß deshalb leiden
[119]; in der zweiten Schrift des Codex VII von Nag Hammadi
wird er dagegen wie bei Basilides doketisch geschildert[120].

10. Der Herrscher der Finsternis

Nur ganz kurz sei auf die Bezeichnung des Herrschers der
Finsternis eingegangen, der in einem dualistischen System ja
personifiziert gedacht ist. Bei den Manichäern wird er als tier-

115 Zu Ophiten. Ophianer vgl. Die Gnosis I. 111ff.. zu Naassener Die Gnosis I. 336.
116 Vgl. o. Anm. 79.
117 Vgl. ebenfalls o. Anm. 79.
118 NH III 69. 6 - 17. In Codex IV ist der Kolophon nicht erhalten.
119 NH I 18. 15ff. 19. 18ff.
120 NH VII 56. 4ff. Für Basilides vgl. Die Gnosis I. 81.

gestaltig ausführlich geschildert, wobei die einzelnen Körperteile jeweils einem anderen Tier zugeschrieben werden[121]. Schon
typisch auch für ältere gnostische Systeme ist seine Löwenge-
stalt (Ariël = Löwengott)[122].

11. Grundsätzliches zur Nomenklatur

Nachdem die Namen im Zusammenhang der gnostischen Vorstellungswelt interpretiert worden sind, noch einige grundsätz-
liche phänomenologische Betrachtungen! Man findet als göttliche oder als Engelfiguren entweder Umschreibungen der Funktion bzw. der Eigenschaften oder mythologische Namen. Für
die wesentlichsten Größen wurden die Beschreibungen vorgeführt,
wobei sich gezeigt hat, daß die Bezeichnung mit mythologischen
Namen eigentlich nur mehr zur Ausmalung dient. Biblische und
heidnische Götternamen stehen dabei auf einer Ebene. Doch ihre Zahl , wie Adamas, Seth, Christus, Jesus, Eros, Himeros etc.,
ist weit geringer als die Menge von Phantasienamen, die neu gebildet werden oder deren Sinn uns noch verschlossen ist, die
zum Teil auch in Zaubertexten begegnen[123]. Wir wissen nicht,
wer Michanor, Mixanther oder Michar und Micheus sind[124].
Auch ihre Eigenschaften oder Aufgabenbereiche helfen uns nicht
zu weiterem Namensverständnis. Daß solche Zwischengötter
oder engelartige Erscheinungen aber als "göttlich" betrachtet

---

121 A. Böhlig, Eine Bemerkung zur Beurteilung der Kephalaia, in: Mysterion und Wahrheit, S. 245ff.

122 Vgl. Hypostasis der Archonten NH II 94, 17, wo Sammaël als löwen-
gestaltig geschildert wird. Ein Herrscher der Finsternis wie im Manichäismus
ist in diesem System nicht vorhanden.

123 Z.B. Sesengenbarpharanges im Ägypterevangelium NH III 64,18 ∨ IV
76, 7. Vgl. A.M. Kropp, Ausgewählte koptische Zaubertexte, Bd.3 (Brüssel 1930),
§§ 46. 136.

124 Z.B. im Ägypterevangelium NH III 64, 20 = IV 76, 9f. (Micheus, Michar), III 65, 5f. = IV 76, 25f. (Michanor, Mixanther).

werden, wird durch das Anhängen von -el "Gott" bezeugt, z.B. Harmozel[125], Orojaël (= Uriël)[126], Harmupiaël[127], Seth-el (d.i. der zur Lichtwelt gehörige Seth)[128], Joël "der über dem Namen dessen steht, dem es gegeben wird, zu taufen mit der heiligen Taufe, die höher als der Himmel ist"[129]. Dieser letzte könnte das himmlische Vorbild Johannes des Täufers sein. Aber auch böse Götter führen den Zusatz -el, wie Sammaël[130] oder Nebruël, die weibliche Gefährtin des Menschenschöpfers, die im Manichäismus[131], aber auch bereits im frühen gnostizistischen Schrifttum begegnet[132]. Wenn man bei der Menschen- und der Weltschöpfung durch große Scharen von Engeln die Aufgaben vollbringen läßt, muß man Namen für sie finden, von denen viele dem Leser durchaus nicht vertraut sind, so daß er leicht Akiressina in Abiressina verlesen kann[133]. Darüber hinaus gibt es Silben unverständlichen Lallens anstelle von Namen, deren angebliche Bedeutung dann beigefügt wird[134]. Das sollte aber wiederum nicht dazu verführen, gleich alle Abkürzungen als unverständlich anzusehen.

Im Mythos gibt es neben den Göttern, die von selbst entstanden sind, auch solche, die durch Mittlerwesen hervorgebracht

125 Z.B. im Ägypterevangelium NH III 51. 18; 52. 10. 22; 65. 13. IV 63. 13; 64. 3. 16; 77. 8. Vgl. auch Johannesapokryphon u.a.

126 Z.B. im Ägypterevangelium NH III 51. 18; 52. 11. 24; 57. 8; 65. 16. IV 63. 13; 64. 4. 18; 77. 12. Vgl. auch Johannesapokryphon u.a.

127 Im Ägypterevangelium NH III 58. 19 = IV 70. 5.

128 Šitil bei den Mandäern; vgl. Die Gnosis II. 104; Seth-el bei den Manichäern. z.B. Kephalaia 42. 26. 29.

129 Ägypterevangelium NH III 65. 23ff.

130 Vgl. o. Anm. 88.

131 Vgl. F. Cumont. Cosmogonie manichéenne. a.a.O. 42. Anm. 3.

132 Z.B. im Ägypterevangelium NH III 57. 18. 22. IV 69. 2.

133 Eine Vergleichsliste dieser Engelnamen findet sich bei A. Böhlig - F. Wisse. The Gospel of the Egyptians. a.a.O. 183f.

134 Vgl. z.B. Ägypterevangelium NH IV 60.6. III 42. 12ff. ~ IV 52. 2; im 2. Buch des Jeû (Übersetzung nach C. Schmidt - W.C. Till. Koptisch-gnostische Schriften I) passim.

werden. Mitunter lassen sich deren Namen sehr schön mit ihrer Bedeutung verbinden: Moirothea[135], die "Schicksalsgöttin", bringt den Licht-Adam hervor, Prophaneia[136], die "Erscheinung", die Leuchter der Lichtwelt und den Seth, der ja der Lichtsohn ist, Plesithea[137], die "Füllegöttin", die erste Gruppe der Kinder des Seth. Wie stark solche Gottheiten von ihrer Aufgabe her charakterisiert werden, ist aus dem Übergang ihrer Namen vom Eigennamen zum Appellativum zu ersehen. Mirothea wird z.B. als geeignete Bezeichnung betrachtet, die von Seth für Adamas verwendet werden kann, um ihn als Vater zu kennzeichnen. Sie wird dazu in das maskuline Substantiv Mirotheas umgebildet[138]; davon wird weiter auch ein Adjektiv Mirotheos abgeleitet[139].

Die Nomenklatur des Mandäismus ist der des übrigen Gnostizismus grundsätzlich gleich entwickelt. Auch in ihm stehen Namen, die Funktionsbeschreibungen sind, neben solchen, die auf mythologische Elemente zurückgehen. Der ersteren Gruppe gehört z.B. an: "der Herr der Größe", "die Gnosis des Lebens", "die Reichtümer" (als Bezeichnung für gute Engelwesen). Die zweite Gruppe weist vornehmlich semitische Namen auf, die zum Teil auf jüdische Vorbilder zurückgehen. Hierzu gehören das Element Jō- in Jō-šamīn "der Jo (= Jao) des Himmels", Jō-zātaq "der gerechte Jo", Jō-kabar "der mächtige Jo" oder Namen wie El "Gott", der als Bezeichnung des falschen Judengottes als Attribut guter wie böser Figuren gebraucht wird, Sauriël, ein Todesengel, Šitil "Seth"[140]. Aus babylonischer Tra-

---

135 Zu diesen Schöpfergottheiten vgl. die Tabelle bei A. Böhlig. Das Ägypterevangelium als Dokument. u. S. 370. Moirothea findet sich in der Form MOI-POΘOH NH III 49. 9.

136 Ägypterevangelium NH III 51. 17.

137 Ägypterevangelium NH III 56. 6.

138 Die drei Stelen des Seth NH VII 119. 12.

139 Die drei Stelen des Seth NH VII 119. 12f. 120. 15.

140 K. Rudolph. Die Mandäer I. Das Mandäerproblem (Göttingen 1960), S. 60f.

dition stammt z.B. Nanai (= Venus) oder Sin[141], aus nordsemi-
tischer z.B. Šilmai und Nidbai als Wächter für das Jordanwas-
ser[142]. Es dürften aber auch die Jō-Wesen über eine jüdische
Tradition hinaus letztlich auf westsemitische Nomenklatur sy-
risch-phönizischer Mythologie zurückgehen[143].

12. Eigenarten der Nomenklatur im Manichäismus

Besonders interessante Erscheinungen unter dem Gesichtspunkt
des Austauschs von mythologischen und funktionellen Namen bietet der Manichäismus. Darüber hinaus liefert er auch besonders
markante Beispiele für die Übersetzung von Namen in der Mission. Die Sprache von Manis Hauptschriften war ein aramäischer
Dialekt, der dem Syrischen sehr nahe steht[144]. Das einzige Werk,
das Mani in mittelpersischer Sprache dem persischen König gewidmet hat, das Schābuhragān, zeigt ein "aus Übersetzungen,
Identifizierungen und Definitionen kombiniertes System"[145]. Der
Vater der Größe wird übersetzt, während sein Sohn, der Erste
Mensch, mit Ohrmizd und der Herrscher der Finsternis mit Ahri-
man wiedergegeben wird. Das weist auf die Terminologie des
Zerwanismus hin. Zerwan wird ja in späteren mittelpersischen
manichäischen Texten mit dem Vater der Größe identifiziert.
Die Finsternis als böser Geist heißt Āz. Die fünf Elemente

---

141   K. Rudolph. Mandäer I. a.a.O. 210f.

142   K. Rudolph. Mandäer I. a.a.O. 60.

143   K. Rudolph. Mandäer I. a.a.O. 60.

144   G. Widengren nimmt an, daß Mani mit dem babylonischen Dialekt seiner
Umgebung gebrochen habe und ganz zum edessenischen Dialekt übergegangen sei
(Mani und der Manichäismus [Stuttgart 1961] . S. 78). Ich stehe der These von
F. Rosenthal (Die aramaistische Forschung seit Theodor Nöldeke's Veröffent-
lichungen [Leiden 1939]. 207 - 211) näher.

145   So W. Sundermann. Namen von Göttern. Dämonen und Menschen in iranischen Versionen des manichäischen Mythos. in: Altorientalische Forschungen
VI (Berlin 1979). S. 95 - 133. speziell 106.

werden zu fünf Ameša spenta (wobei unberücksichtigt bleibt,
daß die iranischen Elemente andere sind), der Demiurg des
Kosmos, der bei Mani gut ist und sonst Lebendiger Geist heißt,
wird hier Mihr (Mithra) genannt, wahrscheinlich als Siegergott
über die bösen Mächte. Der sogenannte Dritte Gesandte wird
zu Narisah, d.i. der lichte Götterbote; weil er aber in der Sonne seinen Platz hat, heißt er auch Lichtweltgott. Und an die
Stelle Jesu tritt der Verstandesweltgott, d.i. Nus in gewissen
iranischen Schriften[146].

Auch die verschiedenen Dialekttexte sonstigen manichäischen
Schrifttums weichen im Namensgebrauch wieder voneinander ab,
so daß den drei Sprachen Persisch, Parthisch und Soghdisch auch
drei Nomenklaturen entsprechen[147]. Bei der Bezeichnung des
Dritten Gesandten, der diesen Namen führt, weil er an der
Spitze der dritten Göttergruppe steht, kann sich das Parthische
des gleichen Namens wie das Persische bedienen: Narisaf. Daneben begegnet aber auch die Wiedergabe mit Mihryazd, was
sowohl "Gott Mithra" als auch "Sonnengott" bedeutet. Diese
letztere Benennung hat auch das Soghdische: Mišēβαγē. Hatte
das Persische mit der Verwendung von Mithra für den Demiurgen dessen Charakter als Sieger in den Vordergrund gerückt,
so wurde im Parthischen und Soghdischen sein Lichtcharakter
mehr betont. Gerade im Nordosten Irans wurde Mithra als Sonnengott verehrt, was Kuschanmünzen aufzeigen. Auf dem Wege
durch Zentralasien nach China macht sich in der manichäischen
Diktion außerdem immer mehr der Einfluß der buddhistischen
Terminologie bemerkbar[148]. Andererseits findet sich dort aber

146 Hier ist besonders die Terminologie des Fragments T III 260 heranzuziehen (in: F.C. Andreas - W. Henning, Mitteliranische Manichaica I).

147 W. Henning, Zum zentralasiatischen Manichäismus, OLZ 37 (1934) 1 -
11, wo Henning das Problem an Beispielen abhandelt. Vgl. jetzt auch W. Sundermann, Namen a.a.O.

148 Vgl. dazu besonders die chinesische manichäische Hymnenrolle, über-

auch die Verehrung Jesu[149]. Beide Religionen, Buddhismus und Christentum, waren ja die großen Konkurrenten des Manichäismus. In den griechischen und in den koptischen manichäischen Texten, die im Mittelmeerraum verbreitet waren, bemühte man sich dagegen, möglichst die syrische Terminologie wiederzugeben. Beachtenswert ist, wie auch in der großen griechischen Abschwörungsformel ein wohl zerwanistisches Strukturelement zu finden ist, wenn vom "viergestaltigen" (τετραπρόσωπος) Gott gesprochen wird[150], d.h. der Einheit Gottes mit seinem Licht, seiner Kraft und seiner Weisheit[151]. Die Betonung Jesu im afrikanischen Manichäismus weist wiederum auf die Auseinandersetzung mit dem Christentum hin.

Mit diesen Darlegungen hoffe ich gezeigt zu haben, daß der Name bzw. die Namen Gottes im Gnostizismus nicht unbedingt aus sich selbst, sondern erst aus dem jeweiligen Zusammenhang verstanden werden können. Ein solches Verständnis der Namen macht aber zugleich das ganze System farbiger und plastischer. Nur bei exzessiven Werken dekadenter Wirrnis entsteht ein allzu buntes Bild, und ebenso, wenn der Forscher sich nicht die Mühe macht, die Gedankenwelt des Gnostizismus und ihre Ausdrucksform wirklich adäquat nachzuvollziehen.

setzt von Tsui Chi, BSOAS 11 (1943) 174 - 219; jetzt H. Schmidt-Glintzer, Chinesische Manichaica (Wiesbaden 1987).

149   Vgl. dazu E. Waldschmidt - W. Lentz, Die Stellung Jesu im Manichäismus (Abhandl. d. Preuß. Akad. d. Wiss. Berlin 1926), wo gerade diese Problematik behandelt wird.

150   MPG I 1461 C. Vgl. auch Manichaean manuscripts in the Chester Beatty collection, vol. II: A Manichaean Psalm-Book, ed. C.R.C. Allberry (Stuttgart 1938), 191, 12.

151   Vgl. z.B. F.C. Andreas - W. Henning, Mitteliranische Manichaica II, S. 326. 329.

ZUR FRAGE DER PRÄDESTINATION
IN MANICHÄISMUS UND CHRISTENTUM

I.

Das Verhältnis von Gut und Böse und die damit zusammen-
hängende Problematik, wer der Verdammnis anheimfällt oder
wer Erlösung und Gnade erfährt, ist eine zentrale Frage für
den religiösen Menschen. Schon die entsprechenden Abschnitte
des ägyptischen Totenbuchs und ähnliche Berichte in griechischer Literatur weisen darauf hin, wie nötig für den Toten
die Rechtfertigung ist[1]. Woher aber der Mensch die Fähigkeit erhält, den Unterschied von Gut und Böse zu erkennen,
ist eine gewichtige Frage für den, der überzeugt ist, daß die
Erkenntnis das richtige Handeln im Gefolge hat. Dieses Denken, das von der griechischen Philosophie gepflegt wird, kann
aber keine Lösung sein, weil der Wille des Menschen nicht
ohne weiteres das Vollbringen des Guten ermöglicht, wie Paulus beklagt[2]. Die starke metaphysische Gegenüberstellung von
Gut und Böse, Licht und Finsternis, wie sie das Judentum in
Qumran vornimmt, darf wohl auf iranische Theologie zurückgeführt werden. Die Form, wie die Gemeinde von Qumran

Erstveröffentlichung in: Perspektiven der Philosophie 14 (1988) 11 - 30.

1 R. Merkelbach, Die Unschuldserklärungen und Beichten im ägyptischen To-
tenbuch, in der römischen Elegie und im antiken Roman. Kurzberichte aus den
Gießener Papyrus-Sammlungen, Nr. 43 (Gießen 1987).

2 Rom 7, 18. 19.

Dualismus und Eingottglauben miteinander verbindet, kann auf
die iranische Theologie des Zurwanismus zurückgehen. Dort
kommen aus dem Zeitgott Zurwan die Götter Ohormizd, der
Gott des Lichts, und Ahriman, der Gott der Finsternis, als
Zwillinge hervor. In der Gemeinderegel von Qumran[3] ist zwar
nicht ein deus otiosus der oberste Gott wie im Iranischen,
sondern der Gott Israels hat den Plan für die Welt und die
Menschen entworfen. Er bedient sich aber wie der Zurwanismus zweier Geister. Er bestimmte dem Menschen, der zur
Herrschaft über den Erdkreis geschaffen ist, zwei Geister, in
denen er wandeln sollte bis zur vorbestimmten Zeit seiner
Heimsuchung. Die Geister der Wahrheit und des Frevels entsprechen Licht und Finsternis. Der Plan Gottes hat zur Schaffung der Geister geführt, damit in ihnen die jeweiligen Werke
des Menschen begründet seien. Der Geist des Frevels bemüht
sich, die Kinder des Lichts zu schädigen. Doch der Gott Israels
hilft seinen Kindern. Er führt eine scharfe Scheidung durch:
"Den lichten (Geist) liebt Gott in alle Ewigkeit und an allen
seinen Taten hat er Wohlgefallen für immer. Den Rat des an-
dern verabscheut er und haßt alle seine Wege ewiglich"[4]. Nach
der Schilderung der Wege von Wahrheit und Frevel im einzelnen betont die Gemeinderegel noch einmal die Aufteilung der
Wege der Menschen und den Streit zwischen ihnen. Aber es
gibt ein Ende für ihn, das seinen Termin mit dem Gericht
hat. "Dann wird die Wahrheit der Welt für immer hervorkommen; denn sie hat sich dahingeschleppt auf den Wegen der
Gottlosigkeit unter der Herrschaft des Frevels"[5]. So ausgeprägt hier der Dualismus den Kampf zwischen Gut und Böse

---

3 Gemeinderegel, ed. E. Lohse (Darmstadt 1964), 1 QS III 15ff.
4 Gemeinderegel III 26ff.
5 Gemeinderegel IV 19.

wiedergibt, so stark ist doch der Optimismus, mit dem die Befreiung vom Frevel erwartet wird. "Dann wird Gott durch seine Wahrheit alle Werke des Menschen läutern und wird für sich einige von den Menschenkindern reinigen, indem er allen Geist des Frevels aus dem Innern ihres Fleisches tilgt und sie reinigt durch heiligen Geist von allen gottlosen Taten"[6]. Der heilige Geist wird über die Menschen, die von der Beschmutzung des Frevels gereinigt werden sollen, ausgesprengt. Damit wird ihnen die Erkenntnis des Höchsten und der Wahrheit der Söhne des Himmels geschenkt. Der Kampf, der in der Seele stattfindet, entspricht der Zuteilung zu den beiden Geistern.

II.

Die Gedanken, die im essenischen Judentum begegnen, sind sicher auch in Ägypten bekannt gewesen. Darum kann in gnostizistischer Literatur eine Fortführung dieser Probleme in ähnlichem Sinne angenommen werden. Die wohl aus Ägypten stammende Schrift "Apokryphon des Johannes", die in koptischer Übersetzung in mehrfacher Version und Variation in und außerhalb der Sammlung von Nag Hammadi vorliegt[7], bietet in ihrem Schlußteil Antworten Jesu auf Fragen der Jünger nach dem Schicksal der Seelen[8]. Sie werden von Jesus sehr wohlwollend aufgenommen, können in ihrer Lösung aber nur von Gnostikern

6 Gemeinderegel IV 20 - 21.

7 Papyrus Berolinensis gnosticus 8502, p. 19,6 - 77,7; Nag Hammadi Codex II 1,1 - 32,9; III 1,1 - 40,11 (die Seiten 1 - 4 und 19 - 20 fehlen); IV 1,1 - 49,28. Koptischer Text und Übersetzung: Die gnostischen Schriften des koptischen Papyrus Berolinensis gnosticus 8502, 2. Aufl. v. W.C. Till - H.-M. Schenke (Berlin 1972). Die drei Versionen des Apokryphons des Johannes im Koptischen Museum zu Alt-Kairo, hrsg. v. M. Krause - P. Labib (Wiesbaden 1962). Ausführlicher Kommentar: M. Tardieu, Ecrits gnostiques. Codex de Berlin (Paris 1984).

8 Tardieu, a.a.O. § 67 - 72. BG 64,13 - 71,2 = NH III 32,22 - 36,15 = NH II 25,16 - 27,31 = NH IV 39,16 - 43,6.

wirklich verstanden werden. Jesus stellt als Herrscher der Seele ebenfalls zwei Geister vor, den Lebendigen Geist und das Antimimon Pneuma, den Gegengeist, der aber nicht von Gott, sondern von Archonten als Konkurrenzgeist geschaffen worden ist.

Das Wirken des Lebendigen Geistes macht einen Teil der Menschen vollkommen. Sie werden von der Beschmutzung und dem Bösen gereinigt und halten Ausschau nach ihren Erlösern. Ihre Läuterung findet in den Phosteres statt. Der Geist steigt zu ihnen herab und wird mit der Geburt in die Seelen gelegt, so daß solche Menschen nur vom Körper belastet, aber nicht unterjocht werden. Auch bei Valentin werden ja die Pneumatiker unbedingt gerettet[9]. Die den Geist besitzenden Seelen gehen nach dem Johannesapokryphon nach dem Tod zur ewigen Ruhe, die nicht näher beschrieben wird. Im Gegensatz zu M. Tardieu meine ich, daß dafür doch wohl an einen konkreten Ort gedacht ist, da sie zu den Phosteres aufsteigen[10].

Denen, die überhaupt keine Gnosis[11] empfangen haben, ist dadurch jede Möglichkeit versagt, der Unterdrückung durch den Gegengeist zu widerstehen. Beim Tod werden sie, wie es auch sonst vom Schicksal der Seelen in hellenistischer Zeit bekannt ist, in die Sphären erhoben und an deren Wächter ausgeliefert. Die Drehung des Himmels wird für sie zu einem Purgatorium. Sie kehren aber nicht, wie bei den Pythagoräern oder bei Mani, mit einer Metempsychose in einen anderen menschlichen Körper zurück, um durch ihn eine Möglichkeit der Befreiung zu finden. Nein, sie werden einer Seele anvertraut, die den Lebendigen Geist besitzt und im Aufstieg ist, und von ihr geleitet, wenn sie gelehrig sind[12]. Man sieht dar-

9 Irenäus, adv. haer. I 6,2. Excerpta ex Theod. 56,3, ed. F. Sagnard.
10 Apocr Joh BG 65,5ff. parr.
11 Apocr Joh BG 68,13ff. parr.
12 Apocr Joh BG 69,14ff. parr.

aus, daß also keine absolute Verurteilung erfolgt. Die ist nur bei denen die Folge, die den heiligen Geist lästern, d.h. solchen, die vom Glauben der Gnostiker wieder abfallen[13].

Auch bei den Manichäern gibt es einen Unterschied zwischen zwei Möglichkeiten des Todes. Das wird im 39. Kapitel der Kephalaia "Über die drei Tage und zwei Tode"[14] ausgeführt. Während die Menschen, die den ersten Tod erleiden, am Ende der Welt doch erlöst werden, erfahren die Sünder den zweiten Tod. Sie werden von der Lebendigen Seele getrennt und am Ende für immer gebunden. "Der erste Tod ist zeitlich. Der zweite Tod aber ist ewig, d.i. der zweite Tod"[15].

Darum ermahnt Mani im 41. Kapitel "Über die drei Schläge, die den Feind wegen des Lichts trafen"[16] seine Jünger zum Aushalten in Verfolgungen und Versuchungen sowie zum Halten der Gebote, damit sie dem zweiten Tod entgehen. "Heil allen denen, die entrinnen werden dem Ende der Sünder und Verleugner und entgehen werden dem ewigen Verderben, das ihnen verborgen bevorsteht"[17]. Von dem schrecklichen Ende der Leugner und Lästerer wird auch im 49. Kapitel "Das Kapitel der Elemente, die weinten"[18] berichtet. Die Elemente weinen dreimal um ihr eigenes Schicksal, ganz besonders aber um das der Verlorenen in einem vierten Weinen[19]. "Das vierte Weinen betrifft nicht sie, sondern sie weinen und sind betrübt um diese Seelen, die von der Ruhe abgeschnitten werden"[20].

---

13 Apocr Joh BG 70,8 - 71,2 parr.
14 Keph. 102,13 - 104,20, ed. H.J. Polotsky - A. Böhlig.
15 Keph. 104, 18 - 20.
16 Keph. 105,15 - 106,20.
17 Keph. 106, 19 - 20.
18 Keph. 148,21 - 151,4.
19 Keph. 149,29 - 151,4.
20 Keph. 150, 19 - 21.

Diese Menschen hatten die Finsternis geliebt und begehrt und bei ihr ihren Schatz niedergelegt[21]. Um die Seelen vor dem zweiten Tod zu bewahren, hat die Reihe der Apostel und Propheten gewirkt und sich auf Erden dem Leiden hingegeben[22].

Grundlage für diese Vorstellungen bilden die Worte Jesu in den synoptischen Evangelien Mt 12, 31-32, Mc 3, 28-29, Lc 12,10. Dort heißt es, daß die Lästerung gegen den Menschensohn vergeben werden kann, nicht aber die Sünde gegen den Geist. Die ewige Unterworfenheit unter die Sünde ist besonders Mc 3,29 betont (ἔνοχός ἐστιν αἰωνίου ἁμαρτήματος). Ausgedehnt auf die Sünden gegen den dreieinigen Gott wird dieses Urteil im Logion 44 des Thomasevangeliums. Dort wird neben der Sünde gegen den Sohn noch die gegen den Vater erwähnt, die vergeben wird. In den gnostischen Gruppen, die von der Trichotomie von Pneumatikern, Psychikern und Sarkikern sprechen, ist infolge des ambiguen Charakters der Seele eine Entscheidung zum Guten oder Bösen möglich.

III.

Wenn man bedenkt, welche Bedeutung der Apostel Paulus als der apostolus haereticorum für die Gnostiker gehabt hat, darf auch für das vorliegende Problem seine Theologie nicht übergangen werden. Er sagt, Gott hat einem jeden Gnade nach seinem Willen zugeteilt, so daß er entsprechende Gaben besitzt[23]. Paulus selber sieht sich als δοῦλος Jesu Christi, berufenen Apostel, der auserwählt ist zur Verkündigung des Evan-

21 Keph. 150, 7 - 8; vgl. dazu Mt 6,21, Lc 12,34.
22 Keph. 150,23ff.
23 Rom 12, 3.

geliums Gottes[24]. Er gehört damit zu denen, die nach Gottes Willen berufen sind[25]. Von ihnen heißt es: "Denn die er im voraus erkannt hat (προέγνω), die hat er auch vorausbestimmt (προώρισεν) als gleichgestaltig dem Bild seines Sohnes, auf daß er ein Erstgeborener unter vielen Brüdern sei. Die er aber vorausbestimmt hat (προώρισεν), die hat er auch berufen (ἐκάλεσεν). Die er aber berufen hat (ἐκάλεσεν), die hat er auch gerecht gemacht (ἐδικαίωσεν). Die er aber gerecht gemacht hat (ἐδικαίωσεν), die hat er auch verherrlicht (ἐδόξασεν)". Damit wird ein Heilsprozeß dargestellt, in dem Gott die Erwählten durch Gleichgestaltung mit dem Sohn über alle Stufen zur Herrlichkeit führt. In den darauf folgenden Versen (31 - 39) bringt der Apostel seine Sicherheit zum Ausdruck, die aus der Erwählung folgt; er ist sich der Verbundenheit mit der Liebe Gottes gewiß.

Paulus kann aber nicht einfach mit Prädestination und Verdammnis fertig werden. Für ihn ist die Frage aufgetaucht, warum die Israeliten Christus nicht angenommen haben[26]. Hat Gott sie etwa verstoßen? Das ist nicht der Fall, weil Gott seine Verheißungen hält. Paulus nimmt an, daß nach der Bekehrung der Heiden auch die Bekehrung der Juden erfolgen wird. Dennoch führt der Apostel in aller Härte aus, wie Gott die Macht hat, nach seinem Willen zu handeln. Schärfsten Ausdruck dafür findet er in Ex 33,19 G: "Wessen ich mich erbarme, erbarme ich mich und ich werde bemitleiden, den ich bemitleide". Alles hängt vom Erbarmen Gottes ab. So, wie der Töpfer nicht vom Produkt seiner Hände zur Rede gestellt werden kann, warum er es so und nicht anders geschaffen

---

24 Rom 1, 1.
25 Rom 8, 28ff.
26 Rom 9 - 11.

habe, sondern σκεύη εἰς τιμήν einerseits und σκεύη εἰς
ἀτιμίαν anderseits herstellen darf, so kann erst recht
Gott σκεύη ὀργῆς zur Verdammnis bereiten und solche ἐλέους
εἰς δόξαν [27]. Beispiel für diese Handlungsfreiheit Gottes
ist die Berufung des Samens Abrahams in Isaak; dabei ist sicher zugleich an die Vertreibung Ismaels gedacht[28]. Gleichfalls hat Gott unter den Söhnen Isaaks Auswahl getroffen:
"Ich habe Jakob geliebt und Esau gehaßt"[29]. Auch hat Gott
sich Pharao dazu erweckt, um an ihm seine Kraft zu zeigen[30].
Paulus führt an diesem Beispiel vor, daß Gott sich, dessen er
will, erbarmt und, wen er will, verstockt[31]. Am Verhalten gegenüber Israel und den Heiden sieht man aber auch, wie Gott
verschlungene Wege geht, weil er alle unter den Ungehorsam
beschlossen hat, um sich aller zu erbarmen[32]. Das ist der
Grund, warum Paulus in gebundener Sprache in den Lobpreis
Gottes ausbricht[33]. Paulus sieht also die gesamte Menschheit
als sündig an, aber auch als erlösungsfähig. Wie Gott sie al-
derdings erretten will, steht in seinem Willen.

IV.

Wie Paulus[34], den Mani als den großen Apostel Jesu betrachtet, so sieht auch Mani sich selbst als Apostel Jesu an, wie wir
aus seinen Briefen und dem Proömium des Lebendigen Evange-

27 Rom 9, 19 - 23.
28 Rom 9, 7.
29 Rom 9, 13 (Mal 1, 2. 3 G).
30 Rom 9, 17 (Ex 9, 16).
31 Rom 9, 18.
32 Rom 11, 32.
33 Rom 11, 33 - 36.
34 Keph. 13, 19f.

liums wissen, das im Kölner Mani-Codex erhalten ist[35]. Er betont dabei seine Herkunft aus Gott und die Einsetzung in sein Amt durch dessen Willen. Die Berufung in seine Gnade verbindet sich mit seiner Sendung[36]. Die Gnade tut sich kund in zahlreichen Enthüllungen und der Entsendung des Syzygos, der ihn über alle Fragen der Herkunft belehrt[37], die den Gnostiker interessieren, und ihm als Ratgeber und Wächter zur Seite steht. Manis Offenbarung wird von seinem Schüler Baraies in den Rahmen der Offenbarungserlebnisse[38] seit Adam eingereiht, wobei Mani gerade an Paulus anschließt[39]. Außer dem Proömium zum Lebendigen Evangelium wird Manis Brief an Edessa zitiert. In ihm ist ebenfalls von der Erwählung zur Gnade die Rede: "Aber als mich der seligste Vater sah und sich meiner erbarmte, der mich berufen hat zu seiner Gnade und nicht gewollt hat, daß ich verloren ginge mit den übrigen in der Welt, damit er das selige Leben jenen gebe, die verfügbar (ἕτοιμος) sind, von ihm aus den Sekten erwählt zu werden, da zog er mich in seiner Gnade aus der Gemeinde der Menge weg, die die Wahrheit nicht kennt, und offenbarte mir seine und seines unbefleckten Vaters und der ganzen Welt Geheimnisse. Er hat mir kundgetan, wie ich (oder: sie) vor Erschaffung der Welt war(en) und wie der Grund aller guten und schlechten Werke gelegt wurde und auf welche Weise alles nach der Ordnung von Raum und Zeit hervorgebracht wurde"[40]. Gott läßt seine Gnade über Mani walten. Zugleich will er auch denen Leben schenken. die von ihm erwählt werden sollen. ἕτοιμος [41] bedeutet nicht. daß

---

35 CMC 66,4; vgl. auch Ztschr. f. Papyr. u. Epigr. 5 (1970) 189ff.
36 CMC 18, 10ff.
37 CMC 19, 7ff.
38 CMC 45,1 - 72,7.
39 CMC 63, 1ff.
40 CMC 64,15 - 65,22.
41 CMC 65, 1.

einer seiner Gesinnung nach bereit ist. sich erwählen zu lassen.
Entgegen dieser Erklärung hat das Wort eine objektive Bedeutung. Es besagt, daß der Betreffende bereit steht, d.i. verfügbar
ist, zur Erwählung. Das dürfte darauf hinweisen. daß im Sinne
von Rom 8 bereits eine Vorauswahl getroffen ist. Wenn Gott
Mani aus der Gemeinde der Menge, die Gott nicht kennt. entfernt, so nimmt er ihn aus der massa perditionis. Das kann
Gott nach seinem Wohlgefallen tun[42]: "Als es meinem Vater
gefiel und er Erbarmen und Fürsorge zeigte. da sandte er von
dort meinen Gefährten, der höchst zuverlässig ist, die volle
Frucht der Unsterblichkeit, damit mich dieser loskaufe und er-
löse aus dem Irrtum jenes Gesetzes". Seine Aufgabe ist es nun.
aus dem Gesetz herauszutreten, "um seinen allerschönsten Samen
auszusäen, seine hellsten Leuchten anzünden, die lebendigen
Seelen aus der Botmäßigkeit der Rebellen zu erlösen. in der
Welt einherzuschreiten nach dem Ebenbild unseres Herrn Jesu.
um Schwert, Spaltung und das Schlachtmesser des Geistes auf
die Erde zu werfen, das Brot auf mein Volk träufeln zu lassen
und um wie ein Stern in der Finsternis auszusehen"[43].

Mani fühlt sich wie Paulus berufen, doch darüber hinaus das
Werk Jesu als Paraklet zu vollenden, da er mit seinem Syzygos,
seinem Paargenossen, eins wird, mit dem er schon seiner Herkunft nach eins ist. Gehört für Paulus die Gnadenwahl zur Erklärung der Heilsgeschichte von Juden und Heiden, ist also eine
Geschichte menschlicher Gruppen unter dem Gesichtspunkt ihres Bundes mit Gott, so geht es bei Mani um das Schicksal der
Elemente, besonders derer, die in die Menschen gebannt sind
und zu deren Belehrung einst in der Urzeit Jesus gekommen ist,

42 CMC 69, 9ff.

43 CMC 107, 1 - 22. Die Terminologie zum Handeln Jesu ist biblisch; vgl.
Mt 10,34, Joh 6,30ff.

jetzt aber als Siegel der Propheten Mani der Paraklet, der die
Menschen über die Geschichte des Alls aufklären und ihnen
vom Wirken des Licht-Nus berichten soll. Zugleich soll er vom
großen Dualismus zu ihnen sprechen und ihnen die Aufgaben
stellen, die sie als Mitglieder seiner Kirche, als Elekten und
Katechumenen, zu erfüllen haben.

V.

Wenn die lichten Elemente, die im Kosmos, in der Natur und
im Menschen gefesselt sind, in einem großen Heilsprozeß in das
Reich des höchsten Gottes zurückgeführt werden sollen, so ge-
schieht das nicht automatisch. Es gibt sogar Lichtelemente, die
bei der endgültigen Scheidung von Licht und Finsternis nicht ins
Reich Gottes zurückkehren, sondern bei dem Bolos, d.i. dem
Klumpen, in den die Finsternis gefesselt wird, zurückbleiben[44].
Es werden also nicht unbedingt alle Lichtelemente heimkehren.
Wonach aber richtet sich bei den Menschen die Auswahl, die
aus dem Alten Menschen den Neuen macht? Wenn der Licht-
Nus z.B. in den Electi[45] wirksam wird, so ist zu fragen, in
wem er denn tätig wird; gibt es eine metaphysische Begründung dafür? So, wie Mani, ähnlich dem Apostel Paulus, an seine Berufung aus göttlicher Gnade glaubt, so finden wir im Kölner Codex eine Verbindung Manis mit den für die Erwählung
bereitstehenden Seelen[46]. Bereits in der Urzeit wurden die jeweiligen Väter erwählt und gaben ihre Offenbarung ihren Er-

---

44 F. Decret, Le "Globus horribilis" dans l' eschatologie manichéenne d'
après les traités de Saint Augustin, in: Mélanges d' histoire des religions offerts
à Henri-Charles Puech (Paris 1974), S. 487 - 492.

45 Keph. 249, 16f.

46 CMC 4, 1ff.

wählten weiter, so z.B. Enos[47]. Mani, der selber auserwählt ist[48], hat sich wieder eine "Auswahl erwählt"[49]. Diese Trennung von Guten und Bösen ist aber keine subjektive Handlung, vielmehr handelt Mani in höherem Auftrag. So verkündet er dem Sitaios (Sita) seine Lehre nicht, da ihm durch Offenbarung mitgeteilt wurde, daß dieser nicht zu ihm gehöre[50]. Eine ähnliche Art kollektiver Erlösung ist auch in deuteropaulinischen Schriften zu finden, so Eph 1, 3-6: "Gelobt sei der Gott und Vater unseres Herrn Jesu Christi, der uns gesegnet hat mit allem geistlichen Segen in der Himmelswelt in Christus, wie er uns erwählt hat in ihm vor der Erschaffung der Welt, auf daß wir heilig und untadelig seien vor ihm in Liebe, der uns prädestiniert hat durch Jesus Christus zur Sohnschaft bei sich nach dem Wohlgefallen seines Willens zum Lobe seiner Gnade, mit der er uns begnadet hat in dem Geliebten". Gott hat uns also bereits im Himmel vor Erschaffung der Welt gesegnet. Das Ziel ist die Sohnschaft. Die Gnade wird uns in Christus zuteil. In den manichäischen Kephalaia findet sich eine Stelle, die in breiter mythologischer Darstellung eine ähnliche Aussage bringt. Dort ist in Kapitel 90 "Über die fünfzehn Wege und ob der Katechumen dem entgehen kann, daß sein χρῆμα (im Koptischen: "Reichtum") auf den drei Wegen in die Hölle geht"[51] im wesentlichen die Rede davon, wie es mit der Vergeltung der Taten steht, die ein Katechumen zu verantworten hat für die Zeit vor seiner Bekehrung. Damals hat er Sünden auf sich geladen, die ihn zur Hölle führen müssen[52]: "Denn

---

47   CMC 54, 10.
48   CMC 70, 5.
49   CMC 67, 7; 106, 12.
50   CMC 79, 4.
51   Keph. 223,17 - 228,4.
52   Keph. 224, 12ff.

in der ersten Zeit, bevor er den Glauben Gottes angenommen
hat, werden diese drei Wege von ihm gezogen, das Quälen
seiner Gebeine, das Quälen seiner Hurerei und das schädigende
Wort, das aus dem Schlagen hervorgeht. Zieht sein Reichtum
(diesen Weg)"? Das Wort "Reichtum" entspricht sicher dem
in der Überschrift gebrauchten χρῆμα . Es soll die Fülle der
Werke wiedergeben; sie sind die Ergebnisse der Übertretung
der drei Siegel. In den Zeilen 16-24 wird die große Gefahr
geschildert, in die der Katechumen durch sein Vorleben gerät:
"Anfangs, bevor er Katechumen wurde, führen diese drei Wege
zur Seelenwanderung der Höllen. Wenn sie aber zur Hölle führen, dann gerät er gänzlich in die Fessel, weil er seinen Gliedern folgt. Wenn das so, wie ich sage, geschieht, ist es sehr
schwierig, daß er leben wird. Denn eine Menge von Katechumenen stehen in der Welt, die in Irrlehre und Verirrung wandeln, bevor sie den Glauben Gottes angenommen haben. Wohin
wird ihr Ende gelangen"? Die von einem Elekten an Mani gestellte Frage würdigt der Apostel und erklärt sich bereit, sie
zu beantworten[53], was er ausführlich tut[54].

Zunächst wird die metaphysische Begründung für die Erwählung der Gläubigen, sowohl der Elekten als auch der Katechumenen, gegeben[55]: "Denn so ziemt es sich dir, zu erkennen,
daß die Seelen der Elekten und Katechumenen, die die Hoffnung Gottes angenommen haben und in das Land der Lebendigen gehen, daß ihre Gestalten (μορφή) in der Höhe erwählt werden, bevor sie im Fleisch der Menschheit geschaffen
wurden". Im Text steht "bevor er ... wird"[56]. Das würde be-

53 Keph. 224, 25 - 27.
54 Keph. 224,28 - 228,4.
55 Keph. 224,28 - 225,5.
56 Z. 32.

deuten, daß vom Apostel eine zweifache Aussage gemacht wird,
in deren erstem Teil von der Existenz des Apostels vor seiner
Menschwerdung die Rede ist. Wahrscheinlich ist der Satz mit
"bevor ..." aber an den folgenden angeglichen worden, in dem
vom Apostel die Rede ist. "Bevor der Apostel im Fleisch offenbar wird, noch wenn er [droben] weilt, erwählt er die Gestalten seiner ganzen Kirche und macht sie frei, sei es die
der Elekten, sei es die der Katechumenen. Wenn er die Gestalten der Elekten und Katechumenen erwählt und sie frei
macht von oben, dann kommt er alsbald herab und erwählt
sie".

   In diesem Abschnitt wird die Prädestination als Begründung für die Erlösung der Werke des Katechumenen gegeben,
die dieser vor seiner Bekehrung getan hat. Man muß sich die
einzelnen Taten vergegenständlicht vorstellen, da alles Wirken
ja ein Zusammenspiel bzw. Gegeneinander von guten und bösen
Elementen ist. Der Apostel erlöst die Gläubigen in der Welt
und führt sie aus den Irrlehren heraus. Die vorherigen Werke
der Erweckten werden durch μεταγγισμός zu ihm kommen
und dann von Engeln zu Läuterungsorten geführt[57]. Das Siegel des Glaubens und der Erkenntnis bzw. der Wahrheit, das
in seine Seele gesiegelt ist, macht den Katechumenen kennt-
lich[58]. Die Beurteilung seiner Werke von seiner metaphysischen Einreihung her wird 225, 19 - 29 dargestellt: "Die Werke, die er anfangs getan hat, keines von ihnen[59] ist in die
Höllen gegangen wegen seiner Gestalt, die von Anfang an erwählt worden ist, indem sie oben in der Höhe steht. Weil seine

57 Keph. 225, 6 - 11.
58 Keph. 225, 11 - 14. 17 - 19.
59 Z. 20 ΑΑΑΥ ΝΖΗΤΟΥ ist anders zu interpretieren, als die Textausgabe
bietet. ΑΑΑΥ bezieht sich nicht auf den Katechumenen, sondern auf eines der
Werke; dazu gehört ΝΖΗΤΟΥ als partitivus.

Gestalt sich über ihn erbarmt, läßt sie seine Werke nicht ver-
lorengehen. Wie seine letzten Werke, die er tut, nicht in die
Höllen fahren wegen seines Glaubens, so gehen auch die ersten Werke, die er getan hat, weil seine Gestalt in der Höhe
vorauserwählt wird, nicht verloren, sondern kommen nur in die
Seelenwanderungen und in Mühsal; dann kommen sie in die Hand
der Engel und werden gereinigt". Wenn sich die Gestalt über
den Katechumenen erbarmt, besteht vielleicht ein ähnliches Verhältnis wie zwischen dem Zwilling und dem Apostel. Die Gestalt
wird "vorauserwählt". Das ist das προορίζειν des Paulus[60].

Die Katechumenen und Elekten haben also ihre μορφή in
der Höhe, an Hand deren der Apostel sie bereits vor der Geburt der betreffenden Gläubigen vorauserwählt hat. Auf der Erde geschieht dann die Wahl in die irdische Kirche. Alles, was
zu dieser Zeit an Werken von den Gläubigen vollbracht wird,
es ist die Kraft jenes Katechumenen, daß er alle seine Werke
durch sich selbst erlöst, solange er in seinem Körper ist[61].
Besonders der Katechumen, der vor seiner Entwicklung zum
Neuen Menschen ja ein sittliches Defizit aufzuweisen hat, wird
von den ersten guten Werken an zum Selbsterlöser[62]. Er geht
mit seinen Werken um wie ein Heerführer, der seine Streit-
macht in Vorhut, Hauptmacht und Nachhut einteilt[63]: "So
steht es mit dem Katechumenen in seinen Werken. Manche
von seinen Gliedern und seinen Werken werden geläutert, solange er im Körper steht, und werden in den Firmamenten
der Himmel gereinigt und gehen ihm voran. Andere wieder
von seinen Gliedern werden mit ihm erlöst und gehen heraus,

---

60 S. o. S. 109.
61 Keph. 226, 25 - 27.
62 Keph. 226, 7 - 27.
63 Keph. 227, 17 - 26.

wenn auch er aus seinem Körper herausgeht. Andere wieder
werden nach ihm aus den Fesseln der Erde und der Geschöpfe
(Schöpfungen) erlöst und gehen und gelangen zu ihm in das
Land der Lebendigen".

Der prädestinatianische Charakter des besprochenen Kapitels scheint der Fülle von guten Werken zu widersprechen,
die vom manichäischen Gläubigen verlangt werden. Gerade
die Askese und die guten Taten, die nicht nur der Electus,
sondern auch der Katechumen zu vollbringen hat, geben dem
Manichäismus den Anschein einer Religion der Werkgerechtigkeit. Das anschließende Kapitel 91 "Über den Katechumenen, der in einem einzigen Körper gerettet wird"[64], führt
dazu eine besondere Gesinnung und besondere Askese an. Unter den Katechumenen gibt es verschiedene Arten. Zwar liegt
der grundlegende Unterschied zwischen Elekten und Katechumenen; es ist aber auch sehr verständlich, wenn eine so große
Zahl von Gläubigen, die den Ruheort der Kirche bilden und
durch die die Kirche im engeren Sinn erhalten wird, auch eine
Lebensordnung besitzt, aber doch auch Spitzen in Gedanken
und Taten hervorbringt, die solche Gläubigen auf das Niveau
der Elekten[65] anheben und darum sie beim Gericht auch deren Schicksal erleben lassen. Die Worte des Paulus in 1 Cor
7,29 ff. werden als Auftrag Jesu im Sinn der Weltflucht zur
Begründung herangezogen: "Von heute ab mögen, die da Frau-
en haben, sein, als ob sie keine hätten; die kaufen, als ob sie
nicht kaufen; die sich freuen, als ob sie sich nicht freuen;
die weinen, als ob sie nicht weinen; die Nutzen haben in der
Welt, als ob sie nicht in Vergnügen lebten"[66]. Alles, was der

64 Keph. 228,5 - 234,23.
65 Keph. 229, 18. 26f.
66 Keph. 229, 10 - 15.

Mensch besitzt, gilt ihm als zeitlich und fremd. "Er hat sein
Denken aus der Welt gerissen und sein Herz in die heilige
Kirche gelegt. Zu aller Zeit ist sein Denken bei Gott"[67]. Mehr
als seinem Hauswesen fühlt er sich der Kirche und der Fürsorge für die Elekten verpflichtet. So wie Mt 6, 21 par. Jesus
vom Menschen fordert, daß sein Herz auf den Schatz im Himmel gerichtet sein soll, so will Mani, daß für den Gläubigen
sein Schatz in der Kirche liegt[68]. Aber auch Vegetarismus
sowie tägliches Fasten und Beten, dazu laufende Almosen an
die Kirche sind Werke, die zum Heil verhelfen. In diese heilige Kirche führt der Nus[69]. Dieser Nus ist ein Gnadengeschenk.
Sein Wirken wird vom Apostel Mani im Kapitel 38 ausführlich
beschrieben[70].

Im zweiten Teil von Kapitel 91 wird über das in der Überschrift gegebene eigentliche Thema, die sofortige Rettung be-
stimmter Katechumenen, hinaus von den Aufgaben und der
eventuellen Erlösung oder Bestrafung der Katechumenen im
allgemeinen gesprochen. Gott hat den Gläubigen Metanoia "Sin-
nesänderung" geschenkt[71]. Der gläubig gewordene Manichäer
war von seinen Torheiten wie Götzendienst, Sektierertum und
dergleichen abgekommen und hat dafür Vergebung von seinen
früheren Sünden[72] erlangt. Hier wird die Zusage von Kapitel
90 wiederholt, doch wird nun die Bewährung gefordert. Man
ist sich darüber im klaren, daß der Katechumen, ja selbst der
Electus nicht immer das gleiche hohe Niveau seiner Frömmig-

---

67 Keph. 229, 4 - 6.
68 Keph. 229, 3. 9. 26.
69 Keph. 230, 1.
70 Keph. 89,18 - 102,12.
71 Keph. 232, 21f.
72 Keph. 231, 16ff.

keit halten kann[73]; so wird von ihm eine stete Metanoia verlangt[74]. Solches stete Sündenbewußtsein kommt in dem manichäischen Laienbeichtspiegel zum Ausdruck, den wir aus Turfan
besitzen[75]. In ihm wird aufgezählt, welche Sünden in Gedanken
und Taten der Katechumen begehen kann. Darum wird auch immer wieder die Frage gestellt, was für Strafen den sündigenden
Gläubigen treffen können. Dabei wird direkt eine Arithmetik
der Sündenberechnung und der Vergebung herausgearbeitet. Wie
in Kapitel 90 der Kephalaia werden die vor der Bekehrung liegenden Sünden erlassen, wenn der Katechumen beständig bleibt
[76]. Doch was er sündigt – und das liegt ja im bürgerlichen
Leben mit Ehe, Beruf etc.[77] begründet –, wird zum Teil durch
Beten, Fasten und Almosengeben wettgemacht[78]. Die Sünden
werden in fünf Teile geteilt, von denen vier vergeben werden,
so daß der Katechumen nur für ein Fünftel Strafe und Läuterung zu bestehen hat. Das gilt jedoch nicht, wenn er rück-
fällig in seinem Glauben wird; dann muß er die ganze Strafe
erleiden. Danach könnte man glauben, der Manichäismus sei
eine Religion der strikten Werkgerechtigkeit. Doch haben bereits F.C. Baur[79], H.J. Polotsky[80] und H.-Ch. Puech[81] dies zu

---

73 Vgl. Kap. 86 (Keph. 213,21 – 216,30) "Das Kapitel von dem Mann, der
fragt: Warum bin ich manchmal ruhig und manchmal verwirrt?"; Kap. 88 (Keph.
219,1 – 221,17) "Über den Katechumenen, der den Elekten tadelte, warum er
zornig sei".

74 Keph. 230, 26 – 30.

75 X^{u}ãstvãnïft, Text und Übersetzung mit Anmerkungen in: J.P. Asmussen,
X^{u}ãstvãnïft. Studies in Manichaeism (Copenhagen 1965), Kap. 5: The confession
of sins among the Manichaeans, S. 167 – 261. (Deutsche Übersetzung in: Die
Gnosis, 3. Bd.: Der Manichäismus (Zürich 1980), S. 198 – 207.)

76 Keph. 232, 24ff.

77 Keph. 220, 22 – 26.

78 Keph. 232, 30 – 32; 233, 1 – 21.

79 Das manichäische Religionssystem (Tübingen 1831, Neudr. Göttingen 1928),
S. 184 – 202.

80 H.J. Polotsky, Manichäismus, in: Pauly-Wissowa, Real-Encyclopädie der
class. Altertumswiss. Suppl. VI, col. 257.

bestreiten versucht. Puech will der Seele nicht die Möglichkeit, frei zu entscheiden, zugestehen, ebenso nicht die Fähigkeit, dem Nus zu folgen oder es nicht zu tun. Er sieht in ihrem Verhalten einen Zustand, der durch die Situation der Seele gegeben ist. Ich denke, weil Manis Glaube von einem Übergewicht des Lichts über die Finsternis geprägt ist, so liegt es eben in der Hand Gottes, die Geschichte des Alls so zu gestalten, daß die Befreiung der Seelen nach seinem Willen vor sich geht. Er kann die Seelen in ihrem Kampf so bedrängt werden lassen, daß er gewissen Elementen nicht die Heimkehr schenkt, sondern sie als Wache des Globus horribilis abordnet[82].

In welchem Kampf die Lichtelemente stehen, wird ausführlich im Kapitel 38 "Über den Licht-Nus und die Apostel und die Heiligen"[83] beschrieben. Die Erlösung des Menschen wird aus dem Weltgeschehen begründet. Mani geht es letztlich ja um den Menschen. Sein Handeln wird aus seiner Situation erklärt. Schon bei seiner Erschaffung wird er an körperliche Größen im Weltall gekettet[84]. Das Schwanken in seinem Handeln ist darum aus der Bedrängnis zu verstehen, die die Seelenteile des Lichts von den Seelenteilen der Finsternis erfahren. Der Körper wird von der Sünde bewohnt, die auch eine geistige Größe[85] des Körpers darstellt, so daß die Manichäer auch von zwei

---

[81] La conception manichéenne du Salut (in: Sur le manichéisme et autres essais, Paris 1979), S. 80ff.

[82] F. Decret, Le "Globus horribilis" (s. o. Anm. 44). Es ist wichtig, daß diese Lichtelemente forinsecus "von außen" an dem Globus befestigt sind.

[83] Keph. 89,18 - 102,12.

[84] Keph. 215, 10f.; M 7982 (= T III 260 c V I), ed. F.C. Andreas - W. Henning, Mitteliranische Manichaica aus Chinesisch Turkestan I (Sitz.-Ber. d. Preuß. Akad. d. Wiss. Berlin 1932), S. 196f.

[85] Vgl. M 9, ed. F.C. Andreas - W. Henning, Mitteliranische Manichaica aus Chinesisch Turkestan II (Sitz.-Ber. d. Preuß. Akad. d. Wiss. Berlin 1933), S. 297 - 300. Vgl. auch Keph. 95, 20 "Nus der Sünde", 96, 24 "Glieder der Sünde". In M 9 ist direkt vom Geist des Körpers die Rede.

Seelen[86] im Menschen sprechen können. Durch die wirksame Tätigkeit des Licht-Nus wird aus dem Alten Menschen der Neue
Mensch[87]. Doch die Sünde versucht immer wieder Störungen her-
vorzurufen. Die Macht des Lichts ist aber größer. "Werdet euch
darüber klar, daß die Mächte des Lichts gut sind. Der Anfang
und das Ende ist ihnen offenbar. Alles, was sie tun, das tun sie
gemäß einem festen Gericht. Aus diesem Grund gestatten sie
der Feindschaft anzufangen zu freveln und ihren Willen für eine
Weile zu tun, dann aber fangen sie sie"[88]. Nachdem die Kampf-
taten des Licht-Nus geschildert sind, betont Mani[89]: "Wer das
offene und schauende Auge hat, dem wird er (der Nus) erscheinen. Wer jenes Auge nicht hat, dem wird er nicht erscheinen".
Mani nimmt die Sprache Jesu auf und verbindet die Aussage
vom Hören[90] mit der von den verschlossenen Augen[91]. Nahe
liegt auch ein Vergleich mit Joh 6,36. Bei der Doppelheit, die
bei menschlichem Handeln immer zu finden ist, mußte man eine
klare Teilung in prädestinierte gute und böse Menschen als il-
lusionär ablehnen. Vielmehr hat man in der manichäischen Kirche, wie die Kephalaia zeigen, gerade das Schwanken auch des
Gläubigen in seinem Denken und Handeln sehr ernst genommen
und über die Konsequenzen die verschiedensten Überlegungen
angestellt. Immer wieder kommt dabei die Frömmigkeit, die im
Bewußtsein der Erlösung besteht, zum Durchbruch, selbst wenn
der Gläubige durch seine Einbindung in die Welt auch immer
wieder in Versuchungen, ja sogar auf Wege des Irrtums gerät.

---

86 Augustin, de duabus animabus, ed. J. Zycha (CSEL 25), S. 52 - 112.
87 Keph. 94, 17 - 22.
88 Keph. 94, 28 - 33.
89 Keph. 100, 15 - 18.
90 Mt 13, 9 parr.
91 Mt 13, 13 parr.

VI.

Die im vorangehenden Abschnitt behandelten Aussagen der Manichäer wiesen eine gewisse innere Spannung auf. Das in der hellenistischen und in der römischen Kaiserzeit so beliebte Thema "de fato" steht immer wieder als Gegensatz von Prädestination und freiem Willen vor uns. Gerade eine Zeit, die in der Welt eine fest verbundene Einheit sah, kam an der Frage der Determination des Alls und des Menschen nicht vorbei. Daraus erklärt sich die Bedeutung, die der Pseudowissenschaft Astrologie zuteil wurde. Mani hat sich diese Geisteshaltung zu eigen gemacht, weil er auf diese Weise die Probleme des Menschen und der Welt erklären zu können glaubte. Wenn er die Führung Gottes als siegreiches Ereignis betonte, so stand der Wirkung des Lichts die Praxis der Finsternis - wenn auch von vornherein als weniger mächtig - gegenüber. Dieser Gegensatz ist im Christentum, von dem Mani herkommt, nicht nur bei Paulus vorhanden, sondern tritt erst recht im Johannesevangelium hervor, das bei den Manichäern bekannt war und verwendet wurde[92]. Dieses Evangelium hat ebenso wie die Briefe einen ausgesprochen dualistischen Charakter, der allerdings nicht von dem strengen Dualismus wie bei Mani geprägt ist, hat Gott doch immer die absolute Herrschaft, auch als Schöpfer. Dennoch ist in der Welt der Versuch zu erkennen, sich gegen Gott zu empören. Licht und Finsternis, Wahrheit und Lüge, Leben und Tod, Freiheit und Knechtschaft stehen einander gegenüber. Die Menschen teilen sich in solche, die von Gott sind, und solche, die vom Teufel sind. In diese Welt kommt der Offenbarer und will sie erlösen.

---

92 Vgl. Joh 12, 32 in erweiterter Form Keph. 166, 4f., Joh 15, 13 als Tendenz von Kap. 63 (Keph. 155,30 - 156,34, besonders 156, 15 - 16), Joh 8, 38 in Keph. 35, 12ff., Joh 3, 19 in Keph. 184, 11ff. = 185, 12ff.

Ob sich dabei die Rettung nur auf Vorherbestimmte bezieht,
ist nicht ganz durchsichtig. Die einen lehnen den Offenbarer
ab, die anderen nicht. Glauben und Nicht-Glauben sind die Gegensätze. Jesus spricht Joh 6,44: "Keiner kann zu mir kommen,
wenn der Vater, der mich gesandt hat, ihn nicht zieht". Den
Gläubigen verheißt er, daß sie bei seiner Erhöhung von ihm em-
porgezogen werden[93]. Sein Werk ist das Gericht, in dem der
Archon dieser Welt hinausgeworfen wird[94]. Im Glauben und
Nicht-Glauben liegt das Gericht. Neben dem Indikativ der Erlösung steht der Imperativ der Abwendung vom Teufel[95]. Wahrscheinlich ist der Erlösungsglaube ein Berufungsglaube. Ob mit
R. Bultmann der Glaube die Entscheidung für den Offenbarer
ist, erscheint mir fraglich, muß er doch selbst zugeben, daß
der Glaube ein Geschenk ist. Jesus spricht: "Nicht ihr habt
mich erwählt, sondern ich habe euch erwählt"[96]. Der Glaube
des Johannes ist so stark, daß er die Spannung von geschenk-
tem Heil und zu erwerbendem Heil überstrahlt und Johannes
sie nicht systematisch auszudifferenzieren suchen muß.

Mani hat diesen Ansatz aufgegriffen. Mit Hilfe des ihm wohl
aus der iranischen Religion bekannten Dualismus hat er versucht,
den religiösen Hintergrund zu straffen durch Gestaltung einer
Mythologie, die gegenüber den bei Johannes vorhandenen Dua-
lismen und den daraus entstandenen Problemen für die Seele
des Menschen eine klarere Lösung zu geben schien. Aber für
die Spannung von Indikativ und Imperativ konnte Mani zwar gewisse Lösungen anbieten, aber doch keine eindeutige Klärung,

93 Joh 12, 32.
94 Joh 12, 31.
95 1 Joh 3, 7ff. Hier steht in V. 7 der Imperativ neben der Glaubensgewiß-
heit in V. 9.
96 R. Bultmann, Theologie des Neuen Testaments (Tübingen 1968), § 50.

in welchem Verhältnis Wille und Vorherbestimmung zueinander stehen. Die oben angeführten Gesichtspunkte nach den Quellen scheinen für ein religiöses Berufungsgefühl zu sprechen, in dem die Prädestination überwiegt.

VII.

Auch in der Theologie der alten Kirche wird die Spannung zwischen Prädestination und Werkgerechtigkeit zum Problem. Augustin, der selbst Manichäer gewesen war, hat eine radikale Klärung durch theologisches Denken versucht. Zunächst hatte er in seinem Werk vom freien Willen[97] die Bedeutung des Willens für den Menschen geschildert. Gerade gegen die Manichäer gerichtet ist dabei die Betonung der These, daß nicht eine zweite böse Macht in Konkurrenz zu Gott für den Ursprung des Bösen verantwortlich ist. Vielmehr sei dies, wie Augustin auch in den Retractationen nochmals betont, ein Ergebnis des freien Willens. Er kommt später zu der Erkenntnis von "Gottes Gnade, mit der er seine Erwählten so vorausbestimmt hat, daß er bei denen von ihnen, die bereits den freien Willen gebrauchen, auch den Willen selbst vorbereitet"[98]. Hier scheint Augustin in ähnlicher Richtung wie der Manichäismus des Kephalaion 90 zu denken. Zugleich ist ihm aber Paulus von Phil 2,13 gegenwärtig: "Denn Gott ist es, der in euch wirkt das Wollen und das Vollbringen zugunsten seines Ratschlusses"[99]. Aber wie paßt der so von Augustin betonte freie Wille mit Prädestina-

97 De libero arbitrio, ed. G.M. Green (CSEL 74).
98 Retractationes, ed. P. Knöll (CSEL 36), Kap. 9, Abschn. 2.
99 Zur Übersetzung von ὑπὲρ τῆς εὐδοκίας vgl. F. Blass - A. Debrunner - F. Rehkopf, Grammatik des neutestamentlichen Griechisch (Göttingen 1979), § 231.

tion zusammen? Der freie Wille wird auf eine Person am Anfang der Geschichte beschränkt. Durch den Sündenfall hat Adam
seinen freien Willen in falscher Richtung wirken lassen. Diese
Verfehlung ließ die Erbsünde auf alle späteren Geschlechter
übergehen, so daß es dann keinen freien Willen mehr gab. Rom
5,12 ἐφ' ᾧ πάντες ἥμαρτον bestätigte dem Augustin diese Deutung in der lateinischen Übersetzung: in quo omnes pecca-
verunt[100]. Durch seine Gnade schenkte aber Gott den Erwählten Befreiung davon. "Die erste Freiheit des Willens bestand in
der Möglichkeit nicht zu sündigen; eine neue viel größere Freiheit besteht darin, nicht sündigen zu können"[101]. Die Menschheit war zu einer massa perditionis geworden, aus der Gott Menschen erwählen konnte, denen er sein Heil schenkte. Diese
Gläubigen dürfen aber nicht die übrigen Menschen verachten;
denn nur durch Gnade haben sie ja die Erlösung Gottes erhalten. Allerdings ist bei Augustin wie bei Mani die Zugehörigkeit zur Kirche eine Notwendigkeit, so daß ungetaufte Kinder
nicht zum Heil kommen können[102]. Allerdings ist die Prädestination bei Augustin durchaus nicht so radikalisiert wie bei Gott-
schalk und J. Calvin, bei denen es eine doppelte Prädestination
zum Heil und zur Verwerfung gibt[103]. Bei Augustin stand ganz
im Vordergrund, worauf es in der christlichen Frömmigkeit an-
kommt und darum auch in der Theologie ankommen muß, die
Gnade.

100 Enchiridion 26, ed. E. Evans (Corpus Christianorum, ser. lat. 46).
101 De correptione et gratia, ed. C. Boyer (Rom 1951), 12, 33.
102 Enchiridion 24.

103 Eine Bestimmung zu ewigem Untergang gibt es allerdings für Judas Ischarioth in den Sermonen zum Johannesevangelium (ed. R. Willems, Corpus Christianorum, ser. lat. 36) 107, 7, wo bereits in der besprochenen Stelle Joh 17, 12
dieser "Sohn des Verderbens" heißt. Auch die gegnerischen Juden, die Jesus ver-
leumden, werden 43, 13 und 48, 4. 6 als ad interitum vorgesehen bezeichnet.
Handelt es sich hierbei nicht um Fälle, die aus dem allgemeinen Menschenbild
herausfallen und eine Vorherbestimmung im Rahmen der Heilsgeschichte erfahren haben?

ZU GNOSTISCHEN GRUNDLAGEN
DER CIVITAS-DEI-VORSTELLUNG
BEI AUGUSTINUS

Die beiden größten und originellsten Theologen der Alten
Kirche, Origenes und Augustin, haben beide ihr System in der
Auseinandersetzung mit der hellenistischen Philosophie und nicht
zuletzt der Gnosis aufgebaut. Origenes steht mitten drin in der
Welt des Gnostizismus. Was auf ihn einströmte, sehen wir jetzt
schon zum Teil aus den Texten von Nag Hammadi. Besonders
wichtig ist deren Theologie als Lehre von dem Verhältnis Gott
- Kosmos - Mensch. Origenes war darum genötigt, bei allem
Abbau des Mythologischen seine Theologie dennoch kosmologisch zu gestalten. Das tritt in seinem Werk Περὶ ἀρχῶν deutlich hervor. Bei Augustin, der nach B. Altaners Forschungen
übrigens auch mit Origenes vertraut war[1], liegt der Grund für
eine Auseinandersetzung mit der Häresie nicht nur am Ansturm
der Umwelt, sondern besonders in seiner eigenen Vergangenheit,
war er doch selbst einmal Manichäer, also auch Gnostiker einer
besonders profilierten Richtung, gewesen. Darum liegt es ganz
nahe, in seinen Denkformen bzw. den dahinter stehenden mythologischen Vorstellungen Relikte seiner Vergangenheit zu suchen.
Und in der Tat zeigt nicht nur die Fülle der antimanichäischen

Erstveröffentlichung in: ZNW 60 (1969) 291 - 295.

1   B. Altaner, Augustin und Origenes. Kleine patristische Schriften (Berlin
1967) S. 224 - 252.

Streitschriften genaue Kenntnis dieses größten und am meisten ausgebildeten gnostischen Systems, sondern in einem zentralen Werk, das seine eigene Weltschau wiedergibt, können wir darüber hinaus recht eigentlich die innere Auseinandersetzung mit dem Manichäismus sehen. Wie Origenes in Περὶ ἀρχῶν , so gibt Augustin in De civitate Dei eine Systematik, die etwas Eigenes darstellt und doch ihre Wurzeln nicht verleugnet. Zuletzt hat A. Adam in seiner Dogmengeschichte eindringlich und, wie ich glaube, mit Recht darauf hingewiesen, daß die radikaldualistische Gegenüberstellung der civitas Dei und der civitas terrena auf den manichäischen Gegensatz von Lichtreich und Finsternisreich zurückzuführen ist[2]. Auf antimanichäische Ausrichtung weist auch die Zahl von 22 Büchern der civitas Dei gegenüber den 22 Kapiteln von Manis "Lebendigem Evangelium" hin. Die Reiche Augustins sind aber nicht solche mit verschiedener physikalischer Qualität. Der Zustand des menschlichen Willens, der besonders durch die Gnade Gottes bestimmt wird, ist maßgebend für die Zugehörigkeit zu den beiden Reichen, die die ganze Welt, Engel und Menschen, in zwei Gruppen teilt.

Da sich Augustin eingehend mit der Urgeschichte befaßt, sollte man auch einmal nachforschen, wieweit er das einer Interpretation der Lektüre gnostischer Schriften verdankt. Zumindest könnte vielleicht Schrifttum, das in manichäischen Kreisen kursierte, auch wenn es nicht im engsten Sinne "manichäisch"

---

2   A. Adam, Lehrbuch der Dogmengeschichte I (Gütersloh 1965), S. 294ff. Vgl. auch A. Adam, Der manichäische Ursprung der Lehre von den zwei Reichen bei Augustin, ThLZ 77 (1952) 386 - 390,. und ders., Das Fortwirken des Manichäismus bei Augustin, ZKG 69 (1958) 1 - 25. Ich möchte noch hinzufügen: Wie Augustin beim literarischen Aufbau der Civitas dei durch das manichäische Lebendige Evangelium beeinflußt wurde, so kann man m.E. auch die Vorträge zum Johannesevangelium als Nachahmung der συνάξεις zu den λόγοι des Lebendigen Evangeliums ansehen, die in einem noch nicht veröffentlichten, sehr schlecht erhaltenen Codex des Manifundes von Medinet Madi vorliegen. Zu dem zuletzt genannten Text vgl. A. Böhlig, Zu den Synaxeis des Lebendigen Evangeliums, in: Mysterion und Wahrheit (Leiden 1968), S. 222 - 227.

war, ihn zur Diskussion angeregt haben. Wir treffen ja an einer Stelle[3] ausdrücklich auf eine Abweisung der Henochbücher als apokryph, während wir aus Turfan ein Fragment gerade eines manichäischen Henochbuches besitzen[4]. P. Alfaric hat in seinem Werk "Les écritures manichéennes" weiterhin angenommen, daß die Manichäer auch Sethbücher kannten[5]. Nachdem wir jetzt aus Nag Hammadi solche im Original vor uns haben[6], mag ein Vergleich von Vorstellungen aus ihnen mit Gedanken aus De civitate Dei gestattet sein.

Augustin sieht die beiden Reiche vorgebildet in Kain und Abel[7]. Kain, der hier auf Erden eine Stadt, also eine $\pi\acute{o}\lambda\iota\varsigma$, d.i. civitas, gründet, erschlägt aus böser Gesinnung den Abel, der sich auf einer Pilgerschaft durch diese Welt befindet. Nachdem Abel durch Seth ersetzt wird und seinerseits Kinder hervorbringt, beginnt die eigentliche Geschichte der zwei Reiche, so daß Augustin sagen kann[8]: "Adam also ist der Vater der beiden Geschlechter, des einen, dessen Abfolge zum Weltstaat, wie des anderen, dessen Abfolge zum himmlischen Staat gehört; nach Abels Ermordung jedoch, in der ein wunderbares Geheimnis vor Augen gestellt wurde, erhielt jedes Geschlecht seinen eigenen Stammvater, Kain und Seth, in deren Söhnen, die eben deshalb zu erwähnen waren, die Kennzeichen dieser beiden Staaten innerhalb des Geschlechtes der Sterblichen deutlicher in die Erscheinung zu treten begannen". Augustins Fol-

3 De civ. dei XV 23.

4 W. Henning, Ein manichäisches Henochbuch (Sitz.-Ber. d. Preuß. Akad. d. Wiss. Berlin 1934), S. 27 - 35.

5 P. Alfaric, Les écritures manichéennes (Paris 1918) II 152f.

6 Vgl. die Zusammenstellung im Vorwort zur Ausgabe der Adamapokalypse: A. Böhlig - P. Labib, Koptisch-gnostische Apokalypsen aus Codex V von Nag Hammadi im Koptischen Museum zu Alt-Kairo (Halle 1963), S. 87.

7 De civ. dei XV 1.

8 De civ. dei XV 17 (Übersetzung nach Schröder in der Ausgabe bei Kösel).

gerungen bauen auf der Exegese, des Alten Testaments auf, und doch erscheint mir die plastische Gegenüberstellung nicht unberührt von gnostischen Mythen, die ihm begegnet waren. Der biblische Gegensatz zwischen Kain und Abel wird vom Gnostizismus im Johannesapokryphon aufgenommen, umgedeutet und dort als die menschliche Bezeichnung des kosmischen Gegensatzpaares gerecht - ungerecht angesehen[9]. Doch ist der Gegensatz Kain - Seth im Gnostizismus nicht vorhanden. Es gibt sogar eine gnostische Sekte der Kainiten[10]. Seth (in der Form Seth-el wie im Mandäismus) begegnet im Manichäismus[11]. Sethtraditionen waren aber überhaupt weit verbreitet[12]. Es ist nicht unwahrscheinlich, daß Augustin aus seiner manichäischen Vergangenheit gewisse Sethtexte, die jetzt im Nag-Hammadi-Fund vorliegen, bzw. ihre Traditionen gekannt hat.

Die heilsgeschichtliche Betrachtung der Kosmosgeschichte in der Adamapokalypse und im Ägypterevangelium zeigt Züge, die dem Gedanken der civitas Dei nicht fernstehen. Gerade das Motiv der Wohnung unter den Fremden und der Bedrohung durch sie wird in beiden Texten sichtbar. In der Adamapokalypse wird das Sethgeschlecht vor den Angriffen des bösen Weltschöpfers und der feindseligen Menschen bewahrt. Es übersteht die Sintflut mittels Entrückung[13] ebenso wie die Vernichtung durch Feuer[14], die Saklas auf die Hetze Hams und Japhets bzw.

---

9 Apocr Joh in BG 62, 19ff. (W.C. Till, Die gnostischen Schriften des koptischen Papyrus Berolinensis 8502, Berlin 1955) = Nag Hammadi III 31, 19ff. = II 24, 24f. = IV 38, 10f. (M. Krause - P. Labib, Die drei Versionen des Apokryphons des Johannes im Koptischen Museum zu Alt-Kairo, Wiesbaden 1962).

10 Vgl. Iren., adv. haer. I 31, 1; Orig., c. Cels. III 13.

11 Vgl. z.B. Seth-el in den manichäischen Kephalaia 12, 10; 42, 25ff., in den manichäischen Homilien 61, 23 und im manichäischen Psalm-Book 142, 4; 144, 1. 4. 7; 146, 13; 179, 23.

12 Vgl. J. Bidez - F. Cumont, Les mages hellénisés (Paris 1938) I 46.

13 NH V 69, 17ff.

14 NH V 75, 17ff.

ihrer Kinder hin über sie bringen will. Die Gnostiker identifi-
zieren sich mit den Kindern Seths. Im Ägypterevangelium von
Nag Hammadi befinden sich die Kinder Seths ebenfalls auf der
Wanderschaft. Sie sind das Abbild einer im Himmel existenten
Größe, der drei Jünglinge, die als himmlische Projektion der
Jünglinge im feurigen Ofen angesehen werden können, zumal
zu ihnen sich wie bei Daniel als vierter der Vater gesellt[15].
War die Adamapokalypse ein nichtchristliches, ja vorchristliches
Werk, so hat das Ägypterevangelium die ganze christliche Heilsgeschichte samt der Sakramentsfrömmigkeit in eine Seththeolo-
gie eingebaut, die Jesus als den wiedergekommenen Seth zeigt[16].
Auch auf ihrer Wanderung durch die Welt muß den Kindern
des Seth gegen den Teufel und die Bedrängnisse, in die er sie
bringt[17], geholfen werden. Auch hier hören wir von Sintflut
und Feuer, Krankheit und Seuche. Bei Augustin heißt es in gleicher Weise[18]: "Aber es ist doch eben keiner von denen, die
in der heiligen Schrift als Abkömmlinge Seths namhaft gemacht
werden, durch die Sintflut ums Leben gekommen".

Für die beiden gnostischen Texte besonders charakteristisch
ist die metaphysische Begründung des Gegensatzes und des
Sinnes der Kinder des Seth. In der Adamapokalypse wird aus
Adams Mund die Begründung für das Wirken Seths gegeben,
aber in ganz anderer Form, als das Ägypterevangelium es sieht.
In der Adamapokalypse wird gleich am Anfang der Sturz Adams
und seine Konsequenzen behandelt[19]. Im Ägypterevangelium wird
von einem ähnlichen Ereignis gesprochen; darum ist von μετά-

---

15 Vgl. NH III 54. 7ff. = IV 65. 26ff. (A. Böhlig - F. Wisse - P. Labib,
Nag Hammadi Codices III,2 and IV,2: The Gospel of the Egyptians [Leiden 1975]).

16 NH III 63, 4 - 64. 9 = IV 74. 17 - 75. 24.

17 NH III 61, 1ff. = IV 72. 10ff.

18 De civ. dei XV 24.

19 NH V 64, 20ff.

νοια die Rede. Die μετάνοια ist notwendig geworden, nachdem der Herrscher dieser Welt, obwohl von oben her geschaffen,
sich in seiner Hybris gegen Gott gewandt hat und das Geschöpf
geschaffen worden war. Mit der Sendung der μετάνοια handelt
Gott an dem Geschlecht, an dem er Wohlgefallen gewonnen
hat[20]. In beiden Texten ist also nicht von physischer Ausläute-
rung, sondern von einem soteriologischen Ereignis die Rede, das
unbedingt von der Kraft aus der Höhe abhängig ist. Es handelt
sich auch nicht darum, daß die niedrigere Schöpfung die höhere
gefangenhält. Gewiß versucht sie, ihr zu schaden. Der Mensch
hatte ja im Paradies als eine mannweibliche Einheit gelebt, zumindest was sein Bewußtsein anlangte. Wie bei Augustin hatte
er hier geistig und leiblich gelebt[21]. So wie bei ihm aber der
hochmütige und neidische Engel die Menschen durch die Schlange verführen läßt[22], so trennt in der Adamapokalypse der niedere Gott Adam und Eva[23]. Als Gegensatz zu Augustin muß
allerdings die hohe Qualität der Eva herausgehoben werden. Bei
Augustin dagegen findet sich die dem Manichäismus und weiten
Kreisen des östlichen Christentums so eigentümliche Herabset-
zung der Frau[24], während in der Adamapokalypse von der besonderen δόξα Adams und Evas die Rede ist und der Belehrung,
die Adam durch Eva zuteil wird. Doch diese δόξα   ist der
Zustand des Paradieses, nicht die physische Natur Adams. Was
er und Eva verlieren, ist die γνῶσις [25]. Doch nicht in einem

---

20   NH III 59, 9ff. (in Codex IV zerstört).

21   De civ. dei XIV 10.

22   De civ. dei XIV 11.

23   NH V 64, 22f.

24   De civ. dei XIV 11 "indem er bei dem minderen Teil des Menschenpaa-
res den Anfang machte". Vgl. aber bereits Platon; s. A. Böhlig, Einheit und Zweiheit als metaphysische Voraussetzung für das Enkratieverständnis in der Gnosis,
o. S. 39 f.

25   NH V 64, 24ff.

langwierigen Prozeß wird deren Rettung vollzogen, sie wendet sich "hinein in den Samen großer Äonen"[26] zum besonders erwählten Sethgeschlecht. Dieser Seth besitzt eine metaphysische vorzeitliche Existenz; nach diesem vorzeitlichen Seth und seinem Samen benennt Adam seinen irdischen Sohn[27]. Auch im Ägypterevangelium wird das Sethgeschlecht metaphysisch abgeleitet. Seine Wohnung ist im Himmel auf dem Leuchter Davithe, während Seth selbst auf dem Leuchter Orojaël wohnt[28]. So zieht sich – wie bei Augustin[29] – ein Gegensatz durch das ganze Dasein im Himmel und auf Erden. Zwei Geschlechter konkurrieren von nun an auch im Kosmos miteinander, die Sethkinder und die übrigen Kinder Adams. Seth übertrifft Adam schon in der Adamapokalypse; aber erst recht wird er und sein Geschlecht im Ägypterevangelium auf eine himmlische Herkunft durch reichliche mythologische Darstellung zurückgeführt. Die Bitte, die der Logos und das Pleroma der vier Leuchter an das Pantheon richten, geht darauf aus, daß die Bezeichnung "Same des großen Seth" für den "Samen des Vaters" gebraucht werden soll[30]. Damit wird wahrscheinlich die Herkunft aus dem lichten Vater, also dem unsichtbaren Geist, ausgesprochen. Gewiß ist Seth als Vater bei seinen Söhnen in der Welt[31], doch scheint die Identifizierung "Same des Vaters" und "Same des großen Seth" der letzteren Bezeichnung einen höheren Sinn beilegen zu sol-

---

26 NH V 65, 4f.

27 NH V 65, 3ff.

28 NH III 65, 12ff. = IV 77, 7ff. Vgl. auch Apocr Joh in BG 34, 19ff. = NH III 12, 24ff. = II 8, 28ff.

29 Vgl. besonders De civ. dei XII.

30 NH III 54, 9ff. = IV 65, 28ff.

31 Das Vorbild dafür ist die Verbindung der drei Jünglinge mit Christus; Ev. Aeg. NH III 54, 11 – 55, 2 = IV 65, 31 – 66, 14. Die Vierzahl beim Sethgeschlecht wird im Ägypterevangelium dadurch erzeugt, daß man es in drei Gruppen entstehen läßt und schließlich Seth als Erlöser in der Gestalt Jesu zu ihm hinabsteigt.

len. In Seth und seinem Samen gewinnt der höchste Vater, der
unsichtbare Geist, Gestalt. Daß er sich dem Sethgeschlecht
zuwendet und es zu seinem Geschlecht macht, scheidet die Wege
der Geister. Darum ist es kein Wunder, wenn von Gott das
Heil kommt und nur einem gewissen Kreis der Menschen und
Geister zuteil wird. Der Parallelismus der Gedanken bei Augustin und den Verfassern der gnostischen Sethschriften läßt sich
so m.E. nicht leugnen.

ZUR VORSTELLUNG VOM LICHTKREUZ
IN GNOSTIZISMUS UND MANICHÄISMUS

Der Jubilar hat in seinem klassischen Werk über den Gnostizismus die mythologische und die philosophische Gnosis gesondert
behandelt. Er sieht in ihr die Ausprägung eines neuen Seinsge-
fühls. Im folgenden soll an einem Beispiel dargelegt werden, wie
diese neue Daseinshaltung zum Ausdruck ihres religiösen Fühlens
und Denkens sich zugleich des Mythos, der griechischen Tradition
und der christlichen Botschaft bedient.

I.

Das Wort vom Kreuz war nicht nur den Griechen eine Tor--
heit und den Juden ein Ärgernis[1]. Auch in der Gemeinde Jesu
Christi hat es von Anfang an durchaus nicht die Anerkennung
gefunden, die der evangelische Christ ihm heute zollt. Das kann
schon für die Gemeinde von Korinth gegolten haben. Auf jeden
Fall hat die Urgemeinde in Jerusalem nicht vom Kreuz, sondern
von der Auferstehung her ihre neue Konsolidierung erfahren.
Glorifizierungstheologie und Leidenstheologie stehen sich schon
in früher Zeit gegenüber. Das Hängen am Erfolg, das dem Men-

Erstveröffentlichung in: Gnosis. Festschr. f. H. Jonas (Göttingen 1978), S.
473 - 491.

1 1 Cor 1, 23.

schen innewohnt, führt ständig zu dem Versuch, das Leiden zu
verbrämen und, wie Origenes, in eine Siegestat umzudeuten[2]
oder zumindest Jesus durch doketische Vorstellungen, wie bei
Basilides[3], vom irdischen Leiden zu befreien. Doch selbst die
Gnostiker sind in dieser Frage geteilter Meinung, wie die neu-
gefundenen koptischen Schriften zeigen[4]. Die Existenz eines Kreu-
zes wird eigentlich überall anerkannt. Aber in Frage steht, was
für ein Kreuz das ist. Ist es wirklich das Kreuz von Golgatha?
Genügt vielleicht eine neue Interpretation? Oder gibt es nicht
sogar zwei Kreuze, das eine auf Golgatha, das andere im Kosmos?
Das Vorkommen gerade eines kosmischen Kreuzes in gnostischen
Texten weist auf eine besondere Eigenart des Gnostizismus hin.
Das Kreuz von Golgatha gehört in ein Erlöserbild, das Jesus in
Palästina lehren, leiden und auferstehen läßt. Dieser Lebensgang
ist das von Gott in die Geschichte eingefügte Heilsgeschehen.
Für den Gnostiker ist eine solche Schau zu eng. Er benötigt
ein Jesus- bzw. ein Christusbild, das in den Kosmos, ja darüber
hinaus in das All gezeichnet ist. Ohne Kosmologie gibt es für
den Gnostiker keine Soteriologie. Um aber ein Bild des Weltalls aufbauen zu können, bedurften die gnostischen Theologen
eines Instrumentariums. Das bot ihnen, die ja als Theosophen
bzw. Anthroposophen angesehen werden können, einerseits die
griechische Philosophie, andererseits das Reservoir griechischer
und vorderorientalischer Mythologie.

Auch für den Gedanken von einem "Kreuz des Lichtes" stellt
sich also die Frage, welche Denkformen und welche Tendenzen

---

2 Orig., Joh I 107. 124. - Die patristischen Texte werden im folgenden,
soweit möglich, mit den Sigeln von G.W.H. Lampe, A patristic greek lexicon
(Oxford 1961) abgekürzt.

3 Iren., haer. I 24, 4.

4 Man vergleiche die positive Einstellung im Evangelium der Wahrheit (Nag
Hammadi I,3) gegenüber der negativen in der Schrift NH VII,2.

die Vorstellungen davon entwickelt haben. Daß es sich bei dem Lichtkreuz um ein gnostisches Denkelement handelt. ist von der Quellenlage her eindeutig. Wir finden es z.B. in den Berichten bei Irenäus. bei Hippolyt. in den Excerpta ex Theodoto. bei Tertullian, in dem auch von den Manichäern gebrauchten Corpus apokrypher Apostelgeschichten sowie in den koptisch-manichäischen Originalquellen und in dem "Unbekannten altgnostischen Werk" des Codex Brucianus. nur angedeutet in den Schriften aus Nag Hammadi[5]. Die weitere Frage ist die. wieweit das Lichtkreuz eine leidende Größe darstellt und ob man in ihm schließlich die Vorform des Jesus patibilis im nordafrikanischen Manichäismus sehen kann.

II.

Irenäus, Hippolyt, Tertullian und die Excerpta ex Theodoto geben eine Lehre der Valentinianer wieder, in der eine mythologische Gestaltung philosophischer Vorstellungen vorliegt[6]. Dabei ist Christus eingeführt worden. aber im Zusammenhang mit dem Lichtkreuz nicht als der leidende Erlöser.

Die bei Irenäus mit $\sigma\tau\alpha\nu\rho\delta\varsigma$ [7] bezeichnete Größe braucht nicht unbedingt die Vorstellung vom Kreuz in unserem Sinne einzuschließen. Dafür spricht die Variante $\sigma\tau\nu\lambda\omicron\nu$ [8]. die an dieser Stelle durchaus als lectio difficilior bewertet werden könnte.

---

5 Iren., haer. I 1ff; Hippol., haer. VI 29ff.; Clem. Alex., Exc. Theod. 22, 4; 42, 1; Tertull., adv. Val., ed. Kroymann (CSEL 47), S. 177 - 212; Unbek. altgnost. Werk, übers. v. C. Schmidt - W.C. Till in: Koptisch-gnostische Schriften I (3. Aufl. Berlin 1962), Index, s. v. In NH XI,2 begegnet nur $\delta\rho\omicron\varsigma$.

6 Auf eine Analyse der valentinianischen Berichte und des Verhältnisses der valentinianischen Gruppen zueinander kann an dieser Stelle verzichtet werden.

7 Iren., haer. I 2, 4; 3, 1.

8 Iren., haer. I 3, 1.

Irenäus bietet für diese Größe eine Mehrzahl von Namen: der
gebräuchlichste ist ὅρος , der auch σταυρός heißt, und daneben die Namen λυτρωτής, καρπιστής, ὁροθέτης   und
μεταγωγεύς   führt. Diese Bezeichnungen weisen auch auf die
erlösende Funktion der Figur hin. Bei λυτρωτής liegt dies bereits in der Wortbedeutung. Καρπιστής kann man verschieden
interpretieren, je nachdem, von welchem Verbum es abgeleitet
wird: "Befreier" oder "Einsammler"[9]. Bei der letzteren Bedeutung
kann ein doppelter Sinn vorliegen: einer, der die Ernte einsam-
melt, und einer, der die Ernte sichtet. Auf letzteres weist Irenäus, adv. haer. I 3, 5, hin. ὁροθέτης ist einer, der eine Grenze
setzt; der Ausdruck kann als eine Nuance von ὅρος angesehen
werden. Der μεταγωγεύς wiederum hat die Aufgabe, Elemente
ins Pleroma zu überführen[10]. Die Namen werden durchsichtig von
dem Mythos her, in dessen Zusammenhang sie stehen. ὅρος und
σταυρός sind sich in ihrer Grundbedeutung recht nahe; ὅρος
ist der Grenzpfahl; auch σταυρός ist ein Pfahl, der sogar im
Sinne von "Palisade" gebraucht werden kann[11]. Wenn F.-M.-M.
Sagnard diese Bedeutungen von σταυρός für die Erklärung ganz
ausscheiden möchte[12], so ist dies eine Überbetonung christlicher,
wenn auch ihres Sinnes entleerter Vorstellungen. Gewiß gehört
der Valentinianismus zum christlichen Gnostizismus. Die Einbeziehung des Kreuzes Christi ist aus Zitaten ersichtlich. Doch gerade die Doppeldeutigkeit des Wortsinnes ist m.E. für Gnostiker,
die umdeuten, ein sehr geeignetes Ausdrucksmittel[13]. Im vor-

9   Vgl. H.G. Liddell - R. Scott - H.St. Jones - R. McKenzie, A greek-
english lexicon, s. v.

10   Hippol., haer. VI 31, wird er als μετοχεύς benannt, weil er am Mangel teilhat (liegt das daran, weil ein ὅρος nach zwei Seiten blickt?). σταυρός
dagegen, weil er unbewegt und ohne Wanken feststeht.

11   Philo, agr. 14.

12   F.-M.-M. Sagnard, La gnose Valentinienne et le témoignage de Saint-
Irénée (Paris 1947), S. 247.

13   Vgl. καρπιστής.

liegenden Zusammenhang könnte σταυρός den Charakter einer Lichtsäule haben, die dadurch Form gibt, daß sie das Licht zusammenfaßt und befestigt, zugleich aber auch Grenze ist[14], weil sie einerseits dem Licht im Pleroma die Form erhält, andererseits das Formlose aus dem Pleroma ausscheidet.

Weiter kommt man aber wohl, wenn man auf die Vorstellung Platons zurückgreift, der die Weltseele als X ansieht[15]. Die gleiche Form wie dieser griechische Buchstabe hat ja das Andreaskreuz. In früher Zeit hat bereits Justin in dieser Vorstellung Platons eine Vorahnung des Kreuzes Christi gesehen[16]. Die Gnosis hat mit der Verbindung philosophischer Spekulationen und der christlichen Heilswahrheit Ernst gemacht. Das Kreuz im Timaios [17] war das Ergebnis dessen, daß die gemischte Seelensubstanz durchgeschnitten und die Teile zu einem Kreuz in der Form des X gestaltet, diese Teile dann zu Kreisen umgebogen wurden, die in ein bestimmtes Verhältnis zueinander gesetzt wurden. So erklärte Platon die Tatsache, daß der Himmelsäquator und die Ekliptik in einem kreuzartigen Verhältnis zueinander stehen. Die Seele umgibt damit nicht nur den Kosmos (κατὰ πλευράν), sie bildet - das Räumliche ins Geometrische übersetzt - auch eine Diagonale (κατὰ διάμετρον) [18]. In die Auffassung der Gnostiker übertragen bedeutet dies, daß dem Kosmos bei Platon nun das Pleroma entspricht. Dieses Pleroma ist umgeben vom ὅρος , der Grenze, die die Einheit des Pleromas dadurch erhält, daß sie es von allem Andersartigen abtrennt, es einerseits vom

---

14 Iren., haer. I 3. 5. Vgl. ὅρος in NH XI. 25. 22ff.; 26. 30ff.

15 Vgl. den bahnbrechenden Artikel von W. Bousset, Platons Weltseele und das Kreuz Christi. ZNW 14 (1913) 273 - 285.

16 Ap. I 60.

17 Tim. 36 bc.

18 Vgl. die Interpretation der Weltseele nach dem Timaios in dem Werk von K. Gaiser, Platons ungeschriebene Lehre (2. Aufl. Stuttgart 1967), S. 41ff.

βυθός , der Tiefe, (der unerforschlichen Gottheit) scheidet, andererseits von der ungestalteten und formlosen ἐνθύμησις und dem, was mit ihr zusammenhängt. Könnte man im ὅρος als Verteidiger der Einheit des Pleromas im Valentinianismus eine Entsprechung des "äußeren" Kreises bei Platon sehen. der das ταὐτόν, das Selbige, verkörpert? Und der Kreis, der - geometrisch betrachtet - κατὰ διάμετρον verläuft, die Entsprechung von dem, was τὸ ἑκάτερον , das Verschiedene, ist, hätte dann bei den Valentinianern die Aufgabe, als σταυρός die Vielfalt des Pleromas als innere Einheit zusammenzuhalten. ὅρος - σταυρός wäre somit die kreuzförmige, abgegrenzte Weltseele, insoweit sie die Seele des Pleromas ist.

Damit die Sophia sich nicht in Sehnsucht nach dem unsichtbaren Vater auflöst, hält der ὅρος . der das Weltall begrenzt, sie zurück[19].Er hält sie an, befestigt sie, bekehrt sie und belehrt sie über den Vater, so daß sie zu einem vernünftigen Zustand zurückkehrt und ihre Begierde ablegt. In einer anderen Version des Sophia-Mythos gebiert sie ohne ihren Gatten[20], wird ebenfalls vom ὅρος zurückgehalten und befestigt; ihre Begierde (ἐνθύμησις) aber wird aus dem Pleroma ausgeschieden.

Die ἐνθύμησις der oberen Weisheit, die aus dem Pleroma ausgestoßen wird, ist die Achamoth[21]. Ihr Schicksal wird durch das Erbarmen des himmlischen Christus bestimmt. Dieser dehnt sich durch das Kreuz aus[22] und gibt der Achamoth auf diese Weise Form (κατ' οὐσίαν) . wenn auch nicht Gnosis (κατὰ γνῶσιν). Das medio-passive Verb ἐπεκτείνομαι hat die Bedeutung "sich ausstrecken". Der Parallelismus von διὰ τοῦ

---

19 Iren., haer. I 2, 2; 3, 1. 3.
20 Iren., haer. I 2, 3ff.
21 Iren., haer. I 4, 1ff.
22 Iren., haer. I 4, 1 διὰ τοῦ σταυροῦ ἐπεκταθέντα, I 7, 2 τοῦ ἐπεκταθέντος τῷ σταυρῷ, I 8, 2 ἐπεκταθείς.

σταυροῦ und τῷ σταυρῷ erweist, daß man nicht mit Sagnard
"à travers" oder "sur" übersetzen kann[23]; die Aussage ist instru-
mental aufzufassen. Mit Christus streckt sich der σταυρός, d.i.
die Lichtsubstanz des Pleromas, hin zur Achamoth und zieht sich
bei seiner Rückkehr mit ihm wieder zurück. Diese Ausdehnung
des σταυρός bildet in noch plastischerer Form ein Kreuz, da
ja der Weg des Christus in Kreuzesform mit dem ὅρος erfolgt.
Die Valentinianer haben diesen Vorgang mit der Erweckung der
Tochter des Jaïrus in Verbindung gebracht; in ihr sahen sie einen
τύπος für die kosmische Tat Christi an Achamoth. Nach der
Rückkehr Christi ins Pleroma wird der Achamoth der Zutritt
dorthin verwehrt. Das Entscheidende aber ist, daß sie Gestalt
gewonnen hatte. Aus ihrer Sehnsucht entstand die Weltseele und
der Demiurg, bis schließlich nach der Vollendung der Gnostiker
auch die Achamoth ins Pleroma eingeht.

Die Stellen, an denen Christus mit dem Lichtkreuz verbunden
wird, dienen zur Darstellung der Erlösung. Wie einst die obere
Sophia in ihrer Gefährdung vom ὅρος gefestigt wurde, streckt
sich Christus durch das Kreuz zur Achamoth hinab. Von einem
Leiden kann dabei allerdings nicht die Rede sein. Das Leiden
ist im Valentinianismus auf seiten der Achamoth. Die Weltseele
als Produkt der Leidenschaft erinnert an eine Szene im manichäischen Mythos: Der Urmensch kehrt in die Lichtwelt zurück, die
Weltseele bleibt.

Der Mythos dürfte einen Gedanken griechischer Philosophie
gekoppelt mit christologischen Vorstellungen bieten. Das zentrale Thema ist ja die Gegenüberstellung von existenter Ordnung
und mangelhafter Unordnung. Dadurch daß das Kreuz, das zentral
das Licht zusammenhält, mit Christus in die Unordnung eindringt
und dort Form schafft, wird eine philosophische Interpretation

---

23 Gnose Valentinienne, S. 245ff.

der christlichen Kreuzestheologie bzw. eine christliche Interpretation philosophischer Gedankengänge gegeben. Man weiß zwar vom Leiden Christi am Kreuz, aber in diesem Mythos wird die Erlösung durch das Kreuz zu ganz anderen Vorstellungen verarbeitet.

Als Ergänzung zu den valentinianischen Spekulationen ist die Vorstellung des Unbekannten altgnostischen Werkes aus dem Codex Brucianus von Interesse. Hier wird bei der Schilderung[24] des zweiten Ortes. dem die Namen Demiurg, Vater, Logos, Nus, Quelle, Mensch, Ewiger und Unendlicher beigelegt werden und der auch als Säule dargestellt wird, diese Größe als ein Mensch beschrieben. Dabei wird die Ausbreitung der Hände durch diesen Urmenschen als die Offenbarung des Kreuzes bezeichnet, die wiederum die Neunheit zur Rechten und zur Linken bedeutet. Wenn es dann heißt: "Der Sproß des Kreuzes ist der unfaßbare Mensch", so entsteht die Frage, ob damit ein weiterer Mensch gemeint ist. Das ist möglich, wenn man die verschiedenen Erlösergestalten im Valentinianismus vergleicht. Weiter wird dann gesagt, daß im All aus den Lichtwelten das Kreuz emporsprießt und der Mensch. In einem anderen Zusammenhang[25] schenkt die himmlische Mutter dem Autopator-Vater Kraft. damit er "sie denen. die gekämpft haben. verleihe". Ihre Flucht aus der Materie hinauf zum Autopator wird aus der Predigt Jesu begründet: "Wer Vater und Mutter. Bruder und Schwester. Weib und Kind und Güter verlassen und sein Kreuz tragen und mir nachfolgen wird. der wird die Versprechungen empfangen. die ich ihm verheißen habe, und ich werde ihnen das Mysterium meines verborgenen Vaters geben, weil sie das Ihrige geliebt haben und vor dem, der sie gewaltsam verfolgt, geflohen sind". Hier wird

---

24 C. Schmidt - W.C. Till, Koptisch-gnostische Schriften I, S. 335ff.
25 A.a.O. 356, 23ff.

Mt 19,29parr und Mt 10,38par kombiniert und gnostisch gedeutet.
Die Handlung erinnert an die Rückkehr der pneumatischen Elemente[26], die der Soter bei den Valentinianern heimholt. In beiden Fällen handelt es sich ja um Elemente. die ihrem Wesen
nach erlöst werden können. Die erlösende Tätigkeit des σταυρός
wird auch mit Mt 10,38 par belegt[27]. Man kann also eine Tradition erkennen, sowohl in der Spekulation wie in der biblischen
Begründung.

III.

Sowohl in großkirchlichen als auch in gnostischen Kreisen
las man schon in der Frühzeit gern apokryphe Apostelgeschichten. Man kann ihre Entstehung nicht einer der beiden Gruppen
alternativ zuweisen, dazu sind ihre Tendenzen zu vielgestaltig
und der Übergang zwischen Kirche und Gnosis noch zu schwebend.
Doch ist uns von gewissen Apostelakten bekannt, daß sie sich
auch der Manichäismus zu eigen gemacht hat, worauf schon K.
Schäferdiek hingewiesen hat[28]. P. Nagel hat ihren direkten Einfluß auf die ΨΛΛΜΟΙ CΛΡΛΚШΤШΝ aufgezeigt[29]. Er sieht in
dem Titel "Psalmen der Pilgrime" die Einwirkung des Terminus
περίοδος . Das Buch der περίοδοι der Apostel enthält
die Akten des Petrus. Johannes, Andreas, Thomas und Paulus.

---

26 Iren., haer. I 6, 1.

27 Vgl. Iren., haer. I 3, 5; Clem. Alex., exc. Theod. 42, 3.

28 K. Schäferdiek, in: E. Hennecke - W. Schneemelcher. Neutestamentliche Apokryphen II (3. Aufl. Tübingen 1964). S. 117ff. Neue Ausgabe v. E. Junod
- J.D. Kaestli, in: Corpus Christianorum, series apocryphorum 1, 2 (Turnhout
1983): 1. Einleitung. Text. Übersetzung. 2. Andere Texte. Kommentare. Indices.

29 P. Nagel. Die Psalmoi Sarakoton des manichäischen Psalmbuches. OLZ
62 (1967) 123 - 130. Vgl. auch P. Nagel. Die apokryphen Apostelakten des 2.
und 3. Jahrhunderts in der manichäischen Literatur. in: Gnosis und Neues Testament, hrsg. v. K.-W. Tröger (Berlin 1973). S. 149 - 182.

Speziell in den Johannesakten findet sich ein längerer Abschnitt, der vom Lichtkreuz handelt[30]. Er gehört zu dem Teil,
in dem Johannes von seinen Erlebnissen mit Jesus berichtet.
Nachdem dieser, einen Hymnus singend, mit seinen Jüngern
getanzt hatte, ging er von ihnen fort und wurde am Karfreitag
ans Kreuz geschlagen, wie die Menge und die Jünger meinten.
Der hier erwähnte Reigen entspricht der Reihenfolge der Ereignisse nach im Vergleich zum Johannesevangelium dem hohen-
priesterlichen Gebet, hat aber einen vollkommen anderen Inhalt.
Vom Johannesevangelium weicht auch ab, daß Johannes, der ja
wohl Joh 19, 26f. gemeint ist, nicht unter dem Kreuz steht.
Er wird auf andere Weise herausgehoben. Denn bei ihm, der
zum Ölberg geflohen ist, taucht Jesus auf, um gerade ihn davon
zu unterrichten, daß er nicht am Kreuz hängt. Hier liegt also
eine doketische Auffassung vor, wie bei Basilides und in NH
VII,2. Doch der Herr begnügt sich nicht mit dieser Aussage,
sondern entwickelt eine andere Kreuzestheologie, die vom Lichtkreuz. Es ist nicht verwunderlich, daß gerade dieser häretische
Abschnitt so dürftig überliefert ist. Dieser Umstand hat auch
viele Textfehler verschuldet, so daß die einzelnen Bearbeiter
mannigfaltige Konjekturen vorgeschlagen haben. Im Zusammenhang mit einer Interpretation der Theologie vom Lichtkreuz
soll hier eine neue Übersetzung des Abschnittes gewagt werden[31].

"Und als er das gesagt hatte, zeigte er mir ein Lichtkreuz,
das feste Form angenommen hatte, und um das Kreuz eine
große Menge, die keine einheitliche Gestalt hatte. Aber es besaß
eine einheitliche Form und ein gleiches[32] Aussehen. Den Herrn

---

30 Act Joh (ed. Bonnet, Acta apostolorum apocrypha II 1), Kap. 98 (13)
- 101 (15); Hennecke - Schneemelcher, a.a.O. 157 - 159.

31 Kap. 98 - 101. Im Gegensatz zu anderen Übersetzern versuche ich, möglichst nahe am überlieferten Text zu bleiben.

32 Im Sinne von "einheitlich". S. u. S. 150 f.

selber bemerkte ich oben am Kreuz. Doch hatte er keine Gestalt.
sondern nur eine Stimme, nicht eine Stimme, wie wir sie ge-
wohnt sind, sondern angenehm, gütig und wahrhaft göttlich.
'Die sprach zu mir; 'Johannes! Einer muß es von mir hören.
Denn einen brauche ich, der es hören soll. Dieses Kreuz des
Lichtes wird bald Logos, bald Nus, bald Jesus, bald Christus,
bald Tür, bald Weg, bald Brot, bald Same, bald Auferstehung,
bald Sohn, bald Vater, bald Pneuma, bald Leben, bald Wahrheit,
bald Glaube, bald Gnade von mir um euretwillen genannt. Das
gilt gegenüber Menschen. Was es aber wirklich ist, das bei sich
selbst[33] Gedachte und uns Verkündete ist die Begrenzung von allem. Und sie stellt das (Kreuz), das Gestalt gewonnen hat, aus
ungefestigtem (Material) her mit Gewalt und mit Harmonie der
Weisheit. Die Weisheit aber, die sich in Harmonie befindet, besteht aus der Harmonie zwischen den Rechten und den Linken,
den Kräften, Mächten, Herrschaften und Dämonen, den Wirkungen,
Drohungen, Leidenschaften, Teufeln, dem Satan und der unteren
Wurzel, aus der die Natur des Werdenden hervorkommt.

Dieses Kreuz nun, welches dem All durch den Logos seine feste Gestalt gibt, und das, was aus dem Werden und von unten her
stammt, abtrennt, es aber danach am All befestigt, dieses Kreuz
ist nicht das hölzerne, das du sehen wirst, wenn du von hier hin-
abgehst. Und nicht, der am Kreuz (hängt), bin ich, den du jetzt
nicht siehst, sondern dessen Stimme du nur hörst. Was ich nicht
bin, dafür wurde ich gehalten, nicht weil ich bin, was ich vielen
anderen war, sondern weil sie mich niedrig und nicht meiner
würdig bezeichnen werden. Wie der Ort der Ruhe weder gesehen
noch genannt wird, um wieviel mehr werde ich, der Herr von
ihm, auch nicht gesehen werden.

---

33 Eine Änderung in Reflexivum ist nicht nötig, da $\alpha\dot{\upsilon}\tau\acute{o}\varsigma$ zu dieser Zeit
bereits in diesem Sinne gebraucht wird.

Die um das Kreuz herum befindliche eintönige Masse ist die untere Natur. Und die du beim Kreuz siehst, falls sie keine einheitliche Gestalt haben, so (siehst du an ihnen), daß noch nicht die Gesamtheit dessen, was herabgekommen ist, wieder aufgenommen ist. Wenn aber die Natur und das Geschlecht der Menschen aufgenommen wird, weil es mir naht und meiner Stimme gehorcht, dann wirst du das werden, was du jetzt (nur) hörst, und nicht mehr wird sein, was jetzt ist, sondern für sie (gilt zu werden), wie jetzt ich bin. Denn solange du dich noch nicht mein eigen nennst, bin ich nicht das, was ich bin. Wenn du mich aber hörst, so wirst du durch das Hören wie ich sein; ich aber werde sein, was ich war, wenn ich dich bei mir habe. Denn daher stammst du. Die vielen, ganz abgesehen von denen, die außerhalb des Mysteriums stehen, verachte! Erkenne nämlich, daß ich ganz beim Vater bin und der Vater bei mir ist.

Nichts von dem, was man von mir sagen wird, habe ich erlitten. Sondern das Leid, das ich dir und den übrigen im Tanz zeigte, will ich, daß Mysterion genannt wird. Was du nämlich siehst, das habe ich dir gezeigt. Was ich aber bin, das weiß nur ich allein, kein anderer. Meine Sache ist es, mich zu haben[34], deine Sache aber, durch mich zu sehen, mich aber wirklich (ὄντως) zu sehen, - ich sagte nicht: zu sein, sondern, was du jetzt (bist), zu erkennen, weil du verwandt bist. Du hörst, daß ich litt, ich litt aber nicht; daß ich nicht litt, ich litt aber doch; daß ich durchbohrt wurde, ich wurde aber nicht geschlagen; daß ich gehängt wurde, ich wurde aber nicht gehängt; daß aus mir Blut floß, es floß aber nicht von mir; kurzum, daß mir, was jene von mir sagen, nicht auferlegt wurde, was sie aber nicht sagen, ich erlitten habe. Was aber (wirklich) ist, das ver-

---

34 ἑαιμε kann einfach eine Verballhornung für ἐμέ sein, wenn etwa das αι als Schreibung für ε hinzugefügt worden ist (Dittographie).

künde ich dir in Rätselworten. Denn ich weiß, daß du es verstehen wirst. Verstehe mich also als Festnahme des Logos, Durchbohrung des Logos, Blut des Logos, Verwundung des Logos, Aufhängung des Logos, Leiden des Logos, Anheftung des Logos, Tod des Logos. Und wenn ich so differenziere, meine ich den Menschen. Zuerst erkenne den Logos, dann wirst du den Herrn erkennen, an dritter Stelle aber den Menschen und, was er erduldet hat'".

Jesus stellt hier sich und sein Kreuz dem Johannes gegenüber in kosmischen Maßstäben dar. Wenn das Kreuz von einer Menge umgeben ist, so denkt der Verfasser hier an den Gegensatz von gestaltloser Materie und sich Form gebenden Lichtteilen. Davon spricht auch Andreas[35], wenn er das Kreuz anredet und sagt: "Ich kenne dein Geheimnis, um dessentwillen du auch errichtet bist. Du bist nämlich im Kosmos aufgerichtet, um das Unstete zu befestigen. Und ein Teil von dir erstreckt sich bis zum Himmel, damit du so den himmlischen Logos, das Haupt aller Dinge, anzeigest. Ein anderer Teil von dir wurde zur Rechten und zur Linken ausgebreitet, damit du die furchtbare feindliche Macht in die Flucht jagest und den Kosmos zusammenbringest. Ein anderer Teil von dir ist in der Erde befestigt, in der Tiefe gegründet, damit du, was in der Erde und unter der Erde sich befindet, mit dem, was im Himmel ist, verknüpfest ... Wohl dir, o Kreuz, daß du die Welt in ihrem Umfang gebunden hast. Wohl dir, Gestalt voller Einsicht, die du deine Gestaltlosigkeit gestaltet hast ..." In den Worten des Andreas wird die Wirksamkeit des Kreuzes ausführlich dargestellt. Sie erinnern an den Erfolg, der im Manichäismus den Lichtelementen zugeschrieben wird, weil sie nicht nur leiden, sondern dabei die Kräfte der Finster-

---

35 Hennecke - Schneemelcher, a.a.O. 292f., nach der Übersetzung von M. Hornschuh.

nis ohnmächtig machen[36].

Das kosmische Kreuz der Andreasakten hat das Kreuz Jesu Christi mit sich dadurch identifiziert, daß es "den Herrn angezogen hat". Das Kreuz des Märtyrertodes ist dasselbe wie das kosmische Kreuz. Demgegenüber wird in den Johannesakten das Kreuz auf Golgatha vom Lichtkreuz getrennt. Während sich auf Golgatha die Menge um das Kreuz dessen schart, den sie für den gekreuzigten Jesus hält, offenbart Jesus seinem Lieblingsjünger Johannes das Lichtkreuz. Von diesem Kreuze aus, an dem er sich befindet, spricht er zu ihm. Sein σχῆμα ist nicht zu erkennen. Wenn Johannes sagt: "Ich sah Jesus am Kreuz", so ist hier ὁρᾶν nicht im Sinne von "sehen" in der Form der körperlichen Wahrnehmung mit den Augen zu verstehen. Bereits die griechische Literatur kennt den Übergang vom sinnlichen zum geistigen Sehen. Noch stärker ist ein solcher Übergang in der Sprache der Septuaginta zu erkennen, wo "sehen" zur Terminologie des Offenbarungsgeschehens gehört[37]. An unserer Stelle hat "sehen" die Bedeutung von "innewerden, bemerken"[38]. Gerade der göttliche Charakter des gnostischen Jesus läßt für den noch nicht vergotteten Gläubigen die Schau mit den Augen noch nicht zu, sondern nur das Hören. Um so deutlicher tritt die besondere Eigenart der Stimme Jesu hervor. Sie ist ἡδεῖα, χρηστή, ja ἀληθῶς θεοῦ. Jesus selbst wird mit dem Kreuz identifiziert. Infolgedessen werden alle auf Jesus angewendeten Prädikate auf das Kreuz übertragen. Fast alle begegnen im Johannesevangelium als Selbstbezeichnung Jesu: θύρα Joh 10, 7. 9, ὁδός 14, 6, ἄρτος 6, 35. 41. 51; σπόρος entspricht κόκκος τοῦ σίτου 12, 24; ἀνάστασις begegnet 11, 25. ζωή 11, 25; 14, 6, ἀλήθεια 14, 6;

---

36 Vgl. Thomaspsalm 1, in: A Manichaean Psalm-Book, ed. C.R.C. Allberry (Stuttgart 1938). S. 203ff.

37 Vgl. W. Michaelis in ThWB V 325f.

38 ThWB V 315ff.

durch Jesus Christus als λόγος wird χάρις gebracht 1. 14ff.;
als υἱός (1, 34) ist er zugleich πατήρ, da er mit ihm eins ist
(10, 30) und gewissermaßen austauschbar (14, 7. 9. 10. 11);
πνεῦμα ist er im Parakleten 14. 17. πίστις kommt zwar selbst
nicht vor, aber πιστεύειν passim. Nur νοῦς ist im Johannesevangelium nicht vorhanden. Daß dieser neben λόγος genannt ist,
weist auf die philosophische Nuance des Textes hin. Alle diese
angeführten Bezeichnungen sind Benennungen, wie sie als bild-
hafte, konkrete Ausdrücke den Menschen gegenüber gebraucht
werden[39]. Man muß aber erkennen, was wirklich hinter ihnen
steht. Es ist ein Unterschied zwischen dem, was sichtbar und
hörbar ist, und dem, was das Kreuz des Lichtes wirklich ist. Weil
das Lichtkreuz aber nicht ein Gegenstand, sondern etwas Leben-
diges ist, das zur Lichtwelt gehört, ist es eine intelligible Größe,
die sich selbst versteht, auf der einen Seite und eine, die uns
zur Kenntnis gebracht wird, auf der anderen Seite. Seine besondere Eigenschaft ist die des διορίζειν, so daß es διορισμός ist. Daher die Identifizierung von ὄρος und σταυρός,
wie sie von den Valentinianern berichtet wird. Wenn bereits W.
Bousset die Vorstellung von der Weltseele bei Platon mit der vom
Lichtkreuz in den apokryphen Apostelakten verbindet[40], ist er
sicher im Recht. Die ausführliche Behandlung der Weltseele bei
K. Gaiser[41] macht das in neuerer Zeit noch deutlicher. Seine
Interpretation des Mythos im Timaios hilft m.E. auch zu einem
besseren Verständnis der verderbten Stellen, die auf die Bezeichnungen des Lichtkreuzes den Menschen gegenüber folgen[42]. Bei

39 Act Joh. ed. Bonnet, ist S. 200, Z. 10 ται als καλεῖται zu lesen (so
W. Bousset, Platons Weltseele 279).

40 Vgl. o. Anm. 15.

41 Vgl. o. Anm. 18.

42 Act Joh S. 200, Z. 11ff

Platon stehen sich gegenüber teilbar und unteilbar, Selbiges
(ταὐτόν) und Anderes (τὸ ἑϰάτερον). Aus ihnen entsteht
durch Mischung ein Drittes. Alle drei aber vermischt der Demiurg εἰς μίαν ἰδέαν . Das geschieht mit Gewalt (συναρμόττων βία). Wenn das Lichtkreuz, das der Weltseele entspricht, also als διορισμός bezeichnet wird, so werden hier die platonischen Gedanken zu dualistischen Vorstellungen umgebildet, wie
sie im Gnostizismus speziell durch den Gegensatz von Licht und
Hyle gegeben waren. Das Lichtkreuz hebt sich von der Materie
ab. Der platonische Gegensatz von Einheit und Vielheit wird im
Gnostizismus zur Qualifikation. Aus der Vielheit zur Einheit
kommen ist der Weg, zu dem der διορισμός führt. Diese Zusammenfügung eines festen Kreuzes aus unstetem Material geht
nicht ohne Gewalt vor sich, so wie das auch bei der Erschaffung
der platonischen Weltseele der Fall ist. Zugleich ist durch die
ἁρμονία   der σοφία (bzw. σοφία ἐν ἁρμονίᾳ) der Zu-
sammenhalt der Welt überhaupt gegeben. Sie hält gute und
schlechte Weltbestandteile zusammen. Im ersten Satz von Kapitel
99 wird das Ergebnis dargestellt: Das Kreuz hält durch den Logos das All zusammen. Es differenziert zunächst, fügt in der
Folge aber auch das Gewordene und das Untere in das All ein.
Wie aber das Lichtkreuz ein anderes ist als das Kreuz auf Golgatha, so ist auch Jesus ein anderer als der, den man als den
am Kreuz Leidenden ansieht. Daß man sein σχῆμα nicht er-
blickt, ist verständlich. Er ist ja der Herr am Ort der Ruhe.
Wenn aber der Ort der Ruhe nicht gesehen noch beschrieben
werden kann, dann erst recht nicht sein Herr.

Im Kapitel 100 wird nun der Zustand Jesu als Lichtkreuz
behandelt unter dem Gesichtspunkt des Verhältnisses von Jesus
und Johannes. Das Kreuz ist umgeben von einer Menge, die
keine einheitliche Form besitzt. Darum hat man ein μή   vor
μονοειδής   konjiziert. Doch ist es fraglich, ob hier μονο-

εἰδής wirklich den Charakter von μία μορφή besitzt oder ob es sich hier nicht um die Bedeutung "einfach" im allgemeinen Sinne handelt, ob nicht eine "eintönige, primitive" Masse gemeint ist. Dann erübrigt sich die Konjektur. Sehr merkwürdig wirkt es, wenn das Kreuz, das ja in Kapitel 98 als Besitzer der μία μορφή bezeichnet wird, nun diese Eigenschaft noch nicht hat. Vielleicht muß man unterscheiden zwischen dem Lichtkreuz als solchem und denen, die sich ihm ankristallisieren. Dennoch liegt das Problem tiefer. Weil Jesus mit dem Kreuz zu identifizieren ist, schließt er auch alle Lichtteile in sich ein. Das ist aber kein statischer Zustand, sondern eine dynamische Bewegung. Erst wenn Jesus alle Gläubigen in sich vereinigt hat, dann ist seine Natur so, wie sie war. Dann hat die Einsammlung ihr Ende erreicht, der Urzustand ist wiederhergestellt. Die Vereinigung der Elemente ist auch das Ziel im Manichäismus. Die Apostelgeschichten haben Mani und seiner Gemeinde schon solche Vorstellungen vermittelt, wie sie auch bereits im Gnostizismus des 2. Jahrhunderts vorhanden waren. Es kommt also auf die Vereinigung mit dem Lichtkreuz (= Jesus Christus) an, und dadurch auf die Vereinigung mit dem Vater, der mit diesem vereint ist.

Der Charakter des Leidens Jesu wird im Kapitel 101 angesprochen. Erneut wird dabei die Lehre der Kirche vom Kreuz auf Golgatha abgelehnt. Das "Innewerden" (ὁρᾶν) des wirklichen Leidens Jesu erfolgt mittels einer Offenbarung in einem Mysterium; dieses Mysterium ist der Tanz, der in den Kapitels 95 und 96 ausführlich beschrieben ist. In ihm ist vom Leiden in der Form einer complexio oppositorum die Rede. Die wahre Erkenntnis von Jesus kann nur dieser selbst haben. Weil er nur im Mysterium sich offenbart, gibt er diese seine Offenbarung δι' αἰνιγμάτων (im Text αἰνίττεσθαι); er gibt sie verhüllt, nicht unmittelbar. Aber die σύνεσις vermag sie zu deuten. Auch der Jesus im Lichtkreuz erduldet ein Leiden, das freilich

nicht das von Golgatha ist. Es leidet der Logos, der in diesem
Falle bei genauer Unterscheidung der Urmensch ist. (Oder handelt es sich einfach um den Menschen als leibliche Hülle?) Die
Aufforderung Jesu an Johannes geht dahin, drei Seinsformen des
Logos zu erkennen. Die erste ist die des Logos als göttlicher
Größe, die zweite die des Herrn in seiner aktiven Tätigkeit, die
dritte die des Urmenschen in seiner Vermischung mit der Welt,
die nicht nur Gestaltung mit sich bringt und insofern aktiv wirkt,
sondern durch die Einbindung in die Materie auch passiv ist.

Dieser passive Charakter ist eindeutig vorhanden in den Petrus-
akten, wo vor seiner Kreuzigung Petrus das Kreuz anredet und
dabei die Hörer auffordert, das verborgene Geheimnis des Kreuzes zu erkennen. Auch in der Rede des Petrus erhält, wie in
den Andreas- und Johannesakten, das Kreuz einen tieferen Sinn.
Petrus bittet dann die Henker, ihn mit dem Kopfe nach unten
zu kreuzigen. Warum diese Bitte erfolgt, begründet er folgendermaßen[43]: "Erkennet das Geheimnis der ganzen Schöpfung
und den Anfang aller Dinge, wie er war. Denn der erste Mensch,
dessen Art ich in (meiner) Gestalt trage, mit dem Kopf nach
unten gestürzt, zeigte eine Entstehungsart, die ehemals nicht
so war; denn sie war tot, da sie keine Bewegung hatte. Als er
nun herabgezogen wurde, er, der auch seinen Ursprung auf die
Erde warf, hat er das Ganze der Anordnung festgestellt, aufge-
hängt nach Art der Berufung, bei der er das Rechte als Linkes
und das Linke als Rechtes gezeigt hat, und hat alle Zeichen
der Natur geändert, (nämlich) das Nichtschöne als schön zu
betrachten und das wirklich Schlechte als Gutes. Darüber sagt
der Herr im Geheimnis: 'Wenn ihr nicht das Rechte macht wie
das Linke und das Linke wie das Rechte und das Obere wie

---

43 Mart. Petr. 9, ed. Lipsius - Bonnet (Acta apostolorum apocrypha I, S.
94f.). Die Übersetzung folgt der von W. Schneemelcher in: Hennecke - Schneemelcher, a.a.O. 220.

das Untere und das Hintere wie das Vordere, so werdet ihr das Reich (Gottes) nicht erkennen. Dieses Verständnis nun habe ich zu euch gebracht, und die Art, in der ihr mich hängen seht, ist die Abbildung jenes Menschen, der zuerst zur Entstehung kam ... Denn es sollte sich geziemen, an das Kreuz Christi zu kommen, der da ist einzig und allein das ausgebreitete Wort ..." Diese Vorstellung vom Urmenschen entspricht ganz der, die wir von Mani kennen. Man kann durchaus annehmen, daß der Urmensch zunächst als nach unten hängend aufgefaßt wurde, da er ja als in die Unterwelt gehend und darin ertrinkend vorgestellt wird[44].

IV.

Haben die Manichäer sich der apokryphen Apostelakten bedient, so liegt es nahe, auch in ihren Originalschriften nach einer Größe wie dem Lichtkreuz zu suchen. Dieses manichäische Material ist verhältnismäßig umfangreich und identifiziert in den koptisch-manichäischen Texten Jesus bzw. Christus nicht mit dem Lichtkreuz. Eine Definition des Lichtkreuzes findet sich in Kapitel 72 der Kephalaia[45]. Hier werden die aus der Welt auszuläuternden Lichtteile in Gruppen aufgeteilt, die besondere Bezeichnungen tragen. Da gibt es 1. die großen Kleider. 2. die Lappen. 3. die großen zerrissenen und zerfetzten Gewänder. 4. die Bilder und großen verschlissenen Gewänder, 5. die Elemente. 6. das

---

44 Vgl. Kephalaia. 2. Hälfte (Lfg. 11/12). ed. A. Böhlig (Stuttgart 1966). 254, 13ff. Die Zeilen 13 - 15 beziehen sich wahrscheinlich auf den Urmenschen, dessen Beispiel der Ruf folgt. Zur Wortwahl vgl. Keph. 28.8. wo ebenfalls vom Urmenschen die Rede ist. anderweitig 94.3 von Jesus. der herabkommt. und 120. 26 von Kräften, die auf der Erde gebunden sind.

45 Kephalaia. 1. Hälfte (Lfg. 1-10). ed. H.J. Polotsky - A. Böhlig (Stuttgart 1934 - 1940). 176.9 - 178.23.

Lichtkreuz, 7. der Gedanke des Lebens, 8. die geschlachtete,
getötete. bedrängte. gemordete Seele. All das, was man mit
diesen Namen bezeichnet, ist im Grunde das gleiche: es handelt
sich um das, was die Manichäer an anderen Stellen "Lebendige
Seele" im Sinne von Weltseele nennen. Keph. 178, 13 - 23,
spricht dies zudem ganz eindeutig aus; die Stelle besagt, daß die
eine Lichtgröße im Kampf in viele verschiedene σχήματα auf-
gespalten wurde. Die σχήματα sind "Erscheinungsformen" und
haben als solche den Charakter von Gewändern, deren Ablegung
die Zusammenführung und Versammlung in einer einzigen Gestalt ermöglicht. "Sie werden sich versammeln und eine einzige
Gestalt, einen einzigen unveränderlichen, unwandelbaren Namen
bilden im Lande ihrer ersten οὐσία, aus dem sie gegen den
Feind entsandt wurden". Hier wird das manichäische bzw. gnostische Programm zusammengefaßt. Warum die Aufspaltung des
Lichtstoffes durch den Apostel in diesem Kapitel erfolgt, kann
hier nicht behandelt werden. Zunächst sei nur die Vermutung
geäußert, daß Termini, die im manichäischen Unterricht kursierten, aber nicht alle aus ihm zu stammen brauchten, in diesem
Kapitel differenziert werden sollten. In diesem Zusammenhang
wird das "Kreuz des Lichtes" zwischen den στοιχεῖα und
dem "Gedanken des Lebens" erwähnt. Leider ist die Aussage
recht zerstört[46]: "Das Kreuz (σταυρός) des [Lichtes ist]
die Lichtkraft[47], die gebunden ist und [. . .] ganz (m.) auf
der Erde im Trockenen und im Feuchten"[48]. Die στοιχεῖα

---

46   Keph. 177,30 - 178,1. Vgl. dazu ein manichäisches Bet- und Beichtbuch.
ed. W. Henning (Abhandl. d. Preuß. Akad. d. Wiss. Berlin 1936). Z. 482: "und
ich quäle und verletze zu jeder Zeit die fünf Elemente. das gefesselte Licht.
das in der trockenen und der feuchten Erde ist". Auch der folgende Text kennt
viel von den im genannten Kephalaion erwähnten Sünden. besonders das "Treten".

47   Die Ergänzung der Edition in Z. 31 ist falsch. weil so keine Rückbezie-
hung im Relativsatz vorliegt. Es ist vielleicht ΟΥΑΪΝϬ ΝΤΑϤ ΠϬ zu lesen.

48   Vgl. dazu Keph. 210. 24f.. wo von der Lebendigen Seele gesagt wird.
daß sie sei es auf der Erde. sei es im Lichtkreuz ist.

(Elemente) haben einen allgemeinen, kosmologischen Charakter. Die im Kreuz des Lichtes vorgestellte Größe beschränkt sich auf die Erde in ihren typischen Bestandteilen, Meer und Festland. Der Gedanke des Lebens, der aus Ruf und Hören besteht, scheint ursprünglich den Abschluß der Aufzählung gebildet zu haben, da er in den vorher genannten Kräften wirksam ist. Der Abschnitt über die Seele erscheint danach wie ein Zusatz, da sie auf die Produkte der Flora beschränkt ist, wozu allerdings noch alte Kleider kommen. Daß das Kreuz des Lichtes den στοι-χεῖα folgt, findet sich auch in Kapitel 65 "Über die Sonne"[49]: "Der fünfte (Typos)[50] ist, daß sie (die Sonne) den Elementen Kraft gibt und ferner Geruch und Geschmack dem ganzen Kreuz des Lichtes gibt"[51]. "Geruch und Geschmack" läßt allerdings darauf schließen, daß die Produkte der getöteten Seele von Kapitel 72 an der eben zitierten Stelle mit dem Kreuz des Lichtes identifiziert werden. Die Lebendige Seele als umfassende Weltseele wird 162, 9 - 10, den στοιχεῖα und dem Kreuz des Lichtes als vierter Typos vorangestellt: "Der vierte (Typos) ist das Leben der Lebendigen Seele, die sie aus allen Fesseln und Banden des Himmels und der Erde erlöst".

Im Kapitel 63 "Über die Liebe"[52], in dem Liebe und Haß als Bezeichnungen für die im All und im Kosmos wirkenden antagonistischen Kräfte von Licht und Finsternis eingeführt werden, werden ebenfalls Lichtkreuz und Lebendige Seele als Verfolgte der diabolischen Macht geschildert. Sie werden unver-

---

49 Keph. 158,24 - 164,8.

50 Zu Typos vgl. L. Goppelt in ThWB VIII 257 zu den Apostolischen Vätern: "Hier sind die Typen auch nicht mehr Ereignisse, Gestalten und Einrichtungen, die über sich hinausweisen auf das Endgültige, sondern verhüllte Beschreibungen des nunmehr in Erscheinung Getretenen". Der hermeneutische Gebrauch des Wortes "Typos" liegt in dem Gedanken, daß die Sonne als sichtbare Größe auf geheimnisvolle Ereignisse im mythischen Heilsgeschehen hinweist.

51 Keph. 162, 11f.

52 Keph. 155,30 - 156,34.

bunden nebeneinander gestellt. so daß nur das sie wiederauf-
nehmende Suffixobjekt des Plurals zeigt. daß es sich um zwei
Größen handelt und nicht etwa die zweite die Apposition zur
ersten ist: "Auch das Kreuz des Lichts (und) die Lebendige
Seele, er vernichtet sie (pl.) und tötet sie (pl.), wie er es im
Anfang getan hat"[53]. Der Teufel wirkt noch so im Kosmos.
während der Gegenwart wie damals beim Kampf der Reiche
von Licht und Finsternis.

Eine typologische Deutung des Lichtkreuzes findet sich auch
in Kapitel 66 "Über den Gesandten"[54]. "Denn, wenn die Sonne
aufgeht und offenbar wird bei Beginn des Tages und alle Menschen ihren Mund öffnen und die ganze Menschheit und alle Geschöpfe auf die Erde herauskommen, um das Lichtkreuz zu zer-
stören. das in Schweigen dasteht, so kommt dies dem Mysterium
des Urmenschen gleich"[55]. Die gleiche Vorstellung begegnet in
der Überschrift des vierten Thomaspsalms des manichäischen
Psalmbuches: "Der Urmensch, der (Psalm) vom Kreuz des Lichtes"[56]. Bedenkt man. daß Urmensch und leidende Seele zunächst
aufs engste verbunden, ja fast identisch sind. bis der Urmensch
befreit wird und die Lichtelemente. die Lebendige Seele. noch
nach und nach ausgeläutert werden müssen. so möchte man das
Kreuz des Lichtes ganz allgemein der Lebendigen Seele gleich-
setzen. So kommt es auch in einem Psalm zum Ausdruck[57]:
"Das Kreuz des Lichtes, das das All belebt. habe ich erkannt.
ich habe von ihm geglaubt. daß es meine geliebte Seele ist.
die alle nährt, welche (f.) die Blinden verwunden. weil sie sie

53 Keph. 156. 29 - 31.
54 Keph. 164.9 - 165.24.
55 Keph. 164. 24 - 29.
56 Manich. Ps.-B. 209. 12.
57 Ps.-B. 86, 27ff.

(f.) nicht kennen". Hier wird nicht nur vom Leiden des Lichts gesprochen, sondern auch von seiner erhaltenden Kraft. Bricht doch der Kosmos zusammen, wenn das Licht ausgeläutert ist. Der Gedanke von der erhaltenden Kraft des Kreuzes des Lichts findet sich ebenfalls in einem Jesuspsalm[58]: "Ruhe (sei) der Kraft Gottes. dem Kreuz des [Lichtes] des Alls. das das All erfüllt und bewahrt".

Nicht nur für das Leiden des Kreuzes des Lichts gibt es eine Typologie, sondern auch für seine Auferstehung. Es heißt so in einem Psalm[59]: "Jesus ist auferstanden. Er ist auferstanden in drei Tagen. Das Kreuz des Lichtes steht auf in drei Kräften. Die Sonne. der Mond und der vollkommene Mann, diese drei Kräfte sind die Kirche des großen Kosmos. Jesus, die Jungfrau und der Nus, die in ihrer (pl.) Mitte sind. diese drei Kräfte sind die Kirche des kleinen Kosmos". Das christliche Heilsgeschehen, das an der Auferstehung sichtbar wird. bildet den Typos für das kosmologisch-soteriologische Geschehen im Manichäismus. Dabei sind die drei Tage der Typos für die Kräfte. die zur Auferstehung des Lichtkreuzes verhelfen.

Nach manichäischer Lehre durfte den Lichtelementen, die sich ihrer Meinung nach überall in der Natur befanden, kein Leid zugefügt werden; deshalb durfte die gehobene Gruppe der Gläubigen, die Electi, nicht arbeiten. sondern wurde von den Katechumenen bedient, die dann in einem späteren Leben mittels der Seelenwanderung auch in den Leib eines Electus eingehen und dadurch zum Heil kommen konnten. Das Kreuz des Lichtes nicht zu quälen, ist also eine Forderung an den Frommen. So wird im Kapitel 79 der Kephalaia[60], in dem vom Fa-

---

58 Ps.-B. 61, 3f. (am Anfang der Zeile OY statt Π).
59 Ps.-B. 160, 14ff.
60 Keph. 191,9 - 192,3.

sten der Heiligen (= Electi) die Rede ist, als viertes Werk[61]
von ihnen verlangt, daß sie sich bewahren vor dem Kreuz und
sich davor hüten, die Lebendige Seele zu verderben[62]. Im darauf folgenden Kapitel 80[63], das von den Geboten der Gerechtigkeit handelt, wird als erstes das genannt, was der Mensch erfüllen muß, um wahrhaft gerecht zu werden[64]: "Er soll Enthalt-
samkeit (ἐγκράτεια) und Reinheit sich zu eigen machen und
sich auch die Ruhe der Hände bereiten, um seine Hand gegenüber dem Kreuz des Lichtes ruhig sein zu lassen". Nachdem
noch weitere Gebote aufgeführt sind, deren Erfüllung den Menschen vor Gott gerecht macht, wird bestätigt, daß der Mensch
dann ein vollkommener Electus wird. Daß Schonung und Mitleid
von den "Gläubigen" (πιστός) an dem Kreuz des Lichtes[65]
geübt wird, wie Kapitel 112[66] berichtet, wirft die Frage auf,
ob es sich bei den "Gläubigen"[67] hier um Electi oder Laien
handelt. Wahrscheinlich sind auch hier die Electi gemeint, die
dadurch die Forderung erfüllen, die Jesus im Gleichnis vom
barmherzigen Samariter stellt. Das ist aus einem Bemapsalm
abzuleiten[68]: "Das Leben und der Tod eines jeden liegt in seinen
Händen, weil er weiß, daß dies vielleicht der Mann ist, der
halbtot mitten auf dem Wege liegt. Sie gingen alle an ihm
vorüber, keiner hat sich seiner erbarmt außer den Gläubigen,
die ihre Seele erkannt haben". Allerdings begegnet auch der

61 Das Fasten der Electi wird hier unter vier Gesichtspunkten betrachtet.
62 Keph. 191, 24 - 26.
63 Keph. 192,3 - 193,22.
64 Keph. 192, 8 - 11. Das Gebot besteht wohl eigentlich aus zwei Geboten, weil dann das dritte Gebot folgt. Das Verhalten gegenüber dem Kreuz des Lich- tes stellt also das zweite Gebot dar.
65 Keph. 268, 24 - 27. Hier handelt es sich um eine kosmische Lichtgröße; denn es befindet sich "in dem, was offenbar und was nicht offenbar ist".
66 Keph. 266,3 - 268.27.
67 Keph. 268, 19f.
68 Manich. Ps.-B. 40, 24 - 28.

Ausdruck "gläubige Katechumenen"[69], so daß man für $\pi\iota\sigma\tau\acute{o}\varsigma$ nicht überall eine auf "Electus" eingeengte Bedeutung annehmen muß, sondern einen weiteren, umfasseneren Sinn für das Wort ansetzen kann.

Wenn sich der Heilige so vor der Schädigung des Lichtkreuzes hüten muß, dann ergibt sich ein neues Problem. Wie kann ein Electus dem nachkommen, der missionarisch tätig ist oder der für die Kirche einen geschäftlichen Gang zu erledigen hat. Wie ernst die Frage genommen wurde, beweist ihre Behandlung in Kapitel 85 der Kephalaia "Über das Kreuz des Lichtes, daß ... auf es treten"[70]. Dabei wird mit zweierlei Maß gemessen. Es kommt auf das Motiv an, aus dem heraus der Betreffende die Erde tritt. Geschieht es aus Gründen der Religion, so ist sein Weg verdienstlich, entstammen die Gründe rein menschlicher Begierde und, was damit zusammenhängt, so macht der Weg ihn zum Sünder[71]. Diese zusammenfassende Antwort, die der Meister auf die Frage eines Schülers gibt, wird von ihm noch ausführlich begründet. Mani führt das Beispiel eines Kranken an, der von einem Arzt – wohl einem Wunderdoktor – behandelt wird. Dieser bespricht die Krankheit und versetzt dem Kranken Fußtritte, die zur Heilung dienen sollen. Die Behandlung einer Krankheit durch Fußtritte ist von den antiken Heilungswundern bekannt[72]. Daß Tritte mit Besprechungen verbunden sind, kommt aus dem Gebrauch, bei Besprechungen die fragliche Stelle zu streicheln oder auch zu drücken. Hier werden also verschiedene Gebräuche kombiniert, um das Problem zu

---

69   So z.B. in Manichäische Homilien, ed. H.J. Polotsky (Stuttgart 1934), 24, 14. oder Keph. 189. 28ff.

70   Keph. 208.11 – 213.20.

71   Keph. 209. 5ff.

72   Keph. 209. 30ff.   Vgl. O. Weinreich, Antike Heilungswunder (Gießen 1909), S. 67ff.

lösen. Aber die Frage wird noch weitergetrieben. Man könnte
ja auch Anweisungen und Unterredungen über das Almosen ebenfalls als Schädigung des Lichtkreuzes ansehen. Eine solche Annahme wird natürlich zurückgewiesen[73]. Sie würde nur sinnvoll
sein, wenn es sich bei den Worten um Tötung von Menschen
oder Tieren oder um das Fällen von Bäumen, kurzum um eine
Schädigung des Lichtkreuzes, handeln würde, also überhaupt um
bösartige Reden[74]. Wenn dagegen Almosen gesammelt werden
soll und dafür die Organisation besprochen wird, ist das eine
ganz andere Sache. Hier leidet das Almosen und wird deshalb
mit einem Kranken verglichen, während der Electus der Arzt
ist, der mit Medikamenten - in diesem Fall mit äußeren Wund-
behandlungsmitteln - und durch chirurgische Eingriffe das Ge-
schwür beseitigt. Alle solche Prozeduren, die in einem derarti-
gen Fall ein richtiger Arzt vornimmt, werden vom Patienten
ihres Erfolges wegen dankbar ertragen. Das Almosen, also Speise und Trank und alles, was die Electi sonst zum täglichen
Leben benötigen, wird durch die Benutzung von den Heiligen
geläutert und zur ewigen Ruhe geführt. Doch darf von diesen
Gaben nur, wenn man ihrer ganz dringlich bedarf, Gebrauch
gemacht werden.

V.

Die Zusammenschau gnostischer Texte im engeren Sinn sowie
manichäischer Schriften und auch von Gnostikern und Manichäern
infiltrierter und benutzter apokrypher Apostelgeschichten zeigt,
daß das Mythologumenon "Lichtkreuz" eine kosmologische Speku-

---

73 Keph. 211, 3ff.
74 Vgl. dazu W. Henning. Ein manichäisches Bet- und Beichtbuch, S. 42.

lation ist, deren Wurzeln in griechischer Philosophie liegen[75]. Es
hat im Gnostizismus eine andere Interpretation erhalten, weil es
hier in den gnostischen Dualismus eingegliedert werden mußte
bzw. seine Darstellung mit verdeutlichen sollte. Im Gegensatz
zum Manichäismus hat es im Valentinianismus noch die aktive
Funktion des Festigens und Zusammenhaltens des Pleromas. Die
Manichäer, die sich auch des zusammenhaltenden Charakters bewußt waren, betonten aber den des Leidens[76]. Hatte das Lichtkreuz bei den Valentinianern eine Funktion in der Soteriologie
auch außerhalb der himmlischen Lichtwelt durch die Verbindung
mit Christus erhalten, so konnte in den Apokryphen das kosmologische Kreuz mit dem Leiden Christi insofern verbunden werden,
als Christus und die zu erlösenden Elemente eine Einheit bilden,
die zumindest in der Zukunft hergestellt werden soll. Die Allanwesenheit Christi in der Welt ist ja schon im Thomasevangelium ausgesprochen[77]. Für den Manichäismus ist also der Weg
vom Leiden des Lichtkreuzes zum Leiden Jesu im Jesus patibilis der nordafrikanischen Manichäer nicht weit, wenn auch in
den koptischen Texten Lichtkreuz und Jesus nicht identifiziert
werden. Doch gibt die Bezeichnung des Lichtelements mit
"Kind"[78] einen Anhalt, wenn man dieses als eine leidende Emanation Jesu ansieht[79]. Gerade die leidenden Lichtelemente werden im chinesischen Hymnenbuch als "Fleisch und Blut Jesu"

75   Hier ist nicht behauptet, daß das Lichtkreuz in allen Apokryphen vorkommt, wie mir Junod - Kaestli, Bd. 2. S. 657, vorwerfen, sondern daß die Apokryphen eine Brücke bilden, das Lichtkreuz und das kosmologische Kreuz zu verbinden, von da aus eine Verbindung zu einer dem Manichäismus eigenen Vorstellung herzustellen.

76   Vgl. o. S. 156.

77   Log. 77.

78   Manich. Ps.-B. 209, 13ff. u.ö.

79   Vgl. F.C. Andreas - W. Henning. Mitteliranische Manichaica aus Chinesisch Turkestan III (Sitz.-Ber. d. Preuß. Akad. d. Wiss. Berlin 1934). S. 878
- 881. Keph. 35, 27 - 34.

bezeichnet[80]. Der Kölner Mani-Codex geht so weit, den Staub von der Erde als "Fleisch und Blut" Jesu anzusprechen[81]. Elkesai hatte ja mit dem Glauben an Christus als neuen Adam die Erschaffung aus dem Staub übernehmen müssen. Das steht sehr nahe der Auffassung des Irenäus vom neuen Adam Christus, der den alten nur durch wirkliches Eingehen in die Menschheit erlösen kann[82], sich dabei allerdings nicht des Schlammes, sondern der Maria bedient, an anderer Stelle aber von dem leidenden Gottessohn, der "in der Welt verteilt ist", spricht[83]. "(Der leidende Christus) ist selbst das Wort des allmächtigen Gottes, welches in unsichtbarer Gegenwart uns alle zumal durchdringt; und deshalb umfaßt er alle Welt, ihre Breite und Länge, ihre Höhe und Tiefe; denn durch das Wort Gottes werden alle Dinge der Ordnung gemäß geleitet; und Gottes Sohn ist in ihnen gekreuzigt, indem er in der Form des Kreuzes allem aufgeprägt ist; war es doch recht und angemessen, daß er mit seinem eigenen Sichtbarwerden an allem Sichtbaren seine Kreuzesgemeinschaft mit allem ausprägt: denn seine Wirkung sollte es an den sichtbaren Dingen und in sichtbarer Gestalt zeigen, daß er derjenige ist, welcher die Höhen, d.h. den Himmel, erhellt und hinabreicht in die Tiefen, an die Grundfesten der Erde, der die Flächen ausbreitet von Morgen bis Abend und von Norden und Süden die Weiten leitet und alles Zerstreute von überallher zusammenruft zur Erkenntnis des Vaters". Manis Vorstellung vom Jesus patibilis dürfte durch die Koppelung solcher Tradi-

---

80 Chinesische Manichaica, ed. H. Schmidt-Glintzer (Wiesbaden 1987), S. 43.
81 Vgl. Cod. Man. Col. 96,21 - 97,10.
82 Iren., haer. III 21, 10.
83 Ἐπίδειξις τοῦ ἀποστολικοῦ κηρύγματος I 34, ed. Ter-Mekerttschian - Ter-Minassiantz (TU 31,3, Leipzig 1907).

tionen mit der seinem System eigenen Verbindung von Monismus und Dualismus entstanden sein[84].

---

84 Ob das Log. 53 des Philippusevangeliums ϹΤΛΥΡΟΥ aktivisch oder passivisch auffaßt, ist schwer zu entscheiden. Man kann übersetzen: "Jesus kam, indem er die Welt kreuzigte". Oder: "indem er in der Welt gekreuzigt wurde". Der valentinianische Charakter der Schrift spricht für die aktivische Auslegung, doch kann die andere Deutung nicht rundweg abgelehnt werden. Die Doppelheit ist ja schon durch Gal 6, 14 gegeben.

JAKOB ALS ENGEL
IN GNOSTIZISMUS UND MANICHÄISMUS

In der Liste der Heilsbringer, die das Ägypterevangelium von Nag Hammadi im Anschluß an das Wirken des Seth gibt[1], findet sich bei der zweiten Personengruppe eine Abweichung des Codex III von Codex IV. Dort heißt es: "die großen Strategen (στρατηγός) Jakobos (so III, Jakob in IV) und Theopemptos und Isawel"[2]. Bereits in der Einleitung haben die Editoren darauf hingewiesen[3], daß im Neuen Testament die griechische Endung nur bei Namen von zur gleichen Zeit lebenden Personen verwendet würde, während der Name nicht gräzisiert würde, "wenn er eine alttestamentliche Person bezeichnet oder wenn eine neutestamentliche Person in feierlichem Ton genannt wird"[4]. Weil sie aber zunächst keine Veranlassung sahen, an der betreffenden Stelle den Patriarchen Jakob zu erwarten, nahmen sie an, daß die Aufzählung in der Liste dem Namen einen feierlichen Ton geben sollte und infolgedessen Jakob für ᾿Ιάκωβος stünde. Die weitere Schwierigkeit, daß nicht von Jakobus dem Gerechten,

Vollkommen neu bearbeitete Fassung der Erstveröffentlichung in: Erkenntnisse und Meinungen II. hrsg. v. G. Wießner (Göttinger Orientforschungen I. 17. Wiesbaden 1978). S. 1 - 14; englische Fassung der Erstveröffentlichung in: Nag Hammadi and Gnosis (Nag Hammadi Studies 14. Leiden 1978), S. 122 - 130.

1 Nag Hammadi III 64, 9 - 65, 26 ∿ IV 75, 24 - 77, Ende (die letzten Zeilen sind zerstört).

2 NH III 64, 12 - 14 ∿ IV 75, 27 - 76, 1.

3 Nag Hammadi Codices III.2 and IV.2: The Gospel of the Egyptians, ed. A. Böhlig - F. Wisse - P. Labib (Nag Hammadi Studies 4. Leiden 1975), S. 16.

4 F. Blass - A. Debrunner, Grammatik des neutestamentlichen Griechisch (15. Aufl. Göttingen 1979), § 53, 2.

sondern von dem großen Jakobus gesprochen wurde, schien durch
die Erhebung in die höhere Welt erklärt werden zu können, zumal im Neuen Testament auch von einem "kleinen" Jakobus die
Rede ist[5]. Bei der Bedeutung, die Jakobus auch im Gnostizismus besitzt, wäre seine Erhebung unter die Heilsbringer kein
Wunder, ist er es doch, an den sich der gläubige Gnostiker wenden soll und der das Werk Jesu weiterführt[6]. Dann hätte Codex
III den hieratischen Charakter der Liste nicht stark genug empfunden und die geläufige Form ᾽Ιάκωβος eingesetzt. Hätte
Codex III aber den neutestamentlichen Jakobus an die Stelle des
alttestamentlichen Jakob gestellt, so wäre das eine weittragende
Änderung, die vom Unverständnis des Abschreibers von Codex III
Zeugnis ablegte. Das wäre nicht unmöglich, wenn man an andere
entsprechende Stellen denkt[7]. Doch hat auch die Version des
Codex IV, obwohl diese im allgemeinen den besseren Text bietet,
sinnentstellende Varianten[8]. Äußere Kriterien der Textkritik
reichen also nicht aus, um zu bestimmen, welche Textform
hier die richtige ist. Doch findet sich in manichäischen Fragmenten eine Erwähnung Jakobs als Engel, die zusammen mit
einer erneuten Durchsicht jüdischen Materials neues Licht auf
die Stelle im Ägypterevangelium wirft.

Die Anschauung, daß Jakob ein großer Krieger und Heerführer sei, kann auf das Alte Testament zurückgeführt werden.
War er allein gen Osten geflohen, so kehrt er an der Spitze
eines stattlichen Heeres wieder zurück, doch nicht, um Esau zu
bekämpfen, sondern um sich mit ihm zu versöhnen. Während

---

5 W. Bauer. Wörterbuch zum Neuen Testament (5. Aufl. Berlin 1958). s. v.

6 Vgl. den Hinweis im Thomasevangelium. Logion 12, die zwei Jakobusapokalypsen und den apokryphen Brief des Jakobus in der Bibliothek von Nag Hammadi.

7 Besonders markant ist die Deutung von Π† als ΠΝΟΥΤΕ ; vgl. Ägypterevangelium, a.a.O. 191.

8 Z.B. ϹΟΟΥΝ als Übersetzung von δόξα im Sinne von ΕΟΟΥ ; vgl. Ägypterevangelium, a.a.O. 172.

dieser Wanderung kommt es zum Ringen des Jakob mit Gott am
Jabbok[9]. Deshalb erhält er von Gott den Namen "Israel", weil
er mit Gott gestritten habe (שרה   "streiten")[10]: "Du sollst
nicht mehr Jakob, sondern Israel heißen. Denn du hast mit Gott
und mit Menschen gestritten und hast Oberhand behalten". Wenn
auch in den Bileamsprüchen Jakob und Israel kollektiv gebraucht
sind, läßt sich doch aus ihnen das Verständnis Jakobs als eines
großen Herrschers und Kriegshelden herauslesen[11]. Auf sie wird
auch in Qumran zurückgegriffen[12]. Ausführlicher wird diese
Charakteristik im Buch der Jubiläen gegeben. Zwar wird auch
hier von der Versöhnung zwischen Jakob und Esau berichtet[13]
und Esau zunächst als sehr bereitwillig geschildert, sich an seinen Schwur zu halten[14]. Doch seine Söhne bewegen ihn schließlich dazu, den Schwur zu brechen und an ihrer Spitze gegen Jakob zu Felde zu ziehen[15]. Jakob kann es gar nicht glauben[16],
streckt dann aber Esau nieder und besiegt sein Heer[17]. Im 4.
Esra-Buch werden ebenfalls Esau und Jakob gegenübergestellt.
Hier werden die Namen als Typen politischer Größen verwendet[18]. Sie stellen die Reiche dar, die sich am Ende des ersten
beim Übergang zum zweiten Äon ablösen: "Die Ferse des ersten
Äon ist Esau, die Hand des zweiten ist Jakob. Der Anfang des
Menschen ist die Hand, sein Ende die Ferse". Das besagt, daß
mit Esaus, d.i. des römischen Reiches, Ende die Weltherrschaft

---

9   Gen 32. 22 - 32.
10 Gen 32. 28.
11 Num 23. 7 - 10; 18 - 24; 24. 3 - 9; 15 - 24.
12 1 QM XI. 6f. 4 Q test 9ff.
13 Jub 29. 13.
14 Jub 37. 1 - 11.
15 Jub 37. 12ff.
16 Jub 37. 16ff.
17 Jub 38. 1ff.
18 4 Esr 6. 7 - 10.

Jakobs, d.i. Israels, beginnt. Auch bei Philon wird Jakob als
ἄρχων und ἡγεμών sowie als δεσπότης bezeichnet, dem Esau
schon im Mutterleibe untertan war[19].

Die angeführten Beispiele würden als Hinweise auf Jakob den
Strategen schon genügen. Doch fehlt noch der Hinweis auf seine
Transzendenz, die für ihn als ein auf der Liste des Ägypterevangeliums und in den Manichaica erscheinendes Wesen charakteristisch sein dürfte. Auch hierfür findet sich in einer Schrift der
griechischsprachigen jüdischen Diaspora ein Beleg. Es handelt
sich um das "Gebet Josephs", von dem noch Fragmente erhalten sind[20]. Jakob bezeichnet sich hier selbst als Engel: "Denn
der zu euch redet, ich Jakob-Israel, - ein Engel Gottes bin ich
und ein herrschender[21] Geist - und Abraham und Isaak wurden
vor allen Dingen geschaffen. Ich aber, Jakob, der von den Menschen Jakob genannt wird, habe auch den Namen Israel 'der
Mann, der Gott sieht', mit dem ich von Gott benannt wurde,
weil ich der Erstgeborene aller Lebewesen bin, die von Gott
ins Leben gerufen wurden"[22]. Nach diesen Worten ist Jakob
eine pneumatische Engelgröße, in der die Existenz von ältester
Zeit an und die Herrschaftsgewalt zum Ausdruck kommt. Jakob
ist also, wie das oft mit Seth geschieht, in die höhere Welt projiziert worden. Seine besonders hohe Stellung in der Engelhierarchie wird in einem Bericht hervorgehoben, der eine Umwandlung
des Kampfes am Jabbok bedeutet: "Als ich aber aus Mesopotamien in Syrien kam, trat Uriel auf, der Engel Gottes, und er

19 Leg. allegor. III 29. ed. L. Cohn I 132.

20 A.-M. Denis. Fragmenta pseudepigraphorum quae supersunt graeca (Leiden 1970). 61f. Vgl. A.-M. Denis. Introduction aux pseudépigraphes grecs (Leiden 1970). 125ff. und J.Z. Smith, The prayer of Joseph, in: Religions in Anti-
quity. Essays in memory of E.R. Goodenough (Leiden 1968), S. 253 - 294.

21 Es ist fraglich. ob ἀρχικόν hier in erster Linie "herrschend" oder "an-
fänglich" heißt. Wahrscheinlich ist, wie in gnostischen Texten. eine gewollte Doppeldeutigkeit vorhanden.

22 Fragm. bei Orig., in Joh. 2. 31. § 189f.

sagte, daß ich auf die Erde herabgekommen war und unter den
Menschen Wohnung genommen hatte und daß ich mit Namen
Jakob genannt wurde. Voll Eifer kämpfte er mit mir und rang
mit mir und sagte, sein Name würde den Vorrang vor meinem
Namen und dem jeden Engels haben. Da nannte ich ihm meinen
Namen und sagte ihm, der wievielte er unter den Söhnen sei:
'Bist du nicht Uriel, mein Achter, ich aber Israel, der Erzengel
der Kraft Gottes und der Oberkommandeur unter den Söhnen
Gottes? Bin ich nicht Israel, der erste Diener vor dem Ange-
sicht Gottes, und habe ich nicht meinen Gott mit unvergängli-
chem Namen angerufen'?"[23] Hier wird die Stellung Jakobs in
der Engelhierarchie begründet. Denn Uriel, der als oberster Re-
gent der Gestirnengel gilt[24], tritt Jakob-Israel gegenüber. Wenn
dieser ihn als seinen "Achten" bezeichnet, so deshalb, weil Uriel
als achter über andere sieben Gestirnengel gesetzt ist. Er kennt
Jakob als Engel, aber er will am Jabbok ihm seinen eigenen
Herrschaftsanspruch zum Ausdruck bringen. Andererseits stellt
der Verfasser der Schrift dar, wie erhaben Jakob-Israel als
Erzengel und wie gewaltig er als himmlischer Heerführer ist.
Damit dürfte eindeutig sein, daß die Vorstellung von einem
himmlischen Strategen Jakob aus dem Judentum stammt.

Sowohl Judentum wie Gnostizismus haben gerade mit mythologischen Vorstellungen auf den Manichäismus eingewirkt. An anderer Stelle soll darüber ausführlicher gesondert gehandelt werden[25]. Diese Einwirkung ist um so verständlicher, als der Manichäismus ja zum Gnostizismus im weiteren Sinne gehört und die
jüdischen Elemente entweder überhaupt oder mindestens zum Teil

23 An das vorhergehende Zitat von Origenes mit καὶ ἐπιφέρει angeknüpft.

24 Hen 72ff.

25 Vgl. z.B. A. Böhlig. Zur religionsgeschichtlichen Einordnung des Manichäismus. u. S. 479; 464 ff.

über den Gnostizismus in den Manichäismus gelangt sind[26].

Auch Jakob hat den Weg in den Manichäismus gefunden. Bereits im Originalwerk des Mani Τὰ τῶν μυστηρίων findet sich ein Kapitel: "Vom Zeugnis des [...] wider sich selbst zugunsten des Jakob"[27]. Welchen Inhalt dieses Kapitel gehabt haben mag, läßt sich nicht mit Sicherheit erschließen. Könnte vielleicht hier Esau zugunsten Jakobs ein Schuldbekenntnis abgelegt haben?

Mythologische Aussagen über Jakob finden sich aber in Hymnen aus Turfan. Mehrere Beispiele mögen verdeutlichen, wie man den Herrscherengel Jakob in die Frömmigkeit aufgenommen, ja ihn sogar zur Stützung der feudalistischen Staatsideologie herangezogen hat.

1. Sehr schön kann der Sitz im Leben bei einem Fragment bestimmt werden, das Jakob als Engelstrategen enthält[28]. Es ist ein mittelpersisches Gebet für einen Uigurenkhan. Er wird als "Throninhaber" und (in türkischer Sprache) als "unser göttlicher Khan" angeredet. Im Rahmen eines an ihn gerichteten Lobpreises wird für ihn Schutz und Hilfe erbeten. Der Segen, der über ihn kommen möge, soll ihm von den himmlischen Heerscharen geschenkt werden, den kirdagārān "den Mächtigen", farrahān "den Herrlichkeiten", wāhšān[29] "den Geistern", an deren Spitze Jakob steht. Das erinnert sehr an Himmelsschilderungen im Ägypterevangelium. Ebenso fühlt man sich erinnert, wenn dem Khan pāsbānān "Wächter" und pādārān "Beschützer" zur Sei-

26 Vgl. den Weg des Henochbuches.

27 Nach Mitteilung von J. Fück an A. Adam ist in der ältesten Handschrift eine Lücke vorhanden. Die Interpretation des Namens Jakob bei G. Flügel, Mani, seine Lehre und seine Schriften (Leipzig 1862, Neudr. Osnabrück 1969), Anm. 310, erscheint mir falsch. Es handelt sich nicht um einen Schüler Manis. Der Zusammenhang, in dem das Kapitel steht, läßt gerade auf Größen der religiösen Vergangenheit schließen: Justasp, Messias, Jesus.

28 M 43; M. Boyce, A reader in Manichaean Middle Persian and Parthian (Leiden 1975), S. 193f.

29 Nach W. Sundermann wäre wāxšān zu erwarten, h statt x Fehler eines Sogdiers oder Türken.

te stehen und yazdān "Götter", ba'ān "Herren" und frēstagān "Engel" ihm Glück bereiten sollen. Die dem Namen Jakobs vorangehenden Attribute "der kraftvolle Gott, der worterschaffene, der Oberbefehlshaber der Helden, der kampfsuchende, der tapfere" dürften sich auf Jakob beziehen[30], während Prädikate des Ruhmes, die dem Herrscher gelten, dessen Namen vorangehen: "ruhmvoller Throninhaber, Diademträger, göttlicher Khan, Quyil bilga qān". Hier wird also der Herr der himmlischen Heerscharen Jakob als Beschützer des irdischen Herrschers, der als Uigurenkhan der Schutzherr der manichäischen Gemeinde ist, bezeichnet. Von einem solchen Gebet der Manichäer für den Khan wird bei einem persischen Historiker des 11. Jh's , Gardīzī, berichtet; er erzählt, daß Manichäer jeden Tag sich beim Gouverneur (ʿāmil) versammelten und laut aus den Büchern Manis rezitierten[31]. Sie scheinen hierbei Gebete für den Khan der Uiguren vorgetragen zu haben. Das entspricht der Art, nach der in Rom die Klienten täglich beim Patron erschienen, um ihm alles Gute zu wünschen.

2. In gleicher Weise wird für Land und Herrscher des Ostgebiets im ersten Teil von M 4 b[32] die Hilfe der göttlichen Welt, insbesondere durch Mitwirkung der Engel, erbeten. In diesem Abschnitt, der mitten im Text beginnt und als Überschrift den Titel paywahišn ī frēstagān "Gebet zu den Engeln" trägt, heißt es von Strophe 2 ab:

Str. 2   Rafael, Michael, Gabriel, Sariel
          mitsamt allen großen Engeln

---

30   W. Sundermann möchte diese Attribute auf den Herrscher selbst beziehen.

31   Zajn al-Aḫbār. ed. Ḥabībī (Teheran 1968). 268.

32   M. Boyce. Reader 190f. Vgl. die Analyse von M 4b bei M. Boyce. A catalogue of the Iranian manuscripts in Manichaean script in the German Turfan collection (Berlin 1960). 2.

        mögen Frieden und Ruhe mehren
        der ganzen Kirche des Ostgebietes.
Str. 3 Preis sei den sehr starken Engeln,
        den hohen (?) fügsamen Mächten[33],
        damit sie die Söhne der Rechten bewahren
        vor Luft- und Fleischesmächten.
Str. 4 Wir preisen den Gott Mani, den Herrn,
        wir ehren deinen großen leuchtenden Glanz,
        wir beten den heiligen Geist an
        mit den Herrlichkeiten und großen Engeln.
Str. 5 Preis sei den sehr starken Engeln
            (die 2. Zeile scheint ausgelassen)
                                        (damit[34])
        sie die Religion der Götter bewahren
        und die Sünder gegen die Wahrheit bekämpfen.
Str. 6 Der weise Gesandte, der liebevolle Gott,
        charmant anzusehen, starker Gott mit edlem Namen,
        König Frēdōn und Jakob Narimān
        mögen die Kirche und uns, die Kinder, schützen.
Str. 7 Lob und Preis von uns allen
        möge vor den drei Herren angenommen werden,
        damit sie uns Kraft und Stärke senden mögen
        an diesem Tag und in der Zeit des Glücks.
Str. 8 Segen komme von den Göttern der Höhe
        und neue Hilfe aus der Kraft des Schöpfers
        über das Reich und den Herrscher,
        damit sie gläubig seien in der heiligen Religion.
    Wie in dem vorher besprochenen Text werden die himmli-
schen Heerscharen, die farrahān und wāhšān[35], auf eine Stufe

---

33 Die Bedeutung der Adjektiva ist unklar.
34 In dieser Strophe scheint eine Zeile ausgelassen worden zu sein.
35 S. o. Anm. 29.

mit den frēstagān gestellt. Daß frēstagān in diesem Hymnus
die Bedeutung "Engel" hat, ist aus Strophe 2 zu ersehen, in
der sie die Heerschar der Erzengel Rafael, Michael, Gabriel
und Sariel bilden. Nachdem in Strophe 3 von weiteren Schutz-
engeln die Rede ist, wird in Strophe 4 Mani als Herr und Gott
angerufen. Die gleiche Strophe begegnet auch im manichäischen
Bet- und Beichtbuch[36]. Wenn Mani als göttliche Größe angesehen wird, so entspricht das auch der Identifizierung mit dem
Buddha Maitreya und Christus im Bet- und Beichtbuch. Er ist
eine eschatologische, himmlische Größe. Die Anbetung des heiligen Geistes entspricht der Verehrung Manis als Paraklet, wie
sie im koptischen Psalmbuch so umfänglich zu finden ist. Allerdings könnte in Strophe 4 frēstagān auch mit "Apostel" übersetzt werden. Die voranstehenden farrahān (δόξαι) sind sicher
überirdische Engelmächte. Dann hätte man hier eine Kette von
den himmlischen Größen bis herab zu den Funktionären der Kirche vor sich. Bei solcher Interpretation könnte dann Strophe 5
auf die manichäischen Lehrer bezogen werden. Sie würden den
Segen empfangen, das kirchliche Wächteramt wahrzunehmen.
Afrīn kann ja nicht nur "Gebet" im Sinne von "Bitte" oder "Lobpreis" bedeuten, sondern auch "Segen". In Strophe 8 wird um Segen gebeten. Aber man könnte auch für alle Stellen himmlische
Schutzgeister annehmen. In Strophe 6, in der eine Trias von mythologischen Figuren genannt wird, begegnet Jakob mit dem Beinamen Narimān an dritter Stelle. An erster Stelle steht frēstag
rāymast[37], yazd dōšārmīgar, wryhr pad dīdišn, nērōgāwand bay
agrāw nām, der weise Gesandte, der liebevolle Gott, charmant
[38] anzusehen, starker Gott mit edlem Namen, an zweiter Stelle

---

36 W.B. Henning, Ein manichäisches Bet- und Beichtbuch (Abhandl. d. Preuß.
Akad. d. Wiss. Berlin 1936, Neudr. Selected Papers I [Leiden 1977]), Z. 37 - 43.
Dort findet sich Konj. -ām statt Ind. -ēm.

37 Vgl. W.B. Henning, Bet- und Beichtbuch, Index, s. v.

38   Die Vokalisation ist unklar; vgl. M. Boyce, A word-list of Manichaean

Frēdōn. Frēdōn ist eine mitteliranische Form von altiranisch Thraetaona[39]. Dieser ist neben Keresaspa ein König der Urzeit. Beide sind Drachentöter[40]. Die Funktion des Frēdōn als die eines kämpferisch beschützenden Gottes tritt an einer Stelle des folgenden Hymnus hervor, an der er neben Mihryazd, dem lebendigen Geist, angerufen wird, der ja in mittelpersischen manichäischen Texten als der siegreiche Unterwerfer der bösen Mächte dargestellt ist[41].

Frēdōn findet sich aber nicht nur als Ausdrucksmittel iranischer Manichaica, sondern auch im westlichen Gnostizismus. Im "Unbekannten altgnostischen Werk" des Codex Brucianus[42] ist er in die eigenartige mythologische Metaphysik dieses Textes eingebaut worden. Daß durch einen Sproßvokal "Aphredon" entstanden ist, darf nicht verwundern. Als sein Wesen wird die ἀφρηδωνία genannt. Sie bietet ähnliche Charakteristika wie die Eigenschaften des Frēdōn im Iranischen, insbesondere die der Macht. Die Verbindung mit dem λόγος – δημιουργός erinnert an die Verbindung des Frēdōn mit dem Lebendigen Geist[43]: "Und dann wurde dieser λόγος – δημιουργός göttliche Kraft und Herr und Erlöser (σωτήρ) und χρηστός und König und ἀγαθός und Vater und Mutter; dieser ist es, dessen Werk Nutzen gebracht hat; er wurde geehrt und wurde Vater

Middle Persian and Parthian (Leiden 1977). Index. s. v. Ich verdanke die Übersetzung D. Weber, der mich auch auf die Parallele in M 74 I R 13 hingewiesen hat. Dort bezieht sich das Wort auf Jesus. Das Abstraktum wryhryy (M 221) übersetzt W. Henning mit "charm": The book of the Giants. BSOAS 11. 1 (1943) 52 - 74; vgl. auch S. 64. Anm. 1 (Neudr. Selected Papers II [Leiden 1977]).

39 Vgl. G. Widengren, Die Religionen Irans (Stuttgart 1965). S. 23.

40 Vgl. Widengren. a.a.O.

41 M 4b. v. 9b. Vgl. auch die Anrufung in einem manichäischen Zaubertext: W.B. Henning. Two Manichaean magical texts. BSOAS 12 (1947) 39 - 66.

42 Vgl. C. Schmidt - W. Till. Koptisch-gnostische Schriften I (3. Aufl. Berlin 1962). Namen- und Sachregister.

43 Schmidt - Till. a.a.O. 351. 11.

derjenigen, die geglaubt haben. Dieser wurde Gesetz (νόμος)
durch die ἀφρηδωνῖα und mächtig (δυνατός)". Ein wie hohes
jenseitiges Wesen dieser Aphredon ist, zeigt der Umstand, daß
bei der Schaffung des Gottmenschen ein Körperteil nach dem
Typ des Aphredon gestaltet wird[44]. Freilich, was man sich unter einem Aphredon-Gesicht vorzustellen hat, bleibt fraglich[45].
Doch scheint seine Lokalisierung in der Lichtwelt möglich zu
sein. Er hängt mit einem βάθος zusammen, in dem ein Einge-
borener verborgen ist, der drei Kräfte offenbart und in allen
Kräften mächtig ist: "Wenn die Idee aus dem βάθος kommt,
so nimmt Aphredon den Gedanken (ἐπίνοια) und führt ihn
zum Eingeborenen (μονογενής) und der Eingeborene führt
ihn zum Kind und sie führen ihn zu allen Äonen bis zum Ort
des τριδύναμις usw."[46]. An einer anderen Stelle ist ebenfalls
Verbindung zum βάθος vorhanden, doch ist dort Aphredon
von zwölf χρηστοί umgeben und steht auch in Beziehung zu
einem κανοῦν , einem Korb, der sich in der Unsterblichkeit
befindet[47].

Wenn Jakob als Narimān (= altiran. nairyō-manah "der mit
männlicher Gesinnung") bezeichnet wird, so hat er damit einen
Beinamen übernommen, der in mitteliranischer Mythologie als
solcher begegnet, aber auch zu einem Eigennamen geworden
ist. Sowohl in der iranischen Fassung von Manis Gigantenbuch[48]
wie auch im ostiranischen Bestattungsritual[49] kommen Sām und
Narimān als eigene Gestalten nebeneinander vor. Im letzteren
sind sie die nächsten Verwandten Keresaspas, der sonst auch

44 Schmidt - Till. a.a.O. 364. 25.
45 Schmidt - Till. a.a.O. 339. 7; 340. 33.
46 Schmidt - Till. a.a.O. 339. 9ff.
47 Schmidt - Till. a.a.O. 338. 28ff.; 349. 22ff.
48 W.B. Henning. BSOAS 11 (und Selected Papers II). a.a.O.
49 Vgl. G. Widengren. a.a.O. 340.

Narimān als Beinamen führt. Jakob Narimān kann also, wenn er neben Frēdōn als Kämpfer auftritt, an die Stelle von Keresaspa Narimān getreten sein. Zugleich kann er aber auch den Wahman Narimān anderer manichäischer Texte vertreten, zumal Wahman (= νοῦς) ja auch den Herrschercharakter besitzt; er heißt doch auch "Wahman Narimān, der Herrscher der heiligen Religion". Ebenso begegnet Wahman als drittes Glied der Trias: Jesus, Lichtjungfrau, Wahman[50].

Wer ist aber der erste Gott? Nach der Beschreibung "charmant anzusehen" möchte man an den Dritten Gesandten denken, der ja seine Schönheit als Kampfmittel gegen die bösen Mächte einsetzt. Wenn man aber bedenkt, daß auch Mani solche preisenden Namen beigelegt werden, dann erscheint es mir durchaus möglich, daß er gemeint ist[51]. Gerade das erste Prädikat, rāymast "weise, einsichtsvoll", spricht für den Nus-Charakter des Mani. Somit wäre in Strophe 6 an Strophe 4 angeknüpft. Mani wäre also von zwei Kämpfern begleitet. Da er selber in Turfanhymnen ebenfalls als "machtvoll und stark" bezeichnet wird, paßt die Zusammenstellung mit Frēdōn und Jakob als Strategen gut[52]. Daß Jakob Narimān ebenso wie der von E. Waldschmidt und W. Lentz in der chinesischen Hymnenrolle gefundene Jakob ein Kirchenfürst ist[53], möchte ich bezweifeln. Ich glaube vielmehr, daß wir es auch hier mit dem Engelfürsten Jakob zu tun haben.

---

50 Vgl. den Index zu F.C. Andreas - W.B. Henning, Mitteliranische Manichaica aus Chinesisch Turkestan II (Sitz.-Ber. d. Preuß. Akad. d. Wiss. Berlin 1933; Neudr. in W.B. Henning, Selected Papers I). Narimān könnte nach W. Sundermann wie bei Wahman auch bei Jakob in der Bedeutung "männlich, kühn" gebraucht sein.

51 Vgl. Pelliot M 914, ed. J. de Menasce, Fragments manichéens de Paris, in: W.B. Henning, Memorial volume (London 1970) 304 - 305. Übersetzung in: A. Böhlig – J.P. Asmussen, Die Gnosis, 3. Bd.: Der Manichäismus (Zürich 1980). S. 241f.

52 Vgl. W.B. Henning, Bet- und Beichtbuch, Z. 23ff.

53 E. Waldschmidt - W. Lentz, Die Stellung Jesu im Manichäismus (Abhandl. d. Preuß. Akad. d. Wiss. Berlin 1926). 8.

Weil im Persischen und in der Sprache des Manichäismus überhaupt das Wort "Gesandter" sowohl für "Engel" als auch für
"Apostel" stehen kann, ist natürlich immer eine gewisse Doppeldeutigkeit gegeben. Die Stelle findet sich in der chinesischen
Hymnenrolle in einem Preis aller das Gesetz beschützenden Licht-
gesandten[54]. Hier wird etwa in der Mitte des Hymnus Jakob[55]
als das Oberhaupt, der große General, bezeichnet, der Rüstungen
und Waffen bereitet, die aufsässigen Abtrünnigen zu zerschlagen.
Auch die Erwähnung des die Maras, d.h. die dämonischen Kräfte, besiegenden Generals[56], mit dem ja wohl der genannte Jakob
gemeint ist, kann durchaus auf eine metaphysische Engelgröße
gedeutet werden, wie sie ja der Zusammenhang in den oben besprochenen Texten sowieso nahelegt. Das würde bedeuten, daß
die Gesandten eine Kette von der himmlischen Welt herab bis
zu den Funktionären der Kirche bilden, eine Vorstellung, die ja
auch mit der des ehemaligen Manichäers Augustin in "De civitate dei" zusammenstimmen würde[57].

Strophe 7 und 8 korrespondieren miteinander. Denn die Gläubigen, die Lob und Preis spenden, werden gesegnet. Man kann
wie in M 43 šahr und šahriyār als das Ostgebiet ansehen, für
dessen Reich und Herrscher der Glaube an den Manichäismus
erbeten wird[58].

Auch in dem mit der 9. Strophe beginnenden Hymnus paywahisn
i barsymws "Gebet zu Barsimus" wird Jakob häufig erwähnt[59].

54　Chinesische Manichaica, hrsg. v. H. Schmidt-Glintzer (Wiesbaden 1987),
Str. 209 - 221.

55　A.a.O. Z . 215c.

56　A.a.O. Z. 218a.

57　Z.B. XII 1.

58　So deutet auch M. Boyce den Text: Reader 191. Anm.

59　Vgl. M. Boyce. Reader 191.

Str. 9   Wir preisen Barsimos Jakob
          und wir preisen Bar ...,
          damit sie herbeiführen immer neues Glück
          über diese ganze Gemeinschaft.

9a   Mihryazd, unser Vater, Erlöser und Wohltäter,
      mit dem tapferen Frēdōn und allen Engeln,
      sie mögen schützen und behüten die heilige Religion,
      den glücklichen Leiter, den Herrn guten Namens.

Die Strophe 9 ist, dem Inhalt entsprechend, in zwei Strophen zu
teilen. Wer der angeredete Barsimos Jakob und der Bar..., dessen
Name in der zweiten Zeile zerstört ist, eigentlich sind, bleibt
fraglich[60]. Man könnte vielleicht an Leiter der Gemeinde denken;
doch warum werden zwei angerufen? Die Strophe 9a mit ihrer
Bitte um Schutz für die Gemeinde und ihre Leiter könnte allerdings für eine solche Deutung sprechen. In diesem Fall würde
hier Jakob Beiname des Barsimos sein, was freilich nicht gegen
eine Entnahme aus der manichäischen Mythologie spricht. Die
Kräfte, die zum Schutz angerufen werden, Mihr, Frēdōn und die
Engel, sind eine ausgesprochen kämpferische Gruppe.

In Strophe 10 wird der Lobpreis des manichäischen Pantheons
zusammengefaßt:

Str. 10   Leuchtende Sonne, Gott Zenares[61], mit der Mutter
                                                der Lebenden,
           Mihryazd zusammen mit den 5 und 12 Engeln[62],
           mögen alle von der heiligen Religion gepriesen werden.

60   Zu Barsimos s. u. Exkurs, S. 180.

61   D.i. der Dritte Gesandte.

62   Zu den fünf seelensammelnden Engeln vgl. A.S.W. Jackson, Researches
in Manichaeism with special reference to the Turfan fragments (New York
1932), S. 44 - 45, zu den zwölf großen Schiffsherren vgl. Chinesischer Hymnen-
zyklus 127c, wo sie zusammen mit sieben genannt werden; vgl. dazu E. Waldschmidt - W. Lentz, Manichäische Dogmatik aus chinesischen und iranischen
Texten (Sitz.-Ber. d. Preuß. Akad. d. Wiss. Berlin 1933), S. 505 - 507.

Strophe 11 spricht nun von der Hilfe, die der Kirche von höchster Höhe kommt:

Str. 11 Neuer Segen, neuer Sieg komme von Gott Zerwan
         über die Herrlichkeiten und Engel, die Geister
                                        dieses Äons,
         damit er die heilige Religion bewahre,
         ihr Schützer sei innen und außen, Freund und
                                        Bewahrer.

Mit Strophe 12 wendet sich die Gemeinde wieder an die Engelwelt:

Str. 12 Wir preisen die starken, kraftbesitzenden Engel,
         Rafael, Michael, Gabriel, Suriel,
         damit sie uns vor allem Unglück bewahren
         und uns vor dem sündigen Ahrimān retten.

Auf die Erzengel folgt Jakob, der Führer der Engel, in Strophe 13 und 14:

Str. 13 Wir preisen den Gott Jakob, den Engel,
         mit den Herrlichkeiten, Mächten und großen Geistern,
         damit sie uns mit starker Kraft schützen
         und uns führen innen und außen.

Str. 14 Wir beten an (?) in Glücklichkeit die große Kraft,
         Jakob den Engel, den Anführer der Engel.
         Nimm du von der ganzen heiligen Religion
         immer neuen Lobpreis und große Verherrlichung an.

Dann wird der höchste Gott um Heil gebeten, das er der Gemeinde gibt:

Str. 15 Frieden und neues Heil komme von Gott Zerwan,
         Segen und neues Glück von den Göttern und Engeln
         möge euch Herrlichkeiten und Geistern zuteil werden.
         Uns gebe er Frieden[63] auf dem Weg des Heils.

---

63 Der Text hat "er gebe Frieden".

In Strophe 16 wendet sich die Bitte an den Engel Jakob:

Str. 16 Neue Kraft komme von Jakob dem Engel.
Neue Freude von allen Engeln
werde zuteil dieser Gegend.
Sie mögen uns in immer neuem Frieden führen.

In Strophe 17, von der uns nur etwas mehr als ein Vers erhalten ist, wendet sich die Gemeinde schließlich an die Schutzgeister:

Str. 17 Kommet, ihr Herrlichkeiten, Geister und Mächte.
Nehmt die Rechte . . .

Wenn man bedenkt, daß in dem Hymnus von Strophe 9 ab Lobpreis transzendenten Größen dargebracht wird und andererseits von ihnen Hilfe erwartet und erbeten wird, so liegt es eigentlich nahe, auch Barsimos Jakob und Bar... als zu dieser Gruppe gehörig anzusehen.

Selbst wenn ein ἀρχηγός mit Namen Jakob in diesen Bitten teilweise mit gemeint sein könnte, die Existenz eines Engelgenerals Jakob bei den Manichäern dürfte aus den zentralasiatischen Texten gesichert sein.

EXKURS

Daß Barsimus eine mythologische Figur und zwar ein Engel ist, kann angenommen werden, wenn man ihn mit dem in CMC 49,3 erwähnten Βάλσαμος identifiziert. Dort erscheint dieser dem Adam in seiner Apokalypse: ἐγώ εἰμι Βάλσαμος ὁ μέγιστος ἄγγελος τοῦ φωτός . Barsimus kommt aber noch in anderen iranischen Texten vor. Neben Jakob dem Engel erscheint er als χwadāy Barsimus in der Engelliste M 20. In M 196 findet er sich in einer Liste von "tapferen Schafhirten", die von M. Boyce als Engel angesehen werden. Ebenfalls begegnet er in dem Amulett M 1202 (W.B. Henning, Two Manichaean magical texts, BSOAS 16 [1947] 39 - 66, besonders 50f.) Der Name Balsamos steht in der griechischen Literatur neben Balsames, einer Himmelsgröße, die wohl mit ihm identisch ist: ἐγώ εἰμι ὁ πεφυκὼς ἐκ οὐρανοῦ, ὄνομά μοι Βαλσάμης (PGM IV. 1018f.) F. Cumont (PW 2, 2839f.) und J. Michl (RAC V 208, Nr. 46) sind bezüglich der Ableitung verschiedener Meinung. Beide sehen mit Recht in dem Namen eine ursprünglich syrische Bezeichnung, doch möchte ersterer ihn auf Ba‘al šamīn "Herr des Himmels", letzterer auf Ba‘al šemeš "Herr der Sonne" zurückführen. Für die erstere Deutung spricht η , das mit griechischer Endung versehen ist, und die Deutung bei Philo von Byblos, fr. 2,4 (Müller, FHG III 565 = S. 35. 19 - 36): τοῦτον γὰρ θεὸν ἐνόμιζον μόνον οὐρανοῦ κύριον Βεελσάμην καλοῦντες, ὅ ἐστι παρὰ Φοίνιξι κύριος οὐρανοῦ, Ζεὺς δὲ παρ᾽ Ἕλλησιν. Es liegt allerdings nahe, daß in der hellenistischen Tradition die beiden Namen zusammengefallen sind, da ja die Sonne vom Himmel stammt.

BYZANZ UND DER ORIENT
GEDANKEN ZU IHRER BEGEGNUNG

Bereits aus der Lage der Stadt Konstantinopel ist der Doppelcharakter zu erkennen, den das byzantinische Reich besitzt. Moch-
ten auch verkehrstechnische und strategische Gesichtspunkte die
Wahl des alten Byzantion als Stätte für die neue Hauptstadt
Konstantins bestimmt haben, so ist doch die Lage symbolisch
für ein tieferes geschichtliches Problem. Die neue Hauptstadt
liegt am Rande Europas, ihr gegenüber beginnt Asien. Immer
wieder ist Byzanz auf Asien angewiesen und schließlich geht es
durch dessen Verlust zugrunde. Gewiß hat Byzanz lange Zeit auch
im Westen Europas Bedeutung gehabt und in Südosteuropa eine
große kulturelle und zivilisatorische Aufgabe erfüllt. Dieses Werk
hat unser Jubilar F. Dölger[1] zusammenfassend gewürdigt. An
dieser Front steht Byzanz aber Völkern und Staaten gegenüber,
die ihm kulturell unterlegen sind und darum auch trotz schwe-
ren militärischen Zusammenstößen dem inneren Einfluß von Byzanz sich nicht verschließen können. An dieser Front gab es nur
eine Konkurrenz, die mit dem Westen, welche sich speziell im
Kampf um die Kirchen zwischen Byzanz und Rom auswirkte.

Die Lage gegenüber dem Orient war viel komplizierter. Hier
steht Byzanz einem Gebiet gegenüber, auf dem bereits vor Jahr-

Erstveröffentlichung in: Polychronion (Festschrift F. Dölger z. 75. Geb.), hrsg.
v. P. Wirth (Heidelberg 1966), S. 105 - 116.

1 F. Dölger, Die mittelalterliche Kultur auf dem Balkan als byzantinisches
Erbe, in: Byzanz und die europäische Staatenwelt (Darmstadt 1964), S. 261 - 281.

tausenden alte Hochkulturen erwachsen waren. Das konnte nicht
ohne Folgen bleiben, solange von dort her selbständige Kultur-
kräfte kamen. Diese Strömungen hatten zwar viele Metamorphosen durchgemacht, hatten dann aber im Hellenismus der
eigentlich hellenistischen Epoche, ganz besonders aber der Kaiserzeit, Eingang gefunden. Byzanz hatte nicht nur schwere politische Kämpfe durchzufechten, sondern auch um sein Wesen
aufs schwerste zu ringen. Daran war nicht zuletzt die orientalische Frage schuld.

Aus drei Komponenten war Byzanz zusammengewachsen, die
sich immer aufs neue untereinander ausglichen und infolge immer
neuer Unausgeglichenheit eine stete Bewegung hervorriefen.

1. Byzanz war die Weiterführung des römischen Reiches.

2. Byzanz war zugleich die Weiterführung des Alexanderrei-
ches und diese von Rom übernommene Aufgabe gewann ein
neues Gesicht nach der Gründung Konstantinopels.

3. Byzanz wurde ein christliches Reich, wodurch die vorherigen Ideologien entweder ausgeschaltet oder umgestaltet
wurden.

Die zweite und dritte Komponente tragen den Orient nach
Byzanz hinein. Denn die griechische Kulturwelt, mit der Rom
bereits vorher zusammengetroffen war, hatte nicht mehr die
Form des alten Griechentums, sondern die Gestalt des Hellenismus angenommen, der sich gerade in der Kaiserzeit noch
weiterentwickelte und in Geistesrichtungen wie der Gnosis, dem
Hermetismus und der Astrologie eine vollkommen umstürzende
Weltschau herbeiführte. Nicht zuletzt waren hierbei geistige
Kräfte aus Iran, Babylonien, Syrien-Palästina und Ägypten am
Werk. Auch die Philosophie wurde stark von den neuen Strömungen beeinflußt. Die Popularphilosophie sowie der mittlere Platonismus ebenso wie der später so einflußreiche Neuplatonismus
legen davon beredtes Zeugnis ab. Aus dem Orient kam aber

auch das Christentum. Aus der Verbindung von zweiter und dritter Komponente entsteht das Problem der Hellenisierung des
Christentums. Harnacks These von der Gnosis als dem Versuch
einer akuten Hellenisierung[2] des Christentums ist schief; er
hätte eigentlich "Hellenistisierung" sagen müssen. Bezeichnend
für die spätere, byzantinische Entwicklung ist die Kombination
von Hellenisierung und Hellenistisierung. Das griechische Bildungs-
gut wird gerade bei den großen Kirchenvätern ganz deutlich; zugleich kommen aber neue religiöse Triebkräfte aus dem Hellenismus, die orientalisch beeinflußt sind, in ihre Gedankenwelt.
In den Ostprovinzen des Reiches und den vorgelagerten Rand-
gebieten läßt sich diese Entwicklung besonders gut beobachten.
Dort, wo die Grenze von hellenisierter und einheimischer Bevölkerung ohne griechischen oder hellenistischen Kultureinfluß
liegt, heben sich z.B. die religiösen Äußerungen der Kirchenschriftsteller deutlich voneinander ab. Da aber die Verhältnisse
nicht starr bleiben, gilt es immer neu für die einzelnen Epo-
chen das Verhältnis von hellenisch, hellenistisch und orientalisch herauszuarbeiten.

Aber auch gewissen Formen des Staatslebens gibt das Christentum durch gegenseitige Auseinandersetzung neue Inhalte.
Manche alte Tradition erhält vom Christentum her einen neuen
Sinn. Wie eng das Reich aber mit der religiösen Ideologie im
Innersten verbunden war, erhellt folgender Parallelismus: Mit der
Christianisierung erhalten Kaiser und Reich einen eschatologischen Charakter[3]. Zur gleichen Zeit bemühen sich die Mönche
durch ihre Lebensweise die Endzeit vorwegzunehmen. War es da
verwunderlich, daß auch der Staat selbst mönchische Züge so
stark in sich aufnahm? Waren die Christen zunächst weltabge-

---

2 A. v. Harnack, Lehrbuch der Dogmengeschichte I (4. Aufl. Tübingen 1909),
S. 250ff.

3 J. Vogt, Der Niedergang Roms (Zürich 1965), S. 218.

wandt gewesen, so mußte sich dies durch zwei Fakten ändern:
einmal weil das erwartete Ende immer noch nicht eingetreten
war, weiter weil durch die Hinwendung des Staates zum Christentum dieses Ende nachgeholt schien. Wenn auch der Menschensohn nicht nach seinem Tode als Richter mit den Engelscharen
gekommen war, so hatte er doch jetzt seinen Einzug dort gehalten, von wo aus die Erde regiert wurde. An seiner Statt regier-
te der Kaiser als sein Stellvertreter auf Erden. Wenn der Kaiser
früher pontifex maximus gewesen war - noch Konstantin führte
diesen Titel -, so erwies er sich in der christlichen Zeit durch
seine Fürsorge um das Wohlergehen der Kirche, auch durch die
persönliche Beteiligung an den theologischen Schwierigkeiten,
die in ihr entstanden, als ihr wahrer Betreuer. Gerade des Kaisers Verhalten auf dem Konzil von Nikaia zeigt das[4]. Aber auch
die andere Seite der Kaiserideologie wird bereits damals hervorgetreten sein, er war auch Nachfolger des vergöttlichten römischen Kaisers. Gerade im Orient war das noch mehr gegeben[5].
Denn hier war eine solche Vorstellung seit alters vorhanden.
In Ägypten schloß sich die Vorstellung des römischen Kaiserkultes ungebrochen an den von den Ptolemäern gepflegten Herr-
scherkult an. Aber auch der übrige Osten suchte sich selbst in
republikanischer Zeit Objekte für solche Verehrung[6]. Man könnte nun die etwas zurückhaltendere Form des Kaiserkultes im
Westen des römischen Reiches als geeigneter für eine christliche Neugestaltung der Kaiseridee ansehen. Die Stellung des
Kaisers als eines Stellvertreters Christi auf Erden läßt dies
zunächst auch so scheinen. Sicher ist aber aus orientalischen

4 Vgl. H. Lietzmann, Geschichte der alten Kirche III (3. Aufl. Berlin 1961),
S. 105.
5 M.P. Nilsson, Geschichte der griechischen Religion II (2. Aufl. München
1961), S. 154ff.
6 Nilsson, a.a.O. 178ff.

Einflüssen, die in die hellenistische Welt eingedrungen waren, die weitere Entwicklung zu erklären, nach der die Göttlichkeit des Kaisers Problem blieb. "Der Kaiser ist auch weiterhin Objekt des Kultes"[7]. Es ist bezeichnend für die kulturellen Zusammenhänge, daß gerade in der iranischen Königsverehrung ähnliche Züge begegnen. Iran ist ja auch das Großreich, mit dem Byzanz in Diplomatie und Krieg am meisten zu tun hatte. Auch in Iran ist der Herrscher zugleich Priester und Gott. Er ist der reinkarnierte Mithra[8]. Der König wird zum Weltherrscher. Ihm wird als dem Abbild des das Weltall erlösenden Gottes die Proskynese geleistet[9]. Seine Inthronisation ist Beginn einer neuen herrlichen Zeit[10]. So ist es auch in Byzanz. Bereits Euseb hat im Kommen des Kaisers den Beginn der Heilszeit gesehen[11]. Die Farben des Kaisers sind rot (Purpur, Porphyr) und weiß, die Farben des Krieger- und des Priesterstandes. So trägt der Kaiser an hohen geistlichen Feiertagen ein weißes Gewand. In Iran löste man diese Doppelheit durch eine Kombination von rot mit weiß[12]. Weitere Übereinstimmungen mit iranischen Anschauungen finden sich z.B. in der Zeremonie der Vorhänge, durch die der Kaiser abgesondert wird[13], in der Zeremonie der verhüllten Hände[14] oder in der Vorstellung von der "Fami-

---

7 O. Treitinger, Die oströmische Kaiser- und Reichsidee (2. Aufl. Darmstadt 1956), S. 49. Aus dieser inneren Haltung ergibt sich auch die Bedeutung der Kaiserurkunde für die Byzantiner, wie F. Dölger eindeutig gezeigt hat (Die Kaiserurkunde der Byzantiner als Ausdruck ihrer politischen Anschauungen, a.a.O. 9 - 33). Der Respekt, der einem Dokument des "Stellvertreters Christi", des μιμητῆς θεοῦ (Dölger, a.a.O. 25) entgegengebracht wird, erinnert an den "Kuß des Kreuzes, mit dem man Christus meint" (Dölger, a.a.O. 14 mit Belegen).

8 G. Widengren, Die Religionen Irans (Stuttgart 1965). S. 238f.

9 Plutarch, Themist. 27.

10 Widengren, a.a.O. 240. 314.

11 Vogt, a.a.O. 217f.

12 Widengren, a.a.O. 154. 240.

13 Treitinger, a.a.O. 55f., und Widengren, a.a.O. 318.

14 Vgl. Treitinger, a.a.O. 64.

lie der Könige"[15]. Interessant ist, daß an Sonn- und Festtagen
der Kaiser auf dem linken Teil des Thrones sitzt, während der
rechte für Christus frei bleibt. (An Werktagen sitzt der Kaiser
auf diesem Platz als Christi Stellvertreter.)[16] Daß der Platz
für den Gottgesandten frei bleibt, erinnert an das Bemafest
der Manichäer, bei dem ein Bild Manis auf einen Thron gestellt
wurde, das man mit Psalmen, die wir noch besitzen, besang[17].

Die Kaiserideologie ist mit der Problematik des trinitari-
schen Streites in Verbindung gebracht worden. Ob man soweit
gehen darf, den Arianismus gewisser Kaiser aus dem Streben
nach möglichst ungetrübter Monarchie zu erklären, das erscheint
mir doch fraglich[18]. Auf jeden Fall beginnt aber mit diesem
Kampf die große geistige Auseinandersetzung zwischen dem
Orient und Byzanz innerhalb der Reichsgrenzen und im Rahmen
der Kirche, die mit der Entstehung von Byzanz zu einer Reichs-
institution wurde. Gerade im Osten des Reiches war das Christentum besonders gut organisiert. Das beweist die so eifrige
Teilnahme seiner Amtsträger an Konzilien und Synoden. Diesen
Reichsteil können wir in drei Gebiete gliedern: 1. Kleinasien,
2. Syrien-Palästina, 3. Ägypten und die Pentapolis. Von ihnen
haben die beiden letzteren die Nachfolge der beiden großen
Diadochenstaaten der Seleukiden und Ptolemäer angetreten.
Ihre Hellenisierung ist äußerlich sehr stark, doch ist sie nie
so in die Tiefe gegangen, daß das eingeborene Nationalgefühl
verdrängt worden wäre. In diesen Gebieten entwickeln die Einheimischen eigene Schriftsprachen gerade zur Verbreitung des
Evangeliums, und in der Zeit der dogmatischen Kämpfe bilden

---

15 F. Dölger, Die "Familie der Könige" im Mittelalter, a.a.O. 34 - 69.
16 Treitinger, a.a.O. 32f.
17 G. Widengren, Mani und der Manichäismus (Stuttgart 1961), S. 105.
18 Vgl. Treitinger, a.a.O. 45.

diese Literaturen eine Hilfe für die sich von der Orthodoxie absondernden Nationalkirchen. Ägypten hat während seiner Zugehörigkeit zum Reich bedeutsame Beiträge geliefert; nicht nur, daß es als Kornkammer die Hauptstadt mitversorgte, es bot auch in Bildung und Wissen eine reiche Tradition. Seine Theologie allerdings, die zum Bedeutendsten gehört, was in der Kirche jemals auf diesem Gebiet geleistet worden ist, diente immer wieder zur Erregung von Ärgernissen. Der trinitarische Streit nahm von hier seinen Anfang. Der große Origenes, der einst den Gnostizismus überwunden, aber dabei selbst genug gnostisches Gedankengut in die Kirche eingeführt hatte, wurde verketzert. Im Kampf um die Zwei-Naturen-Lehre stand Ägypten an der Front. Seiner Richtung standen zunächst die Syrer entgegen, bis sie weitgehend auf alexandrinischen Kurs einschwenkten. Zugleich wird der Konkurrenzkampf, den Syrien und Ägypten miteinander ausfechten, an dem Schicksal des Johannes Chrysostomos oder des Nestorios deutlich. Bemerkenswert ist, wie stark der syrische Einfluß auf Byzanz war. Nicht nur in der großen Religionspolitik war dies der Fall; man muß sich auch dessen bewußt sein, daß z.B. ein so klassischer Hymnodiker wie Romanos Melodos aus Syrien stammt. Die schon lange geäußerte Vermutung, er habe für seine Art der Dichtung auf Traditionen seiner Heimat aufgebaut, ist schon deshalb nicht so abwegig, weil die religiöse Dichtung dort so alt ist wie die syrische Schriftsprache selber (Bardesanes) und gerade besonders gepflegt worden ist; es sei nur hingewiesen auf Ephräm und Jakob von Sarug. Man denke auch daran, daß Johannes Damaskenos aus diesem Lande stammte! Es war bei der geistigen Regsamkeit Syriens, die wahrscheinlich höher als die Ägyptens eingeschätzt werden muß[19], nicht nur ein politischer, sondern

---

19 Auch die Gnosis hat ihre Heimat wahrscheinlich in Syrien, wie die Tradi-

auch ein geistiger Gewinn, wenn die Byzantiner zeitweilig Antiochia zurückgewinnen konnten. Viel konnte die Kirche auch aus Kleinasien gewinnen. Besondere Bedeutung kommt hier den drei großen Kappadokiern zu. Gerade sie haben in den schwierigen Auseinandersetzungen griechische Denkformen zur Begriffsklärung hervorragend herangezogen. Ein so scharf differenziertes philosophisch geschultes Denken ist in der späteren ägyptischen kirchlichen Theologie nicht zu finden. Wenn Kleinasien so fest im Gefüge des Reiches verankert ist, dann liegt das daran, daß es so stark hellenisiert war, daß es keine gesonderte Schriftsprache hervorbrachte, obwohl es hier genügend Einzelstämme und Einzelsprachen gab. Die Gemeinsamkeit der griechischen Kultur machte es aber möglich, daß sogar ein Isaurier kommen konnte, um als Kaiser Zenon den byzantinischen Thron zu besteigen. Ein Beweis, wie fest Kleinasien trotz aller Angriffe ins Reich eingefügt war, ist auch die Tatsache, daß Herakleios hier mit seinem großen Reorganisationswerk, der Themenverfassung, beginnen konnte. Wahrscheinlich verdankt Byzanz auch diesem Teil des Orients seinen langen Bestand; wird doch noch nach der Lateinerherrschaft von Kleinasien aus durch das dort begründete Reich von Nikaia noch einmal eine Restauration der griechischen Herrschaft in Byzanz herbeigeführt. Immer wieder kommen aus Kleinasien und dem anschließenden Armenien frische Kräfte für das Reich oder man benutzt es als Siedlungsgebiet. Armenien gibt trotz mancher anderer Differenzen (insbesondere im Dogma) dem Reich eine Einflußsphäre, die zeitweilig so aufnahmebereit ist wie der Balkan. Ihm zur Seite steht Georgien, das aber im Höhepunkt seiner Entwicklung unter den Mongolen zerbricht.

---

tion und auch die neuen Texte beweisen. Ägyptische Häretiker haben dann neue bedeutende Schulgründungen hinzugefügt.

Wollte man glauben, Syrien und Ägypten hätten für Byzanz nur kirchenpolitische Schwierigkeiten bereitet, um dann nach verhältnismäßig kurzer Zeit dem Islam zuerst politisch und dann religiös zu erliegen, so verkennt man die Einflüsse, die gerade diese beiden Länder auf das Wesen des byzantinischen Staates ausgeübt haben. Viele Erscheinungen, die gerade das mittelalterliche Byzanz charakterisieren, können nur aus der gemeinsamen Vergangenheit mit dem Orient erklärt werden, zu der dann später die Einflüsse von den östlichen Grenzen treten, bis schließlich mit dem Aufschwung hellenischer Bildung in Byzanz eine Renaissance des griechischen Erbes beginnt, die aber die grundlegenden geistigen und religiösen Probleme, die inzwischen in Fluß gekommen waren, nicht mehr rückgängig machen konnte.

Eine der bedeutsamsten Auseinandersetzungen, die das junge Christentum zu führen gehabt hatte, war die mit der Gnosis gewesen. Sie enthielt bereits die Keime für gewichtige spätere Auseinandersetzungen in Byzanz in sich. Die Gnosis war auf dem Wege zur Weltreligion gewesen, in der Gestalt des Manichäismus war sie es geworden, hatte aber trotz weltweiter Ausbreitung weder den Zoroastrismus aus seiner Stellung als Staatsreligion in Iran verdrängen noch das Christentum daran hindern können, im römischen Reich diese Stellung sich zu erringen. Aber in unterschwelligen Bewegungen griff die Gnosis[20] immer von neuem um sich, um noch lange in der Form von Sekten und Häresien wie den Paulikianern oder Bogomilen und anderen dem byzantinischen Staat politische Mühe zu bereiten und von

---

[20] Der Manichäismus ist nur eine Erscheinungsform der Gnosis. als besonders wirksame konnte er aber in der kirchlichen Terminologie schließlich überhaupt an Stelle von Gnosis schlechthin gebraucht werden. Zu seiner besonderen Nuancierung s. A. Böhlig. Zur religionsgeschichtlichen Einordnung des Manichäismus. u. S. 457 - 481.

Asien aus - durch die Umsiedlungspolitik der Kaiser - selbst bis zum Balkan, also nach Europa, zu kommen. Die Gnosis hat aber nicht nur die bekannte kosmologische, sondern sie besitzt auch, wie die neueren Funde bestätigen, eine asketisch-mystische Seite[21]. Die gnostische Qualifizierung der Gläubigen nach Gruppen, wie sie schon ganz früh auftritt in der Teilung pneumatisch - psychisch - sarkisch, wird im Manichäismus zu einem Zwei-Gruppen-Schema, das dem Gegenüber von Mönch und Weltchrist entspricht. Die Abwertung des Weiblichen[22] führt in die Gedankengänge, die die Monas als das Höchste ansehen, und bietet damit Grundlagen für philosophische Spekulationen, wie sie der Neuplatonismus bietet.

Das Mönchtum, das kurze Zeit vor der Besitzergreifung der Welt durch das Christentum in unorganisierter Form entstanden war, hat bezeichnenderweise seinen Ursprung - wahrscheinlich unabhängig voneinander - in Syrien und Ägypten. Wenn auch Ägypten in der Ideologie der Kirche das klassische Land des Mönchtums geworden ist, so darf Syrien in seinem Einfluß und besonders in seinem Radikalismus nicht übersehen werden. Das zeigt die Bedeutung, die Männer wie Ephräm Syrus und Symeon Stylita gewonnen haben. Vom ersteren werden Werke in die griechische Sprache übersetzt, andere griechisch vorhandene werden seinem Namen zugeschrieben; dem letzteren schickt Kaiser Theodosios II. Schreiben, weil er bei Streitfragen ihn als bedeutsame Autorität auf seiner Seite haben möchte. Mit der von ihm vollzogenen Einreihung des Mönchtums in die Kirche hat Athanasios von Alexandria eine folgenschwere Tat vollbracht. Zwar ist die Kirche dadurch vor dem Ausbrechen reli-

---

21   Zumindest in einem großen Teil ihrer Häresien. Es gibt daneben auch libertinistische Richtungen; das ist allerdings umstritten.

22   S. A. Böhlig. Einheit und Zweiheit als metaphysische Voraussetzung für das Enkratieverständnis in der Gnosis. o. S. 28 ff.

giös besonders aktiver Kräfte bewahrt worden, doch wurde sie
selber und schließlich sogar der byzantinische Staat aufs tiefste vom mönchischen Wesen beeinflußt. Das machte sich im
Osten immer mehr durch den Charakter bemerkbar, den das
Mönchtum annahm. Man wollte in der Nachfolge und geistlichen Gemeinschaft Christi leben und durch Askese bereits auf
Erden etwas vom kommenden Heil genießen. Männer wie Ephräm
gaben allerdings das Element der religiösen Erkenntnis nicht
auf. In Kleinasien haben Basileios und Euagrios, die die heiligen Stätten der Askese bereisten oder auch an ihnen lebten,
von ihrer griechischen Bildung aus die Askese theoretisch begründet. Gerade eine Welt, die von politischen und anderen
weltlichen Problemen ständig gequält war, nahm solche Vorbilder begierig auf und eiferte bis in die höchsten Kreise ihnen
nach. Wenn schließlich die Universität Athen geschlossen wurde,
wenn man den Kaiser in neuer Form darstellte und wenn demü-
tiger Kult beherrschend wurde, so ist das neben einem anfäng-
lich eschatologischen Zug gerade der mönchischen Gedanken-
richtung zu verdanken. Es ist kein Wunder, daß auch die Mönchsliteratur zu Beginn des mittelalterlichen Byzanz von Herakleios
ab besonderen Aufschwung nimmt. Wenn an die Stelle von kri-
tischen Geschichtswerken, die von politischer Sicht aus geschrieben wurden, immer stärker die Chroniken treten, so hat auch
das nicht zuletzt in der mönchischen Geisteshaltung seinen Grund.
Denn in der Zeit nach Herakleios, in der harte Erschütterungen
von innen (Bilderstreit) und außen (Arabersturm) das Reich
wanken lassen, wird ein Zweig der Literatur, der dem mönchischen Ideal entgegenkommt, besonders gefördert, die Hagio-
graphie, die dann am Ende des Bilderstreits ihre Blüte erreicht.
Im Bilderstreit und unter der Araberherrschaft wurden ja oft
genug die Mönche wieder zu Märtyrern, deren Stellung sie im
verchristlichten Reich übernommen hatten. Mit dem damaligen

Übergewicht der Mönchsliteratur steht Byzanz ganz an der Seite
der syrischen und koptischen Literatur; auch die armenische
und georgische sind etwa bis zum Kreuzzugszeitalter von ihrem
Wesen vorrangig bestimmt, soweit nicht, wie in Armenien, die
nationale Geschichte in der Literatur noch eine besondere Stellung einnimmt, die aber auch betont genug von religiöser Sicht
aus betrachtet wird. Auch in der späteren Volksliteratur, die
immer noch vom Orient in ihren Traditionsstücken stark beeinflußt ist, finden sich asketische Züge verbunden mit einer Er-
zählungskunst, deren Zweck es ist, Weisheit zu bieten.

Die Mönchsliteratur war im Orient für weitere Kreise geschaffen worden. Durch die Übersetzung bedeutender Kanzel-
redner in orientalische Sprachen und durch selbständige Schaffung ihnen ähnlicher Werke hatte man dort schon vorher eine
weitverbreitete homiletische und hagiographische Literatur dar-
geboten. Man hatte dabei die Rhetorik kirchlich umgebildet und
auf andere Weise das griechische Prinzip der Paideia weiterge-
führt. Gerade in Ägypten machte es sich besonders bemerkbar,
daß die koptische Literatur eine Volksliteratur war. Das koptische Mönchsschrifttum ist vor allem für die religiöse Praxis
bestimmt. Die Predigten des Schenute zeigen das zur Genüge.
Doch erwächst in den Ländern des Mönchtums selber auch eine
theoretische Behandlung seiner Aufgaben. Die Askese soll ja
zu Gott führen. Diesen Weg versuchen die Mönche herauszuarbeiten, die ihrem Dasein und So-Sein einen tieferen Sinn geben und zugleich ihren Brüdern Helfer sein wollen. Hatte Basileios noch im wesentlichen die fromme Praxis ins Zentrum gestellt, so findet sich bei Symeon von Mesopotamien/Makarios
die Ekstase, die den Gläubigen alles Irdische verachten läßt,
so daß er für die praktische Betätigung in der Gemeinde nicht
zu brauchen ist. Darum wird er nicht ständig in den Zustand
der Vollkommenheit versetzt[23]. Wenn vom Erlebnis der Liebe

und "Süße" die Rede ist, so erinnert das an gnostische Terminologie, wo im Evangelium veritatis von der "Süße des Vaters"
gesprochen wird[24]. Der Glaube läßt ferner den Menschen auf
die vielen Wohnungen im Reiche Gottes warten, von denen Jesus
Joh 14,2 spricht und hofft, sie durchschreiten zu können. Man
konnte hierbei an die Hekalot-Literatur der Juden denken[25].
Die subtile Abhandlung über das Eingehen Gottes in den Menschen[26] erinnert an das Kephalaion des Mani, wo die Frage
gestellt wird, wie der Licht-Nus als großer Gott sich in die
Kleinheit des menschlichen Körpers begeben kann[27]. Nicht zu
dieser Gruppe gehört das syrische Liber graduum, das "Stufen-
buch", das selber eine Stufe auf dem Weg solcher asketischer
Theologie ist. So sieht man hier in der Trennung der "Gerechten" von den "Vollkommenen" und der Forderung der Berufs-
losigkeit der letzteren Züge, wie sie eindeutig der Manichäismus aufweist[28]. Die Vollkommenen haben Zugang zur verborgenen Kirche[29], die das Vorbild der irdischen ist. Von Kirchen,
die überirdisch sind, ist auch in der älteren Gnosis die Rede[30].
Die ähnlichen Züge sind dem syrischen Christentum eigentüm-

23   Makarios. Hom. 8. 3. 4.

24   Nag Hammadi I 31. 20; gleichfalls im Tractatus tripartitus NH I 53. 5;
55. 33; 56. 15.

25   Die Schriften von den Thronhallen Jahves, die der Mystiker durchwandert.

26   Makarios. Hom. 4. 9ff.

27   Keph. 89. 32f. (Manichäische Handschriften der Staatlichen Museen Ber-
lin· Kephalaia, 1. Hälfte. ed. H.J. Polotsky - A. Böhlig [Stuttgart 1934 - 1940]).

28   M. Kmosko möchte in der Einleitung seiner Ausgabe· Liber Graduum (Patr.
Syr. III, Paris 1926), S. CXV - CXLIX, diese Schrift den Messalianern zuweisen,
was jetzt ebenso umstritten ist wie die Zuweisung Symeons zu ihnen; vgl. H. Dörries, Die Theologie des Makarios/Symeon (Göttingen 1978); R. Staats. Messalianer-
forschung und Ostkirchenkunde, in· Makarios-Symposium über das Böse, hrsg. v.
W. Strothmann (Wiesbaden 1983). S. 47 - 71; A. Vööbus. History of Asceticism
in the Syrian Orient I (CSCO, vol. 184. Louvain 1958). S. 178ff.

29   Die Rolle als Offenbarer, die der Paraklet dabei spielt, kann ebenfalls
auf manichäischen Einfluß schließen lassen.

30   A. Böhlig - P. Labib. Die koptisch-gnostische Schrift ohne Titel aus Codex
II von Nag Hammadi im Koptischen Museum zu Alt-Kairo (Berlin 1962) 105. 20.
22; 106. 17.

lich. Auch die Bewegung des Eustathios, die im Osten Klein-
asiens aufbricht, zeigt deutlichen Radikalismus in der Askese.
Dieser Radikalismus des Orients wird in Ägypten durch den
dort als Mönch lebenden Kleinasiaten Euagrios Pontikos auf
eine theologische Stufe gehoben. Er entwirft das Bild des vollkommenen Mönches als eines Gnostikers[31]. Er lehrt einen Aufstieg des Asketen, der der Trichotomie der hellenistischen
Anthropologie Leib - Seele - Geist entspricht. Durch die "Praxis" wird die Seele gereinigt, durch das "beschauliche Leben"
der Geist. Ein technisches Mittel ist hierzu das ständige Jesus-
Gebet, wie es auch im weiteren Verlauf der östlichen Mystik
begegnet. Ebenso stark wie in der Gnosis ist der Kampf mit
den bösen Geistern, doch die Auseinandersetzung ist in die Psyche des Menschen verlegt. Hat er die Apatheia errungen, ist
der Geist frei und somit "nackt", dann kann der Mönch die
Gnosis erlangen. Das Wort "Gnosis" hat hier dieselbe Bedeutung
wie schon früher in der Religionsgeschichte. Die Gnosis als
religiöse Erscheinung ist, wie gerade auch G. Widengren am
Manichäismus gezeigt hat[32], nicht eine rein intellektuelle Erscheinung; sie schließt religiöses Erlebnis und religiöse Erkenntnis in einem zusammen[33]. Die Triebkraft bei Euagrios und
späteren Mystikern ist die "Liebe". Sie bezeugt sich im prak-
tischen Leben als Nächstenliebe, gegenüber Gott aber zieht sie
den Asketen empor. Durch die Nacktheit hat Gott dem Geist
Gnade geschenkt, ihn zu schauen. Klingt es nicht sehr ähnlich,
wenn der gnostische Jakobus bei seinem Märtyrertod spricht:

31 Vgl. H. Bacht, Pachomius und Evagrius, in: Christentum am Nil (Reckling-
hausen 1964), besonders S. 143 - 150.

32 Widengren, Mani 136ff. Es dürfte Augustin als ehemaligem Manichäer
nicht unbedingt schwer gefallen sein, sich zum "credo, ut intelligam" durchzu-
ringen.

33 Auch Bacht, a.a.O. 147, scheint dies trotz sehr starker Betonung des In-
tellektualismus zu spüren.

"Denn deine Gnade lebt in mir, der Eros, ein Werk einer Fülle zu tun"[34]? Einen langen Stufenweg wählt Ps.-Dionysius Areopagita, der aber durch die Kraft des Eros die Werte umwertet und aus der unendlichen Ferne Gottes dessen Nähe werden läßt. Darum benötigt er um so mehr die Ekstase. Auch Symeon der Theologe strebt nach der Gottschau. Bei ihm scheint aber wie bei Basileios das gnostisch-dualistische Moment überwunden zu sein. Doch fühlt man sich an die plastischen Vorstellungen der Gnosis erinnert bei der Erscheinung Gottes im Licht, das den Menschen umgibt[35]. Lichtvisionen stehen auch im Mittelpunkt der hesychastischen Mystik gewisser Theologen. Ihre Gottesvorstellung, daß Gott einerseits der ganz andere und andererseits der Gute ist, der sich offenbart, ist eine alte Anschauung, wie man sie bereits bei dem Gnostiker des Eugnostosbriefes finden kann[36].

Die Hinweise legten dar, daß Frömmigkeit und Lebensstil der Byzantiner eine besondere Note erhalten haben, die aus dem hellenistischen Erbe stammt und ihre Wirkung bis in die Gegenwart der Orthodoxie behalten hat. Zwar hat der Orient den byzantinischen Raum nicht einfach überflutet, in seiner hellenistischen Brechung aber hat er dem römischen Reich ein neues Gesicht gegeben. Demgegenüber wurde der Bildersturm, der aus nicht-hellenistischer Ideologie des Orients zu stammen scheint, gerade von der hellenistischen Theologie (z.B. Johannes Damaskenos) und dem Mönchtum bekämpft.

---

34 Nag Hammadi V 63, 7ff.

35 Wenn man bedenkt, daß im Hebräerevangelium (W. Schneemelcher. Neutestamentliche Apokryphen I [5. Aufl. Tübingen 1987], S. 142ff.) von der Entrückung Jesu auf den Berg Thabor die Rede ist. so kann auch die Verklärung und Entrückung im Licht in der Pistis Sophia (C. Schmidt - W. Till. Koptischgnostische Schriften I [3. Aufl. Berlin 1962], S. 3f.) hiermit verbunden werden.

36 Nag Hammadi III 72, 17.

Die Zeit des Hellenismus hörte aber für die Ostgebiete mit ihrem Ausscheiden aus dem Reichsverband noch nicht auf. Noch während in Byzanz der Bilderstreit tobt, setzt in der islamischen Welt mit Beginn der Abbasidenherrschaft ein reges Interesse für das hellenistische Erbe ein. Der persische Einfluß auf Bagdad macht sich auch hierbei bemerkbar; hatte doch der westliche Teil des iranischen Reiches viel hellenistisches Gut aufgenommen, z.B. zunächst auch die bei der Schließung der Universität Athen vertriebenen Professoren[37]. Aber auch die wissenschaftlich tätigen Kreise der orientalischen Christen, besonders die Syrer, haben bei dem Wiedererstarken des Hellenismus mitgewirkt[38]. Natürlich richtete sich das Interesse im islamischen Raum nicht auf die christlich-hellenistische Literatur. Man wunderte sich eher[39], daß so gescheite Leute wie die Byzantiner einer so dummen Lehre wie der Menschwerdung Gottes in Christo anhängen konnten. Auch die Gegenstände der griechischen Rhetorenschule fanden keinen Widerhall, da die Rhetorik im islamischen Staat überflüssig war. Aus diesem Grund ist uns auch keine griechische schöne Literatur bei den Arabern überliefert, gehörte sie doch zu diesem Teil des Bildungsgutes[40]. Aber an wissenschaftlicher Literatur der Naturwissenschaft, Medizin und Philosophie war man außerordentlich interessiert. Man konnte sich dabei ja auch auf die Achtung berufen, die der ʿilm bereits bei Muhammed genossen hatte[41]. War er bei ihm auf das religiöse Wissen beschränkt gewesen, so weitete

---

37   G. Ostrogorsky. Geschichte des byzantinischen Staates (3. Aufl. München 1963). S. 65.

38   F. Rosenthal, Das Fortleben der Antike im Islam (Zürich 1965). S. 19.

39   Vgl. al-Ǧahiz bei Rosenthal, a.a.O. 66ff. Es ist bezeichnend, daß man im Orient nie ein wirkliches Verständnis für die zwei Naturen in Christus gefunden zu haben scheint.

40   Rosenthal, a.a.O. 24f.

41   Rosenthal, a.a.O. 18.

man jetzt seinen Bereich aus. Ja, man konnte sich sogar rühmen, hellenistisches Geistesgut wiederaufgegriffen zu haben,
das bei den Griechen vernachlässigt worden war[42]. Die Philosophie wurde vorzugsweise in neuplatonisches Gewand gekleidet, was die Aufnahme im Orient sicher erleichtert hat. Damit können die asketischen und mystischen Strömungen nach
anfänglicher Ablehnung, ebenfalls von Syrien und Iran gespeist,
wieder an Boden gewinnen. Ihre religiöse Innigkeit hat dem "Wie-
derbeleber" der islamischen Religion, al-Ghazālī, die Kraft gegeben, den Islam in seiner ganzen Tiefe als Religion zu begreifen. Dadurch wurde aber zugleich dem Hellenismus im Islam
ein Ende gesetzt.

Aber auch ein praktisches Erbe haben die Byzantiner im
Orient hinterlassen, das aus der hellenistischen Staatenwelt
erwachsen und besonders von Rom noch geprägt worden war,
die straff organisierte Verwaltung. Nicht umsonst haben die
Muslime sie übernommen, wovon viele Papyri Zeugnis ablegen,
und die Fatimiden hatten guten Grund, gerade Armenier als
Verwaltungsfachleute gerne heranzuziehen, die von dieser byzantinischen Tradition zehrten.

An einigen Linien sollte gezeigt werden, wie ausschlaggebend
in der Welt von Byzanz die Wirkungen des Hellenismus gewesen
sind und wie sich ein ständiger Austausch zwischen griechischer
Denkrationalisierung, orientalischem Radikalismus und gläubiger
Hingabe vollzogen hat.

42 Rosenthal, a.a.O. 68ff.

ZUR RHETORIK
IM LIBER GRADUUM

Zu den eigenartigsten und interessantesten Werken der syrischen Literatur gehört das Liber graduum[1]. Es besteht aus 30 Memre, denen eine Einleitung vorangestellt ist, die nicht vom Verfasser stammt, ihn aber als von den Aposteln herkommenden Syrer bezeichnet. Er ist ein Anonymus, der ebenso wie sein Werk Probleme für seine Einreihung aufgibt. Der Editor hat seiner Ausgabe ausführliche Untersuchungen beigegeben, in denen er die Schrift den Messalianern zuweist[2]. Diese Beurteilung ist inzwischen wieder fraglich geworden[3]. Im vorliegenden Referat soll nun aber nicht dieses Problem behandelt, sondern der Versuch unternommen werden, die Form der Darstellung im Liber graduum an einigen Beispielen zu durchleuchten.

Ist bei den Einflüssen, die griechische Kultur auf den Orient gehabt hat, nicht auch an eine Einwirkung griechisch-römischer Rhetorik zu denken? Man erinnere sich, daß auch für den Theologen die alte Rhetoren- und Philosophenschule die Grundlage der Ausbildung darstellte[4]. So konnten z.B. die Herausgeber der

Erstveröffentlichung in: IV. Symposium Syriacum 1984: Literary genres in Syriac literature (Orientalia Christiana Analecta, 229), Roma 1987, S. 297 - 305.

1 Liber Graduum, ed. M. Kmosko, Patr. Syr. I, 3.

2 A.a.O. p. CXV - CXLIX. An diese Deutung Kmoskos schloß sich H. Lietzmann in seiner Kirchengeschichte an: Geschichte der alten Kirche. Bd. 4: Die Zeit der Kirchenväter, 3. Aufl. Berlin 1961. S. 181 - 184.

3 A. Vööbus. History of ascetism in the Syrian Orient. A contribution to the history of culture in the Near East I (CSCO 184, Louvain 1958). S. 178 - 184.

4 Vgl. A. Böhlig in: A. Böhlig - F. Wisse. Zum Hellenismus in den Schriften

Schrift "De resurrectione" aus dem Fund von Nag Hammadi diese nach dem rhetorischen Schema aufgliedern[5]. Dem im Liber graduum nachzugehen, veranlaßten mich gewisse Wiederholungen im Text und das Ziel des Verfassers, dem Leser seine theologische Meinung durch Argumente probabel zu machen.

Durch das ganze Buch zieht sich der Gedanke, daß das Schicksal nach dem Tode der Leistung im innerweltlichen Dasein entspreche. Insbesondere wird die große Masse der Kirchenchristen in zwei Gruppen geteilt, die Vollkommenen und die Gerechten[6]. Eine solche Trennung ist die Folge widersprüchlicher Aussagen Jesu und der heiligen Schrift überhaupt[7]. Solche Gegensätze und Widersprüchlichkeiten sind nach dem Liber graduum freilich nicht Zeugnisse mangelhafter oder falscher Überlieferung, sondern bewußt und sinnvoll gegebene Gebote, die den Notwendigkeiten des weltlichen Daseins entsprechen, dem auch die Kirche unterworfen ist. Die Vollkommenen sind ein asketischer Stand, die z.B. die Gebote der Bergpredigt im Vollsinn, ja sogar darüber hinaus erfüllen, während die Gerechten den Durchschnittsstand der Kirche bilden, in der z.B. Leitungspersönlichkeiten nicht immer nach dem Liebesgebot, sondern um der Ordnung willen auch mit Härte gegen Sünder vorgehen müssen. Die Gruppen der Sittlichkeit werden in ein Entwicklungsschema eingereiht. Man steigt von dem Zustand, in dem man die kleinen Gebote erfüllt wie ein Kind, das nur Milch trinkt, oder wie einer, der infolge seiner Schwäche nur Gemüse essen darf, em-

---

von Nag Hammadi (Göttinger Orientforschungen VI 2. Wiesbaden 1975). S. 9 - 53; s. a. u. S. 251 - 288.

5 De resurrectione (Epistula ad Rheginum). ed. M. Malinine - H.-Ch. Puech - G. Quispel - W. Till - R.McL. Wilson - J. Zandee (Zürich 1963). S. IX.

6 Index analyticus: iusti S. 1140 - 1141. perfectus S. 1146 - 1147.

7 Z.B. S. 473: Mt 5. 44 gegen Mt 18. 17; S. 475: Mt 22. 30 und 10. 37 gegen Mt 19. 6; S. 478: Col 3. 2 gegen 2 Thess 3. 10; S. 467: Mt 10. 37. Lc 14. 26 gegen Ex 20. 12, Dt 5. 16, Eph 6. 1 - 2.

por zu dem Zustand, in dem man auch die großen Gebote erfüllt wie einer, der feste Speise zu sich nimmt. Es ist möglich, auch vom Status des Gerechten zum Status des Vollkommenen zu gelangen. Immer aufs neue und von allen Seiten aus
betrachtet, wird an Hand biblischer Zitate argumentiert und
der Leser so zur Kenntnisnahme des Tatbestandes und der möglichen Erhebung über die unteren Stufen hinaus zur Erlangung
des parakletischen Geistes angeregt[8].

Von den drei Genera antiker Rhetorik, dem genus iudiciale
(τὸ δικανικὸν γένος) , dem genus deliberativum (τὸ συμ-
βουλευτικὸν γένος) und dem genus demonstrativum (τὸ
ἐπιδεικτικὸν γένος) ist das genus deliberativum für unsere Sermonen Vorbild[9]. Während das genus iudiciale[10] die Pro-
zeßrede beinhaltet und das genus demonstrativum[11] maßgeblich
für das Enkomion ist, stellt das genus deliberativum[12] den "na-
mengebenden Musterfall" dar, die "politische Rede, in der der
Redner eine der Zukunft angehörende Handlung empfiehlt oder
von ihr abrät, und zwar nach der genus-eigenen Qualitätsalternative utile - inutile"[13]. Hier übernimmt die theologische Diskussion die Methode der politischen Rede. Es werden allerdings
nicht quaestiones finitae wie in der Politik, sondern quaestiones
infinitae "allgemeine Probleme" behandelt, die bereits Cicero

8 Vgl. S. 72, 6 - 21: "Es gibt nämlich Menschen, in denen (nur) in geringem
Maße vom Herrn ein kleiner Segen vorhanden ist. Das ist der kleine Teil, der
Angeld von Gott genannt wird. Und es gibt (solche), die die größte aller Gaben
erhalten haben; das ist die, die Parakletengeist genannt wird. Die von ihm erfüllt sind, sind auch von Gott erfüllt, und Christus wohnt vollkommen in ihnen.
Daran also wird der Mensch erkannt, in dem der Parakletengeist wohnt, daß man
sieht, daß er ihn lehrt, alle Menschen zu lieben, auch seine Feinde und Mörder,
und für sie eifrig zu beten".

9 H. Lausberg, Handbuch der literarischen Rhetorik. Eine Grundlegung der
Literaturwissenschaft, 2. Aufl. München 1973, §§ 139 - 254.

10 Lausberg, §§ 140 - 223.

11 Lausberg, §§ 239 - 254.

12 Lausberg, §§ 224 - 238.

13 Lausberg, § 224.

den Philosophen zuweist; sie werden rhetorisch von Rhetoren dargestellt[14]. In unserem Fall wird die Qualitätsalternative aber von einem Ja - Nein zu einem Schlechter - Besser, bei dem das "Besser" dann das wirkliche "utile" ist.

Der Komplikationsgrad des Problems entspricht also der antiken quaestio comparativa: nec tantum inutilibus comparantur utilia, sed inter se quoque ipsa, ut si ex duobus eligamus, in altero quid sit magis, in altero quid sit minus[15]. Ja, man kann diesen Charakterzug überhaupt als den wesentlichen des genus deliberativum ansehen. Wenn auch die Zukunft in diesem Genus die entscheidende Rolle spielt, so müssen doch auch Gegenwart und Vergangenheit mitberücksichtigt werden[16]. Das bedeutet in unseren Texten: die Personen des Alten Testaments, Adam, die Patriarchen und die Propheten sowohl als auch die Personen des Neuen Testaments, Jesus und die Apostel. Zugleich wird auf die gegenwärtigen Probleme der Kirche hingewiesen[17]. Dies alles sind exempla, die bei der Beratung der zukünftigen Handlungen herangezogen werden müssen[18].

In der theologischen Rede ist für die Aussage, gerade wenn sie vergleicht, der status qualitatis besonders wichtig[19]. So wie für den "Philosophen das wahre utile immer ein honestum ist", so ist hier die Tat, die auf der aequitas beruht, das honestum und utile zugleich. Wenn gewisse Philosophen aber das honestum vom utile trennen[20], müßte man in unseren Diskussionen als honestum das Handeln der Vollkommenen, als utile

14 Lausberg, §§ 69. 70.
15 Lausberg, § 227, 3: Quintilian 3. 8. 33.
16 Lausberg, § 228.
17 Vgl. Index analyticus.
18 Lausberg. § 410.
19 Lausberg. §§ 233 - 236.
20 Lausberg. § 234.

das Verhalten der Gerechten betrachten. Soweit zum Grundsätzlichen.

Wenden wir uns der Gliederung der Sermonen zu. Die antike
Rede[21] beginnt 1. mit dem exordium (προοίμιον)   [22]; es
folgt 2. die narratio (πρόθεσις)   [23], 3. die argumentatio
bzw. probatio (πίστις)[24], 4. die peroratio (ἐπίλογος)[25].

Der Aufbau der Sermonen scheint nicht immer der gleiche
zu sein, je nachdem das Thema kürzer oder breiter behandelt
wird. Man kann den Umfang der Rede auf das Problem zurückführen, das der Verfasser bearbeitet. Besonders ausführlich ist
der 19. Sermon, der vom Weg der Vollkommenheit spricht[26].
Im exordium[27] wird der, welcher Asket werden will, aufgefor-
dert, gutwillig, gelehrig und aufmerksam zu sein; zur "Stadt
unseres Herrn Jesus" gibt es einen direkten Weg, von dem aber
viele Wege abführen. Es kommt darauf an, immer mit aller
Kraft auf dem direkten Wege vorwärtszuschreiten. Das ist freilich mit der Gefahr verbunden, abzustürzen. Dabei wird vorgeführt, wie das Vorhandensein von Seitenwegen ein Schutz für
Kinder und Kranke (Schwache) ist, die noch nicht fähig sind,
die großen Gebote zu halten. Sie werden so vor dem tödlichen
Absturz bewahrt und erhalten die Möglichkeit, doch noch Vollkommenheit zu erlangen. Das Wichtigste ist, nicht abzustürzen.
Für den Asketen freilich ist der Weg der Vollkommenheit das
Mittel zum Heil.

21 Vgl. die Tabelle bei Lausberg, § 262.
22 Lausberg, §§ 263 - 288.
23 Lausberg, §§ 289 - 347.
24 Lausberg, §§ 348 - 430.
25 Lausberg, §§ 431 - 442.
26 S. 445 - 525.
27 Abschnitt 1 - 2, S. 445 - 452,22.

Die Abschnitte 3 - 8 können als narratio betrachtet werden[28], wenn man diese mit Quintilian[29] definiert: narratio est rei factae aut ut factae utilis ad persuadendum expositio vel - ut Apollodorus finit - oratio docens auditorem quid in controversia sit. In diesen Abschnitten wird die Problematik des engen, direkten Weges behandelt. Wofür im Proömium bereits um Verständnis geworben wurde, die Schwierigkeit und Gefahr des Aufstiegs für den Vollkommenen und die Hilfestellung von Seitenwegen, das wird hier nun ausführlich dargestellt. Die Seitenwege führen zwar noch nicht zum Ziel, man kann aber von ihnen aus zum engen Weg übergehen, wenn man vom Zustand des Kindes und des Kranken (Schwachen) zu dem des Gesunden gekommen ist. Die Wege entsprechen den großen und kleinen Geboten. Wenn man sie unterscheiden kann, ist man über den Zustand der Kindheit oder Krankheit bzw. Schwäche hinausgewachsen. Allerdings darf man die "feste Speise"[30], von der Paulus spricht, nicht auf die sichtbare Speise beziehen; sie ist vielmehr das asketische Verhalten. Die heilige Schrift ist die Quelle, aus der wir unser Wissen entnehmen können; insbesondere ist durch die Predigt Jesu und der Apostel die Verbindung des Alten mit dem Neuen zu einem Testament erfolgt. In Kapitel 8 kann man einen Transitus sehen, der mit der intensiven Betonung des Neuen Testaments und seiner Bedeutung für die großen Gebote zur argumentatio hinüberleitet[31].

In den Kapiteln 9 - 33 wird in je einem Abschnitt ein Beispiel für den vollkommenen engen, direkten Weg und den Seitenweg besprochen[32]. Weil damit also Belege gegeben werden,

28 S. 451,23 - 468,16.
29 Quintilian 4. 2. 31.
30 1 Cor 3. 2.
31 Lausberg, §§ 343. 345.
32 S. 467,17 -509,17.

könnte man hierin die argumentatio sehen. Doch könnte man
auch an eine digressio, einen Exkurs, denken[33]. Dann entsprä-
chen die zusammenfassenden Abschnitte 34 - 38 der eigentlichen argumentatio[34], in 39 - 40 hätten wir dann die peroratio vor uns[35]. Daß die argumentatio mit Kapitel 38 zu Ende
geht, kann aus dem letzten Satz geschlossen werden. Es wird
dort darauf verwiesen, daß die Differenzierung bereits oben,
d.h. schon im 1. Sermon, behandelt worden ist. Die peroratio
faßt noch einmal zusammen: sie erinnert noch einmal daran,
daß die Menschen so gern auf den Nebenwegen, die nicht so
eng sind, wandeln, daß aber die himmlische Stadt nur von den
Vollkommenen erreicht werden kann, die schließlich den engen
Weg vollenden. Gerade die wiederholte Darstellung dieser Tatsache soll die Emotion wecken, die zur Vollkommenheit führt.

Ein ganz anderes Beispiel bietet Sermon 23[36]. Er handelt
über "Satan, Pharao und die Israeliten". Es geht hierbei um
das Problem der Verstockung des Pharao und der Israeliten.
Der Auszug des Volkes Israel aus Ägypten ist ein markantes
Heilsereignis, dem im Christentum das Heilsgeschehen in Christus entspricht. Dem verstockten Verhalten des Pharao in der
alten Zeit steht in der neuen Epoche der Weltzeit die Verstockt-
heit der Israeliten in ihrem Verhalten zu Jesus gegenüber. Es
soll bewiesen werden, daß weder Pharao noch die Israeliten
auf Geheiß Gottes, sondern von sich aus gehandelt haben. Das
ist aber nur zu beweisen, wenn man berücksichtigt, daß es dabei um sündige Menschen wie Adam geht; Adam wurde nämlich
vom Satan beeinflußt, ja wurde selbst Satan, da er Gott gleich

33 Lausberg, §§ 340 - 342.
34 S. 509,18 - 521,2.
35 S. 521,3 - 525,20.
36 S. 692 - 712.

werden wollte. Für die Rebellion des Satans war Gott nicht
verantwortlich und damit auch nicht für die Rebellion der Menschen.

Das exordium, Abschnitt 1[37], will den Lesern klarmachen,
daß Gott nur Gutes getan hat, das Böse dagegen vom Feind
stammt. Die Abschnitte 2 und 3[38] können als narratio betrachtet werden, in der der Satan sowie sein Ebenbild Ischarioth
als ursprünglich zur Rechten sitzend, dann aber zur Linken über-
wechselnd geschildert wird, der den Pharao bzw. die Israeliten
anstiftet und schließlich vernichtet wird. Aus der Bestrafung
des Satans ergibt sich der Anhaltspunkt für die argumentatio,
Abschnitt 4 - 10[39]. Gott würde niemanden strafen, dem er
Böses auftrüge. Da Gott aber den Satan straft, muß das Böse
aus dem Satan selber kommen. Dieses Böse besteht in dem
Willen, selber Gott zu werden. In der zweiten Schöpfung entspricht Ischarioth dem Satan. Auch er geht von der Rechten,
nämlich Jesu, zur Linken über. Jesus hat ihn als Beispiel des
Satans zu sich genommen. So wie der Satan von Gott Zeit zur
Buße erhielt, so hat Jesus mit der Fußwaschung Liebe erwiesen.
Auch Adam wurde von Gott begnadet, ebenso alle anderen Menschen trotz ihrer Rebellion. Weil alles Sichtbare ein Schatten
des Unsichtbaren ist[40], will der Satan wie im Himmel so auch
auf Erden Gott sein. Dieser Frevel stammt nicht von Gott;
denn Gott hat nur Gutes geschaffen. Sonst müßte man sagen:
Alles, was er geschaffen hat, ist gut außer dem Satan. Was
für den Satan gilt, ist auch für den Pharao anzunehmen. Die
Langmut Gottes führt ihn zur Verstockung. Die Israeliten aber

37 S. 691 - 693,15.
38 S. 693,16 - 697,11.
39 S. 697,12 - 709,27.
40 Rom 1, 20.

werden durch die Demut und die Niedrigkeit, in der Gott in
Jesus erscheint, verstockt. Es ist nicht Gottes Wille, der sich
in der Verstockung der Israeliten kundtut, sondern die Rebellion der Menschen. Darum gibt sich Gott als Richter zu erkennen. In Abschnitt 11[41] kann die peroratio gesehen werden.
Vielleicht ist hier auch eine Art Exkurs[42] an ihre Stelle getreten. Es wird das Unverständnis für die Selbsterniedrigung
Gottes als Zeichen gedeutet, das dem Zeichen vom Himmel,
das die Israeliten fordern, diametral entgegengesetzt ist. Das
verstockte Verhalten der Israeliten ist das πρακτικόν , das
ein παθητικόν nach sich zieht, um es mit der Beschreibung
der Rhetorik auszudrücken[43]. Der Schlußsatz bedeutet eine typische Äußerung der indignatio (δείνωσις) [44], der Aufpeit-
schung der Affekte gegen den Gegner: "Sie verstehen nicht,
daß wegen des Frevels und des Hochmuts des Adam und seiner
Söhne er sich erniedrigte, um sie zu belehren, damit sie umkehr-
ten zur früheren Gestalt, aus der sie gefallen waren".

Im 12. Sermon[45] "Über den Dienst der verborgenen und offenbaren Kirche" wird die Problematik der irdischen Kirche und
ihrer Sakramente in sehr positivem Sinne behandelt. Im exordium,
Abschnitt 1[46], wird von der inneren Frömmigkeit des Vollkommenen ausgegangen, die zur Askese führt. Diese Haltung ist imita-
tio Jesu und der Apostel. Fasten und Beten werden spirituell
aufgefaßt. Sie sind geistlicher Dienst. Wenn dieser Dienst zur
unsichtbaren himmlischen Kirche hinführen soll, muß man in
der sichtbaren Kirche verankert sein. Ohne Taufe und Sakra-

41 S. 712, 1 - 25.
42 Lausberg, § 431.
43 Lausberg, § 432.
44 Lausberg, § 438.
45 S. 285 - 304.
46 S. 285, 1 - 292, 1.

ment des Altars gibt es keinen Weg nach oben. Speziell die
sichtbare Taufe ist durch ihren geistlichen Charakter auch für
die Vollkommenen die Voraussetzung der Vergebung. Dieses
exordium will den Leser für die sichtbare Kirche einnehmen
und über den Zusammenhang mit dem inneren Menschen und
seinem Weg zur himmlischen Kirche belehren. Die sichtbare
Kirche umfaßt alle Gläubigen, deren Leiber Tempel und deren
Herzen Altäre sind. Über Demut führt der Weg zur himmlischen
Kirche und zum geistlichen Altar. Alles in der sichtbaren Kirche ist Abbild der verborgenen. Darum soll man die sichtbare
Kirche nicht verachten, die Erzeugerin der Gläubigen ist.

Im 2. Teil von Abschnitt 2 beginnt die narratio mit folgenden Worten[47]: "Offenbar ist diese allen sichtbare Kirche, deren Altar, Taufe und Priestertum der Herr eingerichtet hat".
Sie wird als die Mutter geschildert. Jesus und die Apostel haben schon die sichtbare Kirche gebildet. In den Leibern und
Herzen wohnt Christus[48]. Die irdische Kirche ist Typos der
himmlischen. Sie hilft den Menschen und führt die Unvollkommenen zur Vollkommenheit. "Wir wollen also nicht die sichtbare Kirche verachten, die alle Kinder aufzieht, und nicht die
des Herzens wollen wir verachten, die alle Schwachen stärkt,
sondern auf die der Höhe warten, die alle Heiligen vollkommen macht"[49]. Mit diesem Satz wird in die argumentatio über-
geleitet, die die Bedeutung der Mutter Kirche darstellt (in Abschnitt 4 - 5)[50]; in Abschnitt 6[51] wird zugleich die Notwendigkeit betont, daß der Vollkommene lehrt und mahnt und wegen

47 S. 292, 1 - 3.
48 1 Cor 6, 19.
49 S. 293, 17 - 22.
50 S. 293,23 - 300.3.
51 S. 300,4 - 301,14.

seiner geistlichen Beanspruchung die körperliche Arbeit aufgibt. Zwischen der sichtbaren und der unsichtbaren Kirche steht hier noch die Kirche des Herzens. Sie ist die verinnerlichte Form der sichtbaren Kirche, die zur Vervollkommnung führt, so daß der Verfasser auch von drei Kirchen sprechen kann. Er ist sich aber nicht ganz im klaren, was mit dem Glied der Kirche des Herzens wird, das stirbt, ohne die Vervollkommnung erlangt zu haben. Ohne die sichtbare Kirche sind jedenfalls sowohl die Kirche des Herzens wie die himmlische Kirche nicht zu erreichen. Darum soll auch der Asket sich nicht von ihr lösen. Wenn die Kirche in ihren verschiedenen Formen auch verschiedene Frömmigkeitstypen umfaßt, so besitzt sie doch einen Geist.

Die peroratio (Abschnitt 7)[52] beschreibt den herrlichen Zustand dessen, der in die himmlische Kirche eingeht. Während die sichtbare Kirche und die Tempel des Leibes nicht ständig vom Glanz des Herrn erleuchtet werden, auch wenn der Herr allgegenwärtig ist, so erglänzt das wahre Licht in die himmlische Kirche. Für die Unvollkommenen gibt es allerdings andere Orte des Lebens. Da die Gemeinschaft mit dem Herrn Jesus Christus ihren Platz in der himmlischen Kirche hat, endet der Epilog mit einer Doxologie: "Ihm sei Ehre in alle Ewigkeit. Amen"[53]. In diesem Übergang zum Lobpreis, der die ganze peroratio durchzieht, bewahrheitet sich H. Lausbergs Aussage[54]: "Das Lob der Schönheit ist die Hauptfunktion der epideiktischen Rhetorik", in die unser Sermon einmündet.

An Hand dieser Beispiele glaubte ich, zeigen zu können, daß die Sermonen des Liber graduum nach rhetorischen Formen aufgebaut sind. Das genus deliberativum scheint dabei mitunter

52 S. 301,15 - 304,24.
53 S. 304, 23 - 24.
54 Lausberg, § 239.

in das genus demonstrativum überzugehen[55]. Der deliberative
Charakter dürfte aber immer Vorrang besitzen, weil es bei den
behandelten Inhalten um Fragen geht, die den kirchlichen Leser ganz persönlich berühren, so wie das bei diesem Genus als
politischer Rede auch für den Staatsbürger der Fall ist. Besonders tritt dies auch in der Verbindung von Tatsache und Emotion hervor, so daß der Leser zur eigenen Entscheidung genötigt und aktiviert wird.

---

55 Lausberg, § 241 und § 61, 3.

NAG HAMMADI

ZUR FRAGE NACH DEN TYPEN
DES GNOSTIZISMUS UND SEINES SCHRIFTTUMS

Unserem Jubilar, der zur Erforschung der Gnosis im allgemeinen und des Manichäismus im besonderen durch eine lebens-
lange Arbeit soviel beigetragen hat, sei im folgenden ein kleiner Versuch gewidmet, von gewissen Eigenarten gnostischen
und manichäischen Schrifttums aus eine Typisierung des Gnostizismus und des Fundes von Nag Hammadi zu geben.

In den Thesen der Theologen und Religionshistoriker, die
den Gnostizismus seinem Wesen nach zu erfassen suchen und
die auf diesen wenigen Seiten nicht vorgeführt und diskutiert
werden können, wird meist der Gnostizismus als eine wesen-
hafte Einheit betrachtet. Das geschieht insofern mit Recht,
als ja die Grundhaltung dieselbe ist[1]. Doch ein wesenhafter
Zug des Gnostizismus, daß er αἵρεσις "Schulrichtung" ist,
weist auf eine pluralistische Grundhaltung hin. Somit ergibt
sich die Aufgabe, Typen der Gnosis herauszuarbeiten und zu
Gruppen zusammenzufassen. Das hat bereits Clemens Alexandrinus versucht in einer Zeit, in der die gnostischen Systeme
noch gar nicht voll entwickelt waren: "Was aber die Sekten
betrifft, so sind sie teils nach dem Namen ihrer Gründer benannt wie die Schule des Valentinus und des Basileides, wenn

Erstveröffentlichung in: Ex orbe religionum (Festschrift f. G. Widengren, Suppl.
to Numen, XXI), Leiden 1972, S. 389 - 400.

1 Vgl. die Definition auf dem Kongreß von Messina 1966, in: Le origini dello
Gnosticismo, hrsg. v. U. Bianchi (Leiden 1967), S. XX - XXXII.

sie sich auch rühmen, die Anschauung des Matthias vorzutragen. Denn es hat nur eine einzige Lehre aller Apostel gegeben, ebenso aber auch nur eine einzige Überlieferung. Andere Sekten sind nach einem Ort benannt wie die Peratiker, andere nach einem Volk wie die Sekte der Phryger, andere nach einem Verhalten wie die Enkratiten, andere nach eigenartigen Lehren wie die Doketen und die Haimatiten, andere nach Grundgedanken und dem, was sie verehrt haben, wie die Kaianiten und sogenannten Ophianer, andere nach den gesetzwidrigen Handlungen, deren sie sich vermaßen, wie von den Simonianern die sogenannten Entychiten"[2].

Der große Theologe versucht also, Typen an Hand der Namen zu erweisen. Als die wichtigste Trennung erscheint die zwischen den Systemen, die nach den Namen ihrer Lehrer benannt sind, und denen, die anonym sind, sei es daß sie durch die verehrte Größe oder eigenartige Handlungen charakterisiert werden. Denn die gnostischen Gruppen haben einen Doppelcharakter, der wahrscheinlich mehr oder weniger nach einer der beiden Seiten ausgeprägt ist: sie sind Schule und Kultverein zugleich[3]. Beide Eigenarten stimmen in einer Eigenschaft überein. Sie sind freiwillig im Gegensatz zu offiziellen oder beruflichen Kulten und unterliegen deshalb nicht nationaler oder sozialer Einschränkung. Nicht umsonst haben die gnostischen Gemeinschaften einen so charakteristischen Zug wie die Arkandisziplin von den Mysterien übernommen. Auch das Denken in der Form des Mythos findet mit der Darstellung des heiligen Geschehens in den Mysterien seine Entsprechung. Allerdings besteht ein grundlegender Unterschied.

---

2 Clem. Alex., Strom. VII 108, 1 - 2.

3 Zur Frage des Verhältnisses von Mysterienkulten und Gnostizismus vgl. H.-G. Gaffron, Studien zum koptischen Philippusevangelium unter besonderer Berücksichtigung der Sakramente (Theol. Diss. Bonn 1969), S. 88ff. und die dort behandelte Diskussion.

Bei den Mysterien geht es um das Miterleben des im Mysterien-
drama dargestellten Schicksals des Gottes, um ein Gott-gleich-
Werden, in der Gnosis dagegen um das Zum-Selbstverständnis-
Kommen der einzelnen Gnostiker, die ja verstreute Teile der
Gottheit sind. Immerhin ist das in den Mysterien dargestellte
Leiden des Gottes schon Anhaltspunkt genug, um den Gnostiker
an sein eigenes Schicksal, das ja mit dem Schicksal der Gott-
heit identisch ist, zu erinnern. Der Übergang von einem Myste-
rienverein zu einem gnostischen Verein war also nicht schwer.
Auch das Judentum stand diesen Formen des religiösen Erlebens
nicht so fern, um eine unüberwindliche Schranke aufzurichten.
Auch Philon bedient sich ja der Mysterienterminologie[4].

Es hat nicht viel Zweck, im einzelnen lange Erwägungen darüber anzustellen, welche der uns mit Namen bekannten Sekten
dieser oder jener Form, der Schule oder dem Mysterienverein,
näherstehen. Wir wissen aus den Vätern und den Originalquellen
von heiligen Handlungen, allerdings mit einer Einschränkung.
Der Zug zum Spiritualisieren war bei den Gnostikern so groß,
daß bei mancher Erwähnung von dem, was wir "Sakrament"
nennen würden, die Frage nach dem konkreten Inhalt sehr schwer
zu lösen ist. Doch die Spiritualisierung der Taufe in der Adamapokalypse von Nag Hammadi[5] z.B. nimmt uns nicht die Möglichkeit, die betreffenden Stellen des Philippusevangeliums als Zeugnisse einer konkret bei Valentinianern vorkommenden Taufe anzunehmen. Wir haben im Philippusevangelium fünf Sakramente:

---

4 W. Bousset - H. Gressmann. Die Religion des Judentums im späthellenisti-
schen Zeitalter (4. Aufl. Tübingen 1966), S. 449ff.

5 Koptisch-gnostische Apokalypsen aus Codex V von Nag Hammadi im Koptischen Museum zu Alt-Kairo, hrsg., übers. u. bearb. v. A. Böhlig - P. Labib (Halle
1963), S. 86ff. Zum Problem vgl. 85, 22ff. Die negative Beurteilung des Micheus,
Michar und Mnesinus 84, 5ff. geht wahrscheinlich auf die unspiritualisierte Taufe
zurück. Vgl. jetzt zu diesem Problem auch die Auseinandersetzung Manis mit den
Elkesaiten: A. Henrichs - L. Koenen. Ein griechischer Mani-Codex. Ztschr. f. Papyr. u. Epigr. 5 (1970) 97 - 214, speziell 143ff.

Taufe, Salbung, Eucharistie, Erlösung ($\dot{\alpha}\pi o\lambda\acute{u}\tau\rho\omega\sigma\iota\varsigma$) und Brautgemach vor uns[6]. Daß der Gnostizismus in christlicher Zeit notwendigerweise in Auseinandersetzung mit dem Christentum treten mußte, macht das noch wahrscheinlicher; für die Entwirrung des Quellenmaterials bedeutet diese Erkenntnis aber keine Vereinfachung.

Bis jetzt haben wir von mehr oder weniger locker zusammengeschlossenen gnostischen Gemeinschaften gesprochen; wie steht es aber mit dem Kirchenbegriff, insbesondere mit der theologischen Untermauerung des Kirchenbegriffs? Besonders stark ist dieser im Manichäismus ausgebildet. Mani, der trotz allen einheimischen Einflüssen eine in ihrem Wesen zum Gnostizismus gehörige Religion schuf, konnte aus einer gnostischen Sekte nur darum eine Weltreligion machen, weil er bewußt die konstitutiven Elemente der schon weiter entwickelten Kirche zum Vorbild nahm. Es werden besonders die Kirchen des Markion und des Bardesanes gewesen sein, die ihn hierbei beeinflußten[7]. Die bewußte Anknüpfung an Paulus, den apostolus haereticorum[8], in den Kephalaia[9] und die darauf folgende Erwähnung eines Gerechten, Wahrhaftigen, der zum Reich gehört[10], sprechen dafür. Inzwischen ist eine griechische Handschrift gefunden worden, die seine Abhängigkeit auch von den Elkesaiten bezeugt[11]. Wenn

6 Vgl. Gaffron, a.a.O. 100ff. Im Ägypterevangelium von Nag Hammadi sind die fünf Siegel wahrscheinlich nicht die Sakramente; doch ist von der Taufe die Rede IV 78, 1 - 10; in III 66, 3 ist die Zahl fünf sekundär hinzugefügt.

7 Vgl. A. Böhlig, Christliche Wurzeln im Manichäismus, in: Mysterion und Wahrheit (Leiden 1968), S. 202ff. Vgl. auch A. Böhlig, Der Synkretismus des Mani, s. u. S. 503 ff.

8 Vgl. A. v. Harnack, Marcion (2. Aufl. Leipzig 1924. Nachdr. Darmstadt 1960), S. 142, Anm. 2.

9 Manichäische Handschriften der Staatlichen Museen Berlin: Kephalaia, 1. Hälfte, ed. H.J. Polotsky - A. Böhlig (Stuttgart 1934 - 1940), 13, 26.

10 Keph. 13, 30f.

11 Vgl. Henrichs - Koenen, a.a.O. 141ff.

sich Mani auch noch als "Apostel Jesu Christi" bezeichnet[12], so
wird er doch schließlich zum eigenen Stifter, der die wirklich
vollendete Kirche bringt. Denn er ist der verheißene Paraklet[13].
Ein Kanon der von ihm verfaßten Schriften und eine schon zu
seinen Lebzeiten gut durchorganisierte Kirche sowie die bereits
von ihm organisierte Mission sollen den Verfall und ein Abglei-
ten in falsche Lehren verhindern, wie das bei Zarathustra, Buddha und Christus seiner Meinung nach der Fall gewesen ist[14].
In der Terminologie ἐκλεκτοί, ἅγιοι[15], κατηχούμενοι [16]
und mit der Forderung von Beten, Fasten, Almosengeben[17] greift
er christliches und jüdisches Gut auf. Hinter alledem steht der
Mythos. Das zeigt keine Schrift so deutlich wie die Kephalaia.
Denn alle kultischen Verrichtungen und das ihnen gemäße Verhalten der Gemeindeglieder werden mit Handlungen begründet,
wie sie uns das mythologische Geschehen zeigt. Auch das heilige
Mahl, die Kommunion der auserwählten Manichäer, entspricht
der der Christen in ihrer Exklusivität; doch hat sie, gerade weil
sie die Kirche so stark als Teil des kosmischen Geschehens betrachtet, den Sinn dieses Sakraments in sein Gegenteil verkehrt:
Nicht die Teilnehmer am Mahl werden geheiligt, sondern sie
heiligen durch das Essen die Speisen. Die heilige Kirche heiligt
in ihren heiligen Vertretern die profane Welt und, was sie bietet.

---

12 Henrichs - Koenen, a.a.O. 198ff.

13 Keph. 14, 4ff.; 16, 29ff. Vgl. auch Manichaean manuscripts in the Chester
Beatty Collection: A Manichaean Psalm-Book. ed. C.R.C. Allberry (Stuttgart 1938).
Index, s. v. Paraclete. Vgl. auch noch Henrichs - Koenen, a.a.O. 163.

14 Keph. 8. 7ff.

15 Keph. 233. 18; 279, 16 (Kephalaia, 2. Hälfte [Lfg. 11/12], ed. A. Böhlig
[Stuttgart 1966]).

16 Auch die Bezeichnung auditores "Hörer". die z.B. in iranischen Texten begegnet. weist auf christlichen Ursprung zurück. weil "Hörer" in der syrischen Kirche die Entsprechung von Katechumen ist. Dem "ite, missa est" der Liturgie entspricht in der syrischen Kirche: "geht, ihr Hörer".

17 Vgl. A. Böhlig. Neue Kephalaia des Mani. in: Mysterion und Wahrheit.
S. 259f.

Durch den hierarchischen Rang, den die Elekten hier auf Erden einnehmen, sind sie Abbilder der Götter, heißt es[18]. Die Kirche wird auf den himmlischen Jesus zurückgeführt[19]. Aber diese in dieser Welt sichtbare Kirche hat ihr himmlisches Vorbild im Kosmos, wie uns gewisse Stellen des manichäischen Psalmbuchs zeigen sollen, wo die Kirche des Makrokosmos der Kirche des Mikrokosmos gegenübergestellt wird[20] oder wenn Vater, Sohn, Geist als vollkommene Kirche bezeichnet werden[21]. Man möchte allerdings glauben, daß an den betreffenden Stellen die Vorstellung von der Kirche in die höhere Welt projiziert wird, während sonst im Gnostizismus, auch gerade in Nag Hammadi der himmlischen Kirche der entscheidende Raum zukommt. Im Manichäismus ist die Kirche auf Erden gewichtig genug, um als theologische Größe wirklich bedeutsam zu sein. Gewiß findet sich auch im Gnostizismus des 2. Jh's die irdische Kirche. In der titellosen Schrift des Codex II von Nag Hammadi ist sie erschienen unter den Gebilden des Verderbens, aber der pluralistische Charakter tritt hervor in den Worten: "Als nun die Seligen sich lichthaft offenbarten, offenbarten sie sich κατὰ διαφοράν in den einzelnen Ländern"[22]. Ähnlich heißt es bei den Valentinianern, daß der sichtbare Leib Jesu die Sophia sei und die ἐκκλησία τῶν σπερμάτων διαφερόντων ἣν ἐστολίσατο διὰ τοῦ σαρκίου [23].

Dieser Kirche steht aber die präexistente gegenüber, die auch

---

18   Keph. 219. 34f.

19   Keph. 155. 22ff. "das große Denken. das berufen worden ist aus Jesus. dem Herrlichen. (und) das er gelegt hat in die heilige Kirche".

20   Ps.-B. 160, 16ff.

21   Ps.-B. 190, 25.

22   Die koptisch-gnostische Schrift ohne Titel aus dem Codex II von Nag Hammadi im Koptischen Museum zu Alt-Kairo, hrsg., übers. u. bearb. v. A. Böhlig - P. Labib (Berlin 1962), 124. 25ff.

23   Clem. Alex., Exc. ex Theod. 26.

gern mit Jesus in Zusammenhang gebracht wird, wie die titellose Schrift des Codex II, das Ägypterevangelium und Codex VII von Nag Hammadi zeigen. Infolge der Trennung von himmlischer und kosmischer Welt gibt es z.B. die Vorstellung, daß die Engelkirche mit Jesus im 7. Himmel – nach der titellosen Schrift ist sie die Umgebung des wegen seiner Buße erhöhten Sabaoth – ein Abbild der Kirche in der Ogdoas bildet[24]. So kommt es also zu einer dreifachen Kirche, wie sie auch bei Hippolyt zu finden ist[25]. Der Kirchenbegriff dieses Gnostizismus ist kosmisch umfassender als der des Manichäismus, der begrenzter ist.

Man könnte nach alledem annehmen, daß bei einer doch so starken Betonung des Kirchenbegriffs, auch wenn er spiritualisierend umgeformt ist, der Gnostizismus eine erst aus dem Christentum entstandene Größe wäre. Das würde ganz zu der Frage passen, wie es denn komme, daß von einer vorchristlichen Gnosis die Quellen erst aus dem 2. Jh. und später stammten[26]. Mit Hilfe der traditionsgeschichtlichen und formgeschichtlichen Arbeit an den Nag-Hammadi- Texten läßt sich aber eine neue Lösung finden, die gerade mit dem Problem der Ekklesiologie durchaus zu verbinden ist.

Wir haben nämlich in dieser koptischen Bibliothek nicht etwa eine Sammlung von Schriften einer bestimmten Schule vor uns, sondern die Vielfalt der Texte führt so recht in den Pluralismus der Gnostiker hinein. Wenn J. Doresse die Sammlung den sog. Sethianern zuweisen möchte, so beruht das allein auf dem Vorkommen einer Anzahl von Sethschriften und solchen, in denen der Name Seth vorkommt[27]. Seth war aber schließlich nicht nur

24 Die Schrift ohne Titel aus Codex II 104. 31 - 105, 16.

25 Hippol.. Refut. haer. V 6.

26 Diese Frage wurde mir von H.v. Campenhausen brieflich gestellt.

27 J. Doresse. The secret books of the Egyptian Gnostics (London 1960), S. 251.

bei Sethianern ' bekannt. Doch die Konsequenz des gnostischen
Pluralismus ·geht noch weiter. Bei der Analyse besonders mythologischer Texte findet sich das Prinzip der Kompilation von Traditionsstücken aus verschiedenen Schulen. Obwohl die betreffenden Schriften durchaus eine einheitliche Gesamtlinie besitzen,
sind doch dem Bibelkritiker gewisse Nahtstellen und terminologische Eigenheiten zu auffällig, als daß er darüber hinweg-
sehen könnte. So konnten z.B. in der titellosen Schrift des Codex
II von mir Stücke herausgearbeitet werden, die im Gegensatz zu
ἄρχοντες die kosmischen Mächte mit ἐξουσίαι bezeichneten
28. Man wird überhaupt die Analyse z.B. des Johannesapokryphons[29], aber auch des Ägypterevangeliums[30], fruchtbarer betreiben können, wenn man den Aufbau aus einzelnen Traditionsstücken annimmt. So sind z.B. die Stücke über die Himmels-
reise der Seele in der 1. Jakobusapokalypse altes Traditionsgut[31], das Irenäus kennt[32], das aber durchaus auch schon älter
sein kann. Wäre nicht die oben gestellte Frage vielleicht so zu
beantworten: In ältester Zeit gab es gnostische Gruppen, die

---

28   A. Böhlig, Die Schrift ohne Titel 27ff.

29   Hierüber hat M. Krause eine größere Arbeit vorgelegt, deren Veröffentlichung wir erwarten.

30   Nag Hammadi Codices III,2 and IV,2: The Gospel of the Egyptians, ed.
A. Böhlig - F. Wisse - P. Labib (Nag Hammadi Studies 4. Leiden 1975), S. 36f.
Zur Frage, ob Traditionsstücke in den Texten von Nag Hammadi miteinander
verbunden sind, habe ich den Eindruck, daß die Kritiker meiner These diese nicht
richtig verstanden haben. Grundlage ist wohl nicht, daß hier aus verschiedenen
Büchern ein neues "zusammengebastelt" wurde; viel wichtiger ist, daß in der
mündlichen Überlieferung, die man nicht zu gering einschätzen sollte, die Lust
zur Variation vorhanden ist, auf die B. Aland in ihrem wichtigen Artikel "Die
Paraphrase als Form gnostischer Verkündigung" in: Nag Hammadi and Gnosis,
hrsg. v. R.McL. Wilson (Nag Hammadi Studies 14, Leiden 1978), S. 75 - 90,
hingewiesen hat. Solche Variationen wurden nicht nur ad hoc vorgenommen,
sondern verfestigten sich wahrscheinlich in mündlicher Überlieferung, um schließlich von Verfassern schriftlicher Werke mehr oder weniger verändert in ihre
Schriften aufgenommen zu werden. Daß in solchen Traditionslinien verschiedene
Richtungen etwa um ἄρχοντες oder ἐξουσίαι sich zusammenballten, ist
sicher nicht zu leugnen.

31   Nag Hammadi V 33, 16ff.

32   Iren., adv. haer. I 21, 5 (Epiphan., Panar. 36, 3, 2 - 6).

vielleicht in vorchristliche Zeit zurückreichen, den Charakter von Mysterienvereinen hatten und darum das mythologische Element stark pflegten. Sie hatten ebenso wie die Mysterien eine Arkandisziplin und traten infolge des Auserwähltenbewußtseins nicht so an die Öffentlichkeit wie gewisse missionierende Mysterienkulte. Ihre Traditionen wurden vielleicht nur mündlich weitergegeben. Eine solche Gruppe, die von vornherein eine Kultgemeinschaft bildete, sind z.B. die ältesten Mandäer. Mit dem Auftreten des Christentums bzw. einer wie auch immer gestalteten Lehre von Jesus Christus und infolge der Berührung mit ihr wurden die Gnostiker veranlaßt, sich mit diesem neuen Phänomen auseinanderzusetzen. Denn sie pflegten ja die verschiedenartigsten Mythologumena von einander und von außerhalb aufzunehmen; sie mußten nur theologisch mit ihnen fertig werden. Darum entstanden aus vorrangig mysterienhaft gearteten Bewegungen theologische Schulen, benannt nach markanten Vertretern wie z.B. Basilides, Valentin und seinen Schülern. Daneben blieben die anonymen Gruppen bestehen ebenso wie ihre Traditionen. Man schuf auch pseudonyme Schulen. Darum hat das Schrifttum von Nag Hammadi ein so buntscheckiges Aussehen. Man wird den Weg des Gnostizismus kaum als eine mythologische Pervertierung griechischer philosophischer Probleme betrachten können, wie das H. Langerbeck tut[33], sondern wird umgekehrt im popularphilosophisch gefüllten Mythos eine der Grundlagen sehen müssen.

Es gilt nun die Typen des Gnostizismus, wie sie in Nag Hammadi vorliegen, kurz zu umreißen, wobei allerdings noch längst nicht gültige Zuweisungen an einzelne Sekten vorzunehmen sind. Die Hauptunterscheidung ist zwischen christlichen gnostischen Schriften und nichtchristlichen zu machen. Ich möchte zunächst

---

33 H. Langerbeck. Aufsätze zur Gnosis, hrsg. v. H. Dörries. Göttingen 1967.

die christlichen Texte in drei Gruppen teilen:

1. die christianisierten Texte,
2. judenchristlich-gnostische Texte,
3. Texte einer christlichen Gnosis.

Die an dritter Stelle genannten Texte bieten gute Beispiele im Thomasevangelium, Philippusevangelium, dem Evangelium veritatis, dem Rheginusbrief und der 2. Schrift des Codex VII. Diese Schriften räumen Christus eine zentrale Stellung ein. Sie bauen eine gnostische Theologie auf, die aber christlich sein will. Christus ist hier nicht Teil eines großen gnostischen Systems, in das er mehr oder weniger gut eingefügt wird. Er ist der Erlöser. Ja, sogar sein Tod am Kreuz kann gewürdigt werden, wenn man ihn, ähnlich wie dies Origenes tut, als Siegestat feiert. Das ist bewußt christliche Theologie; nur ist sie häretisch. Man erkennt überall noch den mythologischen Hintergrund. Den sehen wir deutlich im sog. 2. Traktat des großen Seth, der 2. Schrift des Codex VII. Hier ist direkt vom Abstieg und Aufstieg Jesu die Rede; nur wird Jesus Christus hier rein doketisch geschildert. Er erklärt sich vor der himmlischen Kirche bereit, eine irdische Kirche zu sammeln. Was uns aus der Darstellung des Hippolyt über die Lehre des Basilides bekannt ist, daß Simon von Kyrene das Kreuz trug, wird auch hier im Ich-Stil berichtet. Mit einer gnostischen Christologie wird gegen die Kirchenchristen und ihre Unwissenheit polemisiert.

In der 2. Gruppe sind besonders die 1. und 2. Jakobusapokalypse hervorzuheben. In ihnen wird gerade die Person des Jakobus in den Vordergrund gerückt - was wir übrigens auch im Logion 12 des Thomasevangeliums beobachten können - und zwar in der Form, wie wir sie aus der judenchristlichen Tradition kennen. Daß gerade in der 1. Jakobusapokalypse starke valentinianische Züge vorhanden sind, erweist m.E., daß es keine judenchristliche Gnosis gibt, sondern daß die Texte judenchristliche

Traditionen mitverarbeitet haben[34]. Beinahe sensationell mutet an, daß wir bei der Schilderung des Martyriums des Jakobus, wenn auch frei, den Ablauf so vor sich gehen sehen, wie das Sanhedrin anweist[35]. Andererseits nimmt die Epistula Jacobi aus Codex I eine relativ neutrale Stellung ein, zumal hier auch Petrus mitgenannt ist. Der Gnostizismus möchte jeden der bedeutsamen Apostel in seine Literatur und sein Denken einbauen. Nicht umsonst steht vor den beiden Jakobusapokalypsen die Apokalypse des Paulus.

Was schließlich die 1. Gruppe der m.E. christianisierten Schriften angeht, so muß hier zunächst auf den Streit der Gelehrten hingewiesen werden. Denn die eine Gruppe, J. Doresse, M. Krause und ich selbst, sieht hier eine Christianisierung vor- oder außerchristlicher Texte, die andere, W. Till, H.M. Schenke, R. McL. Wilson, glaubt, Tendenzen zur Entchristianisierung gnostischer Texte annehmen zu sollen[36]. M.E. löst sich auch diese Frage zugunsten der Christianisierung, wenn wir die Verwendung von Traditionsstücken bei der Kompilation annehmen. Die Schrift ohne Titel aus Codex II ist nur christianisiert durch die Aufnahme christlicher Abschnitte; im wesentlichen ist sie heidnisch und jüdisch[37]. Es ist z.B. möglich, daß an der Stelle, wo von Christus und der Kirche die Rede ist, Jesus Christus erst eingefügt wurde und ursprünglich nur vom Erstgeborenen Israel gespro-

---

34 A. Böhlig. Der judenchristliche Hintergrund in gnostischen Schriften von Nag Hammadi, in: Mysterion und Wahrheit, S. 102ff. Vgl. auch W.R. Schoedel. Scripture and the seventy-two heavens of the first apocalypse of James. Nov. Test. 12 (1970) 118ff.

35 A. Böhlig. Zum Martyrium des Jakobus. in: Mysterion und Wahrheit. S. 112ff. W.-P. Funk. Die zweite Apokalypse des Jakobus aus Nag-Hammadi-Codex V (TU 119. Berlin 1976). S. 176ff. möchte die Darstellung des Martyriums von dem in Sanhedrin befohlenen Vollzug ziemlich abtrennen. Doch scheint mir gerade ΠЄΝΤΑϤⲤⲰⲢΜ als Anruf doch πλανητής zu bedeuten.

36 Vgl. u. Anm. 43.

37 Gegen M. Krause, Der Stand der Veröffentlichung der Nag-Hammadi-Texte, in: Le origini dello Gnosticismo. S. 72.

chen wurde[38]. Im Johannesapokryphon ist die Rahmenhandlung
christlich; doch das besagt nichts. Wichtiger ist, daß der barbelognostische Anfang, der von der Emanation des Christus aus
dem unsichtbaren Geist und seinem weiblichen Partner Barbelo
berichtet, in nichtchristianisierter Form im Ägypterevangelium
begegnet, wo entsprechend der Denkvorstellung, die auch im
Valentinianismus vorliegt und wahrscheinlich einer innerakade-
mischen Tradition entspricht, der Urgrund über das Pleroma
hinausgerückt ist und Vater, Mutter und Sohn hervorbringt, wobei der Sohn nicht Christus genannt wird[39]. Christus findet
sich auch nicht unter den in Anrufungen genannten Größen des
Pleroma. Er wurde erst mit gewissen Traditionsstücken zur Auf-
füllung des himmlischen Dramas eingefügt. Typisch christiani-
sierend ist der Zug, daß Seth, der die zentrale Figur des Textes
bildet, in Jesus inkarniert wird[40] und daß die Schrift in einem
1. Schluß als Schrift des Seth[41], in einem 2. als christliches
Evangelium deklariert wird[42]. Für den Eugnostosbrief scheint
M. Krause bewiesen zu haben, daß er die Urform der Sophia
Jesu Christi ist[43]. Krause konnte feststellen, daß durch den
Umbau aus einem Brief in ein Gespräch Jesu mit seinen Jüngern der Gedankengang in der Sophia gestört wurde und außerdem unpassende Einschübe vorgenommen worden sind. Auch
die Exegese der Seele hat W. Robinson als eine ursprünglich

38 NH II 105, 24f.
39 Nach NH IV 59, 16 - 29; III 54,13 - 55,2 = IV 65,30 - 66,14.
40 NH III 63, 25ff. = IV 75, 14ff.
41 NH III 68, 1ff. = IV 80, 14ff.
42 NH III 69, 6 - 17.
43 M. Krause, Das literarische Verhältnis des Eugnostosbriefes zur Sophia
Jesu Christi, in: Mullus (Festschrift f. Th. Klauser. Münster 1964), S. 215 - 223,
gegen H.-M. Schenke, Nag-Hamadi-Studien II. ZRGG 14 (1962) 263ff., und W.
Till, Die gnostischen Schriften des koptischen Papyrus Berolinensis 8502 (Berlin
1955), S. 54. R.McL. Wilson, Gnosis und Neues Testament (Stuttgart 1971), S.
105ff., scheint eine unentschiedene Haltung einzunehmen; insbesondere hält er
mit Schenke auch eine Entchristianisierung des Gnostizismus für möglich, S. 110.

nichtchristliche Schrift zu erweisen versucht[44]. Hier ist das
Schicksal der Seele, ihr Fall und ihr Aufstieg geschildert.
Dem liegt ein Mythos zugrunde, der sich auch bei Plotin findet. Doch spricht die Fülle der Bibelzitate dafür, daß es sich
von vornherein um eine christliche Schrift handelt. Die Verwendung des ποιητής zeigt nur den hohen Stellenwert, den die
griechische Bildung auch in solchem Schrifttum hat.

Sind wir mit solchen Texten schon sehr stark in das Gebiet
des nichtchristlichen Gnostizismus vorgestoßen, so finden sich
doch auch noch Texte, die überhaupt nichts Christliches enthalten. Hier haben wir zwei Gruppen zu unterscheiden:

1. die nichtchristlichen gnostischen Texte mit jüdischem Einschlag,

2. die Hermetica.

Zu den nichtchristlichen Schriften mit jüdischem Einschlag gehören z.B. die Adamapokalypse, die Zostrianosapokalypse, die Stelen des Seth, der Eugnostosbrief und die Paraphrase des Seem.
Die drei ersteren Texte sind Sethschriften[45]. Seth, der Sohn
Adams, hat sich im Synkretismus des Hellenismus einen hervor-
ragenden Platz erobert. Er ist der spiritualisierte Abraham. Er
ist der Vater der guten Menschheit und ich möchte es nicht für
ausgeschlossen halten, daß Augustin in "De civitate dei" bei der
starken Hervorhebung des Sethgeschlechts von solchen gnostischen
Traditionen abhängig ist[46]. Dieser Seth und sein Geschlecht hat
sich durch alle Leiden und Naturkatastrophen hindurch gehalten.
Er und sein Geschlecht bedarf keiner Arche; sie werden entrückt.
Wie wir aus Josephus wissen, hat er, um seine Mitteilungen der

---

44   W.C. Robinson Jr, The exegesis on the soul. Nov. Test. 12 (1970) 102
- 117.

45   Zum Problem der Sethianer vgl. The rediscovery of the Gnosticism II:
Sethian gnosticism, hrsg. v. B. Layton (Leiden 1981).

46   Vgl. A. Böhlig, Zu gnostischen Grundlagen der Civitas-Dei-Vorstellung
bei Augustinus, s. o. S. 127 - 134.

Nachwelt zu erhalten, zwei Stelen hinterlassen, eine aus Stein und eine aus Ziegel[47]. Diese Tradition wurde in Nag Hammadi aufgegriffen, aber verändert. Hier haben wir drei Stelen des Seth[48]. Das hat seinen Grund. Denn sie geben drei Hymnen wieder, die Seth an die Dreiheit richtet, von der er abstammt, Adamas, Barbelo und den höchsten Gott. Hier ist also die jüdische Tradition zugunsten der gnostischen Spekulation umgewandelt worden. Das geschieht mit Vorliebe durch die Methode der Umdeutung: So betrachtet man den Geist über den Wassern als die über ihr eigenes Handeln besorgte Sophia[49]. Der Baum des Paradieses wird geschieden in den Baum des Lebens, der die Verkörperung des Schlechten ist, und den Baum der Erkenntnis des Guten und Bösen, der die Epinoia des Lichts ist[50]. Die Schlange und Eva, die auch identifiziert werden, sind positiv zu wertende Größen[51]. Sodom und Gomorrha werden von Stätten des Frevels zu Stätten des Samens des Seth umgedeutet[52]. Die Lehren werden dem Sethgeschlecht nicht auf steinernen Tafeln, sondern durch Engel übermittelt[53]. Die Sophia hatte schon im Judentum viel Anlaß zur Spekulation gegeben, in der Gnosis hat sie verschiedene Interpretationen erfahren, sei es daß sie eine höhere Gottheit oder eine gefallene war. Ihre Duplizität dürfte speziell der ambivalenten Auffassung von der Weltseele in der platonischen Philosophie entsprechen. Der jüdische maʿasē merkābā bot ebenfalls Möglichkeiten, die griechische Geistmetaphysik in eine

47 Jos., Antiqu. I 2, 3, § 68 - 70.

48 NH VII 118, 10 - 127, 27.

49 Apocr Joh BG 44, 19ff. = NH II 13, 13ff. = IV 20, 29ff.

50 Apocr Joh BG 55, 18ff. = NH III 27, 5ff. = II 21, 17ff. = IV 33, 1ff.

51 Vgl. A. Böhlig, Der jüdische Hintergrund in gnostischen Texten von Nag Hammadi, in Mysterion und Wahrheit, S. 94f.

52 Ev Aeg NH III 56, 8 - 12 (in IV zerstört); III 60, 11 - 18 = IV 71, 20 - 30.

53 Apoc Ad NH V 85, 3ff.

mythische Schilderung der himmlischen Welt einzubeziehen, ja sogar ihre verschiedenen Tendenzen unterschiedlich in den gnostischen Schriften zu benutzen. Berücksichtigt man die Teilung Gottes, die alles andere als jüdisch ist, so findet man für diese Ent-
lastung des höchsten Gottes von der Schöpferverantwortung ein
ganz entsprechendes Theologumenon in Platons Timaios[54]. Es
scheint mir sehr wahrscheinlich, daß gerade in Palästina, speziell
in der Zeit des 2. Jh's, als der Kampf um den Hellenismus tob-
te, eines der Produkte dieser Auseinandersetzung der Beginn des
Gnostizismus war, zumal zu gleicher Zeit von Osten die Berührung auch mit den Parthern an Bedeutung gewann. Doch diese
Problematik weiter zu verfolgen, würde hier zu weit führen.

Mit der 2. Gruppe, den Hermetica, sind Materialien in die
Bibliothek von Nag Hammadi eingedrungen, bei denen man sich
fragen muß, ob sie ihrem Wesen nach wirklich zum Gnostizismus gehören, wenn man diesem die in Messina gegebene Definition zugrunde legt[55]. M.P. Nilsson geht soweit, die Hermetik
als einen heidnischen Zweig der Gnosis zu bezeichnen[56]. Das
ist vielleicht zuviel gesagt. Aber man kann die Hermetik nur zusammen mit dem Gnostizismus betrachten. Dabei ist zu berücksichtigen, daß ebenso wie die gnostischen Bibliotheken auch das
Corpus Hermeticum ein mixtum compositum ist. Die Lehre von
Abstieg und Aufstieg der Seele dürfte jedenfalls Anhalt genug
sein, um die Gnostiker an der Hermetik zu interessieren. Und
daß dieses Interesse sehr groß war, geht aus der Notiz eines
Schreibers in der Bibliothek von Nag Hammadi hervor: "Das ist
der erste Traktat, den ich für dich abgeschrieben habe. Es gibt

---

54   Vgl. P. Boyancé, Dieu cosmique et dualisme. Les archontes et Platon,
in: Le origini dello gnosticismo, S. 341ff.

55   S. o. Anm. 1.

56   M.P. Nilsson, Geschichte der griechischen Religion II (2. Aufl. München
1961), S. 611.

jedoch viele andere, die in meine Hände gekommen sind. Ich habe sie nicht alle abgeschrieben, weil ich denke, daß sie dir schon verfügbar sind"[57].

Nicht nur die Bibliothek von Nag Hammadi, sondern das gnostische Schrifttum überhaupt wie auch die Geschichte des Gnostizismus gewinnen m.E. mehr Farbe und werden transparenter, wenn sowohl der Übergang vom Kultverein zur kirchlichen Gemeinschaft als auch der Übergang von mündlicher Überlieferung von Traditionsstücken zu Lehrsystemen angenommen wird. Daß dann in kompilatorischen Werken tradierte mündliche Überlieferung neben einheitlichen Schriften steht, nimmt nicht wunder für den, der das Traditionsbewußtsein des Orients kennt.

Nicht mehr behandelt werden konnte an dieser Stelle ein weiterer Gesichtspunkt, die geographische Zuteilung des gnostischen Schrifttums an die verschiedenen Gebiete des Vorderen Orients.

57 NH VI 65, 8 - 14 zwischen Schrift 7 und 8.

ZUM "PLURALISMUS"
IN DEN SCHRIFTEN VON NAG HAMMADI

Die Behandlung des Adamas
in den Drei Stelen des Seth und im Ägypterevangelium

I.

Oftmals war man der Meinung, das Wesen des Gnostizismus sei der Mythos und ein Ur-Mythos liege gewissen Variationen zugrunde. Doch schon an den Texten des Mandäismus konnte man erkennen, daß hier religiöser und theologischer Inhalt von den Ausdrucksformen zu trennen war. Das Verhältnis von Form und Inhalt zu analysieren, ist für den Gnosisinterpreten eine notwendige Aufgabe. Die griechische Philosophie hatte neben dem Dialog, der wohl oftmals nur ein Scheindialog war, den Mythos verwendet. Das dialogische Element war auch im Gnostizismus vorhanden, ob nun Jesus mit seinen Jüngern vor oder – besonders gern – nach der Auferstehung in Frage und Antwort spricht oder ein Problem vom Verfasser der jeweiligen Schrift beantwortet wird oder auch in den Kephalaia, den Lehrgesprächen der Manichäer, verschiedentlich nicht nur ein erzählender Rahmen, sondern auch Frage und Antwort zu finden ist. Die gnostische Literatur bedient sich insbesondere gern

Erstveröffentlichung in: Essays on the Nag Hammadi texts in honour of P. Labib, hrsg. v. M. Krause (Nag Hammadi Studies 6, Leiden 1975), S. 19 – 34.

der Form der Erotapokriseis, deren Name zwar erst von den
Byzantinern im 12. Jahrhundert gebraucht wird, die aber der
Sache nach bereits in klassischer Zeit begegnen. Sie werden
nicht nur für wissenschaftliche, sondern auch für Offenbarungs-
literatur gebraucht. Die Schriften des Gnostizismus und des
Manichäismus wollen ja beides sein[1]. Daß aber der Mythos bei
den Gnostikern in besonderem Maße beliebt war, dürfte in erster Linie mit dem Versuch zusammenhängen, ein allseitiges
Weltbild den Gläubigen vor Augen zu stellen. Wie die Theologie mit den Denkformen des modernen Menschen dem denkenden Menschen ein Selbstverständnis seines religiösen Glaubens
geben will, so will der Gnostizismus mit den Denkformen seiner Zeit, zu denen beide, Diskussion und Mythos, gehören, dem
Gnostiker dazu verhelfen, sein Wesen zu verstehen. Daß man
darüber hinaus noch dazu übergehen konnte, den Mythos logi-
zistisch zu interpretieren, ist ein Zeichen für dessen Erstarrung.
Im Manichäismus hat man die Kanonisierung des Mythos, den
Mani geschaffen hatte, mit diesem Mittel zu überwinden versucht. Im Gnostizismus im engeren Sinn kannte man solche Uni-
formierung gar nicht. Man hat sich wahrscheinlich dazu der
Variierung des Mythos bedient.

Das Vorhandensein verschiedener Häresien nebeneinander,
die nicht in konfessionellem Haß einander mit Feuer und Schwert
bekämpften, machte es möglich, daß in der Bibliothek von Nag
Hammadi Schriften stehen, die nicht ohne weiteres zueinander
gehören, die aber durch das gemeinsame Ziel vereinigt werden.
Ja, es scheint, daß bereits bei der Gestaltung der einzelnen
Schriften verschiedenartige Traditionen zusammengefügt wurden,
um einen speziellen Gedanken zum Ausdruck zu bringen. Die
Mythologumena sind also weitgehend Ausdruck eines Gedankens.

1 Vgl. H. Dörrie - H. Dörries, Erotapokriseis, RAC VI, Sp. 342 - 370.

Allerdings scheinen sie sich auch sehr früh entwickelt zu haben.
Neben der verschiedenartigen Tradition, aus der die einzelnen
Gedankengänge und Mythologumena stammten, spielte es für
die Verwendung solchen Materials auch eine Rolle, welche Literaturform in den einzelnen Schriften, aber auch in den Traditionsstücken vorlag, und wieweit die Literaturform zur Umgestaltung von Ausdrucksformen, insbesondere der Mythologumena,
beigetragen hat. Die Frage wird um so interessanter, wenn es
sich um Texte handelt, die derselben Häresie zugeschrieben
werden können. Es zeigt sich, daß die Traditionen für den, der
sie verwertet, Ton in des Töpfers Hand sind. Doch dürfen wir
nicht von Gedankenspielen sprechen. Dazu ist den Verfassern
der von ihnen behandelte Gegenstand zu ernst. Die Bibliothek
von Nag Hammadi, in der sich keine Schrift selbst einer bestimmten gnostischen Richtung zuweist, zeigt also stark pluralistische Züge.

Ist die Auffindung einer solchen pluralistisch ausgerichteten
Bibliothek etwa gerade für Ägypten charakteristisch? Dieses
Land, das einst aus einzelnen Gauen zusammengewachsen, dann
aus Ober- und Unterägypten zu einem "vereinigten Königreich"
geworden war, hat niemals eine einheitlich geformte theologische Dogmatik hervorgebracht. Wenn einst F. Cumont meinte,
daß das Prinzip des Widerspruchs für dieses Volk nicht existiere[2], so mag das wohl eine sehr weitgehende, ja zu weit gehende
Behauptung sein. Wahr ist aber, daß eine Fülle von Diskrepanzen hingenommen wurde. Deshalb mag Ägypten auch ein besonders geeigneter Boden für das pluralistische Nebeneinander von
Richtungen oder Vorstellungen im Gnostizismus gewesen sein.
Es sei allerdings darauf hingewiesen, daß über Ägypten hinaus

---

2 F. Cumont, Die orientalischen Religionen im römischen Heidentum. Über-
arbeitete Übersetzung von A. Burckhardt-Brandenberg (5. Aufl. Darmstadt 1969),
S. 80f.

in der Zeit der Kanonisierung in der christlichen Kirche eine
solche Tendenz auch in der Bibelüberlieferung vorhanden war,
wie Altsyrer und Altlateiner beweisen. Wie stark solche Tendenzen auch gerade in Ägypten waren, zeigt der sahidische Proverbientext[3] und der Gebrauch der Proverbienversionen durch
Clemens Alexandrinus[4]. Es fragt sich also, ob es sich beim
Pluralismus im Gnostizismus um eine zeitlich-historisch beding-
te Erscheinung handelt oder um eine regionale. Um diese Frage
lösen zu können, müßte man allerdings mehr von der Entstehung
des Gnostizismus überhaupt wissen, als wir dies bis jetzt ver-
mögen.

II.

Eines der wichtigsten, wenn nicht das wichtigste Problem
überhaupt, ist für den Gnostiker der Aufstieg der Seele in ihre
himmlische Heimat. Hier liegt ein Thema vor, das seit der Zeit
der Orphiker immer wieder die griechische und dann die hellenistische Welt beschäftigte, um im Gnostizismus, Mandäismus
und Manichäismus zentrale Bedeutung zu erlangen. Aus der Bibliothek von Nag Hammadi seien nur einige Beispiele, die dieses
Problem behandeln, genannt: II, 6 "Die Darstellung über die
Seele", VI, 3 "Der Authentikos Logos", VI, 4 "Die Erfahrungs-
gesinnung"[5]. Aber nicht nur die Schicksale der Seele im Rah-

---

3   A. Böhlig, Untersuchungen über die koptischen Proverbientexte (Stuttgart
1936), S. 50 - 76.

4   A. Böhlig, Zum Proverbientext des Clemens Alexandrinus. in: Polychordia
(Festschrift F. Dölger z. 75. Geburtstag besorgt v. P. Wirth. Amsterdam 1968)
III. S. 73 - 79.

5   Edition in: M. Krause - P. Labib . Gnostische und hermetische Schriften
aus Codex II und Codex VI (Glückstadt 1971): II.6 : S. 68 - 87; VI.3: S. 133 -
149; VI.4: S. 150 - 165.

men des gesamten himmlischen und kosmischen Geschehens sind Gegenstand der Betrachtung und werden aufmerksam beobachtet. Auch die visionäre, manchmal auch geradezu mystische Erhebung der Gläubigen zu den himmlischen Höhen oder zum höchsten Gott ist ein Vorgang, der gern beschrieben wird. In der Paulusapokalypse (V, 2)[6] wird vom Aufstieg des Paulus in den zehnten Himmel durch ihn selbst berichtet. Im Ägypterevangelium (III, 2 und IV, 2)[7] findet sich ein aus zwei Gesängen bestehender hymnischer Abschnitt, der von der Verbundenheit des Gläubigen mit dem Äon des Lichts spricht. Besonders beeindruckend ist die Erhebung des Gläubigen zum höchsten Gott in den "Drei Stelen des Seth" (VII, 5)[8], die möglicherweise als Beispiel eines gnostischen Rituals angesehen werden kann, zumal wenn man den Schluß des Textes als Beschreibung der liturgischen Handlung betrachtet.

Im Gegensatz zu den zwei Stelen des Seth, die aus jüdischer Tradition bekannt sind[9], finden sich hier drei Stelen. Es fragt sich also, wie die Sethianer hier zur Zahl drei gekommen sind[10]. Das liegt wohl an der Bedeutung, die diese Zahl drei in der Theologie des Gnostizismus überhaupt gewonnen hat. Die Drei ist eine Primzahl. Die Eins ist in sich noch keine Zahl, sondern erst im Verhältnis zu anderen. Das Zählen fängt mit der Erkenntnis an, daß es ein Zweites gibt. Darauf dürfte auch das Vorhandensein eines Duals gerade in Sprachen zurückgehen, die

6   Edition in: A. Böhlig - P. Labib. Koptisch-gnostische Apokalypsen aus Codex V von Nag Hammadi im Koptischen Museum zu Alt-Kairo (Halle 1963), S. 15 - 26.

7   Edition: A. Böhlig - F. Wisse in cooperation with P. Labib, Nag Hammadi Codices III,2 and IV.2: The Gospel of the Egyptians (Nag Hammadi Studies 4. Leiden 1975).

8   Edition: M. Krause - V. Girgis in: F. Altheim - R. Stiehl. Christentum am Roten Meer II (Berlin 1973), S. 180 - 199.

9   Vgl. Jos., Antiqu. I 2, 3, § 68 - 70.

10   R. Mehrlein, Drei, RAC IV, Sp. 269 - 310.

alte Strukturen bewahrt haben. Im Ägyptischen schreibt man
den Dual z.B. mit zwei Strichen, während drei Striche den Plural ausdrücken. Drei ist also das Zeichen für eine Vielheit,
und zwar das einfachste. Darum hat neben der Zwei, die Alternativen zum Ausdruck bringt, wie Tag und Nacht, die Drei den
Charakter des Umfassenden erhalten, z.B. zeitlich: Morgen –
Mittag – Abend; der da ist, der da war, der da kommt; oder
anthropologisch: Leib (Fleisch) – Seele – Geist. Auch das antike
Weltbild, das dem astrologischen voranging, besteht aus drei
Stufen: Himmel – Erde – Unterwelt. Darum ist es nicht verwunderlich, wenn auch in der Religion Göttertriaden auftreten.
Gerade in der Welt, in der sich der Gnostizismus entwickelte,
findet sich die göttliche Dreiheit ·von Vater, Mutter, Sohn,
die in Schriften von Nag Hammadi auch anzutreffen ist[11]. Ihr
ging in Ägypten die Dreiheit Osiris – Isis – Horus und in Syrien (Baalbek) Zeus – Aphrodite – Hermes voraus[12]. Diese Fa-
miliendreiheit trägt natürlich den Charakter der Abstufung in
sich. Der Vater steht an der Spitze, als zweite Person steht
neben ihm die Mutter, der Sohn als ihrer beider Produkt folgt
als dritte. Dieselbe Dreiheit ist auch im Johannesapokryphon
(II, 1, III, 1, IV, 1, BG) vorhanden: der unsichtbare Geist, die
Barbelo, der μονογενής Christus. Auch das Ägypterevangelium
kennt die Trias von Vater, Mutter und Sohn. Ebenso steht auch
im Manichäismus neben dem Vater der Größe noch die Mutter
des Lebens und der Erste Mensch als Sohn. Dies nur als einige
Beispiele!

---

11 Vgl. auch A. Böhlig, Triade und Trinität in den Schriften von Nag Hammadi, u. S. 292 ff.

12 Für die ägyptische Trias vgl. H. Bonnet, Reallexikon der ägyptischen Religionsgeschichte (2. Aufl. Berlin 1971). S. 326ff. Für die syrische Trias vgl.
H. Gese, Die Religionen Altsyriens (Die Religionen der Menschheit. Bd. 10.2.
Stuttgart 1970), S. 222ff. In ihrer Aphrodite vereinigen sich auch Züge der Atar-
gatis und der Astarte. Daß der junge Gott gerade eine Mittlergestalt ist, darf
als besonders interessant für die von uns behandelten Texte angesehen werden.

Nach den drei Stelen des Seth steigt der Gnostiker über die übrigen Stufen der Trinität zum höchsten Gott auf und auf dem gleichen Wege wieder herab[13]. Die Trinität, die aus Vater, Mutter und Sohn besteht, wird gebildet vom wirklich Präexistenten als Vater, der Barbelo als Mutter und dem Lichtadamas als Sohn. Der präexistente höchste Gott wird in seiner Erhabenheit und Alleinheit gepriesen, die Barbelo als die, welche die Zahl hervorbringt[14], und der Adamas als das Lichtwesen, von dem Seth (und damit die Sethianer) abstammt[15]. Es ist also kein Wunder, wenn die drei Hymnen auf diese drei Größen dem Seth in den Mund gelegt werden. Der Charakter der religiösen Gemeinschaft tritt im Übergang von der singularischen Rede zur pluralischen hervor. (120,16 "ich preise seine Kraft, die mir gegeben worden ist", 120,21 "der uns gegeben wurde"; von 120,29 ab geht auch der Lobpreis in den Plural über: "wir preisen".) Berücksichtigt man, daß z.B. ein so markantes Mythologumenon wie die Séduction des Archontes vom Manichäismus aus gnostizistischer Tradition übernommen worden ist, kann man auch in der Trias der Stelen durchaus eine Vorform der manichäischen Trias sehen. Der höchste Gott und die Barbelo entsprechen dem Vater der Größe und der Mutter des Lebens (bzw. der Lebendigen), dem großen Geist, der Adamas dem Ersten Menschen. Das Verhältnis des Ersten Menschen zu den in der Zerstreuung der Welt befindlichen Seelen erinnert teilweise an das Verhältnis des Lichtadamas zu den Sethianern. Im Kampf verliert im Manichäismus der Erste Mensch seine Lichtrüstung, die auch nach seinem Wiederaufstieg zum Teil im Kosmos gefangengehalten wird, um nach und nach ausgeläu-

13 Nag Hammadi Codices VII 127, 20f.
14 VII 122, 8ff.
15 VII 118, 25ff.

tert zu werden. Bei den Sethianern wird Adamas nicht befleckt, sein Sohn Seth und seine Kinder befinden sich aber teils in der himmlischen Welt[16], teils im Kosmos[17].

Die Stelen des Seth können also mit Recht als ein Text betrachtet werden, der ein typisches Produkt der Sethianer ist. Berücksichtigt man, daß das Ägypterevangelium ein Werk ist, in dessen Zentrum Seth steht, also sicher den gleichen Kreisen zuzuschreiben ist, so ist es vielleicht angemessen, im Rahmen eines kurzen Aufsatzes einmal an einem markanten Beispiel die Arbeitsmethode der Verfasser zu vergleichen. Da in beiden Texten ausführliche Angaben über den Lichtadamas gemacht werden, eignet sich diese Figur besonders gut für einen exemplarischen Vergleich[18].

III.

Wie eingangs bereits erwähnt, muß bei einem solchen Vergleich auch der Literaturtyp berücksichtigt werden. Die drei Stelen des Seth, deren erste den Lichtadamas besingt, dürften ein Werk aus einem Guß sein. Das Ägypterevangelium dagegen ist eine unter einem Gesamtthema stehende Kompilation von Traditionsstücken, unter denen auch solche sind, die über den Lichtadamas handeln[19]. Ist in den Stelen des Seth der Licht-

---

16 Vgl. Ev. Aeg. III 56, 14 - 22 = IV 67,28 - 68,5.

17 Vgl. Ev. Aeg. III 60, 9 - 18 = IV 71, 18 - 30. III 61, 1 - 15 = IV 72, 10 - 27. Hierher gehören auch die Rettungsaktionen des Seth: 1. durch seine Bitte um Wächter III 61, 23ff. = IV 73, 7ff., 2. durch sein persönliches Erscheinen III 62. 24ff. = IV 74. 9ff.

18 Insofern beschränkt sich die Darstellung auf einen Vergleich der ersten Stele. in der Adamas angesprochen ist: VII 118.24 - 121.17.

19 Schaffung des Adamas III 49, 1 - 7 = IV 60,30 - 61,8. Herkunft III 49, 8 - 16 = IV 61, 8 - 18. Vereinigung von Adamas und Logos III 49, 16 - 22 = IV 61, 18 - 23. Gemeinsamer Lobpreis von Logos und Adamas III 49,22 - 50,17

adamas in eine Trinität aufgenommen, so ist er im Ägypterevangelium nur eine Figur unter vielen anderen in der himmlischen Welt.

Im Ägypterevangelium wird ausgegangen von dem unsichtbaren Geist als der höchsten Gottheit, die sich über allem,
was jetzt ist, befindet und einst für sich ganz allein vorhanden war, charakterisiert durch Schweigen und Pronoia. Mit dieser Vorstellung von einem jenseitigen, abgesehen von dem Prädikat des Lichts nur mit negativen Prädikaten zu beschreiben-
den höchsten Gott ist die Vorstellung von einer Göttertrias,
die aus Vater - Mutter - Sohn besteht, derart verbunden, daß
sie aus dem höchsten Gott evolutioniert ist. Aus dieser Dreiheit entsteht als Siegel eine weitere Dreiheit, die zu einer Fünfheit wird, weil ihr erstes Glied, das aus dem Vater gekommen
ist, bereits als dreifaltig vorgestellt wird. Die himmlische Götterwelt ist in einer kollektiven Größe, dem Domedon ("Hausherr"), der zugleich Doxomedon ("Glanzherr") heißt, manife-
stiert. Danach erscheint auch die Pronoia als ein das Pleroma
ordnendes Element. Ihr folgt der Logos, der das Pleroma wesentlich mit Leben und Licht erfüllt und als Schöpfer tätig ist. Er
schafft durch das Wort die vier Äonen, führt dann die Erschaffung des Lichtadamas herbei und danach gemeinsam mit diesem
die der vier himmlischen Leuchter nebst ihrem Anhang sowie
des Seth als des Sohnes des Lichtadamas. Die Figuren der himmlischen Welt entstehen also entweder von selbst oder sie werden
durch eine Schöpfergottheit geschaffen, so der Lichtadamas, die
Leuchter und Seth sowie die Kinder des Seth. Der Ablauf der
Schöpfung ist liturgisch gestaltet. Auf die Bitte der entstandenen Götter hin erfolgt eine erbetene Neuschöpfung. Die für
die Sethianer wohl wichtigste Bitte ist dabei die, daß das Ge-

= IV 61.23 - 62,16. Gemeinsame Bitte von Logos und Adamas III 50,17 - 51,14
= IV 62,16 - 63,8.

schlecht des Vaters mit dem Geschlecht des Seth identifiziert
werden möge. Mit der Erfüllung dieser Bitte sind ja die Sethianer autorisiert. Der zweite Teil des Textes schildert dann, wie
Seth seine Kinder geschenkt werden, die zum Teil in der himmlischen Welt, zum Teil im Kosmos angesiedelt werden, wie er
seine kosmischen Kinder vor den bösen Mächten bewahrt, schließlich selbst zu ihrer Erlösung entsandt wird und in der Gestalt
Jesu auf Erden erscheint. Daß gegen Ende des Textes sich auch
ein hymnischer Teil findet, der stark mystisch wirkt, führt bereits in die Nähe der drei Stelen des Seth.

Seth ist schon im Alten Testament der Sohn Adams. Diese
Tatsache, besonders aber der Umstand, daß er als Ersatz für
Abel der Lieblingssohn Adams war, hatte die Gnostiker dazu
geführt, ihm eine besondere Stellung in Metaphysik und Soteriologie einzuräumen. Das hatte auch zur Folge, daß eine Gruppe
der Gnostiker ihn als die Größe ansah, von der sie sich Heil
versprach. Doch ist deshalb noch nicht anzunehmen, daß jede
Schrift, in der Seth vorkommt, auch sethianischen Ursprungs
ist.

In der ersten der drei Stelen des Seth preist Seth und dort,
wo der Preis in den Plural übergeht, die sethianische Gemeinde
den Adamas. Es preist aber dabei nicht etwa Seth seinen irdischen Vater Adam, sondern der himmlische Seth den himmlischen Adamas. Wahrscheinlich geht darauf die Bezeichnung
ΠΙΓΕΡΑΔΑΜΑΣ zurück. Der Bestandteil ΠΙ– könnte demon-
strativer Artikel sein, der mit der Zeit für den koptischen Leser vielleicht zu einer Einheit mit dem folgenden Wort wurde[20].

---

20   VII 118, 26 befindet sich über dem Namen kein Strich im Gegensatz zu
II 8, 34f. (längere Form des Johannesapokryphons), wo der Strich auch über den
Artikel mit hinweggeht. Das ist aber durchaus kein Beweis dafür, daß ΠΙ Bestandteil des Namens ist. Denn in VII 119, 11f. ist ein Strich sowohl über dem
vor ΜΙΡΩΘΕΑΣ gesetzten unbestimmten Artikel wie auch 119, 12f. über dem
vor ΜΙΡΩΘΕΟΣ stehenden Possessivartikel zu finden. Es ist natürlich denkbar,
daß in der Zeit, als die uns vorliegenden koptischen Handschriften abgeschrieben

Der Bestandteil ΓЄP- könnte wohl vom gleichen Stamm wie
γέρων kommen. Somit würde der Sinn des Namens "Alt-
Adamas, Ur-Adamas" bedeuten[21]. Also wird mit diesem Namen
schon zum Ausdruck gebracht, daß es sich bei der beschriebenen Figur um eine Urform des Adam handelt, die vom irdischen Adam durchaus zu trennen ist. Im Gegensatz zum Johannesapokryphon des Codex II verwendet das Ägypterevangelium diese
Namensform nicht. Seth bezeichnet sich in den Stelen als ЄM-
MAXA CHЄ [22]. Dieser Name erinnert an das MAXAP im Ägypter-
evangelium[23]. Dort wird Seth mit dem dreifachmännlichen
Sohn identifiziert, der eine Dreiheit bildet, deren dritter Teil
MAXAP genannt wird. Adamas ist in den Stelen "Vater" des
Seth[24], doch nicht durch irdische Zeugung; Seth wurde erschaf-
fen "nicht durch Geburt"[25]. Hier werden Eigenschaften des
Adamas auch auf Seth übertragen, die auch für den Adam der
Genesis gelten. Im Ägypterevangelium, wo Adam sich einen
Sohn erbittet, wird der Sinn dieses Unternehmens ausführlich
beschrieben: "damit er zum Vater dieses nichtschwankenden
und unvergänglichen Geschlechts werde und damit durch dieses
Geschlecht das Schweigen und die Stimme erscheine und durch

wurden, das Verständnis gerade für den Sinn der Namen schon soweit verloren-
gegangen war, daß solche fehlerhaften Schreibungen entstehen konnten.

21 Die Deutung von -iger- als -ier-, wie sie H.-M. Schenke in Studia Coptica (hrsg. v. P. Nagel, Berlin 1974), S. 170 (Das sethianische System nach Nag-
Hammadi-Handschriften), vermutet, um dahinter die Urform von ΛΔΑΜΑC
ЄTOYΛΛB (II 156, 23) zu sehen, ist sehr fraglich. ἱερός wird im Koptischen
mit Ձ geschrieben. Deshalb müßte am Beginn des Wortes ΠՁ oder Φ stehen.
Eine beachtliche Deutung hat inzwischen H.M. Jackson gegeben: Geradamas, the
celestial stranger, NTS 27 (1981) 385 - 394. Er möchte in -ger- das hebräische
גר sehen, aber noch in der Bedeutung "fremd", wozu er auf phönizische
Zusammensetzungen verweist. Das würde den Adamas als ἀλλογενής charakterisieren und damit zu der auch von mir angestrebten Deutung führen.

22 VII 118, 28.

23 IV 59, 20. III 62, 3f. = IV 73, 14. III 65, 9 = IV 77, 9. P am Wortende
kann durchaus wegfallen. Fraglich ist ЄM- .

24 VII 118, 27, 31.

25 VII 118, 28f.

es der tote Äon auferstehe, damit er aufgelöst werde"[26]. Damit ist die Erschaffung Seths bereits im Blick auf Soteriologie und Eschatologie umrissen. Auch im Ägypterevangelium erfolgt die Entstehung des Seth nicht durch menschliche Zeugung und Geburt. Hier dient ein Mittelwesen, die Prophaneia, als Schöpfer[27]. Auch Adamas wird darin geschaffen, und zwar durch Μοιροθεά [28]. Daß diese Gottheit ein Mittel der Darstellung ist, das die Menschenschöpfung zum Ausdruck bringen soll, wird deutlich durch die Uminterpretation, die sich in den Stelen des Seth findet. Hier wird Adamas von Seth als ein ΜΙΡΟΘΕΛC bezeichnet[29]. Der Name ist hier also durch die Endung ins Maskulinum verwandelt. Seth sieht in Adamas einen Schöpfergott. Durch eine weitere Veränderung in ΜΙΡΟΘΕΟC wird eine solche Auffassung noch eindeutiger sichtbar. Der Gebrauch des unbestimmten Artikels vor dem Namen bzw. dem umgewandelten Namen gibt diesem noch dazu den Charakter eines Gattungsnamens[30]. Der Hymnus betont, daß Seth um des Adamas willen, von dem er herstammt, seine Existenz besitzt[31]. Seth preist Adamas auch wegen seiner Kraft, die ihm geschenkt worden ist[32]. Ja, er geht soweit, daß er Adamas als seinen Nus bezeichnet[33]. Wenn an anderer Stelle in der ersten Stele

26 III 51, 8 - 14 = IV 63, 1 - 8.

27 III 51, 17 = IV 63, 11.

28 ΜΙΡΟΘΟΗ. Zur Form vgl. den Kommentar zur Stelle. a.a.O. 171.

29 VII 119, 11f. ΜΙΡΟΘΕΟC 119. 12f. 120. 15.

30 Die Endung –ᾶς bildet gerade seit hellenistischer Zeit Berufsbezeichnungen. z.B. κλειδᾶς "Schlosser" (vgl. E. Schwyzer, Griechische Grammatik I [3. Aufl. München 1959], S. 461). wozu die Interpretation in der ersten Stele gut paßt. –ᾶς kann neben –ος stehen. so daß nicht unbedingt weiterführende Interpretation aus –ος entnommen werden muß. m.E. aber auch nicht verneint zu werden braucht. weil der Verfasser sich ein in der Sprache vorliegendes Phänomen zunutze gemacht hat.

31 VII 119, 6.

32 VII 120, 16f.

33 VII 119, 1.

des Seth ausgesprochen wird, daß Adamas durch den Nus gepriesen und mit der Stimme gesprochen werde[34], so weist damit der Adamas als Nus auf sich selbst zurück. Gerade der
Nus ist aber in vielen gnostischen Schriften der göttliche Ver-
mittler des Geistes. Wenn auch Seth und Adamas als verschiedenartig einander gegenübergestellt werden - Seth sät und erzeugt[35], Adamas dagegen sieht die Ewigen[36] -, so hat doch
Adamas eine Funktion als Mittler. Sie ist allerdings nur zu verstehen, wenn man seine metaphysische Verwurzelung feststellt.

Schon oben ist auf Charakteristika des Adam hingewiesen
worden, die aus der Tradition der Genesis stammen. Zu ihnen
ist noch die hinzuzufügen, daß der Name Adams ein erster Name
sei[37]. Wenn auch solche Eigenschaften in den Beginn der Urzeit
zurückgeführt werden können, der Adamas der Gnostiker wird
transzendiert und metaphysisch begründet. Während die Apokalypse des Adam dies noch in sehr vorsichtiger Weise tut, machen die Stelen des Seth, das Ägypterevangelium und das Johannesapokryphon aus Adamas eine Figur der himmlischen Welt,
die nach der ersten Stele des Seth sogar den Charakter der
Göttlichkeit annimmt[38]. Adamas stammt aus dem "Auserwählten"[39], d.h. aus dem höchsten Gott. Er ist ein Wort aus einem
Befehl[40], ein Vater durch einen Vater[41]; er existiert um sei-
netwillen[42]. Besonders eindeutig ist die Zugehörigkeit zum höch-

34 VII 119, 27 - 30.
35 VII 119, 2.
36 VII 119, 3.
37 VII 119, 21.
38 VII 120, 13ff.
39 VII 120, 23f.
40 VII 120, 28f.
41 VII 120, 27f.
42 VII 119, 7.

sten Gott und die Ausrichtung auf ihn in einer Aussage gegeben, die seinen Weg charakterisiert: "Du bist geworden aus einem durch einen; du bist gewandelt und gekommen zu einem"[43]. Daß er die Schau der himmlischen Welt genießt[44] und selbst Licht ist, weil er Licht schaut[45], erhebt ihn über die kosmische Welt. Er wird darum von Seth gepriesen ⲛ̄ⲑⲉ ⲛ̄ⲟⲩⲛⲟⲩⲧⲉ "wie ein Gott", "als Gott"[46]. "Gott" kann hier wohl nicht im Sinne des höchsten Gottes gemeint sein, weil ⲡⲛⲟⲩⲧⲉ in dieser Bedeutung einige Zeilen vorher begegnet[47]. Hier soll vielmehr der göttliche Charakter des Adamas betont werden. Darum wird "seine Göttlichkeit" mit einer doxologischen Aussage in der dritten Person gepriesen: "Groß ist der von selbst entstandene Gute, der hervorgetreten ist, der Gott, der zuerst hervorgetreten ist"[48]. Damit entspricht er als dritte Größe der Trinität der Figur, die auch die Bezeichnung αὐτογενής führt. Im Ägypterevangelium ist dies ja gerade beim Logos der Fall[49]. Daß Adamas und nicht der höchste Gott gemeint ist, erscheint gesichert auch durch die Aussage "du hast dich hingestellt, du hast dich zuerst hingestellt"[50]. Das allumfassende

43 VII 120. 32ff.

44 VII 119. 3.

45 VII 119, 9f.

46 Vgl. o. Anm. 38.

47 VII 119, 7.

48 VII 119, 15 - 18.

49 III 49, 17 = IV 61, 19. III 50, 19. 22 = IV 62, 17. 22. III 52, 8. 15 = IV 64, 1. 9. III 53, 13 = IV 65, 6. III 55, 5 = IV 66, 18. III 62, 26 = IV 74, 12. III 68, 16 (IV zerstört). Auch in der Vorlage dürfte III 65, 16 entsprechend IV 77, 9ff. den Logos als αὐτογενής gemeint haben. In der jetzigen Form ist aber Adamas der Autogenes. An zwei anderen Stellen scheint der höchste Gott gemeint zu sein: III 41, 5 (fehlt in IV), wo aber αὐτογενής wohl sekundär ist (der höchste Gott wird außerdem bereits mit dem Prädikat αὐτογένιος versehen) und III 66, 24 (in IV 79, 6 übersetzt), wo im zweiten Hymnus wohl die höchste Größe angesprochen ist.

50 VII 121, 9f. Zur dynamischen Bedeutung von ⲁϩⲉⲣⲁⲧ⸗ vgl. z.B. in sa Mc 9, 27; 10, 49, Lc 2, 38; 6, 8.

Wesen der höchsten Gottheit kommt in Adamas zum Ausdruck, wenn er als unvergänglich[51], an allen Orten gleich[52], vollkommen[53] und überall mächtig[54] bezeichnet wird. Zugleich ist er aber eine geteilte Größe[55]. Da er aber gleichzeitig "einer" bleibt[56], wird gerade auch darin sein allumfassender Charakter deutlich. Insbesondere wird er in den Stelen als "dreifachmännlich" bezeichnet[57], ein Prädikat, das einerseits eine superlativische Bedeutung hat, andererseits aber in der mythologischen Vorstellung der Gnostiker eine konkrete Teilung beinhaltet, so daß es auch heißen kann: "der die wirklich existierenden Männlichkeiten männlich werden ließ dreimal"[58]. Weiter ist noch die Teilung in die Fünfheit hinzugefügt[59]. Zur metaphysischen Verwurzelung des Adamas bietet das Apokryphon des Johannes noch eine Auskunft, die dort allerdings infolge ihrer Überlieferung nicht ganz klar ist[60]. Immerhin scheint aber daraus hervorzugehen, daß der Adamas auf Grund des Willens Gottes und seines Autogenes entstanden ist[61]. Wesentlich ausführlicher ist hier das Ägypterevangelium. Hier wird der Adamas auf die Initiative des Logos hin geschaffen, durch Μοιροθεά [62]. Wohl ausgehend von A als Zeichen für 1 und als dem ersten Buchstaben seines Namens wird er mit der Anrede be-

---

51 VII 119, 7.

52 VII 121, 8.

53 VII 121, 6.

54 VII 119, 30.

55 VII 121, 10f.

56 VII 121, 11.

57 VII 120, 29. 121, 8f.

58 VII 120, 17ff.

59 VII 120, 20.

60 II 8, 29ff. = III 12, 24ff. = BG 34, 19ff.

61 Vgl. die hymnischen Worte des Adamas, die sehr an die erste Stele erinnern: II 9, 7ff. = IV 14, 4f. = III 13, 11ff. = BG 35, 13ff.

62 III 49, 4.

nannt " ⲒⲈⲚ " = $\varepsilon\tilde{\iota}\ \H{\varepsilon}\nu$ bzw. der koptischen Übersetzung "Du
bist Eins"[63]. Auch die Bezeichnung des Adamas als Licht ent-
spricht der Auffassung der ersten Stele[64]; nur ist in der Version des Codex IV des Ägypterevangeliums das Verhältnis zum
höchsten Licht umgekehrt als in der Stele. Die Stele läßt Adamas das Licht sehen, während Codex IV den Adamas als Auge
des Lichts bezeichnet[65]. Diese Benennung fehlt zwar in der
Version des Ägypterevangeliums in Codex III, aber beiden gemeinsam ist der Gedanke, daß Adamas aus dem ersten Menschen stammt; dabei wird der höchste Gott als der erste Mensch
betrachtet[66]. Die Identifizierung von Licht und Mensch ist aus
der Gleichsetzung von φῶς "Licht" und φώς "Mann" sehr leicht
zu erklären[67]. In der Art des Neuen Testaments wird von diesem
Gott "Mensch" im Ägypterevangelium ausgesagt "um dessentwillen dies alles ist, auf den hin alles (abzielt) und ohne den
nichts ist"[68]. Daran erinnert in der ersten Stele die Stelle, an
der vom Weg des Adamas die Rede ist; doch fehlt hier der
dritte Teil, weil nicht eine allgemeine Aussage, sondern eine
Anrede an Adamas vorliegt, die eine andere Nuance hat. Daß
im Ägypterevangelium der Vater in Adamas herabkommt[69],
entspricht dem Wort "Vater vom Vater" in den Stelen[70].

War die Antwort auf die Frage, woher Adamas stamme,
im wesentlichen die gleiche im Ägypterevangelium und in der
ersten Stele des Seth, so liegt in der Verbindung des Adamas

63 III 49, 6f. (griechisch) = IV 61, 6f. (koptisch).
64 III 49, 8f.
65 IV 61, 10.
66 III 49, 9f. ~ IV 61, 11.
67 Clem. Alex., Paed. I 6.
68 III 49, 10 - 12 = IV 61, 12 - 14.
69 III 49, 13ff. = IV 61, 14ff.
70 VII 120, 27.

mit dem Logos eine verschiedenartige Vorstellung vor. Die Kompilation des Ägypterevangeliums läßt in Adamas den Logos[71] auftreten. In der ersten Stele begegnet dieser nicht; hier ist Adamas der im Auftrage des höchsten Gottes wirkende Autogenes, eine Funktion, die im Ägypterevangelium der Logos hat [72]. Es ist darum in dieser Schrift eine besondere Aufgabe, Logos und Adamas, die wohl konkurrierende Figuren waren, zu vereinigen[73]. Das ist auch gelungen. Dennoch tritt im darauf folgenden gemeinsamen Gebet wieder eine Aufgabenteilung ein. Der Logos erbittet die Leuchter, Adamas den Seth[74]. Eine Bezeichnung des Adamas als dreifachmännlich kennt das Ägypterevangelium nicht. Das dreifachmännliche Kind ist hier eine eigene Größe, die um des Vaters willen entstanden ist[75]. So wie in der ersten Stele der αὐτογενής Logos zugunsten des αὐτογενής Adamas weggelassen wurde, hat man gewisse Figuren der himmlischen Welt in Adamas zusammengerafft. Dadurch wurde er außerordentlich aufgewertet. Es sind in ihm als Sohn des Vaters zusammengefaßt die Eigenschaften der zweiten Trinität des Ägypterevangeliums, so daß er als Sohn des Vaters sowohl den dreifachen Jüngling darstellt als auch die fünf Siegel[76], d.i. dreifachmännlicher Jüngling, Jungfrau Juël[77] und Esephech[78]. Die Ausdrucksweise der ersten Stele, Adamas

---

71 III 49, 16 - 22 = IV 61, 18 - 23.

72 Vgl. o. Anm. 49.

73 Darauf weist die Gleichheit des himmlischen Wohnortes hin. So wie Seth und Jesus, die identisch sind, auf dem zweiten Leuchter Orojaël wohnen, so wohnen der Autogenes (d.i. der Logos) und Adamas auf dem ersten Leuchter Harmozel.

74 III 50,17 - 51,14 = IV 62,16 - 63,8. Hier ist allerdings bei der Bitte des Logos der Adamas beteiligt; die Bitte um einen Sohn erfolgt durch Adamas allein. Die Variante "für sie" (plur.) in III 51, 6 könnte der Versuch sein, eine Gemeinsamkeit herauszustellen. (IV 63, 1 hat "für sich".)

75 Vgl. A. Böhlig - F. Wisse, a.a.O. 43ff.

76 Vgl. A. Böhlig - F. Wisse, a.a.O. 27.

77 Vgl. A. Böhlig - F. Wisse, a.a.O. 46ff.

78 Vgl. A. Böhlig - F. Wisse, a.a.O. 48f.

habe die Männlichkeiten dreifach entstehen lassen und sei in die Fünfheit geteilt worden, machen ihn als den Sohn zum übergeordneten Element. Man könnte sagen, daß die Stelen die weitschweifige mythologische Tradition unter dem Gesichtspunkt einer zu verehrenden Trinität komprimiert haben, wobei Andeutungen auf verarbeitete Mythologumena noch begegnen.

Adamas ist aber nicht nur eine Lichtgröße, die ihre Aufgabe innerhalb der himmlischen Welt zu erfüllen hat; er nimmt auch eine Mittlerstellung ein. Schon das Ägypterevangelium sieht in ihm eine Selbstoffenbarung des Vaters mit dem Ziel, den Mangel zu vernichten[79]. In der ersten Stele des Seth wird er dagegen im Rahmen seiner Verherrlichung als der Gute bezeichnet, der das Gute offenbart[80], als der Vollkommene, der vollkommen macht[81], der Kraft spendet[82], der das Licht, die Ewigen und die wirklich Seienden offenbart[83], der das Sein, das er selbst vom höchsten Gott besitzt[84], der seine Kraft an Seth weitergibt[85], der Seth bei Gott sein läßt[86]. Er ist einer, der den Kranz empfängt und den Kranz verleiht[87]. Sein Erscheinen ist überhaupt in seinem Mittleramt begründet: "Wegen des Niedrigen ist er öffentlich aufgetreten"[88]. An anderer Stelle

---

79 III 49, 13 - 16 = IV 61, 14 - 18.
80 VII 119, 15ff.
81 VII 121, 6.
82 VII 120, 31f.
83 VII 119, 10f.
84 VII 119, 24ff.
85 VII 120, 16f.
86 VII 119, 7ff.
87 VII 120, 35f.

88 VII 120, 24ff. ⲘⲞⲞⲨϢ ⲈⲂⲞⲖ ⲌⲚ ⲦⲘⲎⲦⲈ soll den griechischen Ausdruck ἔρχεσθαι εἰς μέσον wiedergeben. Vgl. W. Bauer, Wörterbuch s. v. In diesem Fall gehört ⲈⲂⲞⲖ zum Verbum, während ⲌⲚ "in hinein" bedeutet, was durchaus möglich ist. Man könnte vergleichen Mc 2, 23 (nach Morgan) ⲘⲞⲞⲨϢ ⲈⲂⲞⲖ ⲌⲚ ⲚⲈⲒⲰ2Ⲉ = παραπορεύεσθαι διὰ σπορίμων .

ist von der Versöhnung bzw. Vereinigung des Alls durch die
Wirksamkeit des Adamas die Rede[89]. Im Gegensatz zum Reich
des Bösen, das in innerem Unfrieden lebt, ist das Merkmal des
Lichtreichs die Einheit. Herstellung der Einheit ist Aufgabe
des Mittlers. Durch seine Offenbarungen wird zugleich seine
überall wirksame Kraft[90] sichtbar. "Deshalb kennt dich auch
der wahrnehmbare Kosmos"[91]. Es ist eine Frage, ob das folgende ⲈⲦⲂⲎⲎⲦⲔ ⲘⲚ ⲦⲈⲔⲤⲠⲞⲢⲀ [92] zum vorhergehenden Satz
gehört oder die Einleitung zum folgenden bildet[93]. Die Inter-
punktion spricht entweder für das erstere oder dafür, daß die
Worte eine eigene elliptische Einheit sind, die die folgenden
Strophen einleitet, in denen ein Mittlertum des Adamas geschildert und zugleich der Same des Seth charakterisiert wird. Dieser Abschnitt kann in vier dreizeilige Strophen gegliedert werden[94]:

1 Du bist ein Gnadenerweis!
  Einerseits bist du einer aus einem anderen Geschlecht,
  andererseits ist es gesetzt über ein anderes Geschlecht.

2 Unter diesen Umständen bist du einer aus einem anderen
      Geschlecht
  und bist gesetzt über ein anderes Geschlecht.
  Du bist einer aus einem anderen Geschlecht, weil du
      nicht gleich bist.

3 Du bist aber ein Gnadenerweis, weil du ewig bist.
  Du bist aber über ein Geschlecht gesetzt,

---

89 VII 120, 30ff. Im Ägypterevangelium wird die Versöhnung der Welt mit
der Welt als Werk des Seth geschildert: III 63, 16f. = IV 75, 3f.

90 VII 119, 30f. als Zusammenfassung der vorangehenden Offenbarungen.

91 VII 119, 31ff.

92 VII 119, 33f.

93 Im letzteren Falle kann man in diesen Worten ein Gegenstück zu ⲈⲦⲂⲈ
ⲦⲀⲤⲠⲞⲢⲀ VII 120, 9f. sehen.

94 VII 119,34 - 120,15.

weil du diese alle hast wachsen lassen.

4 Was aber meinen Samen angeht, so kennst du ihn, daß
    er sich in der Schöpfung befindet.

Solche aber aus anderen Geschlechtern sind sie, weil
    sie nicht gleich sind.

Sie sind aber gesetzt über andere Geschlechter, weil
    sie sich im Leben befinden.

Dieser Abschnitt des Hymnus zerfällt in zwei Hauptteile, die
beide damit eingeleitet werden, daß Adamas als ΝΔ, das griechisch ἔλεος [95] entspricht, bezeichnet wird. Damit ist aber
an dieser Stelle nicht ἔλεος als Affekt gemeint, sondern hat
die Bedeutung von חסד , das den Tatcharakter besonders betont. Adamas ist durch Gottes Willen als eine Tat seines Er-
barmens entstanden. Als ewiger Lichtadamas, der der kosmischen Welt nicht gleich ist, steht er über den Geschöpfen, die
er hat wachsen lassen. Er kennt aber auch die besondere Gruppe von Geschöpfen, den Samen des Seth, die den gewöhnlichen
Kreaturen dieser Welt nicht gleichen, weil sie ja das Leben
besitzen. Vom Samen des Seth und seiner Entstehung gibt das
Ägypterevangelium ausführlich Auskunft. Auch er wird durch
Mittlergottheiten hervorgebracht (Plesithea, Hormos), teils in
himmlischer[96], teils in kosmischer Form[97]. Dabei wird auch
seine Plazierung ausführlich behandelt[98]. Auch diese Berichte
zeigen, daß hier verschiedene Traditionen umliefen und zusammengefügt wurden. Die Besonderheit der Sethkinder und ihre
Behütung vor teuflischen Angriffen wird sowohl im Ägypterevangelium[99] wie in der Adamapokalypse[100] ausführlich ge-

---

95 Vgl. ThWB II, 474ff.
96 III 56, 4ff. = IV 67, ? (lacuna) ff.
97 III 60, 2ff. = IV 71, 11 - 18.
98 III 56, 19 - 22 = IV 68, 2 - 5. III 60, 9 - 18 = IV 71, 18 - 30.
99 III 61, 1ff. = IV 72, 10ff.

schildert. Von einem Samen des Adam und des Seth nebeneinander ist nur einmal im Ägypterevangelium die Rede[101].
Was ist aber das Geschlecht, über das Adamas gesetzt ist?
Wahrscheinlich hat der Verfasser des Hymnus dem Adamas
ein eigenes Geschlecht zugesprochen, was Ägypterevangelium
und erste Stele des Seth in Einklang stehen ließe.

Das Mittlertum hat als Ziel die Aufgabe der Erlösung.
Daher ist Adamas auch der Retter[102]. Er, der selbst vollkommen ist, macht die Erlösung Suchenden vollkommen[103]. Diese
Erlösung ist eine Tat der Liebe[104]. Sie wird den ihrer Würdi-
gen zuteil[105]. Ägypterevangelium und erste Stele unterscheiden
sich bei der Behandlung der Erlösung dadurch voneinander, daß
in der Stele Adamas auch der Erlöser ist, während im Ägypterevangelium[106] Seth diese Funktion zufällt.

In der ersten Stele steht dem Adamas der Seth gegenüber
als Vertreter seines Geschlechts, im Ägypterevangelium übernimmt Seth die Betreuung seines Geschlechts auch im Kosmos.
Die beiden Schriften stellen also letzten Endes zwei verschiedene Aufgabenbereiche dar. Doch ist diese Aufgabe des Seth
gerade dadurch auch in den Stelen sichtbar, daß Seth sich als
Vorbeter seiner Gemeinde erweist, um durch Adamas' Hilfe
zur göttlichen Höhe aufzusteigen.

100   V 69, 19ff. 75, 17ff.
101   III 59, 25ff. = IV 71, 10f.
102   VII 120, 34f.
103   VII 121, 2ff.
104   VII 121, 12.
105   VII 121,14. Im Ägypterevangelium wird Offenbarung ebenfalls den Würdi-
gen zuteil· III 55, 15f. = IV 66,30f. Sie sind ferner Offenbarungsträger III 65, 26ff.
= IV 78, 1ff.

106   Das wird besonders im Abschnitt über das Werk des Seth ausgeführt:
III 63,4 - 64,9 = IV 74,17 - 75,24.

IV.

Der entscheidende Unterschied zwischen den Stelen des Seth und dem Ägypterevangelium liegt darin, daß die Verwendung der mythologischen Aussagen jeweils davon abhängig ist, welche Funktion sie bei der Durchführung eines Leitgedankens haben. Ist das Pluralismus von Anschauungen oder nicht vielmehr ein hohes Maß von Gestaltungsfähigkeit? Pluralismus ist die paritätische Duldung verschiedener Auffassungen. Dieses Phänomen liegt hier nicht vor. Das wäre auch bei Schriften innerhalb ein und derselben Gruppe verwunderlich. Hier wird vielmehr über Mythologumena je nach dem, was zum Ausdruck gebracht werden soll, frei verfügt. Das schließt aber natürlich ein Vorkommen von echtem Pluralismus in der Bibliothek von Nag Hammadi nicht aus. Es wird vielmehr eine wichtige Aufgabe der Forschung sein, zu untersuchen, wieweit Pluralismus und freier Umgang mit Mythologemen hier nebeneinander stehen.

DIE GRIECHISCHE SCHULE
UND DIE BIBLIOTHEK VON NAG HAMMADI

Als ich im Jahre 1966 für das Kolloquium von Messina einen Beitrag über die jüdischen Elemente in gewissen Schriften von Nag Hammadi vorlegte[1], warnte R.McL. Wilson bei voller Würdigung dieser Untersuchung davor, die griechischen Einflüsse zu vernachlässigen[2]. Ich konnte damals in einem Postscriptum demgegenüber darauf hinweisen, daß ich ja selbst in meinem Kommentar zur Schrift ohne Titel des Codex II auf hellenistische Elemente, die Auseinandersetzung mit Hesiod, Amor und Psyche sowie die Verwendung der Astrologie aufmerksam gemacht hatte[3]. Es wäre in der Tat höchst einseitig, wollte man die Bearbeitung der Texte von Nag Hammadi nicht auch unter dem Gesichtspunkt betreiben, welche hellenischen und hellenistischen Einflüsse in ihnen zu finden sind, wie diese in sie hineingekommen sind und welche Bedeutung ihnen in literarischer, religiöser und philosophischer Hinsicht zukommt. Wenn hierbei "hellenisch" und "hellenistisch" getrennt wird, so soll damit betont werden, daß "hellenistisch" nicht mit "hellenisch" identisch ist, wenn im Hellenisti-

---

Erstveröffentlichung in: A. Böhlig - F. Wisse. Zum Hellenismus in den Schriften von Nag Hammadi (Göttinger Orientforschungen VI.2, Wiesbaden 1975), S. 9 - 53.

1   A. Böhlig. Der jüdische und judenchristliche Hintergrund in gnostischen Texten von Nag Hammadi. in: Le origini dello gnosticismo, hrsg. v. U. Bianchi (Leiden 1967), S. 109 - 140; auch A. Böhlig, Mysterion und Wahrheit (Leiden 1968). S. 80 - 111.

2   Le origini. a.a.O. 693.

3   Le origini. a.a.O. 705f.

schen auch das Hellenische enthalten ist; doch wird ihm darin
oft eine neue Gestalt gegeben. Es ist also zu untersuchen, welche Denkform in hellenischer und welche in hellenistischer Gestalt auf unsere Texte eingewirkt hat. Wieweit schließlich Synkretismus als die besondere Methode dieser Epoche am Werke
war, um die sich begegnenden geistigen und kulturellen Kräfte
zu vereinigen, und welche hermeneutischen Probleme sich daraus
ergeben, das zu bearbeiten ist die Aufgabe des neuen Forschungs-
unternehmens[4]. Synkretismus und Gnostizismus dürfen dabei nicht
gleichgesetzt werden. Der Gnostizismus ist eine religiös-philoso-
phische Weltanschauung, die auch Gemeinde bildende Kraft besaß, in der synkretistisch geprägten Welt des Hellenismus. Andererseits ist der Gnostizismus auch in sich synkretistisch, insofern
als er die verschiedensten philosophischen, mythologischen und
religiösen Vorstellungen in seinen Systembildungen verarbeitet
und zudem noch einen stark pluralistischen Zug im Verhältnis
der einzelnen gnostischen Gruppen aufweist.

Das zentrale Problem des Gnostizismus ist die Rückkehr der
Seele zur Lichtheimat, aus der sie durch eine Krise in die körperliche Welt verschlagen worden ist. Als Mittel der Darstellung
dient für den Prozeß des Falles und der Erlösung der Mythos.
Wer meint, daß hier nur spielerische Akkumulationen abstruser
Vorstellungen vorlägen, befindet sich im Irrtum. Im Gnostizismus wird der Mythos zur Wiedergabe eines systematischen Gedankens gebraucht. Man muß diese Darstellungsform im Rahmen
der antiken Geistesgeschichte sehen. Mythos der Griechen und
Heilsgeschichte der Juden treffen bei der Konzipierung des gnostischen Mythos zusammen. Für die jeweiligen Einzelaussagen

---

4 Es handelt sich um das Projekt "Der hellenische und hellenistische Beitrag
zum Synkretismus im Vorderen Orient". S. den Bericht: Report on the coptological
work carried out in the context of the Tübingen research project, in: Nag Hammadi and Gnosis, hrsg. v. R.McL. Wilson (Nag Hammadi Studies 14, Leiden 1978),
S. 131 - 138.

bietet sich der Kulturkreis an, der zur jeweiligen Frage am pla-
stischsten Material beisteuern kann, sei es von seiner Mythosophie, Theologie oder Philosophie her. Daß gelegentlich die
Freude an Zahlenreihen, harmonischen Zusammenstellungen von
mythologischen Größen zur Ausuferung führt, ist nicht zu bestreiten, doch sollten solche Beispiele nicht als wesenhaft für
den Gnostizismus angesehen werden. Leider haben die Texte des
Codex Askewianus und des Codex Brucianus[5], die von den gnostischen Originalwerken als erste bekannt geworden waren und
gerade recht starke Züge der Entartung aufweisen, das Bild des
Gnostizismus vorbelastet und die Frage aufkommen lassen, ob
in ihm nicht eine unverständliche Sammlung und Kompilation
abstruser Vorstellungen und Kultgebräuche vorliege. Mancher
hält es deshalb kaum der Mühe wert, mythologische Texte, die
auch in Nag Hammadi vorkommen, auf einen sinnvollen Zusammenhang zu prüfen. Daß ein Werk wie die Schrift ohne Titel
aus dem Codex II[6], das Johannesapokryphon[7] oder das Ägypterevangelium[8] trotz der Kompilation aus verschiedenen Traditionsstücken einen durchgehenden Gedankengang besitzen, dürfte erwiesen sein. Die Verwendung von Zahlenspekulation, Astrologie
und Magie kann ebenfalls nicht als Grund angesehen werden,
solche Texte primitiven Kreisen zuzuweisen. Mit Hilfe der Zahl

---

5   Koptisch-gnostische Schriften I: Die Pistis Sophia. Die beiden Bücher des
Jeû. Unbekanntes altgnostisches Werk. hrsg. v. C. Schmidt. 3. Aufl. v. W. Till
(Berlin 1962).

6   Nag Hammadi II 97.24 - 127.17. Editio princeps von A. Böhlig - P. Labib.
Die koptisch-gnostische Schrift ohne Titel aus Codex II von Nag Hammadi (Berlin
1962) (hier Seitenzählung 145. 24 - 175.17).

7   NH II 1. 1- 32.9 = IV 1.1 - 49.28 = NH III 1.1 - 40.11. ed. M. Krause -
P. Labib. Die drei Versionen des Apokryphons des Johannes im Koptischen Museum zu Alt-Kairo (Wiesbaden 1962); BG 19.6 - 77.7. ed. W.C. Till. Die gnostischen Schriften des koptischen Papyrus Berolinensis 8502 (2. Aufl. v. H.-M.
Schenke. Berlin 1972).

8   NH III 40.12 - 69.20 = IV 50.1 - 81. Ende. ed. A. Böhlig - F. Wisse -
P. Labib. Nag Hammadi Codices III.2 and IV,2: The Gospel of the Egyptians
(Nag Hammadi Studies 4. Leiden 1975). Deutsche Übersetzung von A. Böhlig.
in: Das Ägypterevangelium von Nag Hammadi (Göttinger Orientforschungen VI,1,
Wiesbaden 1974). S. 43 - 163.

hatte das frühe Griechentum das All zu erfassen versucht und
damit eine der großartigsten Erfindungen gemacht, wie gerade
moderne Naturwissenschaftler (Eddington, Heisenberg)[9] bestätigen. Die Unterscheidung zwischen Astronomie und Astrologie,
wie wir sie heute vornehmen, war zu einer Zeit noch nicht
fertig abgeschlossen, die für beides oft den Terminus "astro-
logia" gebrauchte. Die Trennung vollzog sich erst nach und nach.
Magie schließlich drang, wie wir aus dem Neuplatonismus wissen, auch in philosophische Kreise ein. Das mag uns heute sehr
merkwürdig anmuten, doch sollten wir einmal an die Horoskope
in unseren Zeitschriften denken, die ja durchaus auch von Intel-
lektuellen gelesen werden. Es dürfte sich bei den Benutzern der
Schriften von Nag Hammadi durchaus um Gebildete handeln,
die mindestens dem Mittelstand angehören. Die Übersetzung ins
Koptische kann auf eine Schicht hinweisen, die W. Schubart als
"Gräkoägypter" bezeichnet[10]. Übersetzungsfehler zeigen gleich-
wohl bereits gewisse Unsicherheiten auch im Verständnis auf[11].
Mindestens aber die griechischen Vorlagen wurden von Autoren
abgefaßt, die griechische Bildung besaßen.

Wer "Gnosis" erlangen wollte, kam gerade in hellenistischer
Zeit ohne Bildung nicht aus, weil einerseits die Gnosis eine umfassende Orientierung über den Menschen und seine Stellung im
Kosmos erforderte und andererseits die hellenistische Welt aus
der Bildung eine Religion machte. Infolgedessen darf man bei
der Behandlung des Gnostizismus nicht Religion und Philosophie
als Alternativen ansehen, wie im Streit zwischen H.H. Schaeder

---

9 Vgl. W. Kranz. Vorsokratische Denker (Berlin 1939). S. 11.

10 W. Schubart, Einführung in die Papyruskunde (Berlin 1918); vgl. besonders
S. 309ff.. 379f. M.E. kann man dieser Schicht allerdings noch eine größere Vertrautheit mit höherer griechischer Literatur zuschreiben. als dies Schubart tut.

11 Vgl. ⲤⲞⲞⲨⲚ statt ⲈⲞⲞⲨ für δόξα NH IV 52.17; III 63,2 ⲠⲚⲞⲨⲦⲈ aus
Ⲡ† mißverstanden u.a.

12 H.H. Schaeder. Urform und Forbildungen des manichäischen Systems
(Leipzig 1927). S. 73.

12 und G. Widengren[13], von denen der erstere Mani als besonders bedeutsam wegen des hohen Maßes seiner Denkrationalisierung einschätzte, während letzterer eine solche Fragestellung
bei der Beurteilung eines Religionsstifters als nicht sinnvoll
betrachtete. Beide Forscher gehen m.E. an einem wesentlichen
Zug, der die Zeit des Hellenismus im weiteren Sinne kennzeich-
net, vorbei, nämlich, daß es sich bei Mani um eine Religion
handelt, die schon nach den Worten ihres Stifters den Charakter eines Systems haben sollte. Was die christliche Religion
und ihre Kirche im Laufe der Zeit entwickelte, Kanon, Regula
fidei und theologisches Weltbild, das hat hier bereits der Stifter der Religion versucht zu gestalten. Wird man sich klar, daß
Mani ja auch Gnostiker war, allerdings einer, der sich nicht auf
die Begründung einer αἵρεσις beschränkte, sondern sein theologisch geformtes religiöses Denken und Fühlen durch eine groß-
angelegte kirchliche Mission verbreiten wollte, so findet man dennoch denselben Nährboden, aus dem auch die Gnostiker des 2.
Jh's stammen, Theologie in Verbindung mit Philosophie. Dieses
Miteinander ist für die griechische Geistesgeschichte nichts Neues. Bereits in der ältesten Epoche griechischen Denkens findet,
wie W. Jaeger so eindringlich gezeigt hat[14], ein Geben und Nehmen zwischen religiöser und philosophischer Weltschau statt. Daß
sich hier die Lehre von der Göttlichkeit der Seele entwickelt, ist
eines der wichtigsten Ergebnisse dieser Theologie[15]. Die Bemühung
um sie konnte zeitweilig, zumindest bei Sokrates, das Interesse an
der Kosmologie zurückdrängen, Platon aber verbindet wieder beides und auch Aristoteles treibt ebenso wie er θεολογία im

13 G. Widengren, Mani und der Manichäismus (Stuttgart 1961), S. 136ff.
14 W. Jaeger. Die Theologie der frühen griechischen Denker (Stuttgart
1953).
15 W. Jaeger. Die Theologie. Kap. 5: Der Ursprung der Lehre von der Göttlichkeit der Seele, S. 88ff.

Rahmen einer auf den Höhen des Geistes wandelnden Philosophie. Sokrates und Platon hatten es dabei als eine besondere Aufgabe angesehen, sich um die Seele zu sorgen. Sie taten dies zugleich in ihrer Bemühung um den Polisstaat. In der hellenistischen Zeit, als der Polisstaat seine Bedeutung verliert, wendet sich die Paideia immer mehr an den einzelnen, merkwürdigerweise in dem Zeitalter, das die Schule so sehr kultiviert. Nicht die Utopie will man zeichnen, sondern dem einzelnen Menschen hic et nunc vorführen, wie er sich verhalten soll und kann. Dabei greift man auf die Erklärung des Kosmos zurück, der ja durch die Fortschritte der Forschung immer größer wird, aber auch in höherem Maße erschlossen ist. Dadurch aber, daß die hellenistische Welt das griechische Geistesgut den breiten Massen der Gebildeten gewissermaßen aus zweiter Hand bietet, verliert die Bildung ihre Originalität. Aus diesem Grund mag manches auch in den gnostischen Schriften schlagwortartig wirken. Eines dürfte aber klar sein: Wer das gnostische Schrifttum richtig analysieren will, kann es nicht tun, ohne dazu auch den Einfluß der griechischen Schule von der Elementarschule bis zur Philosophenschule herangezogen zu haben[16]. Dabei ist ganz besonders darauf hinzuweisen, daß in dieser Zeit auch die Rhetorenschule sich mit Gegenständen der Religion zu beschäftigen hat.

Der Beginn schulischer Erziehung ist der Erlernung des Alphabets gewidmet. Wie wichtig diese Aufgabe ist, hatte bereits Aristoteles ausgesprochen[17]. Man betrachtete die Buchstaben mit einer "religiösen Ehrfurcht". Man sieht sie als kosmische Elemente an. Die sieben Vokale werden den sieben Noten der Tonleiter und den sieben Engeln, die den sieben Planeten

---

16 Zu allen Problemen der Schule vgl. vor allem H.J. Marrou. Geschichte der Erziehung im klassischen Altertum (Freiburg 1957; franz. Neuausgabe Paris 1960).

17 Aristot.. Polit. VIII 1338 a 15 - 17, 36 - 40.

vorstehen, zugeordnet[18]. Hatte man schon früher ein koptisches Buch veröffentlichen können, das "Über die Mysterien der griechischen Buchstaben"[19] handelte, so fand sich auch in Nag Hammadi ein ähnliches, unserer Fragestellung aber noch näher stehendes Werk. Im Codex X steht ein Text, Marsanes[20], der an Hand der grammatischen Terminologie die Welt erklärt. Auch hier wird die Lehre von den Buchstaben kosmisch gedeutet. Es ist die Rede von den sieben Planeten und zwölf Zodia. Die Lautlehre stellt Entsprechungen zur Benennung (ὀνομασία) der Götter und Engel dar[21]. Ähnlich den Anfängerübungen werden die Konsonanten (σύμφωνα) β, γ, δ, ζ, θ mit den Vokalen α, ε, η, ι, ο, υ, ω verbunden[22]. Kennen wir bisher den Modus der Aufzählung βα, βε, βη, βι, βο, βυ, βω [23], so wird an unserer Stelle die Reihe der genannten Konsonanten zunächst mit α und dann mit jedem anderen Vokal verbunden. βαγαδαζαθα usw. Nachdem man Lesen gelernt und diese Fähigkeit auch angewandt hat, gehörte zu der Ausbildung auch die Erlernung der grammatischen Wissenschaft. Dionysios Thrax ist der klassisch gewordene Grammatiker der griechischen Sprache[24]. Wir finden in Codex X seine Terminologie. Koptisch ϹⲘⲎ kann "Vokal" bedeuten[25]. Dabei werden die "einfachen Vokale" α, ε, η, ι, ο, υ, ω aufgezählt[26]. Die Diphthonge werden eben-

---

18 H.J. Marrou, Erziehung 222.

19 A. Hebbelynck, Les mystères des lettres grecques d' après un manuscrit copte-arabe de la bibliothèque Bodleienne d' Oxford, Le Muséon n.s. 1 (1900) 5 - 36, 105 - 136, 269 - 300; n.s. 2 (1901) 5 - 33, 369 - 414.

20 Ed. B.A. Pearson, Nag Hammadi Codices IX and X (Nag Hammadi Studies 15, Leiden 1981), S. 211 - 352.

21 NH X 27, 12ff.

22 NH X 31, 23 - 27.

23 Pap. Guér. Joug. 1 - 8. UPZ I 147, 1 - 18.

24 H. Steinthal, Geschichte der Sprachwissenschaft bei den Griechen und Römern, Teil 2 (2. Aufl. Berlin 1891). S. 189ff.

25 Vgl. Damit dürfte φωνῆεν = Vokal übersetzt sein. Vgl. NH X 28, 3. 20. Das im Neutrum übernommene Adjektiv ⲌⲀⲠⲖⲞⲨⲚ läßt darauf schließen.

26 NH X 28, 21f. In 28, 4 ist α und η versehentlich weggelassen worden.

falls besprochen[27]. In einer Liste, welche die Laute qualifiziert, finden wir, daß aspirierte Laute höher als nicht-aspirier-
te sind[28]. Diese Unterscheidung betrifft also Aspiratae und Te-
nues, zwischen denen die deshalb so genannten Mediae stehen[29].
Auch die Rolle der Konsonanten (σύμφωνα) wird gewürdigt[30].
Zwischen den ἄφωνα, σύμφωνα und Vokalen bzw. Diphthongen
stehen die von den alten griechischen Grammatikern als ἡμίφωνα
bezeichneten Laute: ζ, ξ, ψ, λ, μ, ν, ρ, σ , von denen
aber die "Doppellaute" (ζ, ξ, ψ) einen höheren Wert besitzen. Alle zusammen sind allerdings höher als die übrigen Konsonanten[31]. Die Schrift Marsanes gab also ihren Lesern ein Bild
des Kosmos, interpretiert an Hand der Lautlehre, so daß wir
aus ihr in die verschiedenen Stufen des Unterrichts (Elementarunterricht, wissenschaftliche Grammatik und theologisch-philo-
sophische Deutung) Einblick erhalten. Diese Schrift konnte mit
Verständnis nur jemand lesen, der die Schule besucht hatte.

Wenn man die Buchstaben erlernt hat, wendet man sich im
Unterricht den Klassikern zu. Der Klassiker, dem sich jeder
Gebildete einmal gewidmet haben mußte, war zunächst Homer.
Davon legen die Papyri ein beredtes Zeugnis ab. Sie zeigen, wie
gerade die Griechen, die in den Orient gezogen sind, sich um
ihren ποιητής sammeln[32]. Da ist es kein Wunder, wenn auch
die Gnostiker sich dieses Dichters bedienen. In der "Exegese
über die Seele" wird bei der Schilderung des Schicksals der
Seele nicht nur das Alte und das Neue Testament herangezo-

---

27 NH X 28, 5ff.

28 NH X 27, 4f.: Die ' δασύ ' sind vorzüglicher als die ' ψιλόν '.

29 NH X 27, 7.

30 NH X 28, 3ff: "Sie heißen σύμφωνα , weil sie mit Vokal stehen".
Vgl. dazu H. Steinthal, Sprachwissenschaft, S. 192.

31 NH X 27, 3; vgl. dazu B.A. Pearson in den Anmerkungen.

32 H.J. Marrou, Erziehung, S. 238f.

gen, sondern auch Homer, die "Bibel" der Griechen. Hier werden Stellen aus der Odyssee gebracht. Vielleicht hängt das damit zusammen, daß für die Philosophen die Odyssee einen höheren Erziehungswert besaß als die Ilias, soweit man nicht wie
Platon die Dichter überhaupt ablehnte. Doch diese schon von
Xenophanes begonnene konsequente negative Haltung hatten
ja inzwischen die Stoiker wieder überbrückt. Das Schicksal der
Seele wird mit Odysseus auf den Irrfahrten verglichen[33]: "Odysseus saß weinend auf der Insel. Betrübt wandte er sein Ange-
sicht ab von Worten der Kalypso und ihren Verführungen und
wünschte, seine Stadt zu sehen und den Rauch, der aus ihr
aufsteigt. Und wenn er nicht Hilfe vom Himmel erlangt hätte,
so wäre er nicht in seine Stadt gekommen". Andererseits wird
die Seele auch mit Helena verglichen[34]: "Wiederum spricht
auch Helena: 'Mein Herz hat sich von mir abgewandt, ich will
wieder in mein Haus gehen'. Denn sie seufzte und sprach:
'Aphrodite hat mich irregeleitet und mich aus meiner Stadt
herausgeführt. Meine einzige Tochter verließ ich und meinen
guten, schönen und wohlgesinnten Gemahl'". Die Verwendung
des Homer neben Zitaten aus der heiligen Schrift zeigt, wie
bedeutsam und wie präsent seine Kenntnis auch für den gnostischen Leser gewesen sein muß. Daraus kann man auch für
diese Schrift nur mit einem Leserkreis rechnen, der die griechische Schule besucht hatte.

Auch die Teile der literarischen Bildung, die in einem verhältnismäßig frühen Stadium des Unterrichts aufgenommen werden, finden später weitere Verarbeitung und darum kann man

[33] NH II 136, 27 - 35. Vgl. Od. 1. 48ff. 4, 556ff. 5, 82ff. 151ff. 219f.;
1, 57ff. 13, 353ff. In der Exegesis der Seele ist eine zusammenfassende Paraphrase gegeben.

[34] NH II 136,35 - 137,5; vgl. Od. 4, 259ff (fast wörtlich wiedergegeben).
Es ist NH II 136, 35f. zu lesen: ΠΑΛΙΝ ΤΚΕϹ[ΕΛΕ]ΝΗ ϬϹΧШ / [ΜΜΟϹ Χε
ΠΑϨ]ΗΤ.

in einer Szene, deren Behandlung dem Typ nach in die Rhetorenschule gehört, weil diese θαύματα liebt, wahrscheinlich noch
das homerische Vorbild sehen. Vielleicht hatten die Leser schon
vor der Behandlung in der Rhetorenschule von der Interpretation
der Helena durch Stesichoros gehört[35]. Wenn die Archonten sich
an Eva vergehen wollen und deshalb diese verwandelt und durch
eine andere ersetzt wird, so erinnert das an die ägyptische Helena, die sich selbst in Ägypten befand, während vor Troja nur
um ihr Trugbild gekämpft wurde[36].

   Neben Homer besaß Hesiod ein bedeutsames Ansehen als
Mythosoph. Er wurde auch verschiedentlich schon ziemlich früh
an die Schüler herangebracht. Mit seiner Theogonie setzt sich
die Schrift ohne Titel aus dem Codex II auseinander[37]. Hesiod
spricht davon, daß das Chaos zuerst entstand[38]. Der Leser, der
die Hesiodstelle für die gnostische Theologie heranzog, muß
γένετο aber nicht mit "ward", sondern mit "war" übersetzt
haben. Denn im Koptischen steht das Qualitativ. Das mag an
dem Gebrauch liegen, der γίνομαι als Ersatz für εἰμί ver-
wenden ließ[39]. Außerdem dürfte aber schon im frühen Griechentum die Frage, woher das Chaos bei Hesiod wurde, nicht weiter
zur Diskussion gestanden haben. Ausgangspunkt der gnostischen
Schrift ist der Vorsatz, die Behauptung zu widerlegen, daß vor
dem Chaos nichts existiere. Aus der Vorstellungswelt des Hesiod
begegnet weiter der Tartaros und die Erschütterung des Himmels in abgewandelter Form[40]. Die für Hesiod so wichtige Fi-

35   Vgl. Plat., Republ. IX 586 c.

36   Eva NH II 116, 25 - 33. Zum Topos der "ägyptischen" Helena vgl. z.B.
Tzetzes, Scholien zu Lykophron 113 - 114; S. 392, ed. M.C.G. Müller I.

37   NH II 97, 24ff.

38   Theog. 116.

39   Liddell - Scott - Jones, Greek-English Lexicon, Sp. 340 b.

40   NH II 102,26 - 103,2.

gur des Eros als des ältesten Gottes wird von der gleichen
Schrift an markanter Stelle übernommen[41]. Eros ist die mythische Figur, auf die das sexuelle Leben und die Geburt zurückgeht. Allerdings ist sie nicht ursprünglich; sie ist in die Szene
von der Séduction des Archontes eingefügt[42]. Wahrscheinlich
ist hier an die Stelle bei Hesiod angeknüpft. wo Eros der Be-
gleiter der Aphrodite ist, zumal an dieser Stelle Eros von Himeros gefolgt wird[43], der auch in dem gnostischen Gedankengang seinen Platz findet. Allerdings ist die Urtümlichkeit des
Eros wohl in seiner Mannweiblichkeit zum Ausdruck gebracht.
Von Hesiod kommend geht der Verfasser des gnostischen Werkes
zu der Vorstellung über, die im Märchen von Amor und Psyche
durch Apuleius ihren Niederschlag gefunden hat[44]. Neben der
literarischen Form bei Apuleius ist diese Tradition durch zahlreiche Plastiken auf uns gekommen[45]. Für den Verfasser der
gnostischen Schrift ist die Männlichkeit des Eros Himeros, seine Weiblichkeit die Seele. Daß der Eros eine Größe zwischen
Licht und Finsternis ist, darf auf die griechische Vorstellung
zurückgeführt werden, daß der Eros eine Geburt der dunklen
Nacht und des lichten Tages sei[46]. Die Begattung der Erde
durch Eros ist auch bei Aischylos erwähnt[47]. Der Erde folgt
das Weib im gnostischen Text[48].

Der Gebildete konnte mit sehr viel mythologischem Gut
angesprochen werden, so daß in der Zeit des Synkretismus

---

41 NH II 109. 1 - 16.
42 NH II 108. 7ff. Vgl. A. Böhlig, Mysterion und Wahrheit, S. 198.
43 Theog. 201.
44 Apuleius, metam. IV 28 - VI 24.
45 Vgl. Pauly - Wissowa, RE VI. 531ff.
46 NH II 109. 16ff. Vgl. Akusilaos, FGH 2, fr. 6 c.
47 Dan 44.
48 NH II 109. 22.

durchaus auch auf die Pieriden[49] verwiesen werden konnte. Gelegentlich konnte auch eine Figur aus dem orientalischen Bereich durch eine Gestalt der griechischen Mythologie erklärt
werden, so z.B. Noah durch Deukalion[50]. Nicht zuletzt setzen
auch neugebildete Namen für gewisse mythologische Figuren
griechische Schulbildung voraus, z.B. Μοιροθεά "Schicksalsgöttin"[51], Πλησιθεά "Füllegöttin"[52], Μνησινοῦς "Erinne-
rungsgeist"[53]. Aus dem literarischen Unterricht stammt auch
das Wort "Exegese". Es war der Terminus für die Erklärung
des Textes und beinhaltete zunächst einmal die wörtliche Erklärung des Textes nach der sprachlichen Seite und anschließend daran die inhaltliche. Wenn in Codex II eine "Exegese
über die Seele" als Titel auftaucht[54], so handelt es sich hierbei um eine erweiterte Bedeutung. Nicht der Wortlaut eines
Textes wird hier erklärt, sondern ein Problem, das Schicksal
der gefallenen Seele, wird kommentarartig mit Hilfe von Bibel-
und Homerstellen erläutert[55].

Hatte man schon auf einer unteren Stufe des Unterrichts
die Anleitung dazu erhalten, wie man Aufsätze schreiben sollte, so war die kunstgemäße Belehrung über alles, was mit
schriftlicher und mündlicher Darstellung zusammenhängt, Sache
der Rhetoren- und in gewissem Maße auch der Philosophenschule,
worüber noch später zu handeln sein wird.

49 NH V 81, 3.

50 In der Adamapokalypse NH V 70, 19.

51 Z.B. in Zostrianos NH VIII 6, 30; 30, 14 ΜΙΡΟΘΕΛ   , im Ägypterevangelium NH III 49, 4 ΜΙΡΟΘΟΗ.

52 Im Ägypterevangelium NH III 56, 6.

53 Z.B. Ägypterevangelium NH III 64, 16, IV 76, 4, Adamapokalypse V
84, 6.

54 NH II 127, 18; 137, 27.

55 M. Scopello möchte das Genos der Schrift aus dem Hintergrund der jüdischen Sünderinnengeschichten erklären : L' exégèse de l' âme (Nag Hammadi
Studies 25, Leiden 1985), besonders S. 45ff.

Neben literarischer Bildung stand in der hellenistischen Schule auch Unterricht in Wissenschaften, die dem jungen Mann eine ἐγκύκλιος παιδεία geben sollten[56]. Ebenso wie bei uns wurden aber auch im Hellenismus gewisse Disziplinen immer mehr zu Fachwissenschaften, denen sich nur Spezialisten widmeten[57]. Das mag auch der Grund dafür sein, warum wirklich mathematische wissenschaftliche Ableitungen in gnostischen Texten nicht vorkommen. Es ist ja bekannt, daß die Philosophiestudenten der Neuplatoniker erst die notwendigen mathematischen Kenntnisse nachholen mußten[58]. Nicht umsonst hat Theon von Smyrna in der Mitte des 2. Jh's ein Werk über die zum Verständnis Platons nötigen mathematischen Tatsachen verfaßt, in denen er die Anfangsgründe der Arithmetik, Musik und Astronomie darbietet[59]. Man ist auf dem Gebiet der mathematischen Wissenschaften in den Kreisen der Gnostiker auch nicht produktiv, sondern hält sich an feststehende Ergebnisse. Insbesondere ist man sich aber, wie schon erwähnt, der Bedeutung der Zahl bei der Erfassung der himmlischen wie der unteren Welt wohl bewußt. Zahlenspekulationen, die direkt als solche bezeichnet werden, und Gruppen mythologischer Größen, bei denen die zahlenmäßige Anordnung offensichtlich ist, begegnen in gewissen gnostischen Texten sehr häufig. Allein im Ägypterevangelium finden sich Gruppierungen, die ausgehend von der göttlichen Eins Dyas, Dreiheit, Vierheit, Fünfheit, Sechsheit, Siebenheit, Achtheit und Kombinationen von diesen, so 8 x 5 = 40, 7 + 4 = 11, bilden[60].

56 Vgl. H.J. Marrou, Erziehung 260f.
57 Vgl. H.J. Marrou, Erziehung 268ff.
58 Marinus, Vita Procl. 8.
59 Ed. E. Hiller (Leipzig 1878); J. Dupuis (Paris 1892 mit französischer Übersetzung).
60 Vgl. A. Böhlig, Das Ägypterevangelium als ein Dokument der mythologischen Gnosis, die Tabelle u. S. 368 f.

In anderen Schriften wird auch 9^{61} und 10^{62} verwendet. Der Eugnostosbrief bietet eine Vorstellung, in der die Zahlen in einer Weise angeführt sind, die allerdings von der Überlieferung her nicht ganz eindeutig ist: die Monas, die Dyas usw., die Dekaden, die Hunderter, die Tausender und die Zehntausender. Dabei wird ausdrücklich hervorgehoben, daß die Zehner über die höheren Zahlen herrschen usw.[63]. Wieweit philosophische Traditionen im einzelnen sich der Zahlen bemächtigen, ist noch im Zusammenhang der Philosophenschule zu untersuchen. Wichtig genug ist aber für die Beurteilung der mathematischen Wissenschaften, daß man an Pythagoras rühmte, er habe als erster die Arithmetik über die Bedürfnisse der Kaufleute zu erheben gewußt[64]. Auch von der Astronomie hat man auf der Schule gewisse Kenntnisse vermittelt. Doch scheint aus den gnostischen Texten nur die Kenntnis hervorzugehen, die astrologisch verwertbar ist. Alle Erkenntnis und Wissenschaft hat eben ihren Sinn als Hilfe zum Heil des Menschen und seiner Seele.

Bei den Griechen hatte seit alter Zeit auch die Medizin einen Platz in der allgemeinen Bildung. Aber auch ihr erging es wie den mathematischen Wissenschaften; nach und nach wurde sie als Fachwissenschaft abgesondert. Bedenkt man aber, daß ein so breit gebildeter medizinischer Schriftsteller wie Galen zugleich Philosoph und Philologe war, so kann man verstehen, daß die Verbindung zwischen den Aufgaben und Erkenntnissen der Medizin und den philosophischen Problemen noch vielerorts erhalten war, nicht zuletzt durch das reichhaltige medizinische

61 Über die Achtheit und die Neunheit: NH VI 52. 1 - 63. 32.

62 Z.B. zehn Himmel in der Paulusapokalypse NH V 24. 7.

63 Es soll zum Ausdruck gebracht werden. daß bis zehn gezählt wird. so NH V 7. 19ff.; III 78. 17ff.

64 Stob. I: 20. 3ff.. ed. Wachsmuth. Vgl. auch Plat,, Leg. V. 747 b.

Schrifttum. Bedenkt man zudem, daß Galen im 2. Jh. gelebt
hat und er ganz im Geist seiner Zeit die Philosophenschulen
miteinander ausgleichen wollte, andererseits aber eine "Aufforderung zum Studium der Medizin" schrieb, so liegt es nahe,
daß er oder ihm ähnliche Schriftsteller, aus denen er geschöpft
hat, auf die Verfasser gnostischer Schriften mindestens als Quelle anatomischer und physiologischer Kenntnisse gewirkt haben[65].
Die eingehende Schilderung von der Schöpfung des Menschen im
Johannesapokryphon ist für diese Fragen besonders interessant.
Hier wirken die Engel bei der Herstellung des menschlichen
Körpers zusammen; die ausführlichere Fassung, die im Codex II
vorliegt, hat hier einen Abschnitt eingeschoben, der die Erschaffung jedes einzelnen Körperteils durch einen Engel schildert[66].
Bei der Zahl der Körperteile ist es selbstverständlich, daß die
Namen der Engel reine Phantasieprodukte sind. Denn die Zahl
erhöht sich ja noch dadurch, daß bei Gliedern, die doppelt vorhanden sind, also rechts und links, jeweils ein besonderer Engel
genannt wird. Hier steckt wahrscheinlich hinter der bloßen Beschreibung der Gedanke, daß jeder Körperteil, der doppelt vorhanden ist, auch einzeln, im Falle der Beschädigung seines Pen-
dants, wirksam bleiben kann. Deshalb jeweils ein eigener Engel
[67]! Einfacher noch erscheint m.E. die Erklärung, daß der Leib
ja als zweifach angesehen wird, weil er aus der rechten und linken Körperseite besteht[68]. Die Terminologie ist zum größten
Teil koptisch, eine Anzahl von Bezeichnungen ist aber auch griechisch. Die ganze Darstellung baut deshalb sicher auf griechi-

---

65 Andererseits wird man die philosophische Verarbeitung der Medizin auch
in ihrer spekulativen Form gekannt haben. Hier liegt es nahe, im 2. Jh. Einflüsse
des Timaios anzunehmen, der gerade um diese Zeit aufs neue ein Gegenstand
der Kommentierung wurde.

66 NH II 15,29 - 19,12.

67 Vgl. W. Jaeger, Nemesios von Emesa (Berlin 1914), S. 50.

68 Plat., Tim. 77 d.

scher Medizin auf, obwohl man in einem in Ägypten gefundenen
und vielleicht dort redigierten Buch versucht wäre auch Einflüsse ägyptischer Medizin zu vermuten. Die Darstellung führt von
oben nach unten. Der Verfasser beginnt mit dem Kopf im allgemeinen, es folgen Gehirn (ἐγκέφαλος), Augen und Ohren,
Nase, Lippen und Zähne; daran schließt sich an der Schlund
(παρίσθμιον), das Gaumenzäpfchen (σταφυλή), die Sehne,
der Rückenwirbel (σφόνδυλος), Hals, Schulter, Ellenbogen,
Unterarm, Hände, Finger und Fingernägel. Von diesen Extremi-
täten geht es dann wieder zurück zum Rumpf. Der Verfasser
beginnt dort mit Brust und Achselhöhle, es folgt die Leibes-
höhle (κοιλία), der Nabel, die Weichteile über dem Nabel
(ὑποχόνδριος), die Seiten und Lenden, das Mark und die Kno-
chen, Magen (στόμαχος), Herz, Lunge (πνεύμων), Leber
(ἧπαρ), Milz (σπλήν), Därme und Nieren, sodann die Nerven, das Rückgrat, die Venen (φλέψ), die Arterien (ἀρτη-
ρία), der Kreislauf (?)[69], das Fleisch (σάρξ), Gebärmutter
und Penis, Hoden, Geschlechtsteile (αἰδοῖον), Schenkel
(μηρός), Knie, Schienbeine, Füße, Zehen und Fußnägel[70]. Diese Einzelglieder werden aber erst geschaffen, nachdem den Engeln übergeordnete Mächte, sieben an der Zahl, sieben Seelen
geschaffen haben, in denen gewisse Gruppen der Körperteile
zusammengefaßt sind[71]. Diese Seelen sollen wahrscheinlich deren Belebtheit ausdrücken: die Knochenseele, die Sehnenseele,
die Fleischseele, die Markseele, die Blutseele[72], die Hautseele

69 Wörtlich: "die Lüfte, die in allen Gliedern sind".

70 Verschiedentlich gibt es Unausgeglichenheiten. So ist von manchen doppelten Gliedern nur eine Seite vorhanden. Andererseits sind die Nieren zweimal
genannt.

71 NH II 16, 27. Vgl. die drei Seelen im Timaios (69 b ff.). Gerade diese
Differenzierung der Seele in verschiedene Gruppen weist auf ihren ambivalenten
Charakter hin.

72 Vgl. auch NH II 109, 5.

sowie die Augenlidseele. In Codex III und BG ist an den beiden letzten Stellen von einer Zahnseele und einer Haarseele[73] bzw. einer Hautseele und Haarseele die Rede[74]. Die letzte Form ist m.E. die natürlichste. Außerdem werden noch die Funktionen des Erkenntnisvorgangs von Engeln beherrscht[75], die Sinneswahrnehmungen (αἴσθησις), die Aufnahme (ἀνάλημψις)[76], die Phantasie (φαντασία), d.i. die bewußte Aufnahme des Wahrnehmungsbildes, die συγκατάθεσις [77], d.i. die Zustimmung zur Phantasie, der Trieb (ὁρμή), der sich auf das wahrgenommene Objekt hin richtet. Wir haben hier alle Stufen des stoischen Erkenntnisvorgangs vor uns, soweit dabei das Wirken der Seele beschrieben wird[78]. Anschließend werden im Johannesapokryphon die vier Urqualitäten genannt, warm und kalt, trocken und feucht[79]. Wenn als ihre Mutter die Hyle bezeichnet wird, so liegt das in ihrem Wesen als Ursubstanz begründet. Ihnen folgen in der Aufzählung die vier Hauptaffekte: Lust (ἡδονή), Schmerz (λύπη), Begierde (ἐπιθυμία) und Furcht (ϩΝⲰϢⲈ als Über-

---

73 NH III 23, 4. 6.

74 BG 50, 2f. 4.

75 NH II 17,32 – 18,2.

76 Hier ist die intellektuelle Rezeption gemeint; vgl. Liddell – Scott – Jones, Lexicon, s. v. Im Zusammenhang entspricht das Wort dem stoischen κατάληψις.

77 ⲬⲰⲚϤ ist Übersetzung von συγκατάθεσις . Das koptische ⲬⲰⲚϤ entspricht hier der Bedeutung, die auch in Sophia Jesu Christi NH III 111. 13 vorliegt und durch die Parallelen SJC in BG 112. 4 εὐδοκία und in Eugnostosbrief NH III 87. 10 ⲘⲈⲦⲈ gesichert ist. Wenn ⲬⲰⲚϤ in Johannesapokr. NH II. 9. 33. 35 parallel zu BG 37. 7. 9 σύμφωνος und NH III 15. 2 σύμφωνον (III 14. 23 hat fälschlicherweise in Anlehnung an 14. 21 σύζυγος) steht. dürfte das auf die Fehldeutung bei der Übersetzung eines obliquen Kasus von σύμφωνος zurückgehen, der als Form von σύμφωνον = συμφωνία angesehen wurde. Anders verhält es sich mit einer weiteren Stelle in der Beschreibung des Körpers in Johannesapokryphon II 15. 27. wo von der Zusammenfügung der Glieder und Gelenke die Rede ist. Hier könnte man an eine Übersetzung von συντυχία denken. oder auch wiederum von συμφωνία . In der Parallelstelle BG 50. 10 steht ϩⲰⲢⲈ . Vgl. auch Pistis Sophia 243. 6 ϩⲰⲢⲬ. (Die Übersetzung "Anhäufung" bei Schmidt – Till. Koptisch-gnostische Schriften I. ist falsch.)

78 M. Pohlenz, Die Stoa (2. Aufl. Göttingen 1964). S. 59ff. 88ff.

79 ϨⲞϬ·ⲂⲈϬ, ⲰϬⲈϬ "Frost" ist Versehen für ⲖⲀϬⲂⲈϬ "Feuchtigkeit". vgl. W.E. Crum, A Coptic Dictionary 26 a.

setzung von φόβος). Diese vier γενικὰ πάθη finden sich bereits bei Platon[80]. Auch die bei den Stoikern übliche Unterteilung der Hauptaffekte in spezielle Affekte ist vom Verfasser des Zusatzes in der längeren Version des Johannesapokryphons vorgenommen worden[81]. Allerdings macht es den Eindruck, als wenn für den Redaktor nicht schon die Uraffekte, sondern erst die speziellen Affekte πάθη seien. Vielleicht geht aber der gebrauchte Ausdruck auf Unklarheit bei der Übersetzung ins Koptische zurück. Doch ist die Wertung der Affekte hier nicht stoisch, sondern peripatetisch. "Diese alle aber sind von der Art, daß sie nützlich und schlecht sind". Das ist für ein gnostisches Werk eine eigenartige Beurteilung. Von da aus ist es nicht mehr verwunderlich, wenn an der Spitze der "materiellen Seele" eine ἔννοια ihrer (pl.), d.i. der πάθη , Wahrheit steht[82]. Die Zahl der Engel und Mächte, die den Menschen schufen, ist identisch mit der Zahl der Tage, die ein Jahr besitzt (365)[83]. Daß der Mensch als eine Ganzheit aufgefaßt wird, ist aus der Kombination von "seelischem" (ψυχικόν) und "materiellem" (ὑλικόν) Leib (σῶμα) zu erkennen[84]. Als Quelle kann für die Gnostiker vielleicht schon ein spekulatives Werk angesehen werden. Es wird ja für die πάθη zu weiteren Auskünften auf das Buch des Zoroaster verwiesen[85]. Daß aber die griechischen Elemente eindeutig erwiesen sind, kann nicht bezweifelt werden.

Wir sahen, daß in gnostischen Texten Vertrautheit mit dem zu finden ist, was die griechische Elementarschule und auch der höhere Unterricht den Schülern bot. Ebenso sind Einflüsse auch

---

80 Lach. 191 d. Sinngemäß schon bei Gorgias. fr. 11 (Helena). 14.
81 NH II 18,19 - 19,1. Vgl. M. Pohlenz, Stoa 149f. und Anm.
82 NH II 18, 33f.
83 NH II 19, 2f.
84 NH II 19, 3 - 6.
85 NH II 19, 10.

der Fächer nachzuweisen, die schon weithin als Spezialwissen-
schaften galten. Die Behandlung dieses Bildungsgutes an Hand
gnostischer Schriften ließ uns erkennen, daß dieses Gut überall
zur Weiterentwicklung gnostischer Vorstellungen oder ihrem Er-
weis dienstbar gemacht wurde. Was hat aber darüber hinaus noch
das eigentliche Hochschulstudium den Gnostikern für die Darstellung und vielleicht auch für die innere Entwicklung ihres Systems
geboten? Obwohl die Rhetorenschule in ihrer Öffentlichkeits-
wirkung der Philosophenschule überlegen war, lag es im Wesen
der Sache, daß Philosophie für die Gnostiker mehr leisten konnte als das Programm der Rhetorenschule. Dennoch ist auch ihr
Beitrag im gnostischen Schrifttum zu erkennen. Mancher der
gnostischen Schriftsteller mag von ihr berührt sein, war doch
gerade in der Kaiserzeit, in der Politik nicht mehr die Rolle wie
im alten Polisstaat für die Schule spielte, ihr Hauptgewicht auf
die geistige Bildung übergegangen und die in ihr behandelten
Themen weitgehend religiöser Art. Natürlich spielte dabei die
formale Ausbildung eine große Rolle, soweit hier nicht schon
Grundschule und höhere Bildung genügen konnten.

Ein Beispiel für den Aufbau eines wohlgesetzten Briefes,
wie man ihn in der Rhetorenschule lernte, zeigt der Rheginusbrief[86]. Nach einer allgemeinen Einleitung[87] bringt er das Thema[88], dann folgt die Argumentation[89] mit einer kurzen Zusammenfassung am Schluß[90]; an sie schließt sich die Widerlegung
an[91]; beendet wird die Darlegung durch einen paränetischen

86 NH I 43,25 - 50,18.
87 NH I 43,25 - 44,3.
88 NH I 44, 3 - 12.
89 NH I 44,12 - 47,1.
90 NH I 47, 1 - 4.
91 NH I 47,4 - 49,9.

Schluß[92], dem noch ein Nachwort[93] angefügt ist mit der Versicherung, daß die im Brief dargelegte Wahrheit vollständig wiedergegeben sei, der Verfasser aber Rückfragen gern beantworten wolle. Im übrigen wird mit den letzten Sätzen zur Verbreitung der Schrift aufgerufen.

Man übte sich in der Schule auch in der Schilderung von θαύματα . Ein Beispiel dafür ist in der Schrift ohne Titel des Codex II die schon erwähnte Verwandlung der Eva in einen Baum. Wer fühlt sich da nicht an das Schicksal der Daphne erinnert? Metamorphosen, die der moderne Humanist aus Ovid kennt, waren ja bereits in hellenistischer Zeit (2. Jh. v. Chr.) von Nikandros von Kolophon verfaßt worden. Daß dieses θαῦμα in seiner Wurzel auf die Geschichte von der ägyptischen Helena zurückgeht, wurde bereits gesagt[94]. Ist vielleicht auch die Verwandlung Jesu in Simon von Kyrene, die sich bei Basilides[95] und in NH VII,2[96] findet, durch solche θαύματα aus griechischer Tradition angeregt? Ein solches θαῦμα ist auch die Selbsterneuerung des Phönix, die zu einem Topos der patristischen Literatur geworden ist[97]. Vielleicht ist der ganze Abschnitt in NH II,5, der Ägypten als ein besonders mit Wundergaben begnadetes Land bezeichnet und ihm Eigenschaften des Paradieses zuschreibt[98], mindestens durch Enkomien der Rhetorenschule mit angeregt.

92 NH I 49. 9 - 36.

93 NH I 49.37 - 50.16.

94 S. o. S. 260.

95 Iren.. adv. haer. I 24. 4.

96 NH VII 56. 9ff.

97 Ovid. Metam. XV 392 - 407; Pompon. Mela. de situ orbis III 8. 82; Plin.. hist. nat. XXIX 1; Lactanz. carm. de ave Phoen.; Auson. VII. ecl. 5; Epiphan.. Ancor. 84; Joh. Lyd.. de mens. IV 11. ed. Wuensch; 1 Clem 25; Kyrill Jerus. 18. 8. ed. Reischl; Ambros.. Hexaem. V 23. ed. Gilbert.

98 NH II 122. 35ff.

Doch für den Gnostiker konnte nicht allein die formale Bildung genügen. Gewiß hatte sie ihn im Elementarunterricht zum Lesen und Schreiben geführt, im Literarunterricht zum lebendigen Umgang mit den großen Dichtungen der Vergangenheit verholfen, wenn auch hier durch schulmäßige Kanonsbildung ein Schrumpfungsprozeß eingetreten war. Sie hatte den jungen Menschen auch mit Ergebnissen der Fachwissenschaften bekanntgemacht und schließlich konnte er sich durch rhetorische und dialektische Schulung für die Praxis vorbereiten, in der er als gebildetes Glied eines Weltreiches tätig sein konnte, dessen geistige Kultur vom griechischen Geiste geprägt war. Doch der Gnostiker wollte mehr. Für ihn galt ein Gleiches wie für den jungen Polemon, der sich zur Philosophie bekehrt[99]. Eine schöne und reiche Frau wendet sich dem philosophischen Unterricht zu, obwohl sie viel aufgeben muß[100]. Den Übergang von der Rhetorik zur Philosophie können wir besonders deutlich an Dion von Prusa beobachten[101]. Der Philosoph der Kaiserzeit will nicht nur die Wahrheit, sondern mehr noch die Weisheit gewinnen. Ist nicht das Ziel des Gnostikers das gleiche? Nur geht er von einem religiösen Erlebnis aus. Auch für den Gnostiker konnte der Gedanke Augustins gelten: credo, ut intellegam[102]. Ob der Kirchenvater diese Meinung nicht gerade auch viel leichter nach seiner manichäischen Vergangenheit haben konnte? Um so mehr mußte der Gnostiker darauf bedacht sein, seiner Weltschau die Mittel der Philosophie zunutze zu machen. Diese Mittel konnten zur Lösung der von ihm erkannten Problematik wesentlich beitra-

99 Diog. Laert. IV 16.

100 Diog. Laert. VI 96.

101 H. v. Arnim. Leben und Werke des Dion von Prusa (Berlin 1898). S. 223f. L. François. Essai sur Dion Chrysostome (Paris 1921). S. 5f.

102 Ich verwende. wie K. Holl. Augustins innere Entwicklung (Gesammelte Aufsätze zur Kirchengeschichte III. Tübingen 1928). S. 61. die Anselmische Formel.

gen, wie andererseits auch die christliche Botschaft. Das Selbstverständnis des Gnostizismus konnte nicht erfolgen ohne eine Auseinandersetzung mit der griechischen Philosophie und ohne Befruch-
tung durch sie. Mancher der gnostischen Autoren mag zu Füßen
eines Philosophielehrers gesessen haben. Denn so, wie im propä-
deutischen Unterricht im Rahmen der ἐγκύκλιος παιδεία
schon die Anfänge der Rhetorik geübt wurden, konnte man hier
auch Anfänge der Philosophie hören. Aber auch außerhalb der
Schule, bei den Diatriben wandernder Lehrer, konnte mancher
dieses und jenes erfahren, was ihm bei der Lösung der ihn be-
schäftigenden Fragen von Nutzen war[103]. Die Differenz zwischen
Rhetoren- und Philosophenschule war für ihn schon deshalb kaum
wesentlich, weil die Philosophie sich des Rüstzeugs der Rhetorik
und die Rhetorik sich des Rüstzeugs der Philosophie bemächtigt
hatte. Man denke an Aristoteles und - wenn man beide in einem
Atem nennen darf - an Cicero.

Geht nun der Einfluß, den die Philosophenschule auf den
Gnostizismus, insbesondere die Schriften von Nag Hammadi, ausübte, auf eine oder mehrere philosophische Richtungen zurück
und auf welche? Bezeichnend für dieses Schrifttum ist die Existenz eines philosophischen Synkretismus, wie er bereits sehr
eindrucksvoll durch Philon von Alexandria auf jüdischer Seite
und Origenes auf der christlichen Seite dargestellt wird. Die
Verbreitung philosophischer Lehren im Rahmen einer Popularphilosophie konnte die Kombination von Doktrinen verschiedener Schulen herbeiführen oder mindestens anregen, doch lassen
sich deren besonders geartete Termini und Vorstellungen heraus-
arbeiten. Wie es aber dem Wesen des Synkretismus entspricht,
sind die Elemente unter einem übergeordneten Gesichtspunkt

---

103 W. Capelle - H.J. Marrou. RAC III. S. 990 - 1009. Die gnostische par-
änetische Literatur ist von der Diatribe sicher ebenso beeinflußt wie die christliche.

zusammengefaßt und verarbeitet worden. Die Aufgabe der Gnosisforschung besteht somit darin, 1. die Einzelelemente herauszustellen und 2. die Neugestaltung und Sinngebung durch den Gnostizismus aufzuzeigen. Besonderer Einfluß ist dem Platonismus, dem Pythagoräismus und dem Stoizismus, weniger dem Aristotelismus zuzuschreiben. Beim Platonismus sollte man nach Möglichkeit alle Entwicklungsstadien verfolgen. Einerseits ist Platon selbst heranzuziehen, dessen Timaios in hellenistischer Zeit großes Ansehen genoß und gerade vom 2. Jh. n. Chr. ab eifrig kommentiert wurde. Aber nicht nur das Dialogwerk des Platon und speziell die genannte Schrift, sondern auch der ungeschriebene Platon[104] und sein Fortwirken in der alten Akademie können zum Verständnis beitragen. Zugleich muß die Ausprägung bzw. Umgestaltung im Mittel- und Neuplatonismus beobachtet werden[105], wenn auch Plotin zeitlich dem gnostischen Schrifttum des 2. Jh's erst nachfolgt. Hier entsteht die Frage, wieweit gewisse Ideen, die Plotin in voller Schärfe entwickelt hat, auf Anregungen des 2. Jh's zurückgehen, ja wie sie sowohl für den Gnostizismus vorher und später für Plotin wirksam geworden sind. In den Platonismus waren schon in alter Zeit pythagoräische Elemente eingegangen. In der hellenistischen Zeit tritt eine neupythagoräische Schule hervor[106], die gerade wegen ihrer Verbindung zum Platonismus und der für den Gnostizismus wichtigen Elemente nicht übergangen werden darf. Wenn einmal auch aristotelische Spuren auftauchen,

104 Vgl. insbesondere K. Gaiser, Platons ungeschriebene Lehre (2. Aufl. Stuttgart 1968). Außer einer ausführlichen Behandlung der Probleme werden hier in einem Anhang "Testimonia Platonica" die wichtigsten in Frage kommenden außerplatonischen Zeugnisse und Berichte gegeben.
105 Für diesen Problemkreis vgl. besonders H.J. Krämer, Der Ursprung der Geistmetaphysik (2. Aufl. Amsterdam 1967). Hier wird Quellenmaterial und Stand der gelehrten Diskussion reichhaltig geboten.
106 H.J. Krämer, Geistmetaphysik 45.

wie wir ja oben bemerkt haben, wird hier der Weg über den
Eklektizismus geführt haben[107]. Besondere Aufmerksamkeit muß
der Terminologie und Problematik der älteren und mittleren
Stoa geschenkt werden, wobei auch die Frage nach dem Übergewicht zu stellen ist. Wo handelt es sich nur um einen Platonismus, der in ein stoisches Gewand gekleidet ist, und wo
kann man einen platonisch umgebildeten Stoizismus erkennen
[108]? Zumindest haben sich die Gnostiker mit stoischen Gedanken auseinandergesetzt[109].

Bei gewissen Anspielungen und Zitaten muß man wohl annehmen, daß die Schüler ihre Weisheit aus Anthologien entnommen haben, also aus doxographischen Sammlungen. Wenn z.B.
die Lehre des Thales vom Wasser als dem Urelement[110] in
der Schrift "Der Gedanke der großen Kraft"[111] begegnet, geht
das sicher auf ein solches Schlagwortwissen zurück[112]. Vielleicht hat man auch den Abschnitt aus Platons Staat in einer
Anthologie tradiert, der zusammen mit hermetischen Texten
in der Bibliothek von Nag Hammadi überliefert ist[113]. Er könn-

107 S. o. S. 255 bzw. 268.

108 Zur Stoa vgl. M. Pohlenz, Die Stoa (3. Aufl. Göttingen 1964). Der Verfasser, der sich bemüht, die Stoa in den Rahmen der antiken Geistesgeschichte
überhaupt zu stellen, neigt zur Bejahung orientalischer Einflüsse auf die stoische
Gedankenbildung. Wenn hierfür auch historische Möglichkeiten vorhanden waren,
sollte man doch nicht den Versuch unterlassen, alle Elemente zunächst auf griechische Wurzeln zu überprüfen.

109 S. u. S.   282 f. zur negativen Auseinandersetzung, S. 281 f. für positive
Kombination.

110 Die Fragmente der Vorsokratiker. ed. H. Diels. hrsg. v. W. Kranz (16.
Aufl.) I. S. 76f.

111 NH VI 37. 5ff.

112 Obwohl der Name des Thales in diesem gnostischen Text nicht genannt
wird, möchte ich eher Einfluß über die Doxographie als direkt aus ägyptischer
Theologie annehmen. Thales hat vielmehr bei seinem als sicher anzunehmenden
Aufenthalt in Ägypten selber die Vorstellung sich zu eigen gemacht, so daß sie
im Hellenismus über die griechische Schule in den Orient zurückkehrte.

113 NH VI 48. 16 - 51. 23. ed. L. Painchaud (Bibliothèque Copte de Nag
Hammadi, Section "Textes". 11. Québec 1983). S. 109 - 161; ed. J. Brashler
(Nag Hammadi Studies 11. Leiden 1979). S. 325 - 339. Plat., Republ. IX. 588 b-

te ganz bewußt mit ihnen zusammengestellt worden sein, da man
ja in gewissen Kreisen Platon als einen Schüler des Hermes ansah[114]. In der Mehrzahl der Fälle spürt man in der Ausdrucksweise der gnostischen Texte allerdings, wie hier an die Diskussion offener Fragen in der Philosophenschule angeknüpft wird.

Bereits bei der Behandlung der Medizin konnte festgestellt
werden, daß der erkenntnistheoretische Vorgang, wie ihn die
Stoa schildert, auch von den Gnostikern übernommen worden
ist[115]. Das Denkmodell Urbild - Abbild des Platonismus ist in
einer dualistischen religiösen Geistesströmung wie dem Gnostizismus lebendig. Für den Gnostiker ist das Abbild eine Hilfe
zur Erkenntnis der Wahrheit; "und wenn er aus der Welt herausgeht, hat er schon die Wahrheit in den Abbildern empfangen"[116]. Oder: "Die Mysterien der Wahrheit sind offenbar, indem sie Sinnbilder und Abbilder sind"[117]. Zu dieser Vorstellung,
daß das wahre Sein verborgen ist und nur durch ein erkenn-
bares Mittelding, das "Abbild", erfaßt werden kann, gehört auch
die Aufforderung an die Gnostiker, das Verborgene aus dem
Offenbaren zu erkennen[118]. In der titellosen Schrift des Codex
II heißt es: "Nicht gibt es etwas Verborgenes, das nicht offenbar ist".

Auch die Sprachphilosophie als Teil der Erkenntnistheorie
ist in Griechentum und Gnostizismus zu beobachten. Die griechische Schule dürfte auch hierfür die Brücke sein. In Platons Kra-

---

589 b. ist sehr verbreitet (Plotin. Clemens Alexandrinus. Euseb. Stobaios); er
enthält typische Bemerkungen zur anthropologischen Ethik. Der Kopte hat ihn
aber schlecht und mißverstanden übersetzt. Das gnostische Verständnis führt zur
Mißdeutung.

114   C. Colpe. Heidnische. jüdische und christliche Überlieferung in den
Schriften aus Nag Hammadi VI, JAC 15 (München 1972). S. 14.

115   S. o. S. 267.

116   Philippusevangelium NH II 86, 11ff.

117   NH II 84, 20f.

118   NH II 125. 17f.

tylos steht das erkenntnistheoretische Problem im Mittelpunkt.
Der Untertitel lautet ja: "Über die Richtigkeit der Namen". Im
Philippusevangelium, in dem bereits das Problem Urbild – Abbild
behandelt wird, wird auch die Frage gestellt, ob denn die zentralen Begriffe des christlichen Glaubens eindeutig seien. Es wird
dabei von ihrer verschiedenartigen Deutungsmöglichkeit gesprochen ebenso wie von der Tat der Archonten, die die Menschen
in eine Begriffsverwirrung stürzen wollen[119]. Also ist auch hier
die Frage nach der Richtigkeit gestellt. Liegt es da nicht nahe,
für Verfasser und Leser die Kenntnis der Fragestellung aus dem
Kratylos anzunehmen, über die sicher in der Schule gesprochen
wurde; gerade auch weil der Kratylos zu keinem klaren Ergebnis
kam, wird hier weiterdiskutiert worden sein. Eine dualistische
Weltschau konnte sich außerdem die Unterscheidung zwischen der
Sprache der Götter und der Sprache der Menschen[120] zu eigen
machen und eine Namengebung durch die Archonten herauskon-
struieren. Bedenkt man ferner, wie die Etymologie als Prinzip
der Hermeneutik im Kratylos verwendet wird, so könnte man
auch die Freude an etymologischer Namendeutung bei den Gnostikern auf die griechische Schule zurückführen; doch ist eine
solche Annahme deshalb nicht sehr wahrscheinlich, weil Volks-
etymologien überall weit verbreitet waren. Immerhin konnte die
Schule auch immer wieder aufs neue zu ihrer pseudowissenschaft-
lichen Verwendung anregen.

   Neben der Erkenntnistheorie sind es besonders Physik und
Metaphysik, Anthropologie und Ethik, die den Einfluß der griechischen Schule erkennen lassen[121].

---

119 NH II 53.23 – 54.31. Vgl. dazu K. Koschorke, Die Namen im Philippusevangelium. Beobachtungen zur Auseinandersetzung zwischen gnostischem und
kirchlichem Christentum. ZNW 64 (1973) 307 – 322. Dem Thema entsprechend
ist hier die uns beschäftigende Frage nach dem griechischen Einfluß nicht behandelt.

120 Crat. 391 d.

121 Weil zum Problem des hellenistischen Einflusses auf die Anthropologie

Weil der Gnostiker auch eines Wissens darüber bedarf, was war, um das, was ist, zu verstehen und bei dem, was wird, zum Heil zu kommen, treten an ihn zwei Probleme heran: das Problem des Anfangs (ἀρχή) überhaupt und das Problem des νοῦς als einer himmlischen Größe, die auch im Menschen wirksam ist. Dabei taucht zusätzlich die Frage auf, ob es sich um einen Ur-νοῦς handelt oder ob jenseits von ihm eine übertranszendentale Urgröße vorhanden ist. Der Gnostizismus hat es dabei mit Fragen zu tun, die von den griechischen Schulen schon Jahrhunderte hindurch diskutiert wurden. Die Schwierigkeit liegt hierbei an zwei Tatsachen: 1. ist die Interpretation der gnostischen Texte noch nicht völlig eindeutig, 2. ist auch der Gang der philosophischen Entwicklung noch sehr umstritten[122].

Die ἀρχή des Alls bildet bei den Gnostikern der fremde Gott. Die Trennung Gottes in den Weltschöpfer und den einsamen, fernen Gott mag insbesondere auf die weitergespannte Weltschau der Philosophen zurückgehen. Die Polisgötter konnten zu einer Gesamtschau des Kosmos nichts beitragen. Im großen Weltraum und dem, was jenseits von ihm war, mußten andere Herrscher und auch Diener am Werk sein. Wenn man in der Philosophie jenseits von dieser Welt noch ein Reich der Ideen annahm, so konnte auch das hier noch nicht genügen. Jenseits

R.T. Updegraff und auf die Ethik F. Wisse gesonderte ausführliche Monographien vorbereiten, beschränke ich mich hier auf Fragen, die den hellenistischen Einfluß auf Metaphysik und Kosmologie betreffen, für die ich selbst an einer umfassenden Studie arbeite. Im vorliegenden Aufsatz sollen deshalb nur einige Hauptgesichtspunkte herausgehoben werden. Dabei können bei dem beschränkten Umfang natürlich nur einzelne Beispiele gegeben werden, die gerade angesichts des Pluralismus der Bibliothek von Nag Hammadi in keinerlei Weise erschöpfend, aber wohl richtungweisend sein können. Schon jetzt ist auch zu verweisen auf die wichtigen Ausführungen von J. Zandee, The terminology of Plotinus and of some gnostic writings, mainly the fourth treatise of the Jung Codex (Istanbul 1961).

122 Zu diesem Komplex ist die Arbeit von H.J. Krämer zum Ursprung der Geistmetaphysik von besonderer Bedeutung. Für das Corpus Hermeticum hat A.J. Festugière grundlegende Untersuchungen vorgelegt, die für das von mir bearbeitete Thema beispielhaft sind: La révélation d' Hermès Trismégiste I - IV (Paris 1949 - 1954).

davon mußte noch ein Ursprung, eine ἀρχή , vorhanden sein,
die alle Mangelhaftigkeit unserer Vorstellungen übertraf und
die auch nicht belastet war mit der Zahl. Denn so wesentlich
die Zahlen des Bereichs der ἀΐδια und des μεταξύ -Bereichs
für die Erkenntnis der Philosophen waren, das ἕν , das selbst
noch keine Zahl ist, muß die Quelle des Ursprungs bilden. Plotin - ob auch bereits sein Lehrer Ammonios Sakkas, bleibt un-
gewiß - hat der Vorstellung vom übertranszendenten ἕν eine
maßgebliche Rolle eingeräumt. Doch ist das im Grundsatz keine
neue Erfindung. Schon Platon hat diese Eins. Sie ist gerade infolge ihrer Einzigartigkeit ein Prinzip mit stark negativem Charakter. Diese Eins wird mit der Wertbezeichnung dessen, was
sie ins Leben ruft, verbunden. Als αἰτία des Guten wird sie
mit ihm identifizeirt. So wird sie als   ἐπέκεινα τῆς οὐσίας
πρεσβείᾳ καὶ δυνάμει ὑπερέχον   angesehen[123]. Sie besitzt also "Macht". Man hat die Betonung des ἕν bei Plotin
auf orientalische Einflüsse zurückführen wollen. Das ist aber
solange fraglich, als die entscheidenden Inhalte der platonischen
Metaphysik in Plotins Lehre vom ἕν wiederzufinden sind. Der
Weg, auf dem diese Ideen zu Plotin gelangt sind, war die Diskussion in der akademisch-neupythagoräischen Schule[124].

Im Gnostizismus ist die Vorstellung von einer übertranszendenten Größe, die nur mit negativen Attributen beschrieben
werden kann, durchaus geläufig. Die Spitze ἕν· war schon aus
den Ketzerbestreitern bekannt. Bei den Valentinianern hat sich
diese Auffassung schon lange eindeutig nachweisen lassen. Die
neuen Texte von Nag Hammadi haben, so unterschiedlich sie
auch untereinander sein mögen, für die negative Gottesbeschreibung markante Beispiele geliefert. Das Johannesapokryphon[125],

123 Plat.. Republ. VI. 509 b.
124 H.J. Krämer. Geistmetaphysik 338ff.

der Eugnostosbrief bzw. die aus ihm entwickelte Sophia Jesu Christi[126], das Ägypterevangelium[127], der erste Teil des Tractatus tripartitus[128] u.a. legen Zeugnis davon ab. Dabei schlägt auch höchste Negation leicht in positive Füllebeschreibung um[129]. Das "Unbegrenzte" ist "das Größte" auch nach Plotin[130]. Eine Entstehung der übrigen transzendenten, also im überkosmischen Sinne himmlischen, Welt aus dieser unbeschreiblichen Eins ist entweder durch Emanation[131] oder Evolution möglich. Der erstere Weg führt über die Emanation einer weiblichen Gottheit zur Entstehung des Sohnes, so im Johannesapokryphon und im Eugnostosbrief. Ob diese Emanationslehre griechisch zu erklären ist, bleibt fraglich. Die Parallele von Vater - Mutter - Sohn als Göttertrias weist auf ägyptische und syrische Kultvorstellungen hin. Andererseits sollte man darüber freilich nicht vergessen, daß triadisches Denken auch in der griechischen Philosophie vorhanden war und sicher auch nicht ohne

---

125 BG 22,17 - 26,13 ∿ NH III 5,1 - 7,1 (Anfang zerstört) ∿ NH II 2, 26 - 4,19.

126 NH III 71,13 - 73,16 bzw. NH III 94,5 - 96,14 ∿ BG 83,5 - 87,7. In diesem Text werden allerdings neben einer Beschreibung der Gottheit via negationis die in ihr ruhenden potentiellen Kräfte dargestellt. Als ἰσοδυνάμεις werden in ihr νοῦς, ἔννοια, ἐνθύμησις, φρόνησις, λογισμός und δύναμις überhaupt bezeichnet. Zum Einen als Potenz vgl. H.J. Krämer. Geistmetaphysik 338ff.; zu πηγή in NH III 73, 13; III 96,9 ∿ BG 87,3 vgl. Plot.. Enn. III 8, 10, 3ff.

127 NH III 40,13 - 41,7 ∿ IV 50, 2 - 23. Vgl. dazu den Kommentar in der Ausgabe des Ägypterevangeliums von A. Böhlig - F. Wisse - P. Labib (Nag Hammadi Studies 4. Leiden 1975) , S. 39f.

128 NH I 51, 2ff. Allerdings wird auch in diesem Text der Vater zwar als "der Eine Einzige" bezeichnet (5,1. 8f.), aber ebenso als νοῦς (55. 6). Das soll jedoch nur besagen. daß alle geistigen und Wahrnehmungsmöglichkeiten in ihm potentiell vorhanden sind.

129 Vielleicht wurde es so auch Mani um so leichter, den "Vater der Größe" mit dem iranischen Zerwan. der ja auch die "unendliche Zeit" heißt, zu identifizieren.

130 Enn. VI 8. 16.

131 H. Dörrie, Emanation. Ein unphilosophisches Wort im spätantiken Denken. in: Parusia (Festgabe für J. Hirschberger, Frankfurt/M. 1965), S. 119ff.

Einfluß auf triadisch geformte Mythen geblieben ist[132]. Hier
konnte die griechische Schule auch zur Bildung einer gnostischen Theologie beitragen. In einer Schrift, die für das rituelle
Leben der Gemeinde bestimmt war, den "drei Stelen des Seth"
[133], ist der mythische Rahmen durchaus mit philosophischen
Vorstellungen ausgefüllt. Dazu gehört z.B. auch die Anrede "Du
bist eins"[134]. Die Bezeichnung als Urgrund kommt auch in den
folgenden Qualifikationen zum Ausdruck[135]: "Du Ungeborener!
Aus dir stammen die Ewigen und die Äonen, die Vollkommenen,
die zusammen sind, und die einzelnen Vollkommenen. Wir preisen dich, der du keine οὐσία hast, du ὕπαρξις , die vor
den ὑπάρξεις ist, du erste οὐσία , die vor den οὐσίαι ist,
du Vater der Göttlichkeit und der Lebendigkeit, du Erschaffer
des νοῦς , du Spender von Gutem, du Spender von Seligkeit".
Wesentlich für unser Problem ist der Versuch hier, das ἕν über
das ὄν herauszuheben, wenn einerseits von dem ἕν gesagt
wird, daß es keine οὐσία besitzt, und andererseits doch die
οὐσία vor den οὐσίαι ist. Die Urtümlichkeit wird auch
durch seine Schöpfertätigkeit gekennzeichnet. Das ἕν steht
höher als der νοῦς . Damit befindet sich dieser Gnostizismus
in einer Linie mit der Älteren Akademie und Plotin[136]. Das
ἕν besitzt eine Potentialität, in diesem ἕν ist eine "innere
ἐνέργεια " vorhanden. In der dritten Stele des Seth wird vom
höchsten Gott ausgesagt[137]: "Es gibt keinen, der vor dir wirk-

---

132   Man denke etwa an den Mythos von der Seele im Timaios (34 b ff.).
Zu Dreiergruppen in der griechischen Mythologie vgl. R. Mehrlein, RAC IV,
274f.

133   NH VII 118,10 - 127,32.

134   NH VII 125, 25. Im Ägypterevangelium wird der Lichtadamas so angeredet, wohl als Inkarnation des Vaters; NH III 49, 6f. ~ IV 61, 6f.

135   NH VII 124, 21 - 33.

136   H.J. Krämer, Geistmetaphysik 351ff.

137   NH VII 125, 4 - 9.

sam ist (ἐνεργεῖν). Du bist ein Geist, der für sich allein und lebendig ist, und du kennst einen. Denn dieser eine, der bei dir auf allen Seiten ist, nicht können wir ihn aussprechen".

Die Selbständigkeit und Unabhängigkeit des ἕν kann kaum stärker zum Ausdruck gebracht werden. Aus diesem fernen Gott emaniert die Barbelo[138], dann weiter der Lichtadamas[139].

Solcher Emanation steht die Evolution gegenüber, für die im sog. Ägypterevangelium ein eindrucksvolles Beispiel vorliegt. Dort ist zunächst auch die Rede vom unsichtbaren Gott, der allerdings als Lichtvater bezeichnet wird[140]. Positive und negative Qualitäten dienen gemeinsam dazu, ihn zu schildern. Aus ihm, dem Vater, geht eine Trias von Vater - Mutter - Sohn hervor[141]. Das zeigt, wie zur triadischen transzendenten Gottesvorstellung noch der Gedanke der Übertranszendenz hinzugetreten ist, so daß vom Vater zweimal von verschiedenen theologisch-philosophischen Vorstellungen aus die Rede ist.

Das ἕν wird von den Gnostikern gern als der unsichtbare Geist (πνεῦμα ἀόρατον) bezeichnet[142]. Er ist der Urgrund, dessen Charakteristikum die σιγή ist[143]. Zugleich ist er ἀνερμήνευτος [144]. Die Vorstellung vom πνεῦμα als übertranszendentalem Prinzip kann als eine Kombination von stoischem und platonischem Denken angesehen werden. Berücksich-

---

138 NH VII 121, 20ff.

139   NH VII 118, 25ff. Im Ägypterevangelium wird Adamas von Moirothea geschaffen (NH III 49, 1 - 7 ~ IV 60,30 - 61,8). doch wird er in dem darauf folgenden Abschnitt (III 49, 8 - 16 ~ IV 61, 8 - 18) als Emanation bzw. Inkarnation des höchsten Gottes "Mensch" angesehen.

140 NH III 40,13 - 41,7 ~ IV 50, 2 - 23.

141 NH III 41, 7 - 12 ~ IV 50,23 - 51,2.

142 Ägypterevangelium, ed. A. Böhlig - F. Wisse - P. Labib, S. 39f. Das Ägypterevangelium trägt ja eigentlich den Titel: "Das heilige Buch des großen unsichtbaren Geistes"; vgl. dazu Edition, a.a.O. 18. Johannesapokryphon: NH II 6. 4. 26 u.ö., III 8. 11. 18 u.ö., BG 29.7f. 30.18f. u.ö.

143 Ägypterevangelium, z.B. NH III 40, 17. 18 ~ IV 50, 8. 9.

144 Ägypterevangelium NH IV 50, 21f. (nicht in III).

tigt man, daß auch die Immanenzlehre der Stoa nicht unbeein-
flußt vom Platonismus gerade durch die Annahme eines aktiven
und passiven Elements in der Weltgestaltung ist, so bedarf es
nur der Transzendierung des $\pi\nu\epsilon\tilde{\upsilon}\mu\alpha$[145]. Ein gewisser Immanenz-
charakter liegt ja auch in den gnostischen Systemen vor, die
zwar eine transzendente himmliche Welt aufbauen, zugleich aber
den höchsten Gott die in die Welt verstreuten Lichtteile um-
fassen lassen[146].

Ebenfalls eine Kombination von platonischem und stoischem
Denken dürfte die $\lambda\acute{o}\gamma o\varsigma$ -Lehre der Gnostiker sein. In der
Tat hat der $\lambda\acute{o}\gamma o\varsigma$ schöpferische Aufgaben auch im Gnosti-
zismus so wie der Demiurg im Timaios. Nur entwickelt der
Gnostizismus durch seine Betonung eines ethischen Dualismus
die Vorstellung dahingehend weiter, daß er $\lambda\acute{o}\gamma o\varsigma$ und Oberarchon als Demiurg voneinander qualitativ trennt. Der Logos
schafft ein himmlisches Pleroma, die Archonten den Menschen.
Ein Ansatzpunkt für die Erschaffung der Menschen durch untere
Wesen liegt bereits in dem Mythos des Timaios vor, der die
Menschen von niederen Demiurgen geschaffen sein läßt, um den
oberen Demiurgen von der Verantwortung für den Erfolg bei diesem Werk zu entbinden[147].

Wie sich die Gnostiker mit Auffassungen der Stoa zur Lenkung
der Welt auseinandersetzen und sie ablehnen, zeigt der Eugnostosbrief. Der Verfasser wendet sich gegen drei Thesen: Die einen
sagen, "es sei ein heiliger Geist durch sich selbst", der die Welt

---

145 Zur Vorgeschichte der stoischen Prinzipienlehre vgl. den gleichnamigen Abschnitt in: H.J. Krämer. Platonismus und hellenistische Philosophie (Berlin 1971). S. 108ff.

146 Z.B. Evangelium veritatis NH I 18. 29ff. Vgl. auch W.R. Schoedel. "To-pological" theology and some monistic tendencies in Gnosticism. in: Essays on the Nag Hammadi texts in honour of A. Böhlig. hrsg. v. M. Krause (Nag Hammadi Studies 3. Leiden 1972). S. 88 - 108.

147 Vgl. P. Boyancé. Dieu cosmique et dualisme: les archontes et Platon, in: Le origini dello gnosticismo, S. 340 - 356.

lenkt. Das klingt an das καθ' αὐτὸ ὄν an. Andere führen die Lenkung auf die πρόνοια , wieder andere auf die εἱμαρμένη zurück[148]. Alle drei Vorstellungen sind in der Stoa vorhanden. Der aus sich selber existierende Geist durchwaltet alles und ist zugleich Ursache von allem Sein und Geschehen. Dieser Gott kann nicht gedacht werden ohne πρόνοια . Zugleich unterliegt aber die Welt einem Schicksalsgesetz[149]. Wenn von diesen drei Thesen dabei wie von drei verschiedenen Schulmeinungen gesprochen wird, so mag der Verfasser vielleicht an Richtungen gedacht haben, die innerhalb der Stoa von den einen oder anderen mehr betont wurden. Die Ablehnung dieser philosophischen Ansichten erfolgt in der genannten Schrift rein dialektisch durch Sophismen. Denn ein in sich ruhender Geist und die Pronoia sind ja durchaus Vorstellungen, die sonst gnostische Schriften kennen[150]. Auch die Heimarmene wird als Fessel der Archonten angeführt[151].

Konnten die Gnostiker für ihre Vorstellung von der ἀρχή aus den Philosophenschulen Denkmodelle entnehmen, so war das Problem des νοῦς ebenfalls eine Frage, die sie aus diesen Kreisen kennenlernten. Ein Beispiel für den intellectus divinus dürfte in der zweiten Stele des Seth vorliegen[152]. Der Hymnus

---

148 NH III 70, 16 - 21 bzw. SJC NH III 92.20 - 93.3. BG 81. 5 - 11. In NH III 70, 15 ~ III 92. 20f. ~ BG 81. 3 wird ausdrücklich zur Meinung von "Philosophen" Stellung genommen.

149 M. Pohlenz, Stoa 93 - 106. Sowohl ΠϹΤΗΠ in NH III als auch ΤϹϬϴΟΝΤ in BG dürfte Lehnübersetzung von εἱμαρμένη sein. Vielleicht ist ΤϹϬϴΟΝΤ am wörtlichsten durch die Wiedergabe des Femininums.

150 Vgl. den Index zur Ausgabe des Ägypterevangeliums.

151 In der titellosen Schrift des Codex II wird hierfür eine Reihe von wichtigen Angaben gemacht. Die Heimarmene als Weltprinzip. das die opposita δι καιοσύνη und ἀδικία in sich zusammenschließt. findet sich NH II 123. 13. Herrin der Welt II 117. 22f.. Herrscherin auch über die Archonten II 121, 13ff. (vgl. auch Apocr Joh in NH II 28, 14ff. ~ III 37, 6ff. ~ BG 72, 2ff.). Am Ende wird sie als Verurteilung (κατάγνωσις) der Archonten erwiesen: II 125, 28f.

152 NH VII 121.18 - 124.15.

richtet sich an die Barbelo. Sie ist die auf den Vater folgende Größe. Im νοῦς kommt die Pluralität gegenüber dem ἕν zum Ausdruck[153]. Dieser Gedanke äußert sich im Gnostizismus so: "Du hast gesehen, daß die Ewigen aus einem Schatten stammen und hast gezählt. Du hast zwar gefunden und bist eine geblieben, wenn du aber zählst, um zu teilen, bist du dreifaltig. Du bist wirklich dreifach gefaltet. Du bist eine aus dem Einen und du bist ein Schatten von ihm, dem καλυπτός . Du bist ein Kosmos des Wissens. Du weißt, daß die Angehörigen dieses Einen aus einem Schatten stammen. Und diese hast du im Herzen. Deshalb hast du den Ewigen Kraft gegeben durch die Existentialität" [154]. Die Barbelo, die ja "der erste Schatten des heiligen Vaters" ist, sieht in ihrer himmlischen Höhe weitere Äonen, die aus dem Schatten stammen. Kann man hierin eine Anspielung auf die Vorstellung von den Ideen im Geiste Gottes sehen[155]? Das liegt gerade dadurch nahe, daß mit der Barbelo ja eine δυάς entstanden ist, daß sie somit der Zahl bzw. dem Zählen den Ursprung gegeben hat. Dabei ist sie selber doppelt zu charakterisieren, als eine Eins und als Drei. Wie Plotin vom νοῦς aussagt, daß er in der Hinwendung nach innen sowohl bei sich als auch beim ἕν ist, so geht wohl das erste Zählen[156] auf diese Hinwendung zum ἕν , das zweite[157] auf den Charakter der Vielheit, den die Zweiheit hervorbringt, zurück. Die Bezeichnung "Kosmos des Wissens" umschreibt die Vorstellung vom νοῦς, der die Ideen in sich trägt [158], ebenso wie die Aussage, daß die Barbelo die Ewigen im Her-

153 H.J. Krämer, Geistmetaphysik 318.

154 NH VII 122, 6 - 20.

155 H.J. Krämer, Geistmetaphysik 317.

156 NH VII 122, 8.

157 NH VII 122, 10.

158 Zum Problem vgl. außer H.J. Krämer, Geistmetaphysik, auch dessen Aufsatz: Grundfragen der aristotelischen Theologie. 2. Teil: Xenokrates und die Ideen im Geiste Gottes, Theol. u. Philos. 44 (1969) 481 - 505.

zen hat. Die Abstammung aus dem Schatten soll den Abbild-Charakter zum Ausdruck bringen.

Im Johannesapokryphon hat die Barbelo gleichfalls den Charakter der δυάς , die aus dem Vater hervortritt und zugleich dreifach sein kann[159]. Sie ist "der erste Gedanke, sein Abbild". In ihrer Eigenschaft als πρωτέννοια wird ihr ein ganzes Werk gewidmet, "die dreigestaltige Protennoia"[160]. Kann man diese Größe als Abbild des ἕν , als eine aus ihm abgeleitete Größe betrachten, so kann man sie in ihrer Dreifaltigkeit ebenfalls als ein Prinzip der Vielheit ansehen. In christlich-gnostischer Transponierung findet sich die weibliche Muttergöttin im Philippusevangelium, wo der heilige Geist als Femininum erscheint[161]. Das mag auf den Umstand zurückgehen, daß im Aramäischen rūḥā feminin ist. Vielleicht ist dies auch angedeutet in der Aussage, daß "heiliger Geist" ein zweiteiliger Name sei[162]. Denn Zweiteiliges ist im Semitischen ja feminin[163]. Wenn schließlich Christus, Messias, als "begrenzt" interpretiert wird, so kann das unter Umständen aus seiner Gestaltung als Seiendes abgeleitet werden, die er durch die δυάς erhält[164]. Doch ist diese Stufe der Entwicklung im Philippusevangelium zugunsten des Modells Vater - Sohn - Geist überwunden.

Kann man die δυάς aus dem Pythagoräismus oder aus dem

---

159 NH II 5, 4ff. ∽ III 7, 22ff. ∽ BG 27, 18ff.

160 NH XIII 35, 1 - 50, 24. In dieser Schrift wird die Dreifaltigkeit der ersten ἔννοια als Vater, Mutter und Sohn (λόγος) dargestellt. Im Ägypterevangelium wird zwar nicht ausdrücklich von der Dreiheit des Urvaters, der πρόνοια und des λόγος gesprochen, aber sie ist neben einer weiteren Dreiheit, von deren Evolution bereits die Rede war, eindeutig vorhanden.

161 NH II 55, 23ff.

162 NH II 59, 12f.

163 C. Brockelmann, Grundriß der vergleichenden Grammatik der semitischen Sprachen I (Berlin 1908), S. 422, wo solche Nomina auch als dienende Werkzeuge betrachtet werden.

164 NH II 62, 11ff.

Platonismus ableiten? Es fragt sich, ob sie in ihrer Entstehung
durch das ἕν ein Materialprinzip darstellt. Vielleicht ist sie
das, insofern sie den Lichtfunken gebiert[165]. Insoweit sie als
Zwei aus der Eins entsteht, kann man wohl mit pythagoräischem
Einfluß rechnen[166]. Sicher bildet die Vielheit der Hyle als Materialprinzip eine Entsprechung zur ἀόριστος δυάς [167], insbesondere wenn man in den dualistischen Systemen ihre Bemü-
hungen sieht, sich zum Licht hinzuwenden, um es sich anzueig-
nen[168].

Als göttliches Weltprinzip und unbegrenzte Urmaterie wird
insbesondere in der Stoa die φύσις angesehen. Sie ist dort
die Allnatur und wird dabei in mannigfacher Weise mit der
Gottheit identifiziert[169]. Wenn von einer φύσις ζωτική oder
λογική oder νοερά die Rede ist, wenn sie als ein schöpfe-
risches Feuer auftritt, so fühlt man sich an NH VII,1 erinnert;
nur ist dort die Immanenz zugunsten einer dualistischen Transzendenz aufgegeben und die φύσις zum Widersacher der Lichtwelt gemacht[170].

Doch braucht nicht alles, was sich im Kosmos befindet,
durch die Gnostiker abgewertet zu werden. Wie bei Platon im
Timaios[171] und bei Aristoteles in "De caelo"[172] wird z.B. auch
im Ägypterevangelium der Fixsternhimmel als ein Platz der festen Ordnung gewürdigt. An ihm sind ja die Sterne befestigt

---

165 NH II 6, 10ff. ~ III 9, 10ff. ~ BG 29, 18ff.

166 H.J. Krämer, Geistmetaphysik 319ff.

167 Tim. 30 a.

168 H.J. Krämer, Geistmetaphysik 317ff.

169 W. Köster, Physis, ThWB IX 246ff. Vgl. auch A. Böhlig, Zur Bezeichnung
der Widergötter im Gnostizismus, s. o. S.

170 In der Schrift NH VII.1 passim; vgl. den Index der Edition von M. Krause
- V. Girgis in: F. Altheim - R. Stiehl, Christentum am Roten Meer II (Berlin
1973), S. 227.

171 Tim. 40 b.

172 De caelo 291 b - 292 b; vgl. auch Metaphys. 1072 a. 1073 b.

und werden jeden Tag aufs neue am Menschen vorbeigeführt. Sie sind "mit einem Wissen der Wahrheit bewaffnet"[173]. Diese Bemerkung erinnert an das Urteil des Aristoteles, die Gestirne seien die vernunftvollsten Geister[174]. Wahrheit ist übrigens für die Gnostiker nicht allein etwas Erkanntes, sondern auch etwas, was eine Norm darstellt. Darum werden bei der Entstehung des Sethgeschlechts ἀλήθεια und θέμισσα gekoppelt, wenn sie als Erstlinge (ἀρχή) des Samens des ewigen Lebens bezeichnet werden[175].

Die Ambivalenz der Seele, wie sie der Platonismus zum Ausdruck bringt, ist im Gnostizismus gleichermaßen zu beobachten. Aus ihr resultiert das Hangen und Bangen des Menschen zwischen Licht und Finsternis, Fleisch und Geist. In gewissen gnostischen Schriften wird ausführlich vom Abstieg und Aufstieg der Seele gesprochen. Hier sei nur verwiesen auf die Darstellungen in der "Exegesis der Seele"[176] und im "Authentikos Logos"[177]. Ausführlich wird geschildert, wie die Seele gefallen, mit göttlicher Hilfe aber in ihre Heimat zurückgekehrt ist. "Sie eilt hinauf in ihre Schatzkammer, in der ihr νοῦς ist"[178]. In der Schrift " αἴσθησις διανοίας " ("der Gedanke der großen Kraft")[179] wird die Seele als Typos des himmlischen νόημα angesehen[180]. Das entspricht ebenfalls der Auffassung des Platonismus vom Verhältnis νοῦς - ψυχή . Zur Ambivalenz gehört auch die Möglichkeit, daß Seelen sich entscheiden und daß sie je nach ihren

173   NH III 64, 4ff. ～ IV 75, 19ff.

174   Vgl. A.J. Festugière, Révélation II. S. 240ff.

175   Ev Aeg NH III 60. 19ff. ～ IV 71. 30ff. Vgl. NH III 62, 20 ～ IV 74. 6.

176   NH II 127,18 - 137,27.

177   NH VI 22, 1 - 35, 24.

178   NH VI 28, 23f.

179   NH VI 36, 1 - 48, 15.

180   NH VI 38, 5ff.

Taten bzw. ihrer geistigen Einstellung einem verschiedenen Ge-
richtsurteil unterworfen werden[181]. Diese Lehre, nach der es
auch verlorene Seelen gibt, ist im Manichäismus noch erhalten
[182]. Aber auch der Gedanke des Unterschieds zwischen sterb-
licher und unsterblicher Seele[183] wird im Dualismus der Gnostiker noch weiter ausgebaut[184].

Die vorangehende Skizze dürfte gezeigt haben, wie umfangreich der Beitrag der griechischen Schule zu Form und Inhalt
des Gnostizismus gewesen ist. Wer die griechische Schule nicht
besucht hatte, konnte die gnostischen Texte weithin kaum verstehen; solche Texte verfassen konnte er auf keinen Fall.

181 Apocr Joh in BG 64.13 - 71.2 ~   NH III 32.22 - 36,15 ~   II 25,16
- 27.31.

182 F.C. Baur. Das manichäische Religionssystem (Tübingen 1831. Nachdr.
Göttingen 1928). S. 186ff.

183 Sterblich: Tim. 69 cf., unsterblich: 34 bff.

184 Petrusapokalypse: unsterbliche Seelen NH VII 75. 27f.; 77. 2f. 17; 78. 5;
die Seelen der Äonen sind zum Tode bestimmt 75. 15f.; nicht jede Seele ist unsterblich 75. 12ff.

TRIADE UND TRINITÄT
IN DEN SCHRIFTEN VON NAG HAMMADI

Die Erfassung der Welt in der Zahl ist eine der großartigsten Erfindungen des Griechentums, wie gerade die moderne
Physik bestätigt. In der Zeit der Klassiker ist von Platon im
Timaios in dieser Hinsicht ganz Bedeutendes geleistet worden.
Doch hat die hellenistische Zeit die Kenntnis der allgemeinen
Bildung auf dem Gebiet der Mathematik sehr absinken lassen,
so daß ein Werk wie das des Theon von Smyrna[1] nötig wurde,
in dem die Anfangsgründe der Arithmetik, Musik und Astronomie, soweit man sie zum Verständnis Platons brauchte, geboten wurden. Auch in der mythologischen Form gnostischer
Literatur findet sich Arithmologie, allerdings in einer schlagwortartig und spielerisch wirkenden Weise. Immerhin wird an
gewissen Stellen auch das Problem der Zahl angesprochen. Man
ist sich klar, daß die Zahl "Eins" nur dann Zahl ist, wenn "Zwei"
oder "Drei" folgen. Diese Zahlen artikuliert auch die Sprache
durch ihre Formenbildung. Sie besitzt in gewissen Idiomen, nicht
nur in semitischen, mit der Dualform eine Möglichkeit, die
Zweiheit auszudrücken. Damit beginnt, wie in den "Stelen des
Seth" von der Barbelo gesagt wird, das eigentliche Zählen[2].

Erstveröffentlichung in: The rediscovery of gnosticism, II: Sethian gnosticism,
hrsg. v. B. Layton (Leiden 1981), S. 617 - 634.

1   Autor des 2. Jh's n. Chr. Ausgaben: E. Hiller (Leipzig 1878); J. Dupuis
(Paris 1892, mit französischer Übersetzung).

2   Nag Hammadi VII 123, 7ff.

Die Dreiheit dient als schlechthinniges Mittel zur Formulierung der Mehrzahl, was z.B. die Bezeichnung des Plurals durch drei Striche im Ägyptischen klar erkennen läßt. Der Plural, oder besser die Dreiheit, ist der Ausdruck für die kleinste Form einer produktiven Familie: Vater - Mutter - Kind. Damit kann man auch die Teilung Maskulinum - Femininum - Neutrum verbinden. Maskulinum und Femininum treten als handelnde Personen dem Neutrum gegenüber, wobei ursprünglich belebt und leblos nebeneinander stehen (man denke an die zweiendigen Adiectiva im Griechischen!), danach das Belebte in Maskulinum und Femininum geteilt wird. Auch die Zeit wird als eine pluralische oder, genauer gesagt, triadische Größe dargestellt. Von der Gegenwart aus schaut der sich seiner Existenz bewußt gewordene Mensch zurück in die Vergangenheit und voraus in die Zukunft.

Ist die Drei auf diese Weise als eine in die Breite und die Länge führende Größe aufgefaßt, so kann sie durch die Steigerung auch als Form der Intensivierung dienen. So zeigt beim Adjektiv der Komparativ an, daß etwas qualitativ besser oder schlechter ist als das im Positiv Genannte. Der Superlativ als Form oder ein ihm entsprechender Ausdruck heben eine oder mehrere Größen aus einer pluralischen Gruppe heraus. Eine ähnliche Qualifizierung bedeutet die Kennzeichnung eines Adjektivs durch die Vorsilbe τρισ- "dreifach". Unter Umständen wird sie noch dadurch verdeutlicht, daß die drei Bezeichnungen dieser besonders gearteten Größe aufgeführt werden; so z.B. im Ägypterevangelium, wenn das dreifachmännliche Kind mit den drei Namen seiner Bestandteile und einem zusammenfassenden Namen (Seth) benannt wird[3]. So drückt Dreifachheit besondere

---

3 Vgl. A. Böhlig - F. Wisse, The Gospel of the Egyptians (Leiden 1975), S. 43ff.

Qualität durch Dreiheit in Einheit, also Dreifaltigkeit, aus[4].

Dort, wo nach der Einheit Gottes, sei es im Sinne der Immanenz, sei es der Transzendenz, gestrebt wird, liegt es nahe, eine
Triade zur Trinität zu machen. So steht es gerade im Christentum, das vom Monotheismus beherrscht ist, während das mythologische Denken des Gnostizismus eher einen zum Monotheismus
strebenden organisierten Polytheismus bietet, der zwar die mythologische Ausdrucksform deutlich hervorhebt, aber das trinitarische Element als tieferen Inhalt doch durchaus erkennen läßt[5].

Das Christentum besitzt die Trinität Vater – Sohn – Geist
als charakteristisches Merkmal[6], der Gnostizismus bietet sehr
häufig die Dreiheit Vater – Mutter – Sohn. Die religionsgeschichtliche Forschung möchte nun nachweisen, daß die christliche Trinität aus der vorderorientalischen, speziell aber aus
der ägyptischen Triade entstanden ist[7]. Das würde voraussetzen,
bereits auf die Vorstellung vom Sohne Gottes und des Heiligen
Geistes hätten die in der Formel Vater – Mutter – Sohn zusam-
mengefaßten Gedanken maßgeblichen Einfluß gehabt. Wo aber
im Gnostizismus die christliche und die pagane Formel begegnen, machen sie sich gegenseitig Schwierigkeiten[8]. Sie treten
in Gegensatz zueinander und müssen ausgeglichen werden. Es
kann deshalb kaum angenommen werden, daß eine Entstehung

4 So ist die Vierheit der Namen zu erklären. Zugleich wird Seth der Platz
des Sohnes Gottes eingeräumt. Es ist fraglich, ob Seth eine sekundäre Hinzu-
fügung zu diesem Traditionsstück ist. Auf jeden Fall wurde er nachgetragen,
als diese Schrift als Sethevangelium redigiert wurde.

5 Das Christentum mußte sich vor der Gefahr hüten, sich in Mythologumena
zu verlieren. Der Gnostizismus akzeptierte zwar diese, war aber doch auf ihre
Überwindung angelegt.

6 Vgl. die Regula fidei.

7 S. Morenz, Die Begegnung Europas mit Ägypten (Zürich 1969). S. 89;
ders., Ägyptische Religion (Stuttgart 1960). S. 150ff., 270ff.; W. Westendorf,
Zweiheit, Dreiheit und Einheit in der altägyptischen Theologie. ZÄS 100 (1974)
136 – 141.

8 Das zeigt sich darin, daß in manchen gnostischen Schriften vom Heiligen
Geist kaum die Rede ist. Das Auftauchen des Heiligen Geistes ist ein Indiz dafür, wie christlich die jeweilige Schrift ist.

der christlichen aus der paganen Formel vorliegt. Das Umgekehrte scheidet sowieso aus, infolge des älteren Vorkommens
der paganen Vorstellung: man denke nur an den Tempelbezirk
von Baalbek (Jupiter, Venus, Merkur)[9] oder an Osiris, Isis und
Horus in Ägypten[10]. Religionsgeschichtliche Abhängigkeiten,
die etwa im Marienkult den Isiskult als Wurzel erkennen lassen,
dürfen nicht für die Entwicklung des Trinitätsglaubens in Anspruch genommen werden. Denn Maria wird ja zusätzlich zur
Trinität hinzugefügt[11]. Ist die christliche Formel aber als abhängig festzustellen, so muß erst einmal gefragt werden, ob sie
nicht auch anders erklärt werden kann. Und mindestens muß
untersucht werden, ob die trinitarische Formel der Alten Kirche
die gleiche wie die der Urkirche war.

Die Formel der Urkirche ist kein festes Theologumenon oder
auch Mythologumenon wie die Vorstellung von Vater – Mutter
– Sohn in Paganismus und Gnostizismus. Vielmehr ist die Stellung des Geistes noch nicht so in ein Schema gefügt wie in
der späteren katholischen Kirche. Immerhin dürfte aber ein
besonders wichtiges Factum sein, daß Jesus nicht von einer
göttlichen Mutter erzeugt ist, sondern, wie M. Hengel gezeigt
hat, als Sohn Gottes angesehen wird[12]: Rom 1,3f. "der geworden ist aus dem Samen Davids dem Fleische nach, der eingesetzt ist zum Sohne Gottes in Macht dem Geist der Heiligkeit
nach auf Grund der Auferstehung der Toten". Diesen Glauben
konnte die Gemeinde der heiligen Schrift des Alten Testaments
entnehmen. Jesus als der leidende Gerechte konnte als Gottes-

9 Vgl. H. Gese, Die Religionen Altsyriens (Stuttgart 1970). S. 222ff.

10 H. Bonnet, Reallexikon der ägyptischen Religionsgeschichte (2. Aufl. Berlin 1971) S. 326ff.

11 So steht die Mutter Maria in Gebeten erst nach den Erzengeln. Vgl. W.E.
Crum - H.I. Bell, Wadi Sarga (Kopenhagen 1922), S. 59ff.

12 M. Hengel, Der Sohn Gottes (Tübingen 1975).

sohn angesehen werden. Wenn man die Weiterentwicklung hin
zu den Vorstellungen von Präexistenz, Schöpfungsmittlerschaft
und Sendung in die Welt als theologische Leistung des griechischsprechenden Judenchristentums betrachten kann, so benötigt
man keine hellenistische These vom Ursprung der Sohn-Gottes-
Lehre, soweit nicht sowieso hellenistische Gedanken in Palästina kursierten[13]. Dem griechischsprechenden Judenchristentum
verdankt dann aber Paulus und die Urkirche überhaupt die Vorstellung vom Pneuma. Wie die Septuaginta das aramäische rūhā
in griechisches πνεῦμα übersetzt hat, so haben auch diese
Judenchristen in πνεῦμα kaum noch ein Femininum gesehen.
Dieser Geist ist für sie und dann für Paulus eine Größe, in der
sich Gott offenbart, so daß er sogar parallel zu Christus stehen
kann. Ja, er kann bei Johannes gewissermaßen an die Stelle des
kommenden Christus treten, wenn er als Paraklet, der Geist der
Wahrheit, erscheint[14]. Doch das Neue Testament weist auch bereits Stellen auf, an denen Vater, Sohn und Geist zusammen
als Dreiheit zu finden sind, so in der Taufformel "und taufet
sie im Namen des Vaters und des Sohnes und des Heiligen Geistes"[15] oder im Briefschluß "die Gnade unseres Herrn Jesu
Christi und die Liebe Gottes und die Gemeinschaft des Heiligen
Geistes sei mit euch allen"[16].

Um die Triadenvorstellung bei den Sethianern und ein etwa-
iges Trinitätsdenken zu erarbeiten, muß man Sethianer und Bar-
belognostiker zusammenfassen, da ja die Schriften, in denen
Seth begegnet, auch weitgehend die göttliche Mutter, die Barbelo, kennen. Es ist überhaupt die Frage, ob jede Schrift, die

---

13 Vgl. M. Hengel, a.a.O. 104ff.; ders., Zwischen Jesus und Paulus. Die
"Hellenisten ", die "Sieben" und Stephanus, ZTK 72 (1975) 151 - 206.

14 Joh 14, 16. 26; 15, 26; 16, 7.

15 Mt 28, 19.

16 2 Cor 13, 13.

den Namen Seth enthält, auch als wirklich sethianisch bezeichnet werden kann. Somit können barbelognostische und sethianische Schriften schwer gegeneinander abgegrenzt werden[17].

Den Schriften, die eine oder mehrere Triaden von Vater,
Mutter und Sohn enthalten, sind solche gegenüberzustellen, in
denen eine Kombination von Vater – Mutter – Sohn mit dem
christlichen Schema Vater – Sohn – Geist vorhanden ist, so
daß sich Vater – Geist – Sohn ergibt. Wenn dann ein Text von
der Jungfrau des heiligen Geistes spricht, sieht man hier deutlich, wie weit der Übergang fortgeschritten ist[18].

Neben solchen triadischen Spekulationen ist zu erwägen,
wie weit trinitarische Vorstellungen auf dieser Ebene zu beobachten sind. In solchen Fällen ist die Mutter mit Vater und
Sohn identisch.

Voll verstehen kann man das Material aber nur, wenn man
auch einen Blick auf die Schriften von Nag Hammadi wirft,
die nicht sethianisch, barbelognostisch oder ophitisch sind, sondern von christlicher Sicht her auf gnostische Weise zu denken
versuchen. Hier geht es besonders um Schriften, die dem Valentinianismus nahestehen oder direkt angehören.

Wie kann nun der religionsgeschichtliche Vorgang vom Zusammenhang Ursache – Wirkung aus beurteilt werden? Es gibt
folgende Möglichkeiten:

1. Dem Christentum mit seiner Lehre von einer Trinität
Vater – Sohn – Geist steht ein Gnostizismus gegenüber, der

---

17   Das hängt auch mit der Entstehung der Sammlung von Nag Hammadi
zusammen. Man kann sie ja schon lange nicht mehr wie J. Doresse als sethianische Bibliothek betrachten. Aber immerhin liegen starke sethianische Einflüsse
vor. Doch scheinen in diesen Kreisen sowohl diese als auch barbelognostische
Strömungen neben valentinianischen und hermetischen wirksam gewesen zu sein.
Vielleicht hat sogar der Manichäismus bei der Entstehung der späteren Schriften Pate gestanden. Aber es geht nicht allein darum. daß die Sammlung aus verschiedenartigen Büchern besteht. sondern es fällt auf. daß innerhalb der einzelnen Schriften verschiedenartige Strömungen zu finden sind.

18   Dies ist der Fall in der Schrift NH II.5; s. u. S. 307.

das Mythologumenon Vater – Mutter – Sohn als ein Theologumenon seiner Metaphysik verwendet. Dieser Gnostizismus bezieht
die Figur des präexistenten Christus in sein System auf mehr
oder weniger geschickte oder intensive Weise ein. Auch die
Lehre vom Heiligen Geist ist in verschiedenem Grad wirksam.
Man möchte annehmen, daß ein gnostisches Denken, das sich
parasitär[19] zunächst dem Heidentum angelagert hatte, nun dem
Christentum gegenübertritt, um es ganz in seinem Geiste umzu-
gestalten. Insbesondere zeigen die gnostischen Schriften, die
noch deutlich eine pagane Formel als ursprüngliche Denkform
des Textes erkennen lassen, wie man versucht, sowohl Jesus
als auch Christus oder auch Jesus Christus zu usurpieren.

2. Daneben gibt es christliche Theologen, die von dem gnostischen Denken stark beeinflußt waren, so daß ihr Zentrum
zwar Jesus Christus ist, dieser Heiland aber mit dem gnostischen Belehrer der Menschen identifiziert wurde und sie selbst
in der Form und Ausgestaltung ihrer Werke zu Gnostikern wurden, zumal unterschwellig mythologische Elemente bei ihnen
auch zu erkennen sind[20].

3. Wollte man einen Weg ohne die vorherige Existenz eines
gnostischen Denkens annehmen, wäre der christliche Glaube auf
die heidnische Formel gestoßen und die Auseinandersetzung zwischen Christentum und Paganismus geführt worden. Das würde
aber schlecht die Notwendigkeit christianisierter gnostischer
Schriften erklären[21]. Woher käme dann das spezifisch Gnostische? Aus dem Christentum doch wohl nicht, wenn es sich so

19 Vgl. A. Böhlig. Zur Struktur gnostischen Denkens. o. S. 9 f.

20 Besonders am Evangelium veritatis zu sehen.

21 Die Christianisierung von Schriften wie der titellosen Schrift des Codex
II. des Ägypterevangeliums, des Johannesapokryphons, der dreifachen Protennoia
erscheint mir sicher. Freilich darf man nicht die letzte Redaktion für die eigentliche Schrift halten.

gegensätzlich zu ihm stellt. Sondern doch wohl aus einem Unter-
grund gnostischen Denkens, der sich die paganen Vorstellungen
zur Darstellung seiner Modelle dienstbar gemacht hat.

Bei der Behandlung der Triade Vater - Mutter - Sohn ist
es zweckmäßig, zuerst die Stellen zu interpretieren, in denen
diese Formel eindeutig begegnet. Die Fälle mythologischer Ausmalung, die nicht nur exzessive Darstellung ist, sondern manchmal auch durch den Versuch bedingt scheint, die Vorstellungen
vom höchsten Gott und dem Sohne Gottes schärfer herauszuarbeiten, können erst danach erfolgreich behandelt werden.

Bereits zuvor soll aber vermerkt werden, daß oft auch für
die einzelnen Figuren der Triade die Dreifachheit ausgesprochen
wird. Man kann vielleicht annehmen, daß Triade - Dreifachheit
- Trinität in einem kausalen Verhältnis zueinander stehen. Die
Dreifachheit der einzelnen göttlichen Figur stellt ihre superlativische Steigerung dar. Es kann sogar vorkommen, daß ihr drei
Namen beigelegt werden und sie somit in drei weitere Figuren
zerlegt wird, worauf oben schon hingewiesen wurde. Das gilt
z.B. im Ägypterevangelium für das dreifachmännliche Kind, das
die Namen Telmaël, Eli, Machar erhält und dann als Einheit
durch einen vierten Namen, Seth, zusammengefaßt wird. Damit
ist bereits das Zusammenfallen von Steigerung und Trinität gegeben. Lag es nicht nahe, mit Hilfe einer mythologischen Vorstellung, die eine Triade bot, die Dreifachheit der Gottheit
und die darin liegende Steigerung vom Gesichtspunkt der Familie
und der in ihr vorhandenen Geschlossenheit von Vater - Mutter
- Sohn aus allseitig zu beleuchten, zumal diese Triade ja von
der orientalischen Religion her allgemein bekannt war?

Die heidnische mythologische Formel für die Trias unterliegt in der Zeit des Gnostizismus einer Interpretatio graeca.
Der Vater ist der große unsichtbare Geist. Die Mutter ist ἔννοια oder πρόνοια . Der Sohn ist der Logos. Schon in der

Bezeichnung "großer unsichtbarer Geist" kommt dessen Tran-
szendierung zum Ausdruck. Daß man diesen Geist $\pi\nu\epsilon\tilde{\upsilon}\mu\alpha$
nennt, geht wohl auf die Stoa zurück, die in seiner Einheit
von Stoff, Kraft, Leben, Form und Geist das $\pi\rho\tilde{\omega}\tau o\nu\;\alpha\check{\iota}\tau\iota o\nu$
sieht[22]. Dieses $\pi\nu\epsilon\tilde{\upsilon}\mu\alpha$, das alles von ihm Gewollte durchweht,
hat keine eigene Gestalt. Somit ist es nicht schwer, bei einer
Transzendierung in ihm den negativ beschriebenen fernen Gott
zu sehen. Denn bei aller Transzendierung steht doch das $\pi\nu\epsilon\tilde{\upsilon}\mu\alpha$
immer noch mit den $\pi\nu\epsilon\acute{\upsilon}\mu\alpha\tau\alpha$, den Geistern in der Welt, in
engster Verbindung[23]. Pneumatiker zu sein, ist die Voraussetzung
des Heiles. Aber auch die Auffassung des $\pi\nu\epsilon\tilde{\upsilon}\mu\alpha$ als Mittlerwesen, die ebenfalls in gnostizistischer Kosmologie begegnet[24],
ist eine Vorstellung, die auf den Gebrauch des Wortes in der
griechischen Medizin, Philosophie und Religion zurückgeht[25].

Der höchste Gott lebt in einer Lichtwelt. Die dritte "Stele
des Seth" faßt die diesbezüglichen Vorstellungen stark gräzisierend zusammen[26]: "Du Ungeborener! Aus dir stammen die
Ewigen und die Äonen, die Vollkommenen als Gesamtheit und
die einzelnen Vollkommenen. Wir preisen dich, der du keine
$o\mathring{\upsilon}\sigma\acute{\iota}\alpha$ hast, dich Existenz, die vor den Existenzen ist, dich
erstes Wesen, das vor den Wesen ist, dich Vater der Göttlich-
keit und Lebendigkeit, dich Erschaffer des Nus, dich Spender
von Gutem, dich Spender von Seligkeit".

---

22 H. Kleinknecht, Pneuma, ThWB VI. 353.

23 Man denke an die "guten und unschuldigen Geister" NH II 107. 13f.. die
aus der Welt Sabaoths und seiner guten Kräfte stammen. Ebenso ist von ihnen
124.10. 34 die Rede. Sie sind vom unsterblichen Vater gesandt. damit sie ein
Gegenstück zu den Kreaturen bilden. Die "unschuldigen Geister" sind die Eben-
bilder der Gnostiker. Der Erlöser hat die Geister in ihrer Erwähltheit und Seligkeit offenkundig gemacht.

24 Vgl. NH VII 1, 26 und Hippol., Haer. 5, 19, 1ff.

25 Vgl. ThWB VI. 351ff.

26 NH VII 124. 21 – 33. Vgl. A. Böhlig. Der Name Gottes in Gnostizismus
und Manichäismus, o. S.   71 – 102,. hier besonders 82 ff.

Der hierbei erwähnten Erschaffung des Nus entspricht in der
Mythologie die Erschaffung der weiblichen Größe, der Mutter.
Sie wird in den verschiedenen gnostischen Schriften bzw. Systemen verschieden benannt. So heißt sie im Manichäismus "der
große Geist, die Mutter des Lebens (bzw. der Lebendigen)"[27].
Daß hier Mutter und Geist identifiziert wird, darf auf die Schöp-
fungsgeschichte zurückgeführt werden: "Der Geist Gottes schweb-
te über den Wassern"[28]. Ganz abgesehen von der Auffassung des
Verfassers der Genesisstelle im einzelnen ist der Geist Gottes
ein physisch belebendes Prinzip. Da "Geist" im Hebräischen
bzw. Aramäischen Femininum ist, lag es für eine mythologische
Ausdeutung der Stelle nahe, im Geist die aus Gott hervortretende schaffende Mutter zu sehen. Wie wir aus aramäischen
Wortspielen in gnostischen Texten wissen, sind hier jüdische Traditionen verwendet worden[29]. Man kann wahrscheinlich mit einem
außerchristlichen jüdischen Einfluß auf den Gnostizismus rechnen.
So kann es geschehen, daß im Philippusevangelium der kirchlichen Meinung, Maria sei vom Geist befruchtet worden, der Widerspruch entgegengestellt wird, eine Frau könne ja nicht von einer
Frau befruchtet werden[30]. In den Texten, die uns in unserem
Seminar besonders angehen, wird die weibliche Muttergröße
meist als "Barbelo" bezeichnet. Die Deutung dieses Namens
ist problematisch. Man hat ihn aus dem Hebräischen erklärt:
b'arbaʿ 'lōh "in Vier ist Gott". Dann wäre der Name ein Satz,
wie wir es von den ägyptischen Königsnamen kennen. Kann man
für diese Zeit und die gnostischen Kreise annehmen, daß eine
Verbindung der Mutter zur griechischen Tetraktys hergestellt

27 Vgl. H.J. Polotsky, Manichäismus, Pauly-Wissowa. R.E. Suppl. VI, Sp. 251.
28 Gen 1, 2. Die Stelle wird allerdings von Gnostikern auf ganz verschiedene
Weise gedeutet.
29 Vgl. den Rückgriff auf Gen. Rab. 20, 11 zur Erklärung der Eva.
30 NH II 55, 23ff.

wurde? Oder spielte der mannweibliche Charakter der Gottheit
eine bestimmende Rolle, so daß man von einer Gottheit sprach,
die mit vier (nämlich Brüsten) versehen sei, wie im Ägypterevangelium eine vorkommt[31]? Oder kann es sich angesichts
des Hebräischen um eine Deutung des Tetragramms handeln,
- jhwh ist eben der geheime Name? Barbelo, die Muttergottheit, stammt ja aus dem unsichtbaren Geist. Sie ist seine Trans-
formation, die, wie wir das in der Schrift von der dreifachen
Protennoia finden[32], zur Offenbarung dienen soll.

Wie man die Frage des Namens auch beantworten mag, mit
dieser Größe tritt die "Zwei" aus der "Eins", die Dyas aus dem
Hen, hervor. Das war für die Gnostiker, selbst wenn es sich dabei um die Entstehung der himmlischen Welt handelte, doch ein
Abstieg[33]. Sie war gegenüber der Ferne und Einsamkeit des Vaters, der sie entstammt, eine Erscheinungsform, der erste Äon,
besitzt aber doch echten Einblick über das Denkbare hinaus.
Von ihr und ihrer Zwischenstellung heißt es in den "Stelen des
Seth"[34]: "Du hast gesehen, daß die Ewigen von einem Schatten
kommen, und du hast gezählt. Du hast zwar gefunden, daß du
eine bliebst. Wenn du aber zählst, um zu teilen, bist du dreifaltig. Du bist wirklich dreifach gefaltet. Du bist eine aus dem
Einen und du bist Schatten von ihm, dem Verborgenen. Du bist
ein Kosmos des Wissens. Du weißt, daß die Angehörigen dieses
Einen vom Schatten stammen. Und diese hast du im Herzen.

---

31 NH III 56, 4 - 13 (die Version in IV ist hier zerstört).

32 NH XIII 35,1 - 50,24.

33 Das bezeugen die Stellen, die auf die Notwendigkeit einer Rückbildung
von der Zweiheit zur Einheit hinweisen. Vgl. die erste Jakobusapokalypse von
Nag Hammadi V 41, 15ff.; dazu auch Clem. Alex., Strom. 3, 8, 63; 13, 92, wo
aus dem Ägypterevangelium (nicht dem von Nag Hammadi!) zitiert wird; vgl.
auch 2 Clem 12, 2. Vgl. auch A. Böhlig, Einheit und Zweiheit als metaphysische
Voraussetzung für das Enkratieverständnis in der Gnosis, o. S. 28 ff.

34 NH VII 122, 6 - 21.

Deshalb hast du den Ewigen Kraft gegeben durch die Existentialität, du hast der Göttlichkeit Kraft gegeben in der Lebendigkeit". Durch die Emanation in der Gestalt der Barbelo schafft sich der höchste Gott eine wahrhaft existierende Welt. Die Barbelo braucht allerdings nicht nur als eine mythologische Paargenossin des höchsten Gottes verstanden zu werden; sie ist vielmehr nach der Interpretatio graeca der Nus, der den himmlischen Größen Existenz verleiht und vom potentiell Vorhandenen zum Seienden, von der Einheit zur Vielheit führt. Insofern kann die Zweiheit sowohl Einheit als auch Dreiheit = Vielheit bedeuten. Man fühlt sich auf Plotins Auffassung vom Nus hingewiesen, der bei der Hinwendung nach innen zugleich bei "sich" wie beim "Hen" ist[35]. Die Betrachtung der Barbelo als eines "Kosmos des Wissens" und die Aussage, daß sie die vom Vater stammenden himmlischen Größen im Herzen trägt, entspricht der philosophischen Vorstellung von den Ideen im Nus[36]. Eine Vielheit ist die Barbelo, wenn sie als "zuerst erschienener großer männlicher Nus, der väterliche Nus, das göttliche Kind" angerufen[37] und ihr dabei die besondere Eigenart, "die Hervorbringerin der Zahl, entsprechend der Aufteilung aller wirklich Existierenden"[38] zu sein, zugesprochen wird.

Neben der mythologischen Bezeichnung Barbelo wird die Muttergöttin auch ἀρχή, πρόνοια, ἔννοια und σοφία genannt. Das Bild von einer himmlischen Gefährtin Gottes kann man wohl auf das hellenistische Judentum zurückführen. Dort ist sie ein Geschöpf Gottes und bei ihm wie ein Kind[39]. Im

---

35　H.J. Krämer. Der Ursprung der Geistmetaphysik (2. Aufl. Amsterdam 1967). 317f.

36　H.J. Krämer, Grundfragen der aristotelischen Theologie, 2.Teil: Xenokrates und die Ideen im Geiste Gottes, Theol. u. Philos. 44 (1969) 481 - 505.

37　NH VII 123. 4ff.

38　NH VII 123. 7ff.

39　Vgl. Prov 8 und Sap 7, sowie Jes Sir 24.

Gnostizismus kann sie wie die Barbelo im Vater ihren Sitz haben[40]. Eine Triade bildet sie in der "Sophia Jesu Christi" als
Partnerin des Menschensohns und Mutter sowohl des Alls als
auch Christi[41].

Die dritte Größe der Trinität, der Sohn, wird mit philosophischer Terminologie als Logos[42] oder der Abkunft nach als
Sohn bezeichnet[43]. Gewisse Systeme kennen den "Ersten" bzw.
den "wahren Menschen". Auch der Lichtadamas kann, wie in
den "Stelen des Seth", als dritte Größe der Trias verwendet
werden[44]. Den Ausdruck "Urmensch" möchte ich vermeiden,
weil er durch die Konstruktionen der Religionsgeschichtlichen
Schule mit zuviel Thesen belastet ist, und hoffen, daß die wörtliche Übersetzung "der Erste Mensch" eindeutiger ist; immer
muß man sich allerdings darüber klar sein, daß es sich bei ihm
um eine himmlische Größe, nicht um den choïschen Adam handelt. Von diesem Ersten Menschen wissen wir schon lange aus
den manichäischen Texten; wir kennen ihn aus der titellosen
Schrift des Codex II von Nag Hammadi ebenso wie aus dem
Ägypterevangelium[45]. Er zieht in den Kampf oder bringt die
Anmaßung des Oberarchon bzw. den Mangel zu Fall. Es sei
hier noch einmal darauf hingewiesen, daß in den sethianischen

---

40 Z.B. NH V 35. 7f.

41 Nach BG 98. 15ff.; 102. 15ff.; vgl. auch 93. 17.

42 Im Ägypterevangelium NH IV 60. 1 - 11 (s. u.)

43 Vgl. Ägypterevangelium NH III 44. 22f. ·✓ IV 55. 11f.

44 NH VII 118. 26; vgl. auch IX 6. 6; II 8. 34. Der Artikel ΠΙ in ΙΙΓЄΡ-
ΛΔΛΜΛ(C) zeigt. daß die Bezeichnung sich von einem Appellativum zu einem
Nomen proprium entwickelt hat; denn der supralineare Strich über dem Namen
schließt ΠΙ mit ein.

45 Der Erste Mensch ist im Manichäismus Sohn Gottes. Der wahre Mensch
in NH II 103. 19 ähnelt diesem manichäischen Ersten Menschen sehr. da auch er
hinabsteigt und bei seinem Wiederaufstieg zunächst gehemmt ist (112. 10ff.) wegen des Mangels. der sich mit ihm vermischt hat. Im Ägypterevangelium wird der
Lichtadamas als Inkarnation des Ersten Menschen (Gott) betrachtet; so jedenfalls
NH III 49, 8 - 16: "Der unfaßbare und unerkennbare Vater kam hervor und kam
heraus von oben nach unten zur Vernichtung des Mangels". Bei seiner Erschaffung
ist die Moirothea am Werk.

Schriften der theologische Inhalt durch die mythologische Darstellung auch gerade deshalb nicht klarer gemacht wird, weil
verschiedene Mythologumena untereinander und mit philosophischen Funktionsbeschreibungen konkurrieren und gegebenenfalls
ausgeglichen werden. So wird z.B. im Ägypterevangelium der
Logos mit dem Adamas kombiniert, so daß die Version in Codex III sogar lauten kann[46]: "Dann wurde der große von selbst
entstandene göttliche Logos und der unverderbliche Mensch Adamas zu einer Verbindung, die der Mensch ist. Und der Mensch
entstand durch ein Wort". Der stoïsche Begriff des Logos ist
hier mit der jüdischen Vorstellung vom Schöpfungswort gekoppelt. Der Logos spricht ja als dritter Bestandteil einer Triade,
die man aus dem unsichtbaren Geist, der Pronoia und dem Logos herstellen kann[47]. Im gnostischen Mythos ist er der Gestalter des Pleromas der Lichtwelt. Man kann dabei Züge aus dem
Platonismus und seiner Vorstellung vom Demiurgen erkennen.
Im Gnostizismus geht es aber bei seinem Werk nicht um die
Schöpfung der Welt, sondern um die Gestaltung der Lichtwelt.
Das Material, aus dem gestaltet wird, ist nicht Hyle, sondern
Licht. Seine Herkunft wird allerdings nicht mit einer Geburt
aus der göttlichen Mutter beschrieben. So steht im Ägypterevangelium im Brennpunkt der Betrachtung die Herkunft des
Logos vom unsichtbaren Geist[48]: "der von selbst entstandene
lebendige Logos, der wahre Gott, die ungeborene Natur ($\varphi \acute{\upsilon} \sigma \iota \varsigma$),
dessen Namen ich mit Worten ausspreche (es folgt eine will-
kürliche Buchstabengruppe), d.i. der Sohn des großen Christus,
d.i. der Sohn des unaussprechlichen Schweigens, der aus dem
großen unsichtbaren und unverderblichen Geist hervorgekommen

---

46 NH III 49, 16 - 22.

47 Die Pronoia kommt aus dem unsichtbaren Geist hervor im Ägypterevangelium NH IV 58, 23ff. Darauf folgt der Logos: NH IV 59, 29ff.

48 NH IV 60, 1 - 11.

ist". Die doppelte Interpretation des Logos durch erklärende
Sätze, die mit "d.i." eingeleitet sind, läßt darauf schließen, daß
einer der beiden Sätze sekundär hinzugefügt worden ist. Man
kann annehmen, daß dies für die Bezeichnung als "Sohn des großen Christus" gilt (ebenso wie für alle übrigen Stellen, an denen
im Ägypterevangelium der große Christus vorkommt)[49]. Auf
diese Frage ist im Zusammenhang mit dem Johannesapokryphon
nochmals einzugehen.

Im Gegensatz zu den "Stelen des Seth" bietet das Ägypterevangelium eine recht komplexe Darstellung von Trias und Trinität. Ließ sich die oben erwähnte Trias nur ableiten und ist
nicht als solche gekennzeichnet, so ist von einer konkreten Dreiheit gleich zu Beginn der Schrift die Rede[50]. Sie wird aber
nicht so dargestellt, daß die Mutter aus dem Vater und danach
der Sohn entsteht, sondern sie erscheint auf einmal aus dem
großen unsichtbaren Geist, der auch als Vater bezeichnet wird.
Es ist, als ob der Vater, der in einsamer Höhe schwebt und der
ja im Gnostizismus so gern via negationis beschrieben wird, sich
in einer Zwischenform als Trias von Vater, Mutter und Sohn
entfaltet. Eine solche Zwischenform des Vaters begegnet auch
im Eugnostosbrief, wo dem προπάτωρ der αὐτοπάτωρ entstammt[51]. Daß die Pronoia aber doch auch als Partnerin des
unsichtbaren Geistes betrachtet werden kann, wird aus folgendem Satz ersichtlich: "Von jenem Ort kamen die drei Kräfte
hervor, die drei Ogdoaden, die der Vater schweigend mit seiner
Pronoia aus seinem Schoße hervorbringt: Vater, Mutter, Sohn"[52].
Diese werden dann wieder in Gestalt von Ogdoaden geschildert.

49 NH IV [55, 6]; III 44, 22f. ~ IV 55, 12; IV 56, 27; IV 59, 17; IV 60, 8;
III 54, 20 ~ IV 66, 8.
50 NH III 41, 7ff. ~ IV 50, 23ff.
51 NH III 74, 20ff.
52 NH III 42, 1ff. (Ägypterevangelium).

Deren zweite wird dabei übrigens als Barbelo bezeichnet. Neben
diese Triade tritt noch eine weitere. Denn aus dem Vater kommt
auf Bitten dieser Trinität noch eine Emanation hervor, das dreifachmännliche Kind[53]. Dieses wiederum läßt sich durch die Juël
ergänzen[54] und hat selbst ein Kind, das deshalb auch "das Kind
des Kindes" genannt wird, Esephech bzw. Ephesech[55], der Splenditenens. Es scheint, als ob mythologische Figuren, die in anderen Texten frei im Raum stehen, hier im Ägypterevangelium
im Sinne unseres Problems systematisiert sind.

Vergleicht man mit der Metaphysik des Ägypterevangeliums
die des Johannesapokryphons, so wird man beachtliche Übereinstimmungen finden. Doch ist hier der mythologische Stoff nicht
erst sekundär christianisiert wie im Ägypterevangelium, sondern
bei der Gestaltung des Werkes dürfte schon die Tradition tiefer-
gehend in Richtung auf die christliche Umformung des gnostischen Mythos gebildet worden sein. Das Vorkommen Jesu im
Ägypterevangelium widerspricht dem in keinerlei Weise. Denn
die Geburt des Seth durch eine Jungfrau in der Gestalt Jesu
gehört zu den festen Dogmen des Sethianismus[56]. Jesus residiert
ja auch in der himmlischen Welt auf dem Leuchter Orojaël
zusammen mit Seth, dessen Inkarnation er ist[57]. Der große
Christus ist dagegen eine ganz andere Größe. Erst beim Jesus
Christus des Kolophons zum Ägypterevangelium handelt es sich
um die volle Einordnung in die christliche Terminologie[58].

Im Johannesapokryphon ist zwar infolge der noch radikaleren
Verwendung der via negationis für die Beschreibung Gottes einer-

---

53 NH III 44, 14ff. ~ IV 54, 21ff.
54 NH IV 56, 11ff.
55 NH IV 56, 20ff.
56 Epiphan., Haer. 39. 1, 3; 3, 5.
57 NH III 65, 16f. ⌣ IV 77, 12ff.
58 NH III 69, 6 - 17.

seits die Ferne Gottes noch stärker betont, doch findet sich
andererseits seine Einbeziehung in die Trinität. Ein trinitarischer
Zug ist bereits in der Rahmenerzählung vorhanden, in der Jesus
bei seiner Begegnung mit Johannes sich als Vater, Mutter und
Sohn zugleich bezeichnet[59]. Die Trias bildet sich durch Emanation. Aus dem unsichtbaren Geist geht die Barbelo hervor[60].
Sie wird mannigfaltig qualifiziert, um ihren Charakter der Ursprünglichkeit hervorzuheben. Sie ist ja auch wie in anderen
gnostischen Schriften ("Stelen", Allogenes) die erste Erscheinung; das bezeugt ihr Alter. Darum heißt sie auch "Mutter-Vater"
und "Erster Mensch"[61]. Dieser Name steht hier in Konkurrenz
zum Sohn, der in dieser Schrift nicht diesen Namen trägt. Von
Interesse ist ihre Identifikation mit dem Heiligen Geist[62]. Ihre
Bedeutung wird durch die Betonung ihrer Dreifachheit gestei-
gert: sie ist dreifachmännlich, die dreifach kräftige, die mannweibliche mit den drei Namen. Sie ist von Ewigkeit und bleibt
auf ihre Bitte in Ewigkeit. Sie wird zwar vielfältig ausgestaltet,
aber ihr wichtigstes Werk ist die Geburt eines seligen Licht-
funkens. Er ist der μονογενής, ein αὐτογένητος und erstgeborener Sohn des Alls. Er wird gesalbt, er wird Christus. Nus
und Logos sind seine Helfer. "Denn durch den Logos hat Christus alle Dinge geschaffen"[63]. So wie im Ägypterevangelium
der Logos für die Entstehung der vier großen Leuchter sorgt,
so übernimmt das Christus im Johannesapokryphon. Man merkt

---

59 Nach BG 21. 3 - 13.

60 BG 27. 5ff.

61 "Erster Mensch, das ist der jungfräuliche Geist, der dreifach Männliche,
der mit den drei Kräften, den drei Namen und den drei Zeugungen, der Äon,
der nicht altert, der männlich-weibliche, der aus seiner πρόνοια hervorging"
BG 27.19 - 28.4 ∼ NH III 7.23 - 8.5. NH II 5. 5 - 7 lautet: "Sie wurde der
Mutterschoß des Alls, denn sie ist früher als sie alle: der Mutter-Vater, der
Erste Mensch, der Heilige Geist ...".

62 In der Version in NH II; s. voranstehende Anm.

63 BG 31. 16ff. ∼ NH III 10. 21f. ∼ NH II 7. 10f.

beim Bericht über die Entstehung Christi aber deutlich noch
das Durchklingen der vorchristlichen Vorstellungen.

Die konsequente Durchführung des Schemas Vater-Mutter-
Sohn ergibt bei einer Deutung des Sohnes auf Christus im Vergleich mit dem urchristlichen Schema Vater-Sohn-Geist, daß
Geist und Mutter sich gegenüberstehen, wenn auch die Plätze
vertauscht sind. So kann die Mutter also, wie wir gesehen haben, auch mit dem Geist identifiziert werden. Sie ist ja die
ἔννοια Gottes, die ἐπίνοια , die Mutter der Lebendigen.
Man kann den Heiligen Geist durchaus ähnlich dem des Christentums wiederfinden, wenn man den Geist als den Geist Gottes ansieht[64]. So entspricht es durchaus neutestamentlicher
Auffassung, wenn der Heilige Geist zur Erweckung kommt[65],
wenn er von Gott über die Sophia ausgegossen wird[66], wenn
das Lästern gegen ihn als Sünde bewertet wird[67].

Eine ähnliche, aber noch viel weitergehende Entwicklung
ist im Philippusevangelium zu erkennen. Den typisch allgemein-
christlichen Vorstellungen stehen Sätze gegenüber, die im mythologischen Schema gedacht sind. Ganz christlich ist die Verlei-
hung des Geistes bei den Sakramenten (Ölung, Taufe, Abendmahl)[68], ebenso der Gedanke vom Geist als Beschützer[69]. Die
Verbindung von Licht und Geist[70], seine Allanwesenheit[71] und
seine Herrschaft[72] brauchen nicht ins Mythologische zu gehören,

---

64   NH II 8, 27 - 28.
65   In der Adamapokalypse NH V 77, 18.
66   Im Johannesapokryphon NH II 14, 5f.
67   Im Thomasevangelium NH II 40, 29.
68   Ölung NH II 74, 21, Taufe 69, 5; 77, 14, Abendmahl 75, 18.
69   NH II 66, 2ff.
70   NH II 58, 12.
71   NH II 59, 16.
72   NH II 60, 28.

können aber zu den offenkundigen Belegen dafür vielleicht eine Brücke bilden. Bei diesen handelt es sich um die schon erwähnte Betonung, daß der "Geist" ein Femininum[73] und Heiliger Geist ein zweiteiliger Name[74] sei. Zweiteilige Dinge sind aber im Semitischen Feminina[75]. Wenn dieser Text auch valentinianisch ist, so muß er doch als Typ eines Zusammenstoßes der Modelle auch in unserem Zusammenhang erwähnt werden.

Auch im Evangelium veritatis scheint mir ein Anklang an mythisches Denken bezüglich unserer Fragestellung vorzuliegen. "Der Vater offenbart seinen Busen. Sein Busen aber ist der Heilige Geist, der sein Verborgenes offenbart. Sein Verborgenes ist sein Sohn"[76]. Wohl kann man diese Stelle auch auf 1 Cor 2 zurückführen. Aber die Linie Vater - Geist - Sohn kann gleichfalls auf die Vorstellung von Gott - Muttergöttin - Sohn zurückgehen.

Einen deutlichen Übergang vom paganen zum christlichen Modell weist die titellose Schrift des Codex II auf[77]. Hier wird geschildert, daß neben Sabaoth als Untergott zu seiner Rechten Jesus Christus, zu seiner Linken die Jungfrau des heiligen Geistes sitzt. Die Rangfolge ist Mitte - Rechts - Links, also Sabaoth - Jesus - Jungfrau des heiligen Geistes. Das ist die urchristliche Reihenfolge; aber der Geist wird noch als Femininum empfunden.

Gewiß war in den bisher genannten Beispielen schon manches vorhanden, was von der Triade zur Trinität führte. Man denke,

---

73 NH II 55, 24.

74 NH II 59, 12.

75 Vgl. C. Brockelmann, Grundriß der vergleichenden Grammatik der semitischen Sprachen I (Berlin 1908). S. 422: "Als Feminina werden ferner vielfach Körperteile, namentlich die paarweise vorkommenden, als dienende Werkzeuge behandelt".

76 NH I 24, 11ff.

77 NH II 105, 20ff.

insbesondere an die Stellung der Barbelo in- und außerhalb des Vaters und ihre Verbindung mit dem Sohn. Ein besonders gewichtiges Dokument für diese Problematik einer wirklichen Trinität ist die dreigestaltige Protennoia aus Codex XIII. Sie tritt in drei großen Offenbarungsreden hervor. In der ersten spricht sie im Namen des Vaters. Sie ist sein Ruf und kann als die Größe, die im unerreichbaren Vater wohnt, aber auch aus ihm heraustritt, zu den Gnostikern sprechen und tiefste Geheimnisse kundtun, gerade in dieser ersten Rede[78]. Sie wird dabei bereits als Trinität bezeichnet: "genannt mit drei Namen, aber allein vollkommen"[79]. Sie besteht aus drei $\mu o\nu\alpha\zeta$, d.i. himmlischen Wohnungen; diese sind der Vater, die Mutter, der Sohn[80].

So wie im Johannesapokryphon[81] die Barbelo hat hier die Protennoia[82] drei Männlichkeiten, drei Kräfte und drei Namen, "die auf diese Weise die drei viereckigen Räume[83] bilden". Diese drei Namen sind eben Vater, Mutter und Sohn, die latent im unsichtbaren und unaussprechbaren Vater ruhen. Sie läßt die Protennoia als der Ruf mittels ihres Auftretens als Vater, Mutter und Sohn zur Erscheinung kommen. Zugleich kann sie aber auch an dem Sohn die Salbung vornehmen[84]. In der zweiten Rede tritt schon gleich zu Beginn der Charakter der Mutter hervor. Wichtig ist die Betonung, daß die Protennoia zum zweiten Mal in der Gestalt einer Frau kommt; zugleich wird aber auch die

78 NH XIII 35,1 - 42,3.

79 NH XIII 35, 6f.

80 NH XIII 37, 20ff.

81 NH II 5, 7ff.; s. o. S. 305.

82 Sie wird NH XIII 38, 8f. mit der Barbelo gleichgesetzt.

83 Die drei Quadrate sollen wohl die $\mu o\nu\alpha\zeta$ darstellen. Eine Umstellung des Satzabschnittes ⲈⲨⲰⲞⲞⲠ...ⲔⲞⲞⲤ (37, 27 - 29) nach Z. 22 (hinter ⲘⲞⲚⲎ), wie sie G. Schenke vorschlägt, halte ich nicht für nötig. Vgl. G. Schenke, Die dreigestaltige Protennoia (Nag-Hammadi-Codex XIII). Theol. Diss. Rostock 1977, zur Stelle.

84 NH XIII 37, 30ff.

bei der Gottespartnerin ja bekannte Doppelgeschlechtlichkeit hervorgehoben. Wenn sie ausspricht, daß sie Mutter und Vater ist,
zugleich auch die Schöpfergottheit Moirothea, so schildert sie
ihr Wirken in der Welt mit dem Ausblick auf die himmlische
Heimkehr[85]. In einer dritten Rede gibt sie sich als den Logos[86].
Sie ist also ganz modalistisch gezeichnet. Warum ist aber gerade
die Barbelo bzw. die ihr entsprechende Größe die, die redet und
verkündet? Daß nicht der höchste Gott in dieser Rolle auftritt,
dürfte verständlich sein. Aber warum nicht der Logos? Auch
hierin zeigt sich ein Unterschied zu der urchristlichen Auffassung. Wie in den "Stelen des Seth" wird sie als Vermittlerin
zwischen Gott und Welt dargestellt. Als zweite Größe, die Frau
und Mutter ist, kann sie als Teil der ersten sprechen, dann
ihre spezielle Aufgabe schildern und schließlich den Sohn, der
ja aus ihr wie aus dem Vater stammt, verkörpern und in ihm
erscheinen. Bei der Christianisierung des Textes kann sie in den
letzten, wohl christlich-sethianischen später hinzugefügten Worten
sagen[87]: "Ich habe Jesus angezogen, ich trug ihn weg von dem
verfluchten Holz und versetzte ihn in die Wohnungen seines Vaters. Und nicht erkannten mich die, die da wachen über ihre
Wohnungen. Denn ich bin unangreifbar samt meinem Samen.
Und meinen Samen werde ich überantworten dem lauteren Licht".
   In anderen mythologischen Schriften von Nag Hammadi ist
die Betonung der Mutter zu finden. Man beachte die Bedeutung,
die ihr im "Allogenes" oder im "Zostrianos" geschenkt wird.
Berücksichtigt man das, so versteht man auch die Schrift vom
"Donner" als gnostischen Text[88]. Der Donner ist dem Blitz

---

85 NH XIII 42,4 - 46,3.
86 NH XIII 46,5 - 50, 21.
87 NH XIII 50, 12 - 20.
88 NH VI, 13,1 - 21,32: "Der Donner, der vollkommene Nus".

gegenüber etwas Sekundäres. Insofern kann sich die Muttergöttin als Nus betrachten lassen, da der Nus ja oft als aus dem höchsten Gott entsandte Größe angesehen wird. Die Complexio oppositorum, wie sie in dieser letzteren Schrift zum Ausdruck kommt, soll ihren allumfassenden Charakter beschreiben. Wenn sie sich als σιγή, ἐπίνοια und λόγος bezeichnet, so steht sie der Denkart von Codex XIII sehr nahe. Als eine Parallele ist das kleine Lied in der titellosen Schrift von Codex II anzusehen, in dem der mannweibliche zweite Mensch sich als Gattin und Mutter und zugleich als Gatten, also als Vater, Mutter und Kind, betrachtet[89].

Gerade die letzten Beispiele machten deutlich, daß hinter den mannigfaltigen mythischen Figuren sich ein monotheistisches Denken verbirgt, das letztlich die Gestalten des Mythos als Mittel zur Differenzierung gebrauchte. Und das war besonders deshalb nötig, weil so in der Welt verborgene Diskrepanzen (Licht – Finsternis, Gut – Böse etc.) am besten konkret vor Augen geführt werden konnten. Am schwierigsten für den anti-

---

89 NH II 114, 7 – 15:

1. ⲁⲛⲟⲕ ⲡⲉ ⲡⲙⲉⲣⲟⲥ ⲛⲧⲁⲙⲁⲁⲩ   Ich bin der Teil meiner Mutter
   ⲁⲩⲱ ⲁⲛⲟⲕ ⲧⲉ ⲧⲙⲁⲁⲩ   und ich bin die Mutter.
   ⲁⲛⲟⲕ ⲧⲉ ⲧⲍⲓⲙⲉ   Ich bin das Weib.
   ⲁⲛⲟⲕ ⲧⲉ ⲧⲡⲁⲣⲑⲉⲛⲟⲥ   Ich bin die Jungfrau.
   ⲁⲛⲟⲕ ⲧⲉⲧⲉⲉⲧ   Ich bin die Schwangere.
   ⲁⲛⲟⲕ ⲧⲉ ⲧⲥⲟⲉⲓⲛ   Ich bin die Ärztin.
   ⲁⲛⲟⲕ ⲧⲉ ⲧⲣⲉϥⲥⲟⲗⲥⲁ ⲛⲛⲛⲁⲕⲉ.   Ich bin die Trösterin der Wehen.
2. ⲡⲁϩⲁⲉⲓ ⲡⲉⲛⲧⲁϩϫⲡⲟⲉⲓ   Mein Gatte hat mich erzeugt
   ⲁⲩⲱ ⲁⲛⲟⲕ ⲧⲉ ⲧⲉϥⲙⲁⲁⲩ   und ich bin seine Mutter
   ⲁⲩⲱ ⲛⲧⲟϥ ⲡⲉ ⲡⲁⲉⲓⲱⲧ   und er ist mein Vater
   ⲁⲩⲱ ⲡⲁϫⲟⲉⲓⲥ   und mein Herr.
   ⲛⲧⲟϥ ⲡⲉ ⲧⲁϭⲟⲙ   Er ist meine Kraft.
   ⲡⲉⲧϥⲟⲩⲁϣϥ ϥϫⲱ ⲙⲙⲟϥ   Was er will, sagt er.
   ⲉⲩⲗⲟⲅⲱⲥ ϯϣⲱⲡⲉ   Auf richtige Weise werde ich geschaffen.
   ⲁⲗⲗⲁ ⲁϩⲓϫⲡⲉ ⲟⲩⲣⲱⲙⲉ   Darum habe ich einen Menschen
   ⲛϫⲟⲉⲓⲥ   im Vollsinn hervorgebracht.

Zu ἀλλά in der letzten Zeile vgl. W. Bauer, Wörterbuch zum Neuen Testament, s. v. Zur Interpretation von ⲛϫⲟⲉⲓⲥ als adjektivisches κύριος vgl. A. Böhlig, Zum Gottesbegriff des Tractatus tripartitus s. u. S. 315 . Vgl. auch A. Böhlig, Autogenes, s. u. S. 402 f.

ken Leser - und auch für uns - ist es, die Schwelle zu über-
schreiten, wo man nur noch via negationis beschreiben konnte.
Ein Text, der hierum sehr bemüht ist und bereits im Sinne
christlicher Theologie eine Lösung sucht, ist ein nicht-sethiani-
scher, den Valentinianern zumindest nahestehender, der Tractatus tripartitus. Er kann hier nicht übergangen werden. In ihm
ist das Schema Vater-Mutter-Sohn zugunsten eines dem urchristlichen nahen Schemas Vater - Sohn - Kirche aufgegeben. Wenn
Tertullian dieses Modell dem Gnostiker Herakleon zuweist, so
kann man noch weitergehen und den Apostolus haereticorum
spüren, wie er in den Deuteropaulinen die Anregungen solchen
Denkens gegeben haben mag. Zugleich wird auch in dieser
Schrift mit unendlicher Mühe und viel Dialektik versucht, die
Gleichewigkeit von Vater und Sohn herauszuarbeiten. Der Sohn
ist der Erstgeborene, weil es keinen vor ihm gibt, und er ist
der Einziggeborene, weil es keinen nach ihm gibt. Die Kirche
aber ist der bei den zwischen Vater und Sohn ausgetauschten
Küssen entstehende Überschuß.

Es wurde in der Darlegung versucht, urchristliche und gnostische Trinitätslehre in ihrem Zusammenstoß zu schildern. Eine
ausführliche Untersuchung darüber wird in meiner in Arbeit befindlichen Studie über den hellenistischen Einfluß auf die Metaphysik der Texte von Nag Hammadi vorgelegt werden.

ZUM GOTTESBEGRIFF
DES TRACTATUS TRIPARTITUS
Nag Hammadi I, 5

I.

Der im Codex I der Sammlung koptisch-gnostischer Schriften, die bei Nag Hammadi in Oberägypten gefunden wurden, erhaltene umfangreiche Text, dem die Forschung die Bezeichnung "Tractatus tripartitus" beigelegt hat, befaßt sich in seinem ersten Teil mit der transzendenten Welt[1]. Den Anfang bildet die Schilderung des höchsten Gottes, des Vaters[2], des Sohnes[3] und der transzendenten Kirche[4]. Darauf folgt eine Besprechung der Probleme, die das Verhältnis der Äonenwelt zu Vater und Sohn bietet[5].

Dieser Abschnitt gibt einen Einblick in die Gedankenwelt

Erstveröffentlichung in: Kerygma und Logos (Festschr. f. C. Andresen), hrsg. v. A.M. Ritter (Göttingen 1979), S. 49 - 67.

1 Tractatus tripartitus. I: de supernis. Codex Jung f. XXVI[r] - LII[v] (p. 51 - 104), ed. R. Kasser - M. Malinine - H.-Ch. Puech - G. Quispel - J. Zandee - W. Vycichl - R.McL. Wilson. Bern 1973. Facsimile bietet auch die UNESCO-Ausgabe: The Facsimile Edition of the Nag Hammadi Codices: Codex I, Leiden 1977. Englische Übersetzung v. H.W. Attridge - D. Müller in: The Nag Hammadi Library in English , ed. J.M. Robinson, Leiden - San Francisco 1977, S. 55 - 82. Ich schließe mich der neuen Zählung der Schriften des Codex I an und bezeiche den Traktat als Schrift I.5; dazu vgl. die Einleitung von J.M. Robinson in der Facsimile Edition.

2 51.1 - 55.35.

3 55.35 - 57.23.

4 57.23 - 59.8.

5 59.8 - 75.17.

eines Gnostikers, der bereits um das Problem der christlichen Trinität ringt. Doch geht es dabei nicht um die Vorstellung von Gott, dem Vater, der seinen Sohn, Jesus Christus, in unsere irdische Welt sendet und nach dessen Leiden und Auferstehung durch seinen Geist seine Kirche begründet, vielmehr vollzieht sich hier zunächst die Entstehung einer Dreiheit in der transzendenten Urwelt.

Die Vorstellung von einer göttlichen Urdreiheit ist für den Gnostizismus durchaus charakteristisch. Das überragende Wesen des höchsten Gottes macht es notwendig, daß er sich in einer weiteren Gottheit offenbart, die zur Triade ausgebreitet werden kann. Der höchste Gott kann ja selbst nur via negationis beschrieben werden und braucht zur Offenbarung ein Medium. Als solches dient die weibliche Komponente Gottes, die gerade in ihrer Mannweiblichkeit beweist, wie höchste Erhabenheit zugunsten von Zweiheit aufgegeben wird. Ihr Charakter als mannweibliche Jungfrau kann zugleich auf matriarchalische Vorstellungen zurückgehen. Die Muttergottheit ist aber nicht nur Offenbarung des Vaters und Offenbarerin, sondern zugleich Mutter im Vollsinn. Sie bildet dann das mittlere Glied in der Triade Vater – Mutter – Sohn. Diese Vorstellung ist aus dem paganen Denken in den Gnostizismus übernommen[6]. Sie findet sich in den Texten von Nag Hammadi z.B. im Apokryphon des Johannes, im Ägypterevangelium, in den Stelen des Seth oder in der dreifachen Protennoia.

Daneben existiert der Gedanke, daß die unerforschliche Gottheit, in der Eigenschaften wie ἔννοια, σιγή, πρόνοια oder χάρις wohnen, einem Pleroma von Äonen gegenübersteht. Ein solches "gegenüber" bedeutet jedoch nicht eine Trennung, da ja

---

6 Zur Auseinandersetzung mit der christlichen Trinität vgl. A. Böhlig. Triade und Trinität in den Schriften von Nag Hammadi, s. o. S. 289 - 311.

das Pleroma mit Gott eins ist; Gott breitet sich vielmehr in ihm
aus[7]. Weil das Pleroma aber mit Gott eins ist, besitzt es ebenfalls die charakteristischste Eigenschaft Gottes, das Sein. Die
gleichen Eigenschaften wie das gnostische Pleroma weist auch
der Kosmos der griechischen Philosophie auf; er ist "voll" und
"seiend". Der transzendierte Kosmos der Griechen ist somit das
Pleroma der Gnostiker, während das, was die Gnostiker als Kosmos bezeichnen, den positiven Charakter verloren hat. Die transzendente Welt ist für sie das Pleroma, die sichtbare das Kenoma.

Auch im Tractatus tripartitus erkennt man die Auseinandersetzung zwischen christlicher und gnostischer Trinität. Zwar ist
die Triade Vater - Mutter - Sohn gefallen, die Dreiheit Vater -
Sohn - Geist hat sich aber noch nicht voll durchsetzen können.
Der Geist konnte hier wegen des behandelten Stoffes nicht unbedingt die dritte Größe sein. Ging es hier um die Selbstentfal-
tung Gottes, so mußte an dritter Stelle ein Kollektivum stehen,
das die Grundlage der lichten Äonenwelt bildete: die Kirche, die
ja vom Geist durchweht ist.

Diesem Entwurf am nächsten kommt die Theologie des valentinianischen Gnostikers Herakleon, worauf die Editoren des Textes in ihrem Kommentar bereits hingewiesen haben. Allerdings
ist in den Referaten über Herakleon bei den Kirchenvätern nicht
davon die Rede, daß die auf den Urgott folgende Größe der
Sohn und die dritte die Kirche sei. Bei Ps.-Tertullian[8] ist an
dritter Stelle die Äonenwelt genannt, bei Philastrius[9] wird von
einer "generatio multorum principiorum" berichtet. Wenn es bei
Ps.-Tertullian weiter heißt: "et deinde ex illa monade duo", so
ist damit sicher nicht gemeint, daß aus der Monas zwei Größen

7 Nag Hammadi I 73, 24. 25.
8 Adv. Val. 4, p. 221.20 - 222.3 ed. Kroymann.
9 XIII (41), p. 22, 7 - 10, ed. Marx.

hervorgekommen sind, sondern daß aus einer Monade zwei wurden, entsprechend der Aussage des Philastrius: "deinde de hoc natum aliud". Für einen Zusammenhang der Schrift mit der Theologie Herakleons[10] oder sogar seine Verfasserschaft spricht vor allem der Vergleich mit dem Fragment aus dem Johanneskommentar des Herakleon, in dem dieser Kritik am Text des Johannesprologs übt[11]. Nicht alles sei durch den Logos entstanden, sondern nur das, was sich im Kosmos und in der Schöpfung befindet. Dies sei zwar vom Demiurgen hergestellt, aber der Logos habe die Ursache geboten, darum heiße es "durch ihn". Der Logos ist in unserem Traktat ebenso wie bei Herakleon der unterste Äon und entspricht der Sophia. Auch eine stilistische Beobachtung aus der angesprochenen Stelle kann auf eine Verbindung zu Herakleon hinweisen. Von Herakleon heißt es: εἰ τὰ νομιζόμενα αὐτῷ θεῖα ἐκκλείεται τῶν πάντων, τὰ δέ, ὡς ἐκεῖνος οἴεται, παντελῶς φθειρόμενα κυρίως πάντα καλεῖται... ("wenn das, was ihm göttlich erscheint, ausgeschlossen wird vom 'Alles', aber, wie er meint, das vollkommen Vergängliche im eigentlichen Sinn 'Alles' genannt wird, so ..."). Der Gebrauch von κυρίως in der Bedeutung "im eigentlichen Sinne" begegnet in unserer Schrift sehr häufig in der koptischen Übersetzung ϨΝ ΟΥΜΝΤϪΑⲈΙⲤ . Auch κύριος als Adjektiv im Sinne von "eigentlich, wirklich"[12] findet sich, dem Substantiv vorangestellt, in ΠϪΑⲈΙⲤ ΝⲈΙⲰΤ = κύριος πατήρ ("Vater im eigentlichen Sinn")[13].

Auffallend ist dagegen das Fehlen des ogdoadischen Aufbaus

---

10 Vgl. zu diesem Problem vor allem die grundlegenden Ausführungen von H.-Ch. Puech - G. Quispel, Le quatrième écrit gnostique du Codex Jung. Vigil. Christ. 9 (1955) 65 - 102.

11 Orig., comm. Joh. II 14: p. 70.3 - 71.2, ed. Preuschen.

12 NH I 51, 39; 52, 31; 56, 2 u.ö.

13 51, 20f. Vgl. auch A. Böhlig, Autogenes. u. S. 402 f.

des Pleroma, wie er sonst aus der valentinianischen Spekulation
bekannt ist. Fragt man nach den Gründen, so haben die Herausgeber unserer Schrift mit Recht auf den Umstand hingewiesen[14],
daß der Verfasser sich in dem Traktat weniger um ein mythologisches als um ein abstraktes Verständnis der Metaphysik bemüht.
Dennoch ist ein mythischer Rahmen vorhanden. Das entspricht
durchaus einer Methode, die dem Mysterium des Seins nachgeht.
Der christliche Charakter dieses gnostischen Werkes beschränkt
aber die mythologische Überfülle, wie sie in gewissen anderen
gnostischen Schriften vorhanden ist. Die mythologische Umrahmung ermöglicht es indes, die Metaphysik mit den Dimensionen
von Raum und Zeit zu erfassen und von da aus zu argumentieren.

Somit kann in der vorliegenden Schilderung der himmlischen
Welt eine Kombination von gnostischer Spekulation und christlicher Theologie gesehen werden. Dabei wurde die Ausgestaltung der Äonenwelt und ihre Ordnung nach Syzygien beiseite
gelassen. Zwei Systeme traten sich gegenüber; die trinitarische
Vorstellung von Vater - Sohn - Geist hatte sich mit der binitarischen von βυθός - Äonenwelt zu vereinen. Der höchste
Gott als Vater ist zugleich Sohn; denn was wäre ein richtiger
Vater ohne Sohn und umgekehrt! Der Geist, der vom Vater ausgeht, wird mit der Äonenwelt kombiniert, in der er wirkt. Diese
Äonenwelt scheint aber zu weitläufig zu sein, um in ihrer Ganzheit die dritte Größe der Trinität zu bilden. Sie dürfte doch
noch als in sich differenziert empfunden worden sein, zumal der
letzte Äon, der im Traktat nicht als Sophia, sondern als ein Logos bezeichnet wird, seine eigenen Wege geht. H.-Ch. Puech[15]
dürfte deshalb recht haben, wenn er "die Kirche" von der Viel-

14 A.a.O. S. 45.
15 Vgl. Puech - Quispel jetzt im Kommentar. S. 319ff.

zahl der sonstigen Äonen unterscheidet. Das läßt sich aus 58,31 ff. entnehmen, wo es heißt, daß die Kirche "vor den Äonen existiert, die im eigentlichen Sinne 'die Äonen der Äonen' genannt wird". Es ist denkbar, daß in dieser Bezeichnung bereits eine Anspielung auf die christliche Formel $\varepsilon\dot{\iota}\varsigma\;\alpha\dot{\iota}\tilde{\omega}\nu\alpha\varsigma\;\tau\tilde{\omega}\nu\;\alpha\dot{\iota}\tilde{\omega}\nu\omega\nu$ vorliegt[16], zumal nach Irenaeus von den Valentiniahern auch auf die Stelle Eph 3,21 Bezug genommen wird: $\varepsilon\dot{\iota}\varsigma\;\pi\acute{\alpha}\sigma\alpha\varsigma\;\tau\grave{\alpha}\varsigma\;\gamma\varepsilon\nu\varepsilon\grave{\alpha}\varsigma\;\tauο\tilde{\upsilon}\;\alpha\dot{\iota}\tilde{\omega}\nuο\varsigma\;\tau\tilde{\omega}\nu\;\alpha\dot{\iota}\tilde{\omega}\nu\omega\nu$. Hinweise auf christliche Ausdrucksformen sind auch sonst in dem Abschnitt über die Äonen vorhanden. So wird z.B. auf den Namen "Christen" angespielt[17]: "Als er (der Vater) wollte, schenkte er ihnen das vollkommene Denken, sich wohlzutun. Denn der, den er als Licht erscheinen ließ vor denen, die aus ihm selber hervorgegangen waren, der, nach dem sie sich nennen, er ist der volle, vollkommene, makellose Sohn". Wenn Gott im Zusammenhang mit der Erkenntnis durch sie den Äonen die Fähigkeit schenkt, sich wohlzutun, so kann gerade an dieser Stelle an das Doppelgebot der Liebe gedacht sein. Denn in seiner philosophischen Umformung ergibt sich das richtige Ethos aus der richtigen Erkenntnis. Die Einheit Gottes und seiner Äonen bringt es mit sich, daß für Vater - Sohn - Äonen die gleichen Regelkreise gelten. Die $\delta\iota\alpha\theta\acute{\varepsilon}\sigma\varepsilon\iota\varsigma$ und $\dot{\alpha}\rho\varepsilon\tau\alpha\acute{\iota}$[18] sind die ontologischen und die ethischen Gegebenheiten, die sich aber gegenseitig bedingen. Das Sein des Vaters schließt sein Handeln ein. Die Erkenntnis dessen läßt auch die Äonen nicht nur denken, sondern auch handeln, und zwar "tüchtig" handeln.

16 Vgl. Puech im Kommentar zur Stelle. S. 321ff.
17 62. 30ff.
18 59. 3. 10.

II.

Im folgenden sei in einer Analyse, die zwölf Punkte umfaßt,
dargelegt, wie der Verfasser des Traktats die Trinität im engeren Sinn entwickelt.

Vorausgeschickt werden möge eine philologische Bemerkung.
Der koptische Stil des Traktats weist zwar beträchtliche Eigenheiten auf, aber nicht alles, was ungebräuchlich erscheint, darf
als Fehler abgetan werden. Insbesondere hat man angenommen,
daß auch bei Gleichheit des Beziehungsworts mit dem Subjekt
des im Präsens I stehenden Relativsatzes das Subjekt nach ϬΤ-
fälschlich durch Pronominalsuffix aufgenommen sei[19]. Insbesondere die französische Übersetzung des Textes folgt dieser an-
geblichen Erkenntnis, während die deutsche zurückhaltender
ist. Außerdem ist der Gebrauch der Präposition N- genau zu
beachten.

Die Schrift beginnt mit einem Bekenntnis zur Offenbarung[20]
und nimmt diesen Gedanken im Verlaufe der Darstellung des
Gottesbildes wieder auf[21]. Der gnostische Verfasser, der sich
ja als christlicher Theologe fühlt, steht damit dem "credo, ut
intellegam" des Augustin sehr nahe. Ihm ist ganz bewußt, daß
es Gnosis für ihn nur gibt, wenn der so unbekannte Gott auch
die Fähigkeit zum Erkennen geschenkt hat. Aus solcher Erkennt-
nisfreudigkeit heraus versucht der Verfasser mit Folgerungen
weiterzukommen - immer am Rande des Möglichen. Er begnügt
sich nicht damit, in einer langen Reihe negative Prädikate des
Gott-Vaters aufzuzählen, sondern er zieht aus diesen Prädikaten

19   Vgl. Einleitung, S. 30.
20   51. 4f.
21   55. 30ff.

seine Schlüsse. Um dies zu verdeutlichen, wird der Gedankengang von mir in die folgenden Abschnitte gegliedert.

1. (51, 1-19): Der Vater ist der einzige, vor dem nichts
war. Damit besitzt er den Charakter einer Zahl; er ist der erste. Aber sogleich entsteht ein Problem. Wie will er als Vater
der einzige sein? "Denn jedem Vater folgt der Name Sohn"[22].
Die Antwort darauf lautet: Es steht mit ihm wie mit einer
Wurzel, die Baum, Zweig und Früchte zugleich ist.

2. (51,19 - 52,6): Ist die Vaterschaft klargelegt, so geht
es nun um die genauere Bestimmung dieser Vaterschaft. Der
höchste Gott ist ein echter, eigentlicher Vater ($\varkappa\acute{\upsilon}\rho\iota o\varsigma$ $\pi\alpha\tau\acute{\eta}\rho$).
"Denn wer jemandes Vater oder Schöpfer ist, der hat seiner-
seits einen Vater und einen Schöpfer"[23]. Ein "echter Vater"
aber hat keinen Vater. Denn er ist der Vater des Alls.

3. (52, 6-34): Seiner Anfangslosigkeit wird seine Endlosig-
keit gegenübergestellt. Seine Ungezeugtheit schließt seine Unsterblichkeit ein. Mit der Aussage "das, was er ist und worin
er beruht, ist er"[24], wird auf die Selbstdefinition des Gottes
Israels zurückgegriffen: $\acute{\epsilon}\gamma\acute{\omega}$ $\epsilon\acute{\iota}\mu\iota$ $\acute{o}$ $\H{\omega}\nu$ [25]. Man denke dabei
auch an andere Stellen in gnostizistischen Schriften, z.B. an
die Formulierung $\epsilon\H{\iota}$ $\H{o}$ $\epsilon\H{\iota}$, $\epsilon\H{\iota}$ $\H{o}\varsigma$ $\epsilon\H{\iota}$ im Ägypterevangelium[26] oder in der dreifachen Protennoia. Gott ist eben weder
durch sich selber noch durch einen anderen veränderlich.

4. (52,34 - 53,11): Ausgehend von der zuvor besprochenen
Qualifizierung als anfangslos und endlos kommt der Verfasser
zu der Folgerung, daß Gott unübertrefflich in seiner Größe,

---

22 51. 14f. ⲡⲉⲛ = $\H{o}\nu o\mu\alpha$ kann einfach "Wort" bedeuten. Die sinngemäße
Übersetzung dürfte "Bezeichnung" sein.

23 51. 31f.

24 52. 12f.

25 Ex 3. 14.

26 NH III 66. 21f. = IV 79. 2f. Man vergleiche auch NH XIII (Dreifache
Protennoia) 38. 25f.

unergründlich in seiner Weisheit, unbeherrschbar in seiner Macht, unerforschlich in seiner Süße[27] sei. In diesen negativen Aussagen erschöpft sich der Verfasser aber nicht; er schließt aus ihnen die höchste Qualität. "Denn er allein, der Gute, der unerzeugte Vater und der vollkommene Mangellose, er ist im eigentlichen Sinne der, der voll ist"[28]. Für die Gnostiker ist ja die Fülle im Gegensatz zum Mangel die spezielle Eigenschaft der Lichtwelt.

5. (53,11 - 54,2): Auf dem Vorangehenden aufbauend und weiter steigernd wird dann auf die völlige Freiheit des Vaters von Schlechtem hingewiesen. So kann der Abschnitt enden: "Sondern als makellos Guter ist er vollkommen voll und ist selber das All"[29]. In diesem Teil wird dargestellt, wie Gott wirklich alles in allem ist. "Es gibt keinen anderen von Anfang an neben ihm, keinen Raum (τόπος), in dem er sich aufhielte oder aus dem er hervorgekommen wäre oder in den er zurückkehren sollte, keine ursprüngliche Gestalt, deren er sich beim Schaffen als Modell bediente, keinen Schmerz, den er erlitte oder der ihm bei seinem Tun folgte, keine Materie (ὕλη), die für ihn bereitläge, aus der er formte, was er formt, keine Substanz (οὐσία) in ihm selber, aus der er schüfe, was er schafft, und keinen Mitarbeiter, der mit ihm wirken würde an dem, was er wirkt, so daß (dies)er so sagen könnte: 'Es ist Un-

---

27   Nach W.E. Crum. Coptic Dictionary 673 b könnte man für   MNT2Λ6E
auch "Güte" (χρηστότης) als Wort der griechischen Vorlage annehmen. doch
spricht 56. 14f.   †MNT2Λ6E NT6Ч NΛTTΛ̄ΠC "seine Süße. die man nicht schmek-
ken kann" für eine konkrete Deutung. Eine Änderung in   ΛTΛΠC   "unzählbar".
wie sie ein Teil der Editoren vorschlägt, ist unnötig.

28   53, 5ff. Die französische und die englischen Übersetzungen (vgl. o. Anm.
1) haben aus dem Satz zwei Sätze gemacht, einen zweiteiligen Nominalsatz und
eine cleft sentence. Es handelt sich aber um eine Hervorhebung des Subjekts.
die durch   Π6E I   "dieser" wieder aufgenommen ist. so daß die cleft sentence
den eigentlichen Satz bildet. Die deutsche Übersetzung der Edition hat den Sinn
nicht erkannt.

29   53. 39ff.

sinn'"[30]. Nein, Gott ist eben tadellos.

6.. (54, 2-39): Wenn Gott aber diese angegebenen Qualitäten besitzt, so übersteigt das unser Begriffsvermögen, so daß wir ihn nur via negationis beschreiben können. Er ist weder mit dem Denken noch mit den Sinnen noch mit dem Wort faßbar.

7. (54,39 - 55,35): Das führt dazu, daß nur er allein sich kennt. "Denn dieser eine, der in seiner Natur unerkennbar ist, dem alle Größen, die ich oben genannt habe, zugehören, wenn er die Erkenntnis schenken will, daß sie ihn aus dem Übermaß seiner Süße erkennen, ist er dazu fähig"[31]. Gott kann also Erkenntnis schenken.

8. (55,35 - 56,16): Der nun folgende Gedanke schließt sich an den vorhergehenden an. ΤΕΝΟΥ ΔΕ [32] ist also hier wohl Übersetzung von τοίνυν "also, demnach"[33]. Daß Gott unerkennbar ist, führt zu der Vorstellung, daß er in der σιγή beschlossen ist. Daß er Kraft und Willen hat, Erkenntnis zu schenken, dem entspricht, daß er sich nicht nur mit seiner Mitteilung, sondern auch mit seiner Schöpferkraft betätigt, und zwar in sich selber.

9. (56,16 - 57,23): Diese Schöpfertätigkeit läßt Gott, den echten Vater, einen echten Sohn haben. Das ist dieser dadurch, daß er die gleichen Qualitäten, die man nur via negationis ausdrücken kann, wie der Vater besitzt. Er ist der unaussprechbare Sohn im unaussprechbaren Vater, der Undenkbare im Undenkbaren. Von dieser Gleichheit mit dem Vater aus werden auch

---

30 53. 23ff. Es wäre 53. 38f. auch möglich zu übersetzen: "So zu sagen, wäre Dummheit". Abgesehen von der eigenartigen Wortfolge. die in diesem Text aber möglich sein könnte. ergäbe das dem Sinne nach einen Gedankensprung. Denn es geht ja darum. nicht zu sagen. was der Autor anführt; es müßte also dann logischerweise heißen: "so etwas nicht zu sagen" = "so etwas zu bestreiten".

31 55. 27ff.

32 55. 35.

33 Vgl. Jes 5. 13 sa, bo.

seine Prädikate πρωτότοκος und μονογενής erklärbar. Er
ist der Erstgeborene, weil es keinen vor ihm gibt, und zugleich
der Einziggeborene, weil es keinen nach ihm gibt.

10. (57,23 - 58,22): Wenn es nun heißt, "und er hat diese
seine Frucht (καρπός)"[34], fragt man natürlich sogleich nach
dem Subjekt dieses Satzes. Ich möchte annehmen, daß auch hier
noch Gott-Vater das Subjekt ist und nicht Gott-Sohn. Die Frucht
ist eine weitere Selbstverwirklichung. aber auch Selbstoffenbarung. "Die unerklärbare Kraft offenbarte er[35]. Und der reiche Überschuß ist seine Neidlosigkeit[36]. Er mischte sie (die
Kraft) mit ihm (dem Überschuß). Denn nicht nur der Sohn ist
von Anfang an da, sondern auch die Kirche ist von Anfang an
da"[37]. Nun soll man aber nicht glauben, die Entstehung der
Kirche bilde einen Widerspruch zur Einziggeborenheit des Sohnes.
Sie steht zu ihr ebensowenig im Widerspruch wie die Existenz
des Sohnes zur Wirklichkeit des Vaters, wobei der Sohn als sein
eigener Bruder betrachtet wird. Vater und Sohn haben jeder in
seinem Wesen eine besondere Eigenart. Der Vater ist sich allein
Vater. Er hat keinen Vater, er hat aber als solcher einen Sohn.
Da dieser Sohn μονογενής ist, kann er nur sein eigener Bruder sein, ohne daß es für ihn Erschaffung oder ἀρχή gäbe.
Gott hat sich in ihm selber erkannt, wobei Anfangs- und End-
losigkeit die charakteristischen ontologischen Voraussetzungen
(διαθέσεις) sind[38]. Vater und Sohn stehen als Einheit der
transzendenten Kirche, den Äonen der Äonen, gegenüber. Wie

---

34 57, 23f.

35 Lies ΝΑΤΟΥΑϨΜΕϹ. Müllers "unsurpassable" oder das "incomparable" der
französischen Übersetzung sind schwierig. aber möglich; weniger wahrscheinlich
ist m.E. "unattainable, incomprehensible" (vgl. den Apparat in der Ausgabe, S.290).

36 ΤⲈ 57, 31 braucht nicht als ΝΤⲈ aufgefaßt zu werden wie bei den bisherigen Übersetzern.

37 57, 29 - 35.

38 58, 14ff.

dialektisch in den gnostizistischen Schriften mit den Begriffen
Vater, Sohn, Bruder bzw. den in ihnen enthaltenen Vorstellungen umgegangen wird, zeigt Spruch 29 des Philippusevangeliums:
"Der Vater bringt den Sohn hervor, aber der Sohn kann nicht
Söhne hervorbringen. Denn wer geschaffen ist, kann nicht (selber) schaffen. Sondern der Sohn schafft sich Brüder"[39]. Hier
wird es also als Wesen des Vaters angesehen, Söhne zu erzeugen, während diese Fähigkeit dem Sohn abgesprochen wird, da
er ja dann nicht Sohn, sondern Vater wäre. Ein Sohn kann aber
Brüder haben. An der zitierten Stelle des Philippusevangeliums
steht das Problem des einziggeborenen Sohnes nicht zur Debatte;
im Traktat aber, wo es nur einen Sohn gibt, ist dieser sich selber Bruder. Gott-Vater und Gott-Sohn, in einem vereint, bleiben sich gleich, wenn auch ihre Geschöpfe viele sind.

11. (58,22 - 59,1): Die Kirche entsteht aus Vater und Sohn
wie aus Küssen "wegen des Überschusses von solchen, die sich
in guter, unersättlicher Gesinnung küssen. Obwohl der Kuß nur
ein einziger ist, ist er (der Überschuß) existent geworden in
vielen (Küssen), der (Überschuß), welcher die Kirche vieler
Menschen ist, die vor den Äonen existiert, die im eigentlichen
Sinne "die Äonen der Äonen" genannt wird , die die Natur der
heiligen, unvergänglichen Geister ist, auf der der Sohn ruht,
seinem Wesen entsprechend, wie der Vater auf dem Sohn"[40].
In dieser Darstellung wird schließlich ein Schichtenmodell gegeben.

12. (59, 1-38): "Die Kirche befindet sich in den διαθέσεις

---

39 NH II 58, 22 - 26.

40 Meine Übersetzung weicht durch andere Verbindung der syntaktischen
Beziehungen und eine neue Interpretation von den bisherigen Übersetzungen ab.
Emendationen sind dann nicht nötig. 58, 29 ist allerdings ΠϬΙϬΙ gleich   ΠϬϬΙ
zu setzen. 58, 38 ΝϬϬ ΜΠΙϢΤ ϬΤϬϤΜΤΑΝ ΜΜΑϤ ΑϪΝ ΠϢΗΡϬ   ist grammatisch
korrekt. Es sind hier zwei Konstruktionen zusammengefallen;   ΝϬϬ ΜΠΙϢΤ "wie
der Vater" und ΝϬϬ ϬΤϬϤΜΤΑΝ ΜΜΑϤ "wie er ruht".

und ἀρεταί , in denen der Vater und der Sohn sich befindet, wie ich oben gesagt habe. Deshalb besteht sie aus den unzähligen Erzeugungen der Äonen und in Unzähligkeit erzeugen auch sie in den ἀρεταί und διαθέσεις , in denen sie (die Kirche) sich befindet. Denn diese sind ihre (der Kirche) Bürgerschaft, die sie miteinander bilden und die, die aus ihnen (?)[41] hervorgegangen sind mit dem Sohn"[42]. Der Sinn soll hier doch wohl sein, daß die Kirche nach denselben διαθέσεις aufgebaut ist wie Vater und Sohn. Ebenso geht ihre Vermehrung nach den gleichen Regeln vor sich. Sie und ihre Geschöpfe stellen ein πολίτευμα dar, einen Bürgerverbund. Wegen ihrer δόξα kann man sie[43] nicht erkennen. Sie bilden ein Pleroma, dessen Einzelheiten nicht aussprechbar sind; ist es doch das Pleroma der Vaterschaft, so daß sein Übermaß zu einem Schöpfungsakt wird. Die Kirche ist als Äonen der Äonen so, wie Vater und Sohn durch das Küssen schöpferisch sind, ebenfalls schöpferisch. Auch sie besitzt ein περισσόν.

III.

Mit der Entwicklung einer Trinität kann sich die vorliegende Schrift noch nicht zufrieden geben. Die Identifizierung der Kirche mit den "Äonen der Äonen" und der Glaube an deren produktive Fähigkeit erfordert es, Gottes Verhältnis zu den Äonen im Rahmen einer solchen Trinität noch gesondert zu untersuchen. Das ist um so nötiger, als Gott sowohl die Äonen in sich umfaßt

---

41 In 59, 14 ist die Ergänzung der Ausgabe ⲘⲠⲒ ⌈ⲰⲦ ⲀⲎⲚ auf Grund der Buchstabenreste nicht zu halten. Eher ist ⲚⲌⲎⲦⲞⲨ zu lesen. worauf die Übersetzung von D. Müller zurückzugehen scheint.

42 59, 2 - 15.

43 59, 18 lies ⲘⲘⲀⲨ.

als auch handelnd ihnen gegenübersteht und ja von einer Reihenfolge Vater - Sohn - Kirche in Form eines Schichtenmodells
die Rede ist[44].

Die Äonenwelt stammt aus dem Vater, in dem die Äonen
präexistent sind, bevor sie entstehen[45]. Der Umstand, daß sie
aus Gott hervorgehen, bringt jedoch keinen Verlust an Quanti-
tät oder Qualität von Gottes Wesen mit sich[46]. Solange sie im
Vater sind, haben sie noch kein Selbstbewußtsein, so wenig wie
ein ungeborenes Kind im Mutterleib[47]. Aber Gottes Vorsehung
läßt sie entstehen und schenkt ihnen einen Samen des Denkens,
so daß sie Selbstverständnis erlangen[48]. Darüber hinaus gibt
Gott ihnen die Fähigkeit, über ihn, den Vater, nachzudenken.
Durch das Hören seines Namens Jahwe erfahren sie, daß er
existiert[49]. Diese Erkenntnis läßt sie nach dem Wesen des Vaters forschen[50]. Das ist ein notwendiger weiterer Schritt. Ihn
können sie erfolgreich nur vollziehen, weil die Güte Gottes,
die sie seinerzeit in Gott hatte wohnen lassen, sie nunmehr
mit der Erkenntnis des Schöpfers und seiner Schöpfung beschenkt
[51]. Wenn Gott ihnen diese Gabe nicht sofort zuteil werden
ließ, so tat er das "nicht aus Neid, sondern damit die Äonen
nicht von Anfang an ihre Fehlerfreiheit empfingen und sich
nicht zur Herrlichkeit, hin zum Vater, erhöben und bei sich
selber dächten, sie hätten das von selber"[52]. Gott will in sei-

44 58. 33ff.
45 60. 1 - 13.
46 60. 13 - 15.
47 60. 15 - 37.
48 61. 1 - 11.
49 61. 11 - 24. Vgl. 61. 16 "der Seiende ist".
50 61. 24 - 28.
51 61.28 - 62.20.
52 62. 20 - 26. Vgl. dazu Evang. ver. NH I 18. 18ff. und 22. 28ff. Vgl. auch
A. Böhlig. Zum Selbstverständnis des Manichäismus u. S. 537.

ner Güte nicht nur die Erschaffung der Äonen, sondern auch ihre Fehlerfreiheit[53]. Er schenkt ein Denken, wie sie Gutes tun können[54].

Dieses Denken teilt Gott den Äonen durch den Sohn mit[55], mit dem er ja eng verbunden, ja vereint ist. Darum können die Äonen auch im Sohn den Vater aufnehmen. "Auf diese Weise wird jeder ihn (den Vater) in ihm (dem Sohn) zu sich nehmen. Denn nicht ist so seine Größe, bevor sie ihn in ihm aufnahmen, sondern er ist nur ein Teil, wie er ist in seiner Art, Weise und Größe"[56]. Erst mit der Offenbarung durch den Sohn wird also der Vater in seiner ganzen Größe kundgetan. Er wird faßbar durch Sehen und Erkennen. Und die Äonen werden ihn wegen des Übermaßes seiner Güte preisen.

Nachdem von der Selbstoffenbarung des Vaters durch den Sohn die Rede war, beginnt ein neuer Abschnitt des Traktats. Das wird bestätigt und unterstrichen durch den Hinweis auf den Lobpreis der Äonen, der einen Abschluß dieser Darstellung bilden dürfte[57].

Dann wird von neuem vom Wesen der Äonen und ihrer Erkenntnisfähigkeit gesprochen, von ihrer Ewigkeit, ihrem Wesen als Nus-Geschöpfe, von ihrem Charakter als pneumatische Emanationen (προβολαί). Sie gehören zum Logos. Da sie wie Gott sind, können sie sich zur Ehre des Vaters vermehren, als Emanationen[58]. Hätte Gott sich den Äonen sofort offenbart,

---

53   62, 26 - 30.

54   62, 30 - 33.

55   Der neue Abschnitt 62,33 - 63,28 wird durch ϫⲉ eingeleitet, das einem bedeutungslosen ὅτι entspricht. Entgegen der Ausgabe hat dies D. Müller 62, 33 bemerkt. Vgl. auch 68, 10; 71, 3; 74, 18.

56   63, 3 - 9.

57   63, 27f.

58   63,28 - 64, 32. Lies 64, 13 [ⲛⲉϥ]ϣⲟⲟⲡ . 21 ⲟⲩⲛⲧⲉⲩ ; ⲟⲩ und ϥ scheinen im Text öfters zu wechseln.

so hätten sie das nicht ausgehalten und wären zugrunde gegangen[59]. Darum hat der Vater seine Eigenschaften noch in sich beschlossen, so daß nicht von ihm gesprochen und sein Name nicht genannt werden kann, übertrifft er doch alle νόες und λόγοι [60].

Doch er dehnt und breitet sich aus. "Er gibt eine Festigung und einen Ort (τόπος) und einen Aufenthalt dem All"[61]. Hier scheint eine Anspielung auf die valentinianische Vorstellung vom Pleroma vorzuliegen, das vom ὄρος bzw. σταυρός (Lichtkreuz) befestigt ist[62]. Damit ist der Gedanke verbunden, daß der Christus zur Erlösung der Achamoth sich am Kreuz ausdehnte[63]. Die Übertragung dieses Bildes ist gerade auch deshalb anzunehmen, weil der Sohn als der Typos des Christus in der Äonenwelt angesehen werden kann und es ja auch der Sohn ist, durch den der Vater erfahrbar wird. Vielleicht beinhaltet der Satz auch bereits einen Hinweis darauf, daß Gott-Vater im Sohn wirkt. Denn, wie schon einmal gesagt, hat Gott den Äonen kundgetan, daß er existiert, und sie dadurch zur Suche nach seinem Wesen angetrieben[64]. Damit sie dabei aber auch erfolgreich sein konnten, hat er ihnen den Sohn, seinen Mitarbeiter, gesandt. Dieser wird als wesentlicher Teil seines, des Vaters, Wesens und seiner Aktivität geschildert. Mit Recht wird er von den Äonen als solcher bezeichnet. "Der, den sie Sohn nennen und der es ist, weil er die Allheiten ist, und der, von dem sie erkannten, wer er ist und daß er ihm angezogen ist[65], die-

---

59   64, 32 - 37.

60   64,37 - 65,4.

61   65, 7f.

62   Iren., adv. haer. I 2, 2.

63   Iren., adv. haer. I 4, 1.

64   65, 4 - 17.

65   D. Müller scheint ⲉϤⲧⲉⲉ[ⲩ]ⲉ ⲉⲓⲱⲱϥ   zu lesen, was grammatisch nicht möglich ist.

ser ist es, den sie in ihm Sohn nennen"[66]. Das Folgende dürfte
dann zu einem nächsten Abschnitt gehören[67]. Es soll zum Ausdruck kommen, daß der Vater selber, nach dem die Äonen suchen, in seinem innersten Wesen ihnen aber verborgen bleibt,
so daß sie in ihrem Lobpreis nur eine "Spur" (ἴχνος) von
ihm bieten können, je nach den Fähigkeiten eines jeden von
ihnen[68].

In großer Breite wird die Schilderung des Sohnes ausgeführt.
War vorher vorsichtig davon die Rede gewesen, wie der Vater
sich "ausstreckt" und dabei als Sohn zu den Äonen kommt, so
wird jetzt der aus dem Vater hervorgegangene Sohn in seinem
Wesen und Werk charakterisiert. "Der nun aus ihm hervorgegangen ist, streckt sich aus zu Schöpfung und Wissen der Allheiten.
Er hat ungelogen viele Namen und ist der Alleinerste, im eigentlichen Sinne der Mensch des Vaters, der, den ich nenne:

die Gestalt des Gestaltlosen,
der Körper des Körperlosen,
die Gestalt des Unsichtbaren,
das Wort des Unerklärbaren,
der Nus des Unverstehbaren,
die Quelle, die aus ihm geflossen ist,
die Wurzel der Gepflanzten,
der Gott aber derer, die da sind,
das Licht derer, die er erleuchtet,
das Wohlgefallen derer, an denen er Wohlgefallen hat,
die Vorsehung derer, auf die sich seine Vorsehung richtet,
die Verständigkeit derer, die er verständig macht,
die Kraft derer, denen er Kraft gibt,

66 65, 17 - 29; übersetzt ist 23 - 29.

67 65, 29 - 32: "der, von dem sie erkennen, daß er ist. und nach dem sie
suchten, das ist der, der Vater ist"! 65, 29 ist zu lesen ‹ Π› ΕΤΟΥΡΝΟΕΙ ·

68 65, 32 - 66, 5.

die Sammlung derer, die er sammelt,

die Offenbarung dessen, wonach sie suchen,

das Auge der Sehenden,

der Atem der Atmenden,

das Leben der Lebendigen,

die Einheit dessen, was mit den Allheiten vermischt ist"[69].
Im Sohn, der in die Welt der Äonen tritt, hat der Vater damit
die negativen Prädikate abgelegt, um in der Fülle dieser himmlischen Welt den Äonen das göttliche Wesen, wenn auch in dieser
verhüllten Form, kundzutun. Er gibt sich als Quelle, die aus
Gott-Vater geflossen ist, und als Konzentration dessen, was er
den Äonen schenkt, sowie als Inbegriff aller lebendigen Qualitäten in den Äonen bis hin zur Einheit. Wenn er zuvor als
"Mensch des Vaters"[70] bezeichnet wird, erhebt sich die Frage,
ob nicht in dem ganzen Abschnitt doch der Vater gemeint ist;
wird ja die Benennung "Mensch" im Gnostizismus in der Tat
auch für den höchsten Gott gebraucht[71]. In unserem Zusammenhang wird aber gerade durch die zuerst angeführten Namen
ausgesagt, daß Gott sich in sichtbarer Gestalt zeigt. Das weist
auf den Sohn hin. Wie im Sethianismus die Muttergottheit Barbelo als konkrete Form der Gottheit zur Offenbarung des Vaters verhilft, so tritt hier der Sohn als der "Mensch" des Vaters auf.

Man kann annehmen, daß der dann folgende Abschnitt [72]
vom Vater und seinem Verhältnis zu den Äonen handelt, zumal 67,18 f. ausgesprochen wird, daß er einen Sohn hat. Es ist
denkbar, daß sich dieses Stück deshalb wieder mit dem Vater befaßt, weil das wohl der ursprüngliche Inhalt des Mythos war, wäh-

---

69 66, 5 - 29.

70 66, 12.

71 Vgl. H.M. Schenke, Der Gott "Mensch" in der Gnosis. Berlin 1962.

72 66,30 - 67,34.

rend das Wirken des Sohnes erst in ihn eingearbeitet worden ist.
Für die Beziehung auf den Vater spricht auch die Bemerkung,
daß die Äonen ihn nicht mit dem einzigen Namen anrufen, der
für den Vater gilt, da sie den Sohn sowieso mit verschiedenen
Namen anrufen. Der Vater in seiner Einheit ist mit ihnen in ihrer Vielheit eins. Er verändert sich nicht im Namen, ist aber als
Vater der Allheiten das, was sie alle sind. Die ἀρεταί· sind in
ihm erhalten[73]. "Aber auch die Vielheit hat er den Allheiten
nicht auf einmal offenbart, und seine Gleichheit hat er nicht
offenbart vor denen, die aus ihm hervorgekommen waren. Denn
all die, welche aus ihm hervorgekommen sind, diese sind die
Äonen der Äonen, indem sie Emanationen sind, die Geschöpfe
seiner Schöpfernatur. Sie aber, in ihrer Schöpfernatur, haben
den Vater gepriesen, da er für sie Grund ihrer Errichtung geworden war"[74]. Der Verfasser vertritt also die Meinung, daß
die Äonen dazu geschaffen waren, um selber schöpferisch zu
wirken.

Der Lobpreis der Äonen ist die Folge ihrer Einsicht in das
Handeln und Wesen des Vaters. Sie haben sein Verstehen und
seine Verständigkeit eingesehen und erkannt, daß sie aus ihm
entstanden sind. Hätte jeder der Äonen einzeln seinen Lobgesang[75] angestimmt, so wäre er doch bei allen der gleiche gewesen: "Dies ist der Vater, der die Allheiten ist". Daraus ergibt sich die Einheit des Pleroma. "Deswegen wurden sie durch
den Lobgesang hingezogen zum Preisen und durch die Kraft der
Einheit dessen, aus dem sie hervorgegangen waren, zu einer
Vermischung, Vereinigung und Einheit miteinander. Sie brach-

---

73 So auch nach 73, 8ff.

74 67,34 - 68,10.

75 Man beachte, daß in gnostischer Literatur ϭΟΟΥ (ϭλΥ) = δόξα sowohl
Ausdruck für "Lobpreis" als auch im Plural für "Herrlichkeiten", also herrliche,
himmlische Größen (himmlische Engelwesen) ist. Vgl. z.B. NH III 41, 22 = IV
51, 14; III 43, 12; III 50, 7 = IV 62, [6]; III 53, 22 = IV 65, 16 u.ö.

ten einen Lobpreis dar aus dem Pleroma der Versammlung,
das eine Gestalt bildet, obgleich es viele sind"[76]. Der Lobpreis
hat für die Äonen eine ontologische Bedeutung. "Denn wie der
makellose Vater, wenn sie ihn preisen, (es) hört, so erweist
sie das Lob, das ihn preist, als das, was er ist"[77]. Der liturgische Akt führt die Einheit des Vaters und der Äonen vor
Augen. Dieser Lobpreis, von dem bisher die Rede war, ist der
erste; er wird allerdings nicht gezählt[78]. Ein als zweiter be-
zeichneter hat zum Grund die Erkenntnis, daß sie durch Gottes
Gnade "sich gegenseitig Frucht bringen" könnten[79]. Als dritter
Lobpreis wird schließlich der genannt, der auf das liberum ar-
bitrium zurückgeht und vom Willen eines jeden der Äonen abhängig ist. Darum ist bei ihm auch nicht die Einheitlichkeit vorhanden wie bei den beiden anderen[80]. Hierbei handelt es sich wohl
um Äonen, die als δόξαι, "Herrlichkeiten", geschaffen werden.

Gott wohnt in seiner Macht im Pleroma. Dieses preist den
Vater nach Willen und Können. Es ist in stufenweiser Schichtung
angelegt. Lobpreis und Erzeugung bedingen sich gegenseitig. Gott
ist aber nicht neidisch auf die Äonen, wenn sie selber gottglei-
che Geburten hervorbringen. Hierin ist vielleicht ein Angriff auf
die christliche Lehre vom Sündenfall zu sehen. Nach unserem
Traktat macht der Vater, wen er will, zu Vater und Gott. Er
steht über den Äonen und ist doch mit ihnen identisch. Die Le-
galisierung durch den Vater läßt diese Größen auch die Namen
im eigentlichen Sinne (κυρίως) besitzen, Namen, an denen En-

---

76 68, 22 - 32.

77 69, 10 - 13. Die beiden ersten Buchstaben von Z. 12 sind getilgt. Der
Anfang von Z. 13 kann durch ein verhältnismäßig großes O ausgefüllt worden
sein.

78 68,10 - 69,14.

79 69, 14 - 24.

80 69, 24 - 31, Zusammenfassung 69, 31 - 40. Zur Gleichsetzung der δόξαι
mit Äonen vgl. 74, 18ff.

gel und Archonten teilhaben[81].

Dieses System (σύστασις) der Äonen, das aus den direkt aus dem Vater hervorgegangenen und aus den durch Vermehrung hinzugekommenen besteht, strebt danach, den Vater zu finden. Dieser gibt ihnen durch seine Offenbarung die Möglichkeit, ihn in Religiosität zu erfassen, Glaube, Gebet, Hoffnung, Liebe, religiöses Verständnis, Seligkeit und Weisheit verhelfen dazu[82]. Ganz besonders wirkt aber das Pneuma[83], das in den Allheiten weht. Es wird identifiziert mit dem Willen Gottes. Der Vater läßt die Äonen sich unterstützen durch den Geist, der in sie gesät ist. Der Geist des Vaters gibt ihnen schließlich die Fähigkeit, den Vater zu erkennen. Er ist die Spur (ἴχνος)[84] für die Suche nach dem Vater. Mit diesen Gedanken wird jetzt eingefügt, was bei der Darstellung der Dreieinigkeit noch fehlte: der Geist als die dritte Größe. Die Einheit der durch Emanation entwickelten Äonenwelt läßt den Geist Gottes in den Äonen wirken[85]. Das Problem von Einheit und Vielheit wird aufgenommen. Die Emanation besteht ja nicht darin, daß von dem Emanierenden etwas abgetrennt wird, sondern sie ist eine Ausbreitung. So wie der gegenwärtige, zeitlich gedachte Äon in kleinere Abschnitte geteilt wird, dadurch aber nicht abnimmt, so beinhaltet auch der Äon der Wahrheit kleine und große Namen. Als Beispiel wird dafür der menschliche Körper angeführt, der eine untrennbare Einheit bildet, obwohl er in große und kleine Glieder zerfällt[86].

81 69,41 – 71,7.
82 71, 7 – 35.
83 πνεῦμα 72, 2. 18; 73, 3. 5.
84 Vgl. 66, 3, wo Namen, die beim Lobpreis des Vaters genannt werden, als "seine Spur" bezeichnet werden.
85 71,35 – 73,8.
86 73,8 – 74,18.

Schließlich wird gesagt, eine dritte Frucht sind die Äonen, die vom freien Willen und der Sophia hervorgebracht worden sind. Ihr Lobpreis richtet sich nicht auf die Einheit des Pleroma, sondern in Vereinzelung auf den einen Gott[87].

IV.

Über die himmlische Welt wurde außer bei den Gnostikern auch bei Plotin und Origenes in einer Weise gehandelt, die den Äußerungen des Tractatus tripartitus recht nahe steht. Sowohl Plotin wie Origenes haben den Gnostizismus gekannt und sich mit ihm nicht nur innerlich, sondern auch öffentlich in ihrem Schrifttum auseinandergesetzt.

Von Plotin besitzen wir eine spezielle Schrift "Gegen die Gnostiker"[88]; doch sind auch Stellen aus anderen Werken von ihm, die mit der Gedankenwelt des Traktats zu vergleichen sind, wichtig. Für unser Problem ist vor allem interessant, was J. Zandee[89] über das Eine[90], den Nus[91] und die Emanation[92] ausgeführt hat. Dabei berührt Zandee auch die mit dem Mittelplatonismus zusammenhängenden Fragen[93]. In ihm ist das Tran-

---

87 74, 18ff.

88 Enn. II 9, hrsg. u. übers. v. R. Harder – R. Beutler – W. Theiler, in: Plotins Schriften (Hamburg 1964) III, S. 104 – 161; vgl. dazu die heute noch wertvolle Studie von C. Schmidt, Plotins Stellung zum Gnostizismus und kirchlichen Christentum, Leipzig 1901.

89 Man vergleiche hierzu vor allem die beachtliche Arbeit von J. Zandee, The terminology of Plotinus and of some gnostic writings, mainly the fourth treatise of the Jung Codex (Istanbul 1961), die eine Pionierleistung für die Erforschung des griechischen Einflusses auf Texte von Nag Hammadi darstellt.

90 Zandee, a.a.O. 7 – 13.

91 Zandee, a.a.O. 13 – 16.

92 Zandee, a.a.O. 31 – 33.

93 Zandee, a.a.O. 8ff. Zum Mittelplatonismus vgl. noch besonders H. Dörrie, Die Frage nach dem Transzendenten im Mittelplatonismus, in: Les sources de Plotin (Entretiens sur l' antiquité classique, t. V), Vandoeuvres – Genève 1957, S. 191 – 223.

szendente das Ungenannte; hier liegt also eine Interpretation via negationis vor. Albinus[94] und Numenius[95] gehen dabei sehr weit; Plotin folgt ihnen. Eine solche Auffassung der höchsten Gottheit findet sich auch in anderen koptisch-gnostischen Schriften von Nag Hammadi, z.B. im Eugnostosbrief[96], in der Sophia Jesu Christi[97], im Johannesapokryphon[98] oder in der dreifachen Protennoia[99]. Daß dieser "eine" Gott Vater und ἀρχή ist, glauben beide, Gnostiker und Platoniker. Ein Unterschied liegt in der Auffassung von der Existenz Gottes vor. Plotin sieht in Gott eine dem Sein vorausgehende Größe. Die gleiche Anschauung kennt bereits Kelsos, aber auch eine gnostische Schrift wie das Johannesapokryphon[100]. Dagegen stimmt der Traktat mit Plotin im Gedanken der Selbständigkeit Gottes, die ihn auf nichts angewiesen sein läßt, überein[101].

Anders als der Traktat spricht Plotin von der auf Gott folgenden Größe. Diese ist nach ihm der Nus, "der Geist". Er ist bei Plotin eine Emanation, eine Hypostase, während die Verbundenheit von Vater und Sohn ein besonderes Charakteristikum des Traktates ist. In der Emanation Gott - Nus bei Plotin ist der Nus sowohl eine Einheit als auch eine Vielheit[102]. Somit ist die Verbindung zwischen dem βυθός der Valentinianer und den Äonen gegeben. Wird doch auch im Traktat von den Äonen gesagt, daß sie νόες sind[103]! Da auch sonst in Texten von

94 Dörrie, a.a.O. 213.

95   A.J. Festugière, La révélation d' Hermès trismégiste. t. IV: Le dieu inconnu et la gnose (Paris 1954), S. 125.

96 NH III 71,11 - 73,1.

97 NH III 94,5 - 95,17 = BG 84,1 - 86, 4.

98 NH II 2, 26ff. ~ BG 22, 17ff.

99 NH XIII 35, 24ff.

100 Zandee, a.a.O. 11f.

101 Zandee, a.a.O. 12.

102 Enn. VI 2, 22.

103   NH I 70, 8.

Nag Hammadi vom Nus als Boten Gottes gesprochen wird[104],
ist zu fragen, ob sich zwischen dem Sohn Gottes des Traktats
und dem Nus Plotins eine Verbindungslinie herstellen läßt. Dies
ist in der Tat möglich. Von Plotin wird der Geistkosmos (ὁ
νοητὸς κόσμος) als παῖς und κόρος des höchsten Guten
(des Einen) betrachtet; er ist zugleich singularischer und plu-
ralischer bzw. kollektiver Nus[105]. Im Traktat werden, wie gesagt, die Äonen als νόες bezeichnet. Der Valentinianismus
sieht im Nus den Äon, der im Pleroma an erster Stelle steht.
Er ist durch die Einbindung des Nus in das Pleroma konsequen-
ter, dennoch aber mit der Gedankenbildung Plotins eng verwandt.
Dem Terminus προβολή bei den Gnostikern entspricht πρόοδος
bei Plotin[106].

Hat der Traktat in seinen Vorstellungen gerade über die
himmlische Welt so starke Parallelen zur philosophischen Terminologie von Mittel- und Neuplatonismus aufzuweisen, so liegt
doch der entscheidende Unterschied in der Herausarbeitung einer
Trinität. In dieser Richtung hat der Einfluß des Christentums
also nicht erst bei Origenes gewirkt. Bereits in unserem christ-
lich-gnostischen Text von Nag Hammadi wurde der Versuch
unternommen, eine Trinität zu gestalten. Vater und Sohn sind
so eng verbunden, wie wir das aus der ägyptischen Tradition
des Dionys von Alexandria, des Alexander und des Athanasius
kennen. Die Homousie sowie die von Ewigkeit mit dem Vater
während Existenz sind ausführlich dargelegt. Für Origenes denke man an Aussagen wie[107]: communionem esse filio cum pa-
tre; der Sohn ist ja "substantia dei generatus". An der gleichen

104 So ist die Schrift vom Donner, dem vollkommenen Nus, aufzufassen:
NH VI 13.1 - 21.32. Vgl. auch NH XIII 46, 19ff.; 47. 8ff.
105 Enn. III 8. 11.
106 Zandee, a.a.O. 31.
107 Ep. ad Hebr. (V 300 Lomm.).

Stelle heißt es auch: aporrhoea enim ὁμοούσιος videtur, id
est unius substantiae cum illo, ex quo est vel aporrhoea vel
vapor. Mag bei Origenes auch die Differenzierung zwischen Gott-
Vater und Gott-Sohn, "Gott" - "zweiter Gott", stärker betont
sein[108], ähnlich wie zwischen dem Hen und dem Nus bei Plotin[109], so wird doch die Ewigkeit des Sohnes bei Origenes und
im Traktat gleich stark herausgehoben. So heißt es bei Origenes: est namque ita aeterna ac sempiterna generatio sicut splen-
dor generatur ex luce[110]; und: καὶ ὁμοιότης τυγχάνων τοῦ
πατρὸς οὐκ ἔστιν ὅτε οὐκ ἦν [111]. Von der Regula fidei
weicht das Fehlen des Geistes als dritter Größe der Trinität
im Traktat ab. Hier hat sich Origenes als orthodoxer erwiesen.
Doch auch bei ihm bemerkt man noch sein Ringen um die Darstellung Gottes. Mit seiner Lehre von den rationales naturae
hat er den Bereich nicht ausgespart, den die Neuplatoniker als
geistigen Kosmos, die Gnostiker und mit ihnen unser Text als
Äonenwelt bezeichnen. Dieses Pleroma - übrigens spricht auch
Plotin von "Fülle"[112] - ist nach unserem Text, wie oben ausgeführt, aus dem Überschuß der Liebe von Vater und Sohn hervorgegangen. Ob die von Herakleon aufgestellte Reihenfolge Vater
- Sohn - Äonen auf unseren Text mit der Reihenfolge Vater
- Sohn - Kirche = Äonen der Äonen eingewirkt hat, bleibt eine
offene Frage. Daß im Traktat der Geist des Vaters in den Äonen
wirkt, weist auf eine weitere Annäherung an die orthodoxe Trinität hin.

Das Vorkommen der Kirche als dritter trinitarischer Größe
in unserem Text zeigt jedoch, wie stark im Gegensatz zu Ori-

---

108 C. Cels. 5, 39.

109 Enn. V 5, 3.

110 De princ. I 2, 4.

111 De princ. IV 4, 1. Der Text Rufins könnte vielleicht schon an spätere
Terminologie angeglichen sein: fuit aliquando, quando non fuerit filius?

112 Enn. III 7, 3.

genes hier noch der gnostische, speziell wohl der valentinianische Einfluß ist. Der entscheidende Unterschied zu Origenes
liegt aber in der Darstellung von Herkunft und Wesen der Äonen. Sie sind in unserer Schrift mit Gott identisch: "Er ist die
Allheiten"; denn sie sind Emanationen. Origenes betont dagegen,
daß sie Geschöpfe sind und als solche die Fähigkeit zu freier
Entscheidung besitzen. Um so mehr zu beachten ist die Auffassung des Traktats, es gäbe auch Äonen, die freien Willen
hätten (τὸ αὐτεξούσιον). Tertullian weist darauf hin, daß
Valentin selber in den Äonen noch rein geistige Größen gesehen hätte, seine Nachfahren, insbesondere Ptolemaios, Herakleon und Markos, sie aber in außerhalb von Gott stehende Größen verwandelt hätten[113]. Diese Äonen bilden eine Welt, die
zwar eine Einheit darstellt, aber eine Art Hofstaat Gottes ist.
Im Manichäismus kommt diese Vorstellung schließlich ganz konsequent zum Ausdruck. Bei den Valentinianern ist Gott selber
zu weit entrückt, nur der Sohn in genügender Nähe. Die Pro-
duktivität der Äonen schlägt durch das Vorhandensein auch un-
terer, von höheren Äonen geschaffener Äonen eine Brücke zur
Welt; dazu gehört auch die freie Entscheidung des untersten
Äon zum Fall.

Der Gedanke von der präexistenten Kirche war für die Gnostiker eine Vorstellung, die sie dem Schrifttum der zeitgenössi-
schen Großkirche entnehmen konnten. So schreibt der Verfasser
des 2. Clemensbriefes[114]: "Darum, Brüder, wenn wir den Willen
unseres Vaters, Gottes, tun, werden wir von der ersten Kirche,
der geistlichen, sein, die vor Sonne und Mond geschaffen ist".
Ähnlich wird im Hirt des Hermas[115] die Kirche als Greisin

---

113 Adv. Val. 4: p. 181 ed. Kroymann.
114 14, 1.
115 Vis. II 4, 1.

dargestellt, "weil sie vor aller Welt geschaffen ist". Clemens Alexandrinus[116] bezeichnet die irdische Kirche als Abbild der himmlischen. Diese Vorstellung geht zugleich auf jüdische Gedankengänge zurück. Bedenkt man, daß im Alten Testament die ἐκκλησία als Versammlung Gottes angesehen wird und als solche von Judentum und Christentum in eine mythische Vergangenheit gerückt, andererseits aber auch eine eschatologische Größe ist, so liegt eine Vorverlegung in den Himmel nicht mehr fern. Der unvollkommene Erdenzustand, der durch die Wiederherstellung des idealen Urzustandes abgelöst wird, setzt ja das Vorhandensein eines solchen ursprünglich tadellosen Zustands voraus. Also ist die präexistente Kirche eine Forderung. Mit diesen Ideen verbindet sich noch das platonische Urbild-Abbild-Schema.

Ein Verhältnis Gott - Sohn - Kirche war schon in den Deuteropaulinen, Kolosser- und Epheserbrief, zu finden und besprochen worden; allerdings ging es dort um die Kirche überhaupt, in unserem Text zunächst um die präexistente Kirche, wenn auch die Aktualität der Kirche mit anklingt: "die Kirche vieler Menschen"[117]. War Paulus wirklich der Apostolus haereticorum, so konnte gerade christlich-gnostische Theologie auf ihn aufbauen. Man konnte an das Bild von der Kirche als Leib Christi[118] anknüpfen. Obwohl es sich bei Paulus nur um ein Bild handelte, konnte man dem Text eine mythologische Deutung geben. Einfach war das für Stellen in den Deuteropaulinen, an denen eine Ausgestaltung des Leibes Christi als Kirche durch kosmische Gesichtspunkte sichtbar wird. So findet sich im Kolosserbrief ein altchristlicher Hymnus[119], der auf jüdisch-helle-

---

116   Strom. IV 49.
117   NH I 58, 29ff.
118   1 Cor 12, 12ff.
119   1, 15 - 20.

nistisches Gedankengut zurückgehen kann[120]. Während die zweite
Strophe vom Heilswirken Christi spricht, hat es die erste mit
seiner kosmologischen Bedeutung zu tun. Christus wird als präexistent bezeichnet und als Haupt des Leibes der Kirche angesehen. Dieser Hymnus kann einer der Ausgangspunkte für Gedanken über die Kirche gewesen sein, wie sie im Traktat vorliegen. Vergleiche können auch zum Epheserbrief gezogen werden, in dem auch sonst Gedankengänge vorkommen, die vom
Gnostizismus aufgegriffen worden sind: die vorweltliche Erwählung der Gläubigen in Christus, der das Haupt der Kirche ist,
die sein Leib ist[121]; Christus als das von Ewigkeit in Gott verborgene Geheimnis[122]; die Fülle Christi[123]; das Verhältnis von
Christus und Kirche als Mysterium[124]. Auch solche Stellen können die Gedankenwelt des Traktats beeinflußt haben.

Die Gnostiker haben versucht, im Rahmen eines mythologischen Weltablaufs über die Kirche genauere, systematische Angaben zu machen. Dazu gehört insbesondere die Trennung von
präexistenter und weltlicher Kirche, wobei auch innerhalb der
himmlischen Welt Differenzierungen nach verschiedenen Stufen
vorgenommen werden können. So ist in der titellosen Schrift
des Codex II von Nag Hammadi die Rede davon, daß der bekehr-
te Archon Sabaoth sich eine Engelkirche schafft, die aus unzähligen Tausenden und Zehntausenden besteht[125]. Sie gleicht der
Kirche in der Ogdoas, die nach dieser Schrift der höheren Himmelswelt entspricht. Von der präexistenten Kirche als einer

---

120 So nach E. Lohse, Die Briefe an die Kolosser und an Philemon (Göttingen 1968), S. 77ff.

121 Eph 1, 4. 23; 5, 23.

122 So werden Gnostiker Eph 3, 9 gedeutet haben.

123 4, 13.

124 5, 32.

125 NH II 105, 20ff.

Gemeinschaft der "Größe", d.h. der präexistenten himmlischen
Welt, spricht Christus im "Zweiten Logos des großen Seth". Er
trägt ihren Mitgliedern seinen Heilsplan vor[126]. Dabei wird direkt ἐκκλησία und πλήρωμα synonym nebeneinandergestellt[127].
Die Größe der Kirche auf Erden wird identifiziert mit dem Vater der Wahrheit , dem Menschen seiner Größe[128]. Auch nach dem
Ägypterevangelium entsteht in der himmlischen Welt eine pneumatische Kirche, deren Schöpfer der große Christus ist[129]. Im Valentinianismus selber findet sich die Kirche als Partner zum Anthropos in der dritten Syzygie des Pleroma[130]. Ebenfalls begegnet sie in der "Valentinianischen Darstellung" des Codex XI
von Nag Hammadi in der Tetrade Wort - Leben / Anthropos -
Kirche und dient zu weiterer Zahlenspekulation[131]. Im zweiten
Teil des Tractatus tripartitus wird schließlich von den Gläubigen
gesagt, daß sie als Glieder der Kirche in das Pleroma eingehen[132].

Die Vorstellung von Gott war für den Verfasser unserer
Schrift ein Problem, das einem Gnostiker, der den Einflüssen
des Judentums, des Christentums und der griechischen Philosophie ausgesetzt war, bei einer Entscheidung, Schwerpunkte zu
setzen, Schwierigkeiten bereiten mußte. Die starke Hinwendung
zum Christentum macht den behandelten Abschnitt zu einem
bedeutsamen Beitrag zur altchristlichen Theologie bei der Durchsetzung ihres Kerygmas.

---

126 NH VII 50, 7ff. Vgl. auch VII 65, 33ff., wo die Kirche die geistliche
Hochzeit feiert.

127 NH VII 51, 17; vgl. VII 68, 15.

128 NH VII 53, 1ff.

129 NH III 54,11 - 55,16 ~ IV 65, 30 - 67, 1.

130 Vgl. die Skizze bei H.J. Krämer, Der Ursprung der Geistmetaphysik (Amsterdam 1967), S. 239.

131 29, 25ff.

132 123, 16ff.

DAS ÄGYPTEREVANGELIUM

EIN DOKUMENT DES MYTHOLOGISCHEN GNOSTIZISMUS

Unter den Schriften von Nag Hammadi befinden sich einige, die beanspruchen, Evangelien[1] zu sein, so das Thomasevangelium[2], das Philippusevangelium[3], das Ägypterevangelium[4]. Das Evangelium veritatis[5] betrachtet von seinem Incipit aus ein Teil der Forscher ebenfalls als solches. Dazu kommt noch aus dem Codex Berolinensis gnosticus das Evangelium der Maria[6]. Unter diesen Evangelien nimmt das der Ägypter eine besondere Stellung ein. Denn als Evangelium wird es nur am Anfang des Kolophons[7] bezeichnet, während es an dessen Schluß[8] und in dem auf den Buchtext folgenden Titel[9] "das heilige Buch des großen unsichtbaren Geistes" genannt wird. Das Werk ist vollkommen mythologisch kon-

Erstveröffentlichung in: Das Ägypterevangelium von Nag Hammadi nach der Edition von A. Böhlig - F. Wisse - P. Labib ins Deutsche übersetzt und mit einer Einleitung sowie Noten versehen (Wiesbaden 1974). S. 13 - 42.

1 Die Nag-Hammadi-Schriften werden im folgenden nach den Codices zitiert. Für die Textausgaben sei auf die Bibliographie von D.M. Scholer verwiesen: Nag Hammadi Bibliography 1948 - 1969 (Nag Hammadi Studies 1. Leiden 1971). Ergänzungen dazu laufend in Nov. Test. 13 (1971) 323 - 336; 14 (1972) 312 - 331 usw.

2 NH II 32, 10 - 51, 28.

3 NH II 51, 29 - 86, 19.

4 NH III 40, 12 - 69, 20 = IV 50, 1 - 81 Ende.

5 NH I 16, 31 - 43, 24.

6 Die gnostischen Schriften des koptischen Papyrus Berolinensis 8502, ed. W.C. Till, 2. Aufl. v. H.-M. Schenke (Berlin 1972). S. 62 - 79.

7 III 69, 6.

8 III 69, 16f. Ein solcher Kolophon scheint in IV nicht vorhanden gewesen zu sein.

9 III 69, 18 - 20.

zipiert. Wenn der Verfasser des Kolophons eine solche Schrift als ein Evangelium betrachtete, so muß man fragen, was ihn dazu veranlaßte, ja woher er das Recht nehmen konnte, eine solche These aufzustellen. Denn ihm Unsinnigkeit vorzuwerfen, hieße, es sich doch zu leicht machen.

Um aber die Frage lösen zu können, ist verschiedenes zu untersuchen. 1. muß das Wesen mythologischer Gnosis charakterisiert werden, 2. ist das Vorhandensein der dabei erkannten charakteristischen Züge am Ägypterevangelium nachzuweisen, 3. ist die Eigenart des Evangeliums als eines Literaturwerkes zu definieren, 4. ist an Hand der oben angeführten sonstigen gnostischen Evangelien zu untersuchen, wieweit diese Bezeichnung dem Ägypterevangelium zu Recht oder Unrecht zuerkannt worden ist und ob sich das mit dem mythologischen Charakter der Schrift vereinbaren läßt.

Gerade für den Gnostizismus ist die mythologische Denk- und Ausdrucksform charakteristisch. Zu seiner Zeit findet sich die Mythologie der Hochreligionen, z.B. Babyloniens, Ägyptens, Irans und Griechenlands neben einer Weltanschauung, die den Kosmos gedanklich erfassen will und solche Denkformen mit religiöser Schau verbindet. Eine Zeit, die wie die unsere eine Wissenschaft im Sinne der naturwissenschaftlichen Forschung in den Mittelpunkt stellt, hat es natürlich schwer, eine Weltanschauung zu begreifen, die wissenschaftliche Erfahrung und religiöses Erleben miteinander verbinden möchte. Für uns im nachkantischen Zeitalter ist oft Metaphysik nicht mehr Wissenschaft, sondern Spekulation, Astrologie eine Entartung der Astronomie, Mathematik mit Arithmologie nicht vereinbar. Philosophische Systeme, die sich der Astrologie oder Arithmologie bedienen, sind nicht nur für den modernen Durchschnittsmenschen, sondern auch für den modernen Geisteswissenschaftler suspekt. Erregt nicht schon ein pythagoräisch beeinflußter Pla-

ton genügend Anstoß? Und doch besaß die Zeit der klassischen
Antike und des Hellenismus einen viel stärkeren Sinn für die
existentielle Bedeutung der naturwissenschaftlichen Erkenntnis
für den Menschen. Wir haben lange Zeit Naturerkenntnis nur
rein positivistisch angesehen, erst die jüngste Zeit stellt durch
die Atombombe und die Probleme des Umweltschutzes an uns
die Frage, ob wir auch den Sinn der Naturerkenntnis begreifen und durch unser Bewußtsein uns mit unserem ganzen Dasein in die erkannte Welt einreihen und daraus entsprechende
Konsequenzen für unser Handeln ziehen.

In der antiken Philosophie, besonders aber im Gnostizismus,
sah sich der Mensch als Teil eines Kosmos. Er stand ihm nicht
von sich aus gegenüber, sondern wußte sich eingereiht in eine
höhere Ökonomie. Darum konnte der Verfasser der Excerpta
ex Theodoto[10] als befreiendes Element auch die Gnosis ansehen: "wer wir waren, was wir geworden sind, woher wir waren,
wohin wir geworfen wurden, wohin wir eilen, wovon wir befreit wurden, was Geburt, was Wiedergeburt ist". Zur Beant-
wortung dieser Frage muß ein System, das den Menschen in
den Kosmos stellt und darüber hinaus den Kosmos kritisch beurteilt, eine Darstellung dessen, was da war, was ist und was
kommt, bieten. Das konnte nur in einer geschichtlichen Darstellung geschehen und darum war hierfür der Mythos das geeignete Mittel. Hier trifft der Mythos der Mythosophie, wie
wir ihn aus Hesiod kennen, zusammen mit dem Mythos, den
Platon in seinen Dialogen verwendet. Als dritte Komponente
ist die Heilsgeschichte, wie sie Judentum und Christentum kennen, an der Bildung des gnostischen Mythos beteiligt. Die Geschichte des Gottesvolkes Israel hatte auch einen mythischen
Charakter angenommen, da ja sein Leben in den Gesamtkomplex

10 78, 2.

von Vergangenheit und Zukunft eingebaut worden und das letzte
Problem die Wiedergewinnung des verlorenen Paradieses war.
Hatte das Denken der jüdischen Heilsgeschichte mit der Schöpfung begonnen, so strebte der gnostische Mythos nach einer
Darstellung der himmlischen und z.T. auch der teuflischen Welt.
Die hellenistische Welt war größer und weiter geworden, Naturerkenntnis und geographisches Wissen hatten zugenommen. Gott
war weniger der Orts- und Stadtgott als eine spekulative Größe, die in die Ferne gerückt war und deren Verhältnis zu Welt
und Mensch es zu ergründen galt. Ein solcher Mythos, der all-
umfassend das Weltgeschehen darbieten sollte, ist natürlich
eine große Rahmenhandlung, in die mancherlei Einzelmythen
eingebaut werden konnten und wurden. Das ermöglichte die
Einreihung von Traditionsgut in größere Zusammenhänge ebenso wie den Rückgriff auf Mythen der verschiedenen Religionen
des Ostmittelmeerraumes.

Wie steht es unter diesen angeführten Gesichtspunkten mit
dem mythischen Inhalt des Ägypterevangeliums? Der Verfasser
bzw. Redaktor des Werkes bemüht sich um ein zentrales Thema,
das Wirken des Seth an seinem Geschlecht. Auf eine umfangreiche mythologische Darstellung[11] folgt ein zweigeteilter hymnischer Abschnitt[12], daran schließen sich die Schlußabschnitte
an[13], in denen die Rolle des Seth als Verfasser und der apokryphe Charakter der Schrift dargelegt werden. Seth ist die
zentrale Figur, um die sich das Hauptgeschehen der Schrift
bewegt. Der vorliegende Text könnte als Hinweis dafür betrachtet werden, daß dieses so geartete Schrifttum als sethianisch

11 III 40, 12 - 66, 8 = IV 50, 1 - 78, 10.
12 1. Teil III 66, 8 - 22 = IV 78, 10 - 79, 3; 2. Teil III 66, 22 - 68, 1
= IV 79, 3 - 80, 15.
13 1. Schluß III 68, 1 - 9 = IV 80, 15 - 25; 2. Schluß III 68, 10 - 69, 5
= IV 80, 26 - 81, ?.

angesehen werden kann. Hierin steht das Werk der Adamapokalypse[14] sehr nahe. Nur sind die Teile des mythischen Geschehens, auf denen die Schwerpunkte der Schilderung ruhen, verschieden. In der Adamapokalypse handelt es sich im ersten Teil
um eine Art gnostischer Genesis. Das Schicksal Adams und
Evas wird geoffenbart, wobei die Trennung des Lichts von der
Sünde durch die Rolle erklärt wird, die das lichte Geschlecht
des Seth spielt. Im Ägypterevangelium wird dagegen Seth und
sein Geschlecht nicht vom Adam des Paradieses abgeleitet, nicht
erst mit der Schöpfung begonnen und nicht der himmlische Seth
aus der biblischen Tradition herausinterpretiert, sondern er wird
als der himmlische einem himmlischen Adam zugeordnet, während das Geschlecht des Seth als das Geschlecht des Vaters,
d.i. des großen unsichtbaren Geistes, interpretiert und durch
mythische Vorgänge als solches erwiesen wird. Um also das
irdische Geschehen und die Möglichkeit der Erlösung wirklich
begründen zu können, bedarf es einer himmlischen Vorgeschichte, eines Prologs im Himmel, wie wir ihn auch für die Sendung
Jesu in der Schrift VII, 2[15] finden. Das Ende dieses ersten Teils
des Ägypterevangeliums wurde als Abschluß empfunden; darum
steht hier auch ein Amen[16]. Dieser Abschnitt reicht vom präexistenten Vater bis zur Erschaffung der himmlischen Kirche,
die also die breiteste Form der Entfaltung in der himmlischen
Welt ist. Daß dieser erste Abschnitt aber noch nicht das Zentrum, sondern erst eine Vorbereitung auf das eigentliche Thema bildet, geht daraus hervor, daß die besondere Behandlung
des Seth erst im zweiten Teil erfolgt. Der große erste Teil
war zunächst nicht sethianisch, sondern barbelognostisch; dar-

14 NH V 64, 1 - 85, 32.
15 NH VII 50, 1ff.
16 III 55, 16 = IV 67, 1. Vielleicht schließt hiermit auch eine eigene Quelle.

um auch seine Verwandtschaft mit gewissen Partien des Johannesapokryphons[17]! Weil aber Seth ebenso wie Adamas und
Jesus in die himmlische Welt projiziert worden war, konnte,
ja mußte sogar der erste Teil eine himmlische Vorgeschichte
des Seth geben. Der himmlische Seth war eben der Sohn des
himmlischen Adam und nicht - im Unterschied zur Adamapokalypse - der Sohn des ersten πλάσμα Adam. Immerhin wird
der geschaffene Charakter des Adamas dadurch sichtbar, daß
er nicht wie der Logos eine Emanation ist, sondern durch eine
"Mittlergröße", die Moirothea, geschaffen wurde. Die Vereinigung von Adamas und Logos führt dazu, daß sie ihre Bitten
gemeinsam den himmlischen Größen vortragen[18]. Ihr gemein-
sames Anliegen ist die Erschaffung der Welt der vier Leuchter. Adamas hat außerdem noch den Wunsch nach einem Sohn.
Dieser soll der Vater des nicht-schwankenden Geschlechts werden. Dieses nicht-schwankende Geschlecht ist natürlich nur
dann wirklich im Licht begründet, wenn es auf den Vater zurückgeführt werden kann. Das bezweckt die Bitte des Logos
und des Pantheons, das Geschlecht des Vaters mit dem des
Seth zu identifizieren[19]. Wenn der Vater als "der Vierte mit
dem unverderblichen, unbeweglichen Geschlecht" bezeichnet
wird, muß dieses Geschlecht logischerweise eine Dreiheit bilden. Dementsprechend erscheint im folgenden Abschnitt "das
dreifach-männliche Kind" zusammen mit Christus[20]. Bei die-

17   Der himmlische Seth ist auch dort erwähnt, z.B. II 9, 12.

18   Man könnte daran denken, daß die Koppelung der Bitten des Logos und
des Adamas (III 50, 17 - 51, 14 = IV 62, 16 - 63, 8) einen sekundären Charakter hat.

19   III 54, 6 - 11 = IV 65, 25 - 30.

20   III 54, 11 - 55, 2 = IV 65, 30 - 66, 14. Die Frage ist, wie der Über-
setzer von III 54, 13 hier interpretiert hat. Beruht die Wiedergabe von "das dreifach-männliche Kind" durch ΠϢΟΜΝΤ ΝϨΟΟΥΤ ΝΑΛΟΥ "die drei männlichen
Kinder" und die Kongruenz des Verbums im Plural auf einer Deutung als Plural
oder wird das dreifach-männliche Kind als Kollektivum angesehen, was auch den
Gebrauch des Plurals ermöglichte (vgl. L. Stern, Koptische Grammatik [Leipzig

ser Zusammenstellung 3 + 1, für die man auch die Namen des dreifach-männlichen Kindes + Seth vergleichen muß[21], drängt sich ein Vergleich mit den Vierheiten des Danielbuches auf (Daniel + 3 Freunde, Engel + 3 Männer im feurigen Ofen)[22]. Dieser Topos ist in der altchristlichen Literatur des Ostens sehr häufig. Das Geschlecht (σπορά) wird das des großen Seth genannt. Es wird ebenfalls durch Mittlergrößen geschaffen. Das dreifach-männliche Kind dürfte das Urbild des Sethgeschlechts sein, das in der Welt als Same des Seth mit ihm wirkt, zumal es nach Aussage des Textes ja wegen der Achtheit des Vaters entstanden ist[23]. In dem ersten Teil des Textes ist also eine Menge von Traditionen zusammengefaßt: die Lehre vom πνεῦμα ἀόρατον als dem ursprünglichen ἕν, das durch seine πρόνοια zur δυάς wird; die Vorstellung von Vater, Mutter und Sohn, die Vorstellung eines Lichtäons, der Lichterscheinungen aus der genannten Trinität umfaßt, ergänzt das Bild der himmlischen Welt; eingebaut ist in offensichtlich sekundärer Form Christus[24]. Eine wesentliche und ursprüngliche Rolle spielen der Logos, Adamas, die vier Leuchter und ihr Pleroma sowie Seth. Mit dem himmlischen Christus wird zugleich auch die himmlische Kirche eingebaut.

Im zweiten Teil der Schrift liegt der Schwerpunkt auf Seth und seinem Wirken, der Entstehung und dem Schicksal seines Geschlechts. Dabei ist im Ägypterevangelium nicht breit von

---

1880], § 486). Die Aufzählung von drei Namen als Konkretisierung des dreifach-männlichen Kindes spricht für das letztere.

21 III 62, 2ff. = IV 73, 13ff.; III 65, 9 = IV 77, 2ff.; IV 59, 19ff.

22 Dan 1, 6; 3, 25.

23 III 42, 5ff. = IV 51, 22ff.

24 Das geht insbesondere aus der geringen Zahl von Stellen hervor, an denen Christus erwähnt wird. Wo sonst von Christus die Rede ist, wird in dieser Schrift vom Sohn oder vom Logos gesprochen. Würde man sämtliche Stellen tilgen, so würde ganz eindeutig Seth als Sohn Gottes erscheinen. S. auch u. Exkurs I, S. 363 ff.

Einzelheiten die Rede, wie sie die Adamapokalypse schildert[25]. Es wird nur zusammengefaßt von der Gefahr, in der sich die Sethkinder befinden[26], gesprochen sowie von ihrer Bewahrung durch Wächter, um die Seth bittet[27]. Dreimal ist die Rede von der Erschaffung des Sethgeschlechts, dreimal ist auch eine Hilfsgottheit am Werke[28]. Weil das Geschlecht des Seth im Himmel und auf Erden ansässig ist, gibt es auch verschiedene Erscheinungsformen von ihm. Der erste Schöpfungsakt liegt noch vor Erschaffung der Welt, der zweite ist direkt auf die Vergänglichkeit der Welt abgestellt. In diesen beiden Einzelmythen wird beide Male Sodom und Gomorrha als Heimat des Sethgeschlechts bezeichnet, Beispiel einer gnostischen Tradition, die von der biblischen Überlieferung als böse dargestellte Orte in gute umdeutet[29]. Im dritten Einzelmythos, der von der Erschaffung des Sethgeschlechts handelt, wird die Entstehung von ἀλήθεια und θέμισσα als Erstlinge des Samens des Lebens beschrieben. Zwischen die erste und die zweite Schilderung von der Erschaffung des Sethgeschlechts ist die Erschaffung der Welt und ihrer Herrscher eingeschoben[30], die interessanterweise nicht durch eine böse Macht oder durch einen Fall initiiert ist, sondern von der Lichtwelt in die Wege geleitet wurde. Dabei werden die aus sonstiger Tradition bekannten Mythologumena auch verwendet: die hylische Sophia, der Oberarchon Saklas und sein Komplement Nebruël[31], die Erschaffung der Archon-

---

25 Bewahrung der Gnosismenschen vor der Sintflut NH V 69. 19 - 70. 2. vor dem Feuer V 75. 17 - 76. 7.

26 III 61. 1 - 15 = IV 72. 10 - 27. III 61, 16 - 23 = IV 72, 27 - 73, 6.

27 III 61. 23 - 62, 13 = IV 73, 7 - 26. III 62, 13 - 24 = IV 73. 27 - 74. 9.

28 Plesithea III 56, 4 - 13 = IV 67. ? - 27. Hormos III 60. 2 - 8 = IV 71. 11 - 18. Edokla III 60. 19 - 61, 1 = IV 71. 30 - 72. 10.

29 Zu solcher Umdeutung vgl. A. Böhlig, Der jüdische Hintergrund in gnostischen Texten von Nag Hammadi, in: Mysterion und Wahrheit (Leiden 1968). S. 83.

30 III 56. 22 - 58. 22 = IV 68. 5 - 70. ?.

31 Hier liegt das gleiche Paar wie im manichäischen Mythos vor.

ten durch sie, die Anmaßung des Saklas[32] und die Erschaffung des Menschen[33], aber auch das Kommen der Metanoia[34] als ein erster Schritt zur Erlösung (wahrscheinlich die Geschichte von der gefallenen Sophia ausdeutend) führen in die Probleme des Kosmos ein. Auf die Schilderung von der Entstehung des Sethgeschlechts folgt der Hinweis auf seine Gefährdung und die Darstellung der Maßnahmen zu seinem Schutz. Es ist nicht genug, daß Seth durch die himmlischen Mächte Wächter für sein Geschlecht auf die Erde senden läßt; das mag für eine zwischenzeitliche Behütung genügen. Für eine wirkliche Erlösung muß mehr geschehen. Darum kommt Seth selbst auf die Erde herab, wie die Sethianer es sich vorstellen, als Jesus[35]. Er kommt, um das Geschlecht zu retten, das in die Irre gegangen ist. Dazu bedient er sich in geheimnisvoller Weise einer Jungfrau, aus der er sich den Körper gebildet hat, während Jesus selbst λογογενής ist[36]. Das Ziel ist die Wiedergeburt der Heiligen durch den Geist. Diese Schilderung der Inkarnation des Seth weist starke Parallelen zur Schaffung des Sethsamens durch Hormos auf, wo ja auch bereits eine Inkarnation vorliegt[37]. Das Wirken Jesu richtet sich allerdings nicht nur auf das Sethgeschlecht, sondern auf den Zustand der Welt überhaupt. Hier tritt die Eigenart des Gnostizismus hervor, in kosmischen Kategorien zu denken. Die Erlösung des Menschen geschieht im Rahmen des Kosmos. Bezeichnend ist dabei die Rolle, die den Gestirnen eingeräumt wird. Jesus-Seth hat auch

---

32 III 58. 23 - 59. 1 (IV zerstört).

33 III 59. 1 - 9 (IV zerstört). Die Darstellung verzichtet auf alle Details und beschränkt sich auf die Aussage. daß der erste Mensch ein Ergebnis der sichtbaren Erscheinung des Himmelsmenschen ist.

34 III 59. 9 - 60. 2 = IV 70. ? - 71. 11.

35 III 63. 4 - 64. 9 = IV 74. 17 - 75. 24.

36 III 63. 10ff. = IV 74. 25ff. III 63. 25ff. = IV 75. 15f.

37 III 60. 4ff. = IV 71. 13ff.

die Ordnung am Himmel hergestellt und hat den Sternen ihren Platz zugewiesen und sie mit einem Wissen der Wahrheit
ausgestattet[38]. Zur Ordnung paßt es, wenn er die Welt mit
sich selbst (der Welt) versöhnt[39]. Diese Versöhnung geschieht
durch die Absage (ἀποταγή) an die Welt und ihren Herrscher, den Gott der dreizehn Äonen[40]. Gerade weil vom Herrscher des 13. Äons die Rede ist, glaube ich hier astrologisch
deuten zu sollen. Vielleicht hat das Befestigen der Gestirne
in der Version des Codex IV durch die Übersetzung ΟΥΟϹϤΟΥ
außer der lokalen Bedeutung noch die im astrologischen Sprach-
gebrauch für ἀθετεῖν übliche, "wirkungslos machen"; d.h.
die Sethianer stehen nicht mehr unter dem Zwang der Gestirne. Bei diesen dreizehn Äonen wird man an die dreizehn König-
reiche der Adamapokalypse erinnert, über denen das königlose
Geschlecht steht; sie dürften somit eine Parallele zu den dreizehn Äonen des Ägypterevangeliums bilden[41].

Im Anschluß an den Mythos im eigentlichen Sinne folgt eine
lange Liste mythischer Heilsbringer[42], bis schließlich die Heils-
möglichkeit in der Gegenwart und die Unsterblichkeit verheißen
wird[43]. Daß der Verfasser nach einem so erfolgreichen und
Freude bereitenden Ausklang seinem Fühlen und Denken noch
in zwei hymnischen Abschnitten Ausdruck verleiht, ist nicht
verwunderlich. Damit wird in dem Text sein liturgischer Cha-

---

38 III 64, 3ff. = IV 75, 17ff.

39 III 63, 16f, = IV 75, 3f. Gewiß wirkt der Gedanke der Versöhnung merkwürdig, so daß H.-M. Schenke, OLZ 74 (1979) 22, die Lesart von IV 75, 3 vor-
ziehen und danach auch 74, 24 ergänzen möchte. Nun steht hier aber in III an
beiden Stellen (63, 9. 16) ⲋⲱⲧⲡ . Schenke sieht den Gedanken der Versöhnung
der Welt mit sich als ungnostisch an. Was bedeutet aber "Tötung der Welt gegen
die Welt"? Liegt nicht der Gedanke der Versöhnung viel näher, da ja dadurch
der Zustand der Verwirrung beseitigt wird, in dem sich die Welt befindet?

40 III 63, 17f. = IV 75, 4ff.

41 NH V 77, 27 - 83, 4.

42 III 64, 9 - 65, 26 = IV 75, 24 - 77, ?.

43 III 65, 26 - 66, 8 = IV 78, 1 - 10.

rakter deutlich, der ja schon aus dem Amen hervorgeht.

Der Mythos des Ägypterevangeliums umfaßt also den Weg vom Anfang bis zum gegenwärtigen Heil. Wir konnten feststellen, daß er eine Kombination bzw. Kompilation verschiedenster Traditionsstücke durch einen harmonisierenden Redaktor der sethianischen Schulrichtung darstellt, der barbelognostische Elemente eingebaut hat. Ein anderer Einfluß liegt in der Betonung der Ogdoaden vor. Ob das ein valentinianischer Einfluß ist oder auf direkte Einflüsse der hellenistischen Arithmologie zurückgeht, ist im Augenblick nicht zu entscheiden. Eines dürfte aber klar sein, die Heranziehung der Arithmologie überhaupt bedeutet eine zusätzliche Komponente in dem mythologischen Gnostizismus des Ägypterevangeliums. Hatte der Mythos die Geschichte des Alls in ihrem Ablauf dargestellt, so erfassen die Zahlenspekulationen den Kosmos bzw. Teile von ihm in ihrer Zusammensetzung. Die Methode, den Kosmos durch die Zahl zu erfassen, ist nicht neu, ist auch keine abstruse Form von "decline and fall", sondern eine seit den Pythagoräern durchaus legitime Methode der Weltschau, so daß W. Heisenberg sagen kann: "... die pythagoreische Entdeckung gehört zu den stärksten Impulsen menschlicher Wissenschaft überhaupt ... Wenn in einer musikalischen Harmonie ... die mathematische Struktur als Wesenskern erkannt wird, so muß auch die sinnvolle Ordnung der uns umgebenden Natur ihren Grund in dem mathematischen Kern der Naturgesetze haben"[44]. Im Ägypterevangelium wird speziell die himmlische Welt arithmologisch geordnet. An oberster Stelle steht das ἕν der Gottheit, der unsichtbare Geist. Der Zustand, in dem er nicht aus sich heraustritt, ist die σιγή. In ihm ist seine Pronoia. Diese tritt später aus ihm heraus und wird in der Gestalt der Barbelo mit ihm zu-

---

44 Zitat nach W. Kranz, Vorsokratische Denker (Berlin 1939), S. 11.

sammen als δυάς empfunden. Auch in unserem Text ist also die Spannung von ἕν und δυάς der platonischen Tradition erhalten. Neben diese Vorstellung von einer Zweiheit tritt die Vorstellung von der Dreiheit. Aus dem Urgott gehen Vater, Mutter, Sohn hervor. Jeder Teil dieser Trinität bildet in sich eine Achtheit. Der genannten ersten Trinität entspricht eine zweite, die man als Abdruck (σφραγίς) der ersten ansehen kann: das dreifach-männliche Kind, das aus dem Vater entstanden ist, die männliche Jungfrau Juël, die der Barbelo, der Mutter, entspricht, und der Splenditenens (δοξοκράτωρ) Esephech, der einerseits als Entsprechung des Sohnes, andererseits als Sohn des dreifach-männlichen Kindes mit "das Kind des Kindes" bezeichnet wird. Infolge der Dreifaltigkeit des τρισάρσης kann diese zweite Trinität auch als Fünfheit (3 + 1 + 1) betrachtet und als "die fünf Siegel" bezeichnet werden[45]. Bei der weiteren Ausgestaltung der Lichtwelt treten aufs neue Ogdoaden in den Vordergrund. Auf Bitten des Logos schafft die Mittlergröße Prophaneia die vier Leuchter der Himmelsäonen, aus denen wiederum ihre weiblichen Komplemente hervorkommen, danach ihre vier Diener und deren Komplemente[46]. Wenn dann von der Komplettierung zu fünf Ogdoaden, d.h. einer "vollkommenen Vierzig" die Rede ist, so ist damit wohl eine Zusammenzählung der eben genannten Ogdoaden mit denen der Trini-

45 Im Gegensatz dazu betrachtet K.-W. Tröger, Die Passion Jesu Christi in der Gnosis nach den Schriften von Nag Hammadi (maschinenschriftliche Habilitationsschrift Berlin 1978), S. 88, als Glieder der Fünfheit: 1. Geist. 2. Paargenossin Joël - Barbelo. Pronoia. 3. das dreimal männliche Kind. 4. Juël: Doxomedon-Äon. 5. Kindeskind - Esephech. Dem widerspricht der Abschnitt über die Aussendung des Seth (III 62, 24 - 63, 4 = IV 74, 9 - 17). Dort steht der große unsichtbare Geist neben den fünf Siegeln, ist also nicht eines von ihnen. IV 58, 27f. sind die Siegel aus dem Busen des Vaters hervorgegangen. Dazu kann man vergleichen, daß der Dreifach-Männliche um des Vaters der Trinität willen hervorgegangen ist. IV 56, 23ff. folgen in der Aufzählung die fünf Siegel der Trinität (auch III 55, 12 = IV 66, 25 und IV 58, 6) und werden mit dem großen Christus identifiziert. IV 59, 27f. folgt die Fünfheit auf die zweite Trinität.

46 III 51, 14ff. = IV 63, 8ff.

tät Vater, Mutter, Sohn gemeint[47]. Schwer zu erklären ist die
Komplettierung der "vollkommenen Hebdomas" durch die vier
Leuchter zu einer Elfheit von Ogdoaden[48]. Die vollkommene
Hebdomas dürfte aus dem unsichtbaren Geist, der Barbelo, dem
dreifach-männlichen Kind, der Juël und dem Esephech bestehen,
die mit den vier Leuchtern dann eine Elfheit bilden. Oder vielleicht ist hier Bezug genommen auf die Entstehung des Seth[49].
Er bildet ja zusammen mit einer Dreiheit eine Vierheit[50]. Als
erster Bestandteil der zweiten Trinität hat er außer seinem
Namen Seth noch drei andere, die jeweils doppelt genannt werden: ΤⲉⲗΜⲀΗⲗ ΤⲉⲗΜⲀⲬⲀΗⲗ Ηⲗⲓ Ηⲗⲓ ΜⲀⲬⲀⲢ ΜⲀⲬⲀⲢ. Weil
dabei die Namen der Dreiheit jeweils zweifach angeführt werden, somit sechs sind, werden sie durch die Addition des Seth
zu sieben. Werden dann noch die vier Leuchter hinzugezählt, so
ergibt sich ebenfalls eine Elfheit. Aber es ist ja nicht die Rede
davon, daß die genannten Namen und auch die Leuchter Ogdoaden sind! Vielleicht stammt dieser Abschnitt aus einem Zusammenhang, der auf Ogdoaden ausgerichtet war, aus dem er heraus-
gerissen und im Ägypterevangelium hier nicht ganz organisch
eingefügt ist. Allerdings ist die Rechenmethode der Gnostiker
auch sonst oft recht merkwürdig[51].

Bedeutsam ist die Form, in der der Fortschritt der Handlung
innerhalb der mythologischen Darstellung unserer Schrift vor
sich geht. Es gibt Emanationen, Schöpfungen und Entsendungen.
Sie finden meistens statt auf Grund von Lobpreisungen an das

47 III 53. 10ff. = IV 65. 2ff.
48 III 51. 22 - 52. 3 = IV 63. 17 - 24.
49 Vgl. o. Anm. 46.
50 IV 59. 19ff. (III verloren). III 62. 2ff. = IV 73, 13f. III 65, 8f. = IV 77.
2ff.
51 Vgl. A. Böhlig - P. Labib. Die koptisch-gnostische Schrift ohne Titel
aus Codex II von Nag Hammadi im Koptischen Museum zu Alt-Kairo (Berlin 1962),
S. 92f.

Pantheon, an die sich Bitten anschließen, ein Stil, der aus dem
Johannesapokryphon und auch aus manichäischer Literatur bekannt ist[52]. Emanation und Schöpfung unterscheiden sich dadurch, daß die Emanierten αὐτογενής sind[53], während zur
Erschaffung von geschaffenen Wesen erst noch eine Schöpfergottheit erscheinen muß. So ist bei der Erschaffung des Adamas die Moirothea nötig, bei der der vier Leuchter und des
Seth die Prophaneia, bei der des Sethgeschlechts Plesithea, Hormos und Edokla. Auf die Bitte um die Wächter des Sethgeschlechts hin kommen diese von oben herab. Auf die Bitte des
Logos und seines Pleromas, daß der Vater der Vierte mit dem
unvergänglichen Geschlecht und der Same des Vaters der Same
des großen Seth sein möge, erfolgt das Kommen des dreifach-
männlichen Kindes[54] und des Christus - wohl als himmlische
Vorform des Sethgeschlechts. Wir haben hier etwas Ähnliches
wie bei der Schilderung der himmlischen Kirche im Tractatus
tripartitus vor uns[55]. Unvermittelt dagegen erfolgt die Entsendung des Seth in die Welt.

Einen Ausschnitt aus der Nomenklatur der mythologischen
Gnosis bildet die umfangreiche Liste von Heilsbringern[56]. Hier
sind Größen zusammengestellt, die u.a. das reine Wasser, die
Taufe und Auferstehung bewahren. Zusammen mit den schon
aus dem Mythos bekannten Lichtgrößen kommen hier Wesen
vor, die Sonnenaufgang und -untergang vorstehen. In dieser Liste
werden auch die Wohnorte des Logos, des Adamas, des Seth,
Jesu, der Söhne des Seth und der Seelen der Söhne des Seth

---

52   Vgl. Kephalaia, 2.Hälfte (Lfg. 11/12), ed. A. Böhlig (Stuttgart 1966),
S. 271, 24ff.

53   Vgl. A. Böhlig, Autogenes, s. u. S. 405 ff.

54   S. o. Anm. 20.

55   Vgl. A. Böhlig, Zum Gottesbegriff des Tractatus tripartitus, o. S. 322 ff.

56   Zu Jakob vgl. A. Böhlig, Jakob als Engel, s. o. S. 164 f.

angegeben. Den Schluß bildet Joël, der über dem Namen dessen steht, dem es gegeben ist, mit der heiligen unvergänglichen Taufe zu taufen, die höher als der Himmel ist. Es handelt sich also um einen himmlischen Prototyp Johannes des Täufers (ΙѠ–ΗΛ ist eine Bildung wie ϹΗΘ–ΗΛ zu ϹΗΘ [57]). Gewisse Namen dieser ganzen Liste finden sich auch sonst in gnostischer Literatur; man vergleiche dazu vor allem den Traktat
VIII, 1 "Zostrianos" aus Nag Hammadi und das "Unbekannte
altgnostische Werk" des Codex Brucianus[58].

Ein solches Werk kann wirklich im Vollsinn als Produkt des
mythologischen Gnostizismus angesehen werden, und deshalb
ist auch der der Schrift nachgestellte Titel sicher der richtige, zumal er auch aus dem Schluß des Kolophons und aus dem
Incipit zu entnehmen ist. Wie verträgt sich das aber damit, ein
solches Werk "Evangelium" zu nennen?

Die Evangelien des Neuen Testaments bilden "eine neue
eigentümliche Literaturgattung" (so W.G. Kümmel[59]), in der
das Wort, das Wirken und Leiden sowie die Auferstehung des
Herrn dargestellt werden. Sie sind sowohl Sammlungen von Traditionsstücken als auch einem übergeordneten Gesichtspunkt
dienende Gesamtwerke, wobei jedes der synoptischen Evangelien
ebenso wie das des Johannes seine eigene Tendenz hat.

Wenn der Verfasser des Kolophons die von uns behandelte
Schrift als "das Evangelium der Ägypter, das von Gott geschrie-
bene heilige geheime Buch" bezeichnet[60], so gebraucht er dabei
Evangelium im Sinne der Literaturgattung. Er kann davon ausgehen, daß Jesus dreimal und Christus sechsmal im Text vor-

---

57 III 65, 23ff. (IV zerstört).

58 Vgl. C. Schmidt - W. Till, Koptisch-gnostische-Schriften I (3.Aufl. Berlin 1962), S. 335 - 367.

59 P. Feine - J. Behm, Einleitung in das Neue Testament, völlig neubearbei-
tet von W.G. Kümmel, (20. Aufl. Heidelberg 1980), § 4. Vgl. auch § 10.3.

60 III 69, 6ff.

kommt. Im Kolophon spricht er dann von "Jesus Christus, dem
Sohn Gottes, dem Heiland" und bedient sich des Monogramms
ΙΧΘΥC . In unserem Ägypterevangelium ist allerdings von dem,
was über Jesus in den biblischen Evangelien berichtet wird, nicht
die Rede. Jesus ist hier die irdische Erscheinungsform des Seth.
Diese Vorstellung ist, wie Epiphanius berichtet[61], bei den Sethianern geläufig. Wenn im vorliegenden Text davon gesprochen wird,
daß Seth sich aus einer Jungfrau einen Logosgeborenen bereitet
hat[62], so ist hierbei an die wunderbare Geburt Jesu zu denken,
von dem weiter unten gesprochen wird[63]. Jesus dient also zur
Durchführung der Erlösung. Die enge Verbindung von Seth und
Jesus wird auch an der Stelle deutlich, wo ihre himmlischen
Wohnungen angegeben werden. Denn Seth und der Jesus des Lebens wohnen beide auf dem Leuchter Orojaël[64]. Die Stelle im
hymnischen Teil, an der Jesus angerufen wird, hat mystischen
Charakter[65]. Die Erwähnung des auf Erden zur Erlösung der
Sethianer wirkenden Jesus ist also gegenüber dem übrigen In-
halt der Schrift quantitativ ziemlich gering. Der überirdische
Charakter steht im Vordergrund. Auch Christus steht vollkommen
innerhalb der Lichtwelt. Er ist der "Gesalbte"[66], der mit dem
dreifach-männlichen Kind zusammengehört[67], ja sogar an einer
Stelle als Vater des Logos Autogenes angesehen worden ist[68].
Möglicherweise sind die Stellen, an denen Christus begegnet,

---

61 Epiphan.. Panar. 39. 1. 3 = S. 72. 10 - 12 ed. Holl; 39. 3. 5 = S. 74. 18 -
19 ed. Holl.

62 III 63. 10ff. = IV 74. 25ff.

63 III 64. 1 = IV 75. 15.

64 III 65. 17 = IV 77. 13.

65 III 67. 14 = IV 79. 26.

66 III 44. 23 = IV 55. 12f.

67 IV 55. 6 (hier fehlt er in III. weil da die Stelle durch ein Homoioteleuton verkürzt ist). IV 59. 17 (III verloren). III 54. 20 = IV 66. 8.

68 IV 60. 8 (III verloren).

überhaupt sekundär[69]. Das liegt besonders nahe bei IV 59,17,
während man den Eindruck gewinnt, daß Christus als himmlische "Inkarnation" des höchsten Gottes anzusehen ist, wenn
er III 54,11ff. par. als himmlisches Vorbild für Seth und sein
Geschlecht erscheint. Christus scheint hier als Herr der himmlischen Kirche aufgefaßt zu werden. Obwohl also Jesus und Christus sich im wesentlichen in himmlischen Höhen bewegen, konnte der Verfasser des Kolophons diese Schrift m.E. mit Recht
als Evangelium betrachten. Weil der Schwerpunkt nämlich auf
der Heilsgeschichte des Sethgeschlechts liegt und Seth den Jesus als irdische Form annimmt, kann die Literaturgattung Evangelium insofern in Anspruch genommen werden, als Seth-Jesus
im Ägypterevangelium die zentrale Rolle spielt. Allerdings hat
sich die Ebene, auf der die biblischen Evangelien ihre Handlung
darstellen, verschoben. Sie schildern das Wirken und Leiden
Jesu in seinem Erdenleben. Im Ägypterevangelium aber wird
das Schicksal des Seth-Jesus in einem kosmischen Rahmen behandelt. An die Stelle von Palästina tritt der Kosmos. Um aber
den Ursprung des Seth-Jesus richtig zu erklären, wird die Schilderung der himmlischen Welt und ihrer Entstehung aus dem
höchsten Gott vorangestellt. Seth stammt ja aus ihr. Dieser
Prolog entspricht den Abschnitten der Synoptiker, welche Kindheitsgeschichte und Stammbaum Jesu wiedergeben. Man kann
aber darauf hinweisen, daß der Johannesprolog an die Stelle
der Kindheitsgeschichte eine Spekulation setzt, die zur ἀρχή
zurückführt. Das Johannesevangelium hat somit einen Charakter, der trotz Strukturverwandtschaft mit den Synoptikern auch
in diesem Punkt eine Weiterentwicklung erkennen läßt.

Wenn man Seth als Jesus auf Erden erscheinen sieht, kann
man umgekehrt auch einen Text, der ausgesprochen von Jesus

69 S. u. Exkurs I. S. 363 ff.

Christus berichtet, ja ihn in der ersten Person sprechen läßt, einen "Logos des Seth" nennen. Im "zweiten Logos des großen Seth"[70] schildert Jesus Christus, wie er vom Himmel herabkommt, um die Menschen zu belehren und zu erlösen. Der merkwürdige Titel kommt daher, daß hier in einer sethianischen Bibliothek ein Buch, das von Jesus Christus handelte, zugleich als für Seth gültig angesehen werden konnte, zumal ja auch hier der Prolog im Himmel nicht fehlte.

Schreibt man der Bezeichnung Evangelium für das "heilige Buch des großen unsichtbaren Geistes" eine Berechtigung zu, so muß man in aller Kürze – an dieser Stelle ist nicht der Raum für eine umfassende Darstellung dieses Gegenstandes – den Charakter der übrigen in Nag Hammadi gefundenen Evangelien mit dem des Ägypterevangeliums vergleichen. Am nächsten steht diesem Werk das sogenannte "Evangelium der Wahrheit"[71], dessen Titel die Herausgeber aus dem Incipit erschlossen haben. Auch dieses Werk stellt Jesus in den kosmischen Rahmen hinein. Die Bedeutung, die in ihm gerade Jesus als Lehrer zukommt, hat manche veranlaßt, der These von H.-M. Schenke zu folgen, daß es sich hier um eine Homilie handle[72]. Das ist aber nicht möglich, weil der Text keinen liturgischen Schluß hat. Man könnte eher von einem Traktat sprechen. Doch regt gerade die zentrale Stellung, die Jesus einnimmt, dazu an, auch in dieser Schrift ein Evangelium zu sehen, das verkündet, wie die Heimkehr zum Ursprung, der alle Gläubigen umfaßt, durch Jesus verkündet wird. Beachtlich dabei ist die Anerkennung des Leidens Jesu Christi als Wirklichkeit. Jesus führt zur

---

70 NH VII 49, 10 - 70, 12.

71 NH I 16, 31 - 43, 24.

72 H.-M. Schenke. Die Herkunft des sogenannten Evangelium Veritatis (Berlin 1958).

Wahrheit, die dem Irrtum diametral entgegensteht, weil sie
ja die spezielle Eigenschaft des Vaters ist. In diesem Werk
wird also eine nicht-doketische Gnosis vertreten, ein Beispiel
für den Pluralismus in der Bibliothek von Nag Hammadi. Sie
bedient sich aber einer Darstellungsweise, die den Charakter
des mythologischen Gnostizismus durchscheinen läßt[73].

Dem Evangelientyp des Neuen Testaments recht entfernt
scheint auch das Philippusevangelium zu sein. Es enthält eine
Menge von Reflexionen, für die ein durchlaufender Gedankengang nicht festzustellen ist. Viele Gelehrten sehen in ihm deshalb eine Florilegiensammlung. Doch gibt es gewisse Abschnitte, die man zusammenfassen kann, so daß H.-G. Gaffron mit
seiner Meinung Recht haben mag, der Verfasser biete eine Lehr-
und Mahnschrift, bei der es ihm "nicht gelungen sei, seinen
Stoff geordnet darzubieten, auch wenn Ansätze zu bewußter
Gestaltung nicht geleugnet werden können"[74]. Immerhin wird
ausführlich über Jesus Christus gesprochen, auch Worte von ihm
werden gebraucht, die Reflexion setzt aber für das Weltbild
ebenfalls einen mythologischen Rahmen voraus.

Das gilt auch für das Thomasevangelium[75], das keine Werke, sondern nur Logien Jesu bringt. Zwar ist ein großer Teil
der Logien mit synoptischen Worten identisch, doch geben die
übrigen einen Anhalt dafür, daß nur bei gnostischer Deutung
das ganze Werk sinnvoll und wirklich verständlich ist. Das Thomasevangelium ist ein Beispiel für das, was der gnostische Erlöser wörtlich gelehrt hat. Weil die Schrift sich ausschließlich
auf diesen Inhalt beschränkte, konnten die Worte als solche

---

73 Vgl. z.B. die konkrete Vorstellung von der Tätigkeit der Plane I 17, 14ff.
Vgl. auch A. Böhlig, Zur Bezeichnung der Widergötter im Gnostizismus, o. S. 57 ff.

74 H.-G. Gaffron, Studien zum koptischen Philippusevangelium unter besonderer Berücksichtigung der Sakramente (Bonn 1969), S. 13 - 23.

75 NH II 32, 10 - 51, 28. Zur Interpretation vgl. E. Haenchen, Die Botschaft
des Thomasevangeliums (Berlin 1961).

des irdischen Jesus verbreitet werden und so in Konkurrenz zu
den synoptischen Evangelien treten.

Das Evangelium der Maria[76] schließlich bringt Worte, die
Jesus zu den Jüngern nach der Auferstehung gesprochen, und
solche, die er Maria persönlich verkündet hatte. Sie bemüht
sich, die Jünger zu trösten, nachdem er von ihnen gegangen
war. Gewiß hat es auch im Thomasevangelium Einkleidungen
der Logien durch Fragen oder auch Gegenfragen gegeben. Ähnlich steht es im Evangelium der Maria, nur daß hier noch mehr
Diskussion unter den Jüngern hinzutritt und daß Maria noch
eine ihr von Jesus gegebene Belehrung über den Aufstieg der
Seele einführt. Das bezeugt, daß hier Jesus ein typisch gnostisches Problem in den Mund gelegt und die Gattung Evangelium
als Offenbarungsschrift für gnostische Weisheit verwendet wird[77].

Der sekundären Auffassung des Ägypterevangeliums als eines Evangeliums im neutestamentlichen Sinne kann eine gewisse
Logik nicht abgesprochen werden, ebenso wie sie auch für das
Evangelium der Wahrheit vorhanden ist. Das Thomasevangelium
hat einen ebensolchen Charakter, wenn auch in einseitiger Prä-
gung. Das Philippusevangelium und das Evangelium der Maria
kann dagegen genauso gut einfach als eine Offenbarungsschrift
wie etwa das Thomasbuch[78] oder der "Dialog des Heilands"[79]
angesehen werden. Ob bei der Namensgebung vielleicht auch
Zufälligkeiten im Spiele waren? Es kann durchaus von Einfluß
gewesen sein, ob der geeignete Name sozusagen noch "frei"
war. Einem Thomas, Philippus oder der Maria Magdalena Evan-

76 Papyr. Berol. Gnost. 8502 (s. o. Anm. 6), S. 62 - 79. Da der Papyrus
Berolinensis gnosticus zwei auch in Nag Hammadi vorliegende Texte, das Johan-
nesapokryphon und die Sophia Jesu Christi, enthält, empfahl es sich, auch das
Evangelium der Maria mit einzubeziehen.

77 W. Schneemelcher, Neutestamentliche Apokryphen I (5. Aufl. Tübingen
1987), S. 65ff.

78 NH II 138, 1 - 145, 19.

79 NH III 120, 1 - 149, 23.

gelien zuzuschreiben, war bei ihrer Bedeutung sicher angemessen[80]. Thomas gewann seinen Namen als Apostel Vorderasiens und Indiens. Vielleicht wurde sein Evangelium ebenfalls noch bei den Manichäern gebraucht[81]. Philippus ist in gnostischer Literatur ebenfalls als Zeuge für Worte Jesu bekannt[82]. Die beiden anderen Evangelien haben ihren Namen vom Inhalt her erhalten. Ist doch der Weg zur Wahrheit, vermittelt durch Lehre und Leiden Christi, das Thema des Evangeliums der Wahrheit. Die Zurückführung des von uns speziell bearbeiteten Evangeliums auf die Ägypter kann zunächst verschieden interpretiert werden. Die Bezeichnung "das Evangelium der Ägypter" ist nur im Kolophon erhalten. Ob die Ergänzung der Lücke im Incipit beider Handschriften zu "das heilige Buch der Ägypter des großen unsichtbaren Geistes" berechtigt ist, erscheint mir nunmehr doch sehr fraglich. Insbesondere erscheint mir nun die Streichung des Artikels in III 40,12 störend. Wenn auch die Konjektur von H.-M. Schenke ἐπ[ίκλησις [83] sehr hypothetisch ist, so vermeidet sie eine solche und kann sich auf die immer neu an den unsichtbaren Geist gerichteten Lobpreisungen stützen, die zusammen mit den Schlußhymnen dem Werk einen liturgischen Charakter geben. Es gibt in der apokryphen Tradition allerdings ein Ägypterevangelium, das freilich mit der vorliegenden Schrift nichts zu tun hat[84]. Wollte man dieser Schrift etwa Konkurrenz machen? Eine solche Absicht würde nur für

80 Vgl. Pistis Sophia in Koptisch-gnostische Schriften I, ed. C. Schmidt - W. Till (3. Aufl. Berlin 1962), Index, s. v.

81 E. Hammerschmidt, Das Thomasevangelium und die Manichäer, Oriens Christ. 46 (1962), 120 - 123.

82 Nach der Pistis Sophia schrieb Philippus die Worte Jesu nach. Vgl. Pistis Sophia , in: C. Schmidt - W. Till, Koptisch-gnostische Schriften I, S. 19. Philippus wird neben Thomas und Matthäus genannt. ebenda S. 44f.

83 Schenke, OLZ 74 (1979) 19.

84 W. Schneemelcher, Neutestamentliche Apokryphen I, S. 174ff.

den Verfasser des Kolophons gelten können. Daß ein heiliges
Buch den Ägyptern zugeschrieben wurde, ist infolge der hohen
Achtung, die die Religiosität der Ägypter genoß, durchaus ver-
ständlich. Es fragt sich dabei, ob der Titel von Ägyptern stammt
oder ob der Verfasser des Kolophons in ihm speziell ägyptische
Traditionen zu sehen glaubte. Wer in Ägypten dieses Buch las,
mußte sehen, daß hier eine zentrale Schrift der Sethianer vor-
lag, ein Werk, in dem ein anderer Seth als der allgemein in
Ägypten bekannte typhonische Gott geschildert und gewürdigt
wurde, etwa der biblische Seth. Auch die positive Rolle, die
Sodom und Gomorrha spielen, zeigen nicht einen Einfluß der
Sodomie des ägyptischen Seth. Vielmehr soll der ägyptische
Gott missionarisch durch sein Gegenstück überboten werden.
Die gnostische Protestexegese will nicht die Homosexualität
retten, sondern dem Bösen mit gleichem Namen soll das Gute
mit gleichem Namen gegenübergestellt und als das wirklich
zu Achtende verkündet werden[85]. Wenn man in Rom diese
Schrift in die Hand bekam, so lag ebenfalls die Kontrastierung
mit dem ägyptischen Glauben nahe. Die zusätzliche Bezeichnung
der Schrift als ein Evangelium dient als Zeichen für die Bedeutung, die ihr bei den Sethianern beigelegt wurde.

---

85   Wenn B.A. Pearson. The figure of Seth in gnostic literature, in: The
rediscovery of gnosticism II· Sethian gnosticism. hrsg. v. B. Layton (Leiden
1981), S. 472 - 504 (Diskussion S. 501), in meiner Deutung eine Rehabilitierung
des ägyptischen Seth sehen will, so hat er mich absolut mißverstanden.

EXKURS I
Zur Ursprünglichkeit der Christologie im Ägypterevangelium

Wenn man annimmt, daß in Nag Hammadi auch Texte vorhanden sind, die erst christianisiert worden sind, so ist das Ägypterevangelium ein geeignetes Objekt zur Nachprüfung.

Daß Jesus Christus im Kolophon begegnet, spielt für unser Problem keine Rolle, da er ja sekundär ist. Beachtlich ist der Unterschied der zwei Hauptteile des Werkes. Im ersten, der die himmlische Welt schildert, begegnet Christus, im zweiten, der es mit den Sethkindern und ihrem Sein im All zu tun hat, Jesus.

Der zweite Teil könnte von Anfang an die Verbindung Jesu als Kleid des Seth aufgewiesen haben, weil diese Kombination ein konstitutives Element der Sethianer darstellt (III 64,1 = IV 75,15). Für die Ursprünglichkeit Jesu in diesem Teil spricht auch sein Vorkommen in den Hymnen (III 67,14 = IV 79,26). Seine enge Verbindung tritt auch vor Augen, wenn ihm zugleich mit Seth ein himmlischer Aufenthaltsort auf dem Leuchter Orojaël zugewiesen wird (III 65,17 = IV 77,13).

Im ersten Teil dagegen kann Christus an allen Stellen interpoliert sein. Das hätte seinen Grund in einer Verchristlichung dieses Traditionsstücks bei der Einfügung in ein christlich-sethianisches Werk:

1. Bei der Lobpreisung, die das dreifach-männliche Kind dem großen Geist und der Barbelo darbringt, wird es verbunden mit dem großen Christus (III 44,2f. = IV 55,12). Wahrscheinlich bildet dieser nicht, wie in der Ausgabe ergänzt, ein Geni-

tivattribut, sondern entsprechend dem Vorschlag von H.-M. Schenke (ThLZ 74 [1979] 20) eine Apposition: "der große Christus,
den der große unsichtbare Geist gesalbt hat". Das sieht sehr
wie ein sekundärer Zusatz aus.

2. Bei der Emanation des Logos (IV 59,29ff.) wird im Anschluß an seinen aus Geheimbuchstaben bestehenden Geheim-
namen ein erklärender Relativsatz angefügt: "welcher ist der
Sohn des großen Christus, welcher ist der Sohn des unaussprechbaren Schweigens". Auch der erste Relativsatz kann sekundär
sein. Gerade das doppelte ⲈⲦⲈ ⲠⲀⲒ ⲠⲈ läßt auf Einschub
schließen.

3. In dem Summarium IV 56,23ff. folgt auf Vater, Mutter,
Sohn die fünf Siegel, danach "die unbesiegbare Kraft, welches
ist der große [Christus] aller Unbefleckbaren". Da leider der
folgende Zusammenhang nicht gut erhalten ist, dürfte auch die
Ergänzung Christus nicht absolut sicher sein. Aber auch in solchem Fall wirkt ein solcher Relativsatz mit ⲈⲦⲈ ⲠⲀⲒ ⲠⲈ sekundär.

4. War an den zwei vorangehenden Stellen die Version des
Codex III nicht vorhanden, so ist der Wortlaut von III 44 gegenüber IV 55,6 wohl durch Homoioteleuton verstümmelt, außerdem
in IV Ⲭ̅Ⲥ̅ ergänzt, so daß dieses Beispiel wenig besagt.

5. Auf die Bitte des Pleromas der Leuchter hin erscheint
das dreifach-männliche Kind. Mit ihm kommt nach III 54,18ff.
"die Größe, die ganze Größe des großen Christus" bzw. IV 66,
6ff. "der Große, der zu allen Größen des großen Christus gehört".
Vorher war ja darum gebeten worden, daß der Vater der Vierte
für das Geschlecht Seths sein möge. Die Bitte wird insofern
erfüllt, als III 55,2ff. = IV 66,14 die geistliche Kirche erwächst.
Vielleicht ist die Einfügung mit der Bedeutung Christi erfolgt,
weil man die vierte Person konkretisieren wollte. Ursprünglich

mag vielleicht nur "die Größe" oder "der Große aller Größen"
dagestanden haben und man hat dann statt Vater Christus eingeführt.

EXKURS II
Graphische Darstellung der Himmelswesen

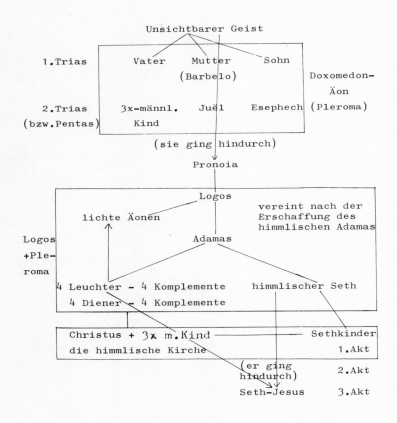

Erklärung
zur graphischen Darstellung der Himmelswesen

Aus dem unsichtbaren Geist evolutioniert die erste Trias, bestehend aus Vater, Mutter und Sohn. Sie bildet mit einer zweiten Trias den Doxomedon-Äon. Das dreifach-männliche Kind wird durch die Jungfrau Juël und das Kind des Kindes Esephech ergänzt zu der zweiten Trias bzw. einer Pentas, den fünf Siegeln. Durch diese Lichtwelt mit ihrer Herrlichkeitsausstattung geht hindurch die Pronoia. Auf sie folgt der Logos, so daß eine weitere Trias unsichtbarer Geist, Pronoia, Logos entsteht. Der Logos schafft die vier Äonen, läßt vier Leuchter für sie entstehen, die durch vier weibliche Größen komplettiert werden. Dazu kommen noch vier Diener und ihre vier Komplemente. Die sethianische Gemeinde unterwandert die Stellung des Logos. Sie muß ja als dritte Person der Trinität wie in den Stelen des Seth den Adamas, den Vater des Seth, erwarten. Der Ausgleich wird durch Erschaffung des Adamas und seine Vereinigung mit dem Logos herbeigeführt. Nachdem der Logos und das Pleroma um die Identifizierung des göttlichen Geschlechts mit dem Sethgeschlecht gebeten haben, erscheinen Christus und das dreifach-männliche Kind und bilden die himmlische Kirche. Auf seine Bitte hin wird dem Seth vom Kind das Sethgeschlecht geschenkt. Die Erschaffung der Sethkinder erfolgt in drei Akten. Um sie aus der irdischen Not zu erlösen, entsenden die vier Leuchter Seth auf die Erde, der dort als Jesus erscheint.

EXKURS III

Tabelle

zur Erfassung des mythologischen Geschehens
in Zahlen

1. Monas: Unsichtbarer Geist

2. Dyas: Unsichtbarer Geist + Pronoia bzw. Barbelo,
             die Archonten Saklas und Nebruël

3. Trias: 1. Vater, Mutter (Barbelo), Sohn
             2. Dreifach-männliches Kind
             3. Kind, Juël, Esephech
                (auch als Pentas aufgefaßt)
             4. Unsichtbarer Geist, Pronoia, Logos
                Wegen der Bedeutung des Adamas als Vater
                des Seth wird mit seiner Erschaffung und
                seiner Vereinigung mit dem Logos eine
                theologische Unterwanderung des Logos
                betrieben zugunsten einer Dreiheit:
                Geist, Pronoia, Adamas
             5. 3 Gruppen von Sethkindern
             6. 3 Welten, durch die das Sethgeschlecht
                in die Welt gekommen ist

4. Tetras: 4 Äonen
             4 Leuchter, Syzygoi, Diener, Syzygoi
             Dreifach-männliches Kind + Seth
                (bei Verdoppelung der Namen + Seth =
                Hebdomas)
             Dreifach-männliches Kind + Christus

                   3 Gruppen der Sethkinder + Seth
5. Pentas: Dreifach-männliches Kind + Juël + Esephech
               (= 5 Siegel)
6. Sechsheit: Dreifach-männliches Kind + (4.) Sohn + (5.)
               Mutter + (6.) Vater (als Inhalt des Doxo-
               medon-Äon)
7. Hebdomas: Unsichtbarer Geist, Barbelo, dreifach-männliches
               Kind, Juël, Esephech
               oder, vielleicht wahrscheinlicher, dreifach-
               männliches Kind mit Verdoppelung der
               Namen + Seth
8. Ogdoas: Ogdoas des Vaters
               Ogdoas der Mutter
               Ogdoas des Sohnes
               4 Leuchter + weibliche Komplemente
               4 Diener + weibliche Komplemente
9. Hendekas: Hebdomas + 4 Leuchter
               (Die hierbei angeführte Ogdoaden-
               spekulation ist fehlerhaft.)
10. Zwölf: 12 Engel des Kosmos
11. Dreizehn: 13 Äonen des Kosmos
12. Vierzig: Summe der 5 Ogdoaden
13. 400⟨000⟩: 400⟨000⟩ Wächter der Sethkinder

14. 130:   130 Jahre als Zeitdauer der Abfassung
               des Buches durch Seth
15. 5000:   5000 Jahre als Zeitraum, nach dem zur
               Entstehung des Weltherrschers aufgefordert
               wird

EXKURS IV

Tabelle

der Hilfsgottheiten,

die eine Schöpfertätigkeit ausüben

Schöpfer	Geschöpf
1. Moirothea	Adamas
2. Prophaneia	vier Leuchter und Seth
3. Plesithea	1. Gruppe der Sethkinder
4. Engel Hormos	2. Gruppe der Sethkinder
5. Edokla	Aletheia und Themissa als Erstlinge der Sethkinder